CLASSIQUES EN POCHE

*Collection
dirigée
par
Hélène Monsacré*

Dans la même collection

PLATON

GORGIAS

Texte établi et traduit par Alfred Croiset,
revu par Jean-François Pradeau
Introduction et notes de Jean-François Pradeau

Troisième tirage

LES BELLES LETTRES

2012

Dans la même collection (suite)

© 2012, Société d'édition Les Belles Lettres,
95 bd Raspail 75006 Paris.
www.lesbelleslettres.com

Première édition 1997

ISBN : 978-2-251-79919-3
ISSN : 1275-4544

INTRODUCTION

par Jean-François Pradeau[*]

Pour Jérôme Laurent
et Pierre-Marie Morel

Dans le *Gorgias*, rédigé sans doute peu après la fon-
dation de l'Académie (en 387/386[1]), Platon poursuit les
recherches éthiques (Qu'est-ce que la vertu ? Quelles
sont ses espèces et comment les acquérir ?) et politiques
(Comment bien vivre dans une cité ? Quelles sont les
conditions requises afin d'y exercer le pouvoir ?) qui
occupaient déjà l'*Euthydème* et le *Ménon*. Si le contexte
en est encore le même, notamment celui d'une condamnation de la prétention sophistique à contribuer en quoi
que ce soit à l'amélioration des conduites, ces thèmes
sont ici ordonnés dans un dispositif argumentatif bien
plus élaboré que celui des deux dialogues précédents. Le
Gorgias pose la question des conditions éthiques de la
direction des affaires de la cité. Quelle sorte d'homme

---

[*] Professeur agrégé à l'Université de Bordeaux-III.
1. Sur l'ordre et la chronologie (hypothétiques) des dialogues de
Platon, voir, dans la même collection, l'introduction de M.-L. DESCLOS
à l'*Alcibiade* de Platon, 1996, n°4, p. XXI-XXIII.

faut-il être, comment faut-il être disposé et de quelles qualités doit-on disposer pour exercer sur ses concitoyens un pouvoir juste ? Cette question, qui est aussi bien celle des fins que doit poursuivre l'éducation d'un jeune homme que celle des principes de l'action politique, recevait à Athènes et selon Platon une réponse de fait : les jeunes gens bien nés, que leur heureuse condition autorisait à recevoir les leçons de maîtres spécialisés, pouvaient apprendre à maîtriser l'usage du discours public, celui qui, dans les assemblées et les tribunaux (454e), au lieu même où s'exerçait la démocratie, leur assurerait le pouvoir de persuader les électeurs, les juges et leurs concitoyens. Parmi les maîtres du discours, on trouvait notamment ces savants, ou plutôt ces « enseignants » *(sophisteis)* qui prétendaient faire profession de l'enseignement général indispensable à la réussite dans les affaires publiques[2]. Mais le *Gorgias*, à la différence du *Protagoras* ou, plus tard, du *sophiste*, et à l'encontre de ce que pourrait suggérer au premier abord l'entretien qui s'y trouve rapporté (où Socrate affronte tout de même Gorgias, le plus savant des sophistes[3]), n'est pas une critique de la sophistique. L'enjeu de ce texte est certes polémique, mais la critique platonicienne se libère ici du seul souci pour le philosophe de « se démarquer du sophiste sur (…) l'usage du discours, l'éducation et la politique[4] », pour faire entendre plutôt la spé-

---

2. En se donnant pour « des professeurs de vertu » (519c *sq.*). L. BRISSON donne une présentation générale de la sophistique dans le manuel *Philosophie grecque*, sous la direction de M. CANTO-SPERBER, Puf, 1997, « Les Sophistes », p. 89-120. Voir la Bibliographie en fin de volume.

3. Voir, en fin de volume, la Note critique A qui lui est consacrée.

4. P.-M. MOREL, qui introduit ainsi le *Protagoras* (dans la même collection, 1997, n°15, p. XIV), en expliquant la signification et la portée de la critique socratique des sophistes (p. VIII-XVIII). Le *Gorgias*, s'il ne conduit pas une critique de la sophistique, en donne toutefois les moyens, sous la forme d'une définition de la sophistique comme flatterie ; cf. *infra* le §4.

cificité d'un autre discours, celui que prononce la philosophie elle-même, contre tous les usages politiques de la rhétorique. La réfutation des sophistes et des rhéteurs (ici représentés par Polos[5]) apparaît ainsi, et très vite, n'être que le prétexte à l'intervention de la philosophie platonicienne dans le débat athénien relatif à la meilleure manière de conduire son existence. Le *Gorgias* expose l'éthique platonicienne, en répondant à la seule question qui mérite alors d'être posée et à laquelle les rhéteurs *comme tous les autres Grecs* n'ont su que mal répondre : « Il s'agit de savoir quel genre de vie il faut adopter » (500c3, puis 512e et 527e).

Le *Gorgias* n'est cependant pas, ou pas seulement, un dialogue de philosophie « morale », au sens où la philosophie platonicienne s'y appliquerait à la question particulière des mœurs comme à un domaine spécifique. Il est plutôt et plus fondamentalement la proclamation de la philosophie comme éthique, c'est-à-dire comme mode de vie. Condamnant la façon de vivre des Athéniens et de leurs dirigeants, dénonçant les illusions malheureuses que les rhéteurs et les démagogues font naître chez leurs concitoyens, Platon veut promouvoir ici la philosophie comme vie heureuse, fondée sur la connaissance et l'exercice de la tempérance et de la justice. De telle sorte que l'entretien du *Gorgias*, le plus polémique du corpus platonicien, joue un rôle « protreptique » (d'invitation à la philosophie) et militant (la vie philosophique étant finalement pour un homme, c'est-à-

---

5. Socrate ne distinguera d'abord que fortuitement les premiers des seconds (465c-d), avant de signaler, lorsque Calliclès dénonce la nullité des sophistes, que ces derniers sont toutefois moins nuisibles que les rhéteurs (520a-c), qui n'ont même pas connaissance des sophismes dont ils usent. De manière générale, la succession même des interlocuteurs obéit à un parcours critique qui examine chacun des mauvais usages du discours, depuis la sophistique (Gorgias) jusqu'à la démagogie politique (Calliclès), via la rhétorique (dont Polos est le théoricien). Sur le compte de Polos, voir la note critique B en fin de volume.

dire pour un citoyen, la « meilleure façon de vivre »,
527e, conclusion du dialogue). La définition de la vie
bonne, de l'ordre des conduites humaines dans une communauté, doit donner lieu à une réflexion politique que
le *Gorgias* ne conduit pas mais dont il expose les conditions de possibilité : la vie individuelle et collective doit
être soumise à un ordre réfléchi, à une mesure intelli-
gemment conçue. Sous l'espèce d'un gouvernement de
soi, que Platon nomme tempérance, et d'un gouvernement de la cité, que Platon conçoit comme une justice
naturelle. La définition des principes de la vie bonne,
celle du particulier comme celle de la cité, occupe les
trois entretiens du *Gorgias* ; c'est à suivre l'élaboration
de ces principes qu'on peut trouver, en dépit de la diversité des thèmes dont Socrate discute avec ses trois interlocuteurs et contradicteurs successifs, l'unité du
dialogue.

Plan détaillé du *Gorgias*

Socrate et Gorgias : définition de la rhétorique

La rhétorique

Le sujet de l'entretien qui se déroule dans le *Gorgias* est la rhétorique. C'est du moins ce que laissent entendre le début du dialogue et le sous-titre que lui a donné la postérité, « sur la rhétorique ». Le dialogue, comme c'était le cas de tous les dialogues « socratiques », commence bien par la question de la nature de la rhétorique (449c-d). Mais avec une nuance toutefois, puisque Socrate ne demande pas à son interlocuteur Gorgias *ce qu'est* la rhétorique, comme il l'avait fait auparavant dans d'autres entretiens, posant toujours cette même question : « *Qu'est-ce que* cet objet[6] ? » Signalons d'abord qu'à la différence des objets sur lesquels enquêtent les dialogues précédents, la rhétorique qu'examine le *Gorgias* n'est pas une vertu, elle n'est pas l'excellence d'une activité ou d'une fonction, mais elle est elle-même, du moins au premier abord, une technique. On ne discutera donc pas ici d'une vertu, mais d'une activité dont il faut se demander si, oui ou non, elle est une technique, si elle rend possible une vertu, ou encore, si elle en possède une elle-même. Si le *Gorgias* est bien le premier dialogue platonicien à prendre une technique pour objet d'enquête, il faut ensuite remarquer qu'il ne pose

6. Qu'il s'agisse du beau, *ti esti to kalon*, dans l'*Hippias Majeur*, 286d1-2 ; de la tempérance, *ti einai sôphrosunê*, dans le *Charmide*, 159a8 ; du courage, *ti estin andreia*, dans le *Lachès*, 190e3 ; de l'homme, *ti pot' ou ho anthrôpos*, dans l'*Alcibiade*, 129e10, etc.

pas d'emblée la question de la définition de cette technique, mais celle de la nature du savoir qu'elle suppose et de l'objet qui est le sien.

Comme le rappellera Socrate à plusieurs reprises, une technique *(technê)* est une activité, de production ou d'usage, qui se rapporte à un objet unique, celui qu'elle produit, forme, soigne ou utilise. L'activité technique a un agent, qui maîtrise sa technique grâce à la possession d'un certain savoir, d'une certaine science. Ce savoir consiste en la connaissance de la manière dont l'activité technique doit convenir à son objet ; il suppose à la fois une connaissance de cet objet (le médecin doit savoir ce qu'est un corps, le flûtiste doit savoir jouer de la flûte) *et* la connaissance de ce qui lui est approprié (le médecin doit connaître les régimes et les remèdes, le flûtiste doit savoir quel est le bois le plus approprié à la fabrication comme au bon usage de son instrument). C'est effectivement sur ces deux termes de l'activité technique (le technicien possédant un certain savoir, puis l'objet de ce savoir) que portent les questions initiales du *Gorgias*. Socrate demande d'abord à Gorgias quel est l'objet de la rhétorique (« sur quel objet porte-t-elle ? », 449d1-2), puis, à partir de 458e3, pose la question du savoir du rhéteur, de la nature et de l'étendue de la connaissance qu'il possède.

Socrate ne demande donc pas immédiatement « ce qu'est », mais « sur quoi porte » et « quel est l'objet de » la rhétorique. C'est la rhétorique *en tant que technique* qui doit être examinée et définie. Ainsi, en 447d1 et 448e6-7, Socrate attend d'abord qu'on lui dise comment il faut appeler Gorgias qui pratique cette technique, puis, en 462b3-5, c'est Polos à son tour qui demande à Socrate, non pas ce qu'est la rhétorique, mais ce qu'il a à dire à son propos. La définition de la rhétorique, tous en conviennent, ne pourra être formulée qu'à la condition qu'on en ait préalablement désigné l'objet et l'agent. Dans le dernier passage cité, Polos répète ainsi

sa question : « la rhétorique, de quel objet est-elle la science ? » (449d12-13) ; autrement dit, quelle est la science qui convient à l'usage de la technique et qui peut en faire usage[7] ?

Après un préambule (où Chéréphon s'adresse maladroitement à Polos) la question est posée aux rhéteurs : sachant que vous (sophistes et rhéteurs) prétendez pouvoir parler et répondre de tout, quel est la technique qui vous le permet[8] ? La discussion portera donc sur la rhétorique. Il faut prendre garde, suivant ce premier entretien avec Gorgias, au fait que la technique rhétorique n'est pas, à l'époque où Platon rédige son œuvre, ce qu'elle deviendra par la suite : l'art et les règles du discours, la technique scolaire de composition (la connaissance des procédés littéraires, des figures). C'est sans doute dès la génération qui succède à Platon, et particulièrement avec Aristote, que la rhétorique en vient à désigner le domaine dont l'objet est l'étude de la persuasion par le discours[9]. Mais, parmi ceux que la science rhétorique commence alors à examiner, le type de discours qui occupe le *Gorgias* ne sera plus qu'un exemple. Ce qui préoccupe Platon n'est pas (comme c'est en partie le cas dans le *Cratyle* et surtout dans le *Phèdre*) l'analyse du discours persuasif, mais davantage l'analyse des conditions et des effets de la persuasion comme discours politique. Dans une démocratie athénienne qui est une socialité de la parole, de l'argumentation et de la persuasion publique, c'est l'usage politique d'un certain type de persuasion par le discours qui l'intéresse. Platon

---

7. Ou encore, quel homme possédant quelle sorte de savoir ? À partir de 458e3, la question est ainsi posée du savoir du rhéteur, de sa nature et de son étendue.

8. Socrate est le premier à employer le terme de rhétorique (448d9), avant Gorgias (449a5).

9. Dans les trois livres de la *Rhétorique*, Aristote distingue et analyse les trois genres rhétoriques que sont le délibératif, le judiciaire et le démonstratif.

est le contemporain critique d'une formalisation croissante des procédés rhétoriques grâce auxquels les dirigeants peuvent persuader la foule et les juges obtenir les suffrages. L'usage du discours persuasif se pratique en public, il a ses champions (ceux-là mêmes qui discutent avec Socrate), il s'enseigne. De sorte que c'est au moment même où cette technique s'impose aux mœurs politiques athéniennes que le philosophe entreprend d'en faire la critique ; non pas en se contentant d'en dénoncer les manifestations les plus dangereuses ou les plus ridicules, mais en démontrant l'inanité foncière de cette pratique.

L'examen de la rhétorique consiste d'abord à en identifier la fonction : elle rassemble un certain nombre de procédés destinés à la persuasion et à la réfutation, et son usage est d'abord juridique. La rhétorique est l'art du plaidoyer. Avec les rhéteurs et les sophistes, cet usage (celui des assemblées et des tribunaux) tend toutefois à s'émanciper du contexte institutionnel pour devenir un *art oratoire* ; la rhétorique est conçue comme une habileté à manier la parole pour se faire entendre et pour convaincre. C'est désormais la technique que doivent maîtriser ceux qui aspirent au pouvoir et ceux qui ont à se défendre, mais aussi et en général tous ceux qui ont à l'emporter dans une quelconque délibération (le médecin qui veut administrer un remède à un malade comme le gymnaste qui veut enseigner un exercice à un jeune homme). Cette ambition oratoire, traduite par Socrate en termes platoniciens, signifie qu'il est possible de parler d'une chose quelconque sans savoir ce qu'est cette chose. Ou bien encore, que l'on peut, sur le compte de cette même chose, tenir des discours différents. Le danger pour Platon n'est pas tant moral (que le langage puisse dire le faux, servir le mensonge et l'abus est un fait) qu'immédiatement cognitif. Du point de vue du savoir, en effet, la question socratique « qu'est-ce que x ? » ne peut pas recevoir plusieurs réponses. Elle sup-

pose au contraire, c'est la condition même de sa formulation, qu'il ne peut exister qu'une seule (vraie) manière de définir la nature d'une chose, de dire ce qu'elle est. Prétendre le contraire, faire du *discours* l'objet de la connaissance, c'est laisser croire qu'il y a diverses manières de connaître une même chose[10]. La rhétorique est ainsi fondée sur une sorte de renoncement à la possibilité d'atteindre la nature des choses. C'est au contraire cette possibilité que Platon va faire valoir ici, en montrant comment cette indifférence en matière de connaissance et de vérité est l'une des causes des attitudes immorales que dénoncent assez unanimement les interlocuteurs (mensonge, votes faussés, démagogie, arbitraire judiciaire, etc.).

L'éthique de la connaissance

L'examen de la rhétorique donne ainsi lieu à une réflexion éthique. D'abord, et c'est un point de vue qui n'est pas propre à Platon mais que l'on trouve chez d'autres auteurs, parce que ceux qui font usage de la rhétorique le font afin d'accéder au pouvoir ou de le conserver, ou bien encore pour se défendre ou pour accuser dans les tribunaux. En ce sens, la rhétorique est le *moyen* de l'ambition, de la quête des plaisirs, des honneurs ou des richesses. Le *Gorgias* en fait certes la critique, mais il ne s'agit guère que d'une étape dans la démonstration socratique (s'y tenir, comme le fera Aristote dans la *Rhétorique*, c'est considérer la rhétorique comme un moyen neutre). Car c'est à partir de la définition de l'activité rhétorique elle-même que Platon entend achever sa critique, en montrant que l'usage même de la rhétorique est une faute (une ignorance) éthique : il n'y a qu'un bon

---

10. Ce qui est l'un des arguments majeurs de l'œuvre de Gorgias, lui qui a « supprimé le critère de la vérité » (SEXTUS EMPIRICUS, *Contre les savants*, VII, 65-87, source du fragment III dans le recueil *DK* (voir les fragments suivants et le texte conservé, *Défense de Palamède*).

usage du discours, celui qui est au service de la vérité, qui dit le vrai. C'est à la démonstration de cet argument que s'attache Socrate en discutant avec Gorgias. Il utilise, comme il s'y efforcera avec ses deux autres interlocuteurs, la méthode de la réfutation *(elenchos)*, désormais caractéristique des dialogues socratiques : réfuter quelqu'un, c'est l'amener à développer une ou plusieurs de ses opinions comme les hypothèses d'un raisonnement dont il faut tirer toutes les conséquences, jusqu'au point où elles viendront contredire elles-mêmes les hypothèses initiales. Dans le dialogue par questions et réponses auquel Socrate s'efforce toujours de ramener son interlocuteur, c'est ce dernier qui doit être à la fois auteur et contradicteur de son jugement[11].

Partant de la définition très vague de la rhétorique que donne Gorgias, selon qui elle serait la technique qui permet de persuader n'importe qui de n'importe quoi, Socrate entend la réfuter afin de montrer qu'elle n'est pas même une technique. Cette réfutation occupe deux discussions. La première s'achève en 454b-c par une définition de la rhétorique comme « ouvrière de persuasion », de cette persuasion qui « s'exerce dans les tribunaux » et qui « porte sur toutes les questions où il faut savoir ce qui est juste et injuste ». C'est donc bien le contexte judiciaire et politique qui est ici en jeu. Toutefois, si la critique socratique en restait là, elle ne serait qu'une dénonciation des *mauvais usages* de la rhétorique, de la possible duplicité du discours et de la

---

11. Socrate rappelle à plusieurs reprises les règles auxquelles il souhaite qu'une discussion soit soumise, avant de définir, en 471d-472c, la spécificité de la réfutation philosophique. Sur cette question, voir G. VLASTOS, « The Socratic Elenchus », article de 1953 repris avec des modifications dans les *Socratic Studies*, éditées par M. Burnyeat, Cambridge, Cambridge University Press, 1993, puis désormais L.-A. DORION, « La subversion de l'*elenchos* juridique dans l'*Apologie de Socrate* », *Revue philosophique de Louvain*, 88, 1990, p. 311-344.

capacité qu'elle donne à certains rhéteurs d'abuser leurs concitoyens. C'est pourquoi, à la faveur d'une seconde discussion, Socrate entreprend l'analyse de ce que produit exactement, comme persuasion, la rhétorique. Socrate obtient alors que soient distinguées différentes espèces de conviction, parmi lesquelles la croyance et le savoir. Dans le texte déterminant de 454c-455a, la rhétorique désigne un usage du discours qui a des effets *sur la pensée* de celui qui l'entend ; ces effets consistent donc en la « persuasion », c'est-à-dire en l'assentiment de l'auditeur. La discussion prend pour objet cet assentiment (ou croyance, *pistis*) auquel elle s'intéresse comme à un état psychologique particulier. La distinction entre le savoir et la croyance permet que l'on désigne la rhétorique comme ouvrière de persuasion, productrice de croyance et non de savoir. Mais elle permet encore que l'on distingue cette croyance de toutes les formes possibles de savoir, de tous les modes de connaissance : la rhétorique ne permet et ne suppose aucun savoir, aucune science, aucune connaissance[12]. Elle reste pourtant un état psychologique, un mode de pensée qui vient occuper une place intermédiaire et équivoque entre le silence ignorant et le discours savant. Le *Gorgias* ne s'y attarde pas, mais les dialogues ultérieurs, revenant sur ce motif d'une pensée intermédiaire qu'avait déjà examinée le *Ménon* (85c *sq.*) sous l'espèce de l'opinion, en donneront une explication aboutie[13].

C'est donc du point de vue de l'âme de l'auditeur qu'il faut envisager l'activité rhétorique. En l'auditeur, le sujet de la pensée, l'âme n'exerce pas la faculté de connaître dont elle est capable, mais seulement la faculté d'opiner. Cela permet d'emblée de ruiner toutes les

---

12. Dans le passage cité, Platon épuise l'essentiel du vocabulaire grec susceptible de désigner la connaissance.

13. Voir d'abord la *République*, VI, 509d-511e, puis le *Théétète*, 201e *sq.*

prétentions pédagogiques d'une rhétorique incapable d'enseigner quoi que ce soit, et de souligner combien, dès le début du dialogue, le sort de la rhétorique est rapidement réglé : c'est bien davantage ce qu'elle permet, dissimule ou favorise qui est en cause. Du reste, le sophiste Gorgias reçoit volontiers la critique de Socrate et déplace l'entretien (et la valeur de la rhétorique) pour le faire porter sur le pouvoir de la rhétorique : elle n'est certes pas une pédagogie, mais elle est précisément ce pouvoir inestimable de faire accroire, par la parole, ce que l'on souhaite. La rhétorique, encore une fois, est une arme (456c *sq*). Cette définition sophistique de la rhétorique fait l'objet d'une critique déduite de la précédente, et Socrate parvient à disqualifier le rhéteur comme un ignorant qui s'adresse à des ignorants, en soulignant que l'*effet rhétorique* n'est efficace qu'à la condition que le public soit ignorant. La réfutation de la valeur de la rhétorique sera ainsi achevée lorsque Socrate aura obtenu de Gorgias qu'il reconnaisse le caractère contradictoire de ses deux hypothèses initiales : le rhéteur est un homme juste et le rhéteur peut faire un usage injuste de l'arme rhétorique (460a-461b). Mais la réfutation, interrompue par Polos, ne peut atteindre son terme.

Socrate et Polos : l'inutilité de la rhétorique

La flatterie

Au début de son entretien avec Polos, Socrate trouve l'occasion de donner sa propre définition de la rhétorique. Il ne s'agira toutefois que d'une *situation* de la rhétorique, puisque Socrate consacre sa mise au point (463a-c) à un ensemble ou genre d'activités dont elle n'est qu'une partie : la flatterie. De cette manière, Platon retire à la rhétorique la spécificité que veulent lui attribuer et défendre les sophistes et les rhéteurs, puis il l'inscrit dans un dispositif d'activités parentes (les

quatre espèces de la flatterie) qu'il va décrire comme la réunion des éléments d'un seul et même mode de vie. Celui, indigne d'un homme libre, du flatteur (465b).

Techniques et procédés flatteurs

Soin de l'âme	Flatterie de l'âme	Soin du corps	Flatterie du corps
politique (ou justice)	rhétorique	gymnastique	médecine
législation	sophistique	toilette	cuisine

Les quatre espèces de la flatterie sont quatre espèces d'activités qui ont l'âme (rhétorique et sophistique) ou le corps (cuisine et toilette) pour objet, c'est-à-dire l'homme, et qui toutes se rapportent à leur objet en le flattant. Si ces quatre procédés[14] peuvent être opposés aux quatre techniques qui visent, elles, le plus grand soin de l'âme (politique[15] et législation) et du corps (médecine et gymnastique), c'est qu'ils parviennent à s'y substituer, en se faisant passer pour elles. Entre l'activité (technique) qui favorise véritablement la nature de son objet et celle qui ne le fait qu'en apparence, la différence est une différence de nature (465c). En ce sens, la rhétorique, la sophistique, la cuisine et la toilette ne sont pas des formes atténuées ou moins efficaces de la politique,

14. « Procédé » rend le grec *empeiria*, qui désigne la capacité routinière à faire quelque chose (on pourrait dire savoir-faire routinier, ou recette).

15. Que la politique ait l'âme pour objet, et non pas immédiatement les institutions ou même les citoyens, ne va pas de soi, et guère plus pour nous que pour les contemporains de Platon. À moins de reconnaître la politique comme une activité pédagogique qui doit, conformément aux exigences déjà formulées dans le *Ménon* et l'*Euthydème*, former les citoyens pour les rendre savants et meilleurs. L'intelligence et la bonté de l'homme sont, précise le *Gorgias*, le fait de son âme ; c'est pourquoi cette dernière devient le sujet de la réforme politique.

de la législation, de la gymnastique ou de la médecine ; elles en sont de véritables contrefaçons. Platon emploie encore le terme d'image, de fantôme *(eidôlon)*, pour discréditer les quatre procédés comme des imitations illégitimes et dissimulées des techniques[16].

Si la flatterie atteint à tant d'efficacité, c'est qu'elle prend tout de même un soin particulier de son objet : elle met en valeur son apparence. Loin d'être hostile ou immédiatement défavorable à son objet, chaque procédé lui procure un certain plaisir. Le simulacre cuisine ou rhétorique n'est donc pas une activité vaine qui ne produirait rien : elle a un effet, elle produit un plaisir. Pour discerner ce plaisir de celui que procure le véritable soin de l'âme ou du corps, il faut une certaine connaissance et une maîtrise de l'âme et du corps que, selon Socrate, seule la pratique des techniques véritables peut dispenser ou permettre.

La définition de la flatterie et de ses espèces aura donné à la discussion éthique son matériau et ses enjeux. En l'homme, les vertus, les formes d'excellence, ont l'âme pour sujet, mais l'âme et le corps pour condition (puisque la santé de l'individu, son mode de vie, dépend de la santé des deux, 464a *sq.*). De la disposition de l'âme et du corps, c'est-à-dire du mode de vie humain, Socrate a distingué deux gouvernements possibles, en montrant qu'ils étaient aussi bien ceux d'un particulier que ceux d'une cité dans son ensemble[17] : l'un est philosophique, l'autre est rhétorique.

16. On trouve ainsi dans le *Gorgias* une théorie de l'imitation qui prépare les développements des livres III et X de la *République*. L'imitation produit un simulacre qui peut, dans certaines conditions, se substituer à ce qu'il imite (un acteur au dieu qu'il incarne sur scène, une chose sensible à la forme sensible à laquelle elle participe, un sophiste au philosophe, etc.).

17. Du point de vue de leurs principes, Platon ne distingue pas l'éthique et la politique (le gouvernement de l'âme, éthique des conduites, et le gouvernement des hommes, politique de la cité, sont ici confondus, comme ils le seront dans la *République*).

Qu'est-ce qu'une action ?

Afin de répondre à la critique socratique, Polos tente
à son tour de déplacer l'entretien pour le faire porter de
nouveau sur la *puissance* de la rhétorique, selon le point
de vue de ses effets politiques (« les rhéteurs ne sont-ils
pas tout-puissants dans leurs cités ? », 466b). La réfutation de cette nouvelle hypothèse servira la démonstration de l'argument socratique fameux selon lequel *il est
mieux de subir l'injustice que de la commettre*, ou encore que seule l'action juste peut rendre bon ou heureux.
Outre sa signification éthique immédiate (il faut vouloir
être corrigé), le long développement de ce « paradoxe »
socratique (466a-481b) a pour objet de montrer que la
rhétorique est un procédé injuste et que la « puissance »
qu'elle réserve à ceux qui en vivent n'est que la pire et
la plus malheureuse des situations. On s'étonnera en la
suivant de la complexité de la démonstration socratique
et du nombre de détours qu'elle emprunte afin d'établir
seulement que la rhétorique n'est ni bonne, ni plaisante,
ni avantageuse. Mais dans cette discussion avec Polos,
la question posée est celle de l'activité (ce que peut faire
un homme grâce à tel ou tel moyen ; ce qu'est une
action). De sorte que la réfutation de la puissance de la
rhétorique, en elle-même d'autant plus aisée qu'elle est
finalement déjà acquise, se transforme en une *occasion
philosophique*. Si les pages 466a-481b sont bien un
détour dans le cours de la critique de la rhétorique, elles
permettent une analyse qui n'est rien de moins que la
définition de l'*éthique philosophique*, c'est-à-dire la
définition pratique des conditions de possibilité d'une
vie bonne, l'occasion pour Platon de prendre position
dans le débat du gouvernement des conduites. La réfutation de Polos est alors et aussi l'occasion d'un exposé
dans lequel Socrate développe un certain nombre d'arguments et de précisions conceptuelles (sur le sens

notamment des notions de justice, de beauté, d'avantage et de bien) qui permettront de définir et de défendre le mode de vie tempérant. On trouvera donc dans ces pages à la fois une réfutation de la prétendue puissance rhétorique et, en même temps, l'élaboration de normes et d'instruments d'analyse susceptibles de rendre compte de l'ensemble des pratiques humaines et de les juger (c'est-à-dire aussi de les réformer, de les soigner).

La réfutation de l'hypothèse de Polos s'appuie sur deux axiomes relatifs à l'action. Toutes les actions volontaires sont tournées vers le bien, vers les choses bonnes. Au contraire, des actions qui auraient le mal pour résultat ne peuvent être délibérément poursuivies. C'est seulement par ignorance qu'on peut souhaiter les accomplir. Le premier axiome pratique énonce qu'on ne peut viser que le bien : il est la seule fin possible de l'action. Ce présupposé servira aussi bien à réfuter l'hypothèse de Polos qu'à définir l'excellence philosophique dans l'ordre des conduites[18]. Si Platon distingue l'action des autres formes d'activité, c'est parce qu'elle a pour spécificité de posséder toujours un mobile : l'action est l'activité en vue d'une fin. Agir, c'est toujours agir en vue de quelque chose (468c). Une telle *activité volontaire*, ajoute Socrate, ne saurait avoir que le bien pour fin. Cette précision, concédée sans objection par Polos, est obtenue à la faveur d'une confusion subreptice entre les choses bonnes *(agatha)* et les choses bénéfiques, avantageuses *(ôphelima)*. Elle permet à Socrate d'emprunter le masque d'une certaine morale athénienne,

---

18. La définition de l'action (466a-468e) ne distingue pas les actions selon qu'elles ont ou non une fin, mais selon qu'elles sont à elles-mêmes leur propre fin ou bien qu'elles sont le moyen d'une autre action qui est leur fin. C'est la raison pour laquelle Socrate précise que, si nous pouvons vouloir des choses «neutres», ni bonnes ni mauvaises (marcher, naviguer), ce n'est jamais qu'en tant qu'elles seront le moyen d'en atteindre de bonnes (naviguer pour commercer et s'enrichir).

celle qui fait consister le bien dans la possession des avantages (compris comme richesses et pouvoirs), puis de réfuter Polos en lui démontrant que faire ce qui nous plaît n'est pas faire ce qu'on veut. En effet, si le bien et l'utile (objets de l'action volontaire) ne sont pas toutes choses, faire ce qu'on veut n'est pas tout faire ; il reste encore toutes les activités qui ne sont pas des actions volontaires, les activités contraintes par exemple, ou encore celles qui sont contraires au bien poursuivi. Et, parmi ce tout faire, se trouvent ces actions « plaisantes » (l'exercice du pouvoir en est le type même) dont Polos a soutenu que la rhétorique était l'arme. Socrate se sera ainsi donné les moyens de montrer que l'entière possession du pouvoir (tout faire dans la cité) est un malheur et un mal lorsqu'elle n'est pas juste (c'est-à-dire lorsqu'elle ne coïncide pas avec l'action volontaire), et il aura atteint la conclusion éthique selon laquelle faire le bien, agir en vue du bien, est le plus grand avantage pour un homme. Mais cette conclusion, en partie parce qu'elle repose sur la confusion de l'avantageux et du bien, donne lieu à une autre proposition paradoxale qui doit être discutée : si l'injustice rend malheureux et s'il est mal d'agir injustement, alors il est mieux de subir l'injustice que de la commettre.

Le juste est l'avantageux, l'avantageux est le bon, le bon est le beau

La poursuite de la discussion sur l'action qui va conduire à la réfutation de la défense de la rhétorique a d'autant plus d'intérêt qu'elle fixe le vocabulaire (l'action et son mobile ; la fin et les moyens ; la norme juste ; l'avantage escompté) et les enjeux philosophiques principaux de la réflexion morale[19].

19. Des enjeux auxquels la tradition philosophique est restée jusqu'à ce jour liée ; cf. les indications bibliographiques en fin de volume.

Il s'agit donc pour Socrate de distinguer « faire ce qu'on veut » (le bien) et « faire ce qui nous plaît », ce qui suppose que l'on définisse et distingue la volonté et le plaisir, puis que l'on conteste la compréhension courante du pouvoir comme pure et simple possibilité d'accomplir une action, comme disposition des moyens nécessaires à l'accomplissement d'une action quelconque. À cette définition du pouvoir comme *possibilité*, Socrate oppose celle d'une aptitude à atteindre la fin voulue, qui fait du pouvoir le moyen d'une fin déterminée et surtout la conséquence d'une capacité à connaître et à discerner les fins. Il peut alors défendre l'idée que la toute-puissance, définie comme un bien (468e), s'oppose à la possibilité de satisfaire un plaisir. Non pas parce que le plaisir serait en lui-même le contraire du bien et de l'avantageux, comme on va y revenir, mais simplement parce qu'il en est différent : on peut prendre du plaisir à quelque chose qui se révélera désavantageux. Encore faut-il montrer que le plaisir peut être injuste, puis que l'injuste est le contraire du bien et de l'avantage. C'est l'objet des deux exemples (celui de Polos à l'agora, 469c-470b, puis celui du tyran Archélaos, 470c-471d) qui viennent illustrer le paradoxe socratique selon lequel il vaut mieux subir l'injustice que de la commettre.

Afin de défendre sa thèse, Socrate introduit le beau dans la série de termes qui avaient servi à la définition de l'action comme activité volontaire orientée vers le bien. Au prix d'un certain nombre de glissements dont la rigueur est, là encore, souvent discutable, Socrate obtient que l'on tienne le beau, l'avantageux et le bon pour synonymes ; l'action laide sera aussi désavantageuse que mauvaise. On doit prêter d'autant plus attention au caractère forcé de la démonstration (474c-476a) qu'elle semble supposer d'emblée ce qu'elle devrait prouver : que l'injustice, parce qu'elle est laide (c'est-à-dire aussi désavantageuse), est mauvaise. De la sorte,

Socrate peut affirmer que l'injustice est toujours désavantageuse pour celui qui la commet, en convoquant à
son appui tous les critères d'évaluation que les Grecs
retenaient pour juger une action : la beauté, l'avantage,
le plaisir et la bonté. L'action injuste ne peut satisfaire
à aucun des critères traditionnels de l'excellence morale[20]. D'autant moins, donc, que Socrate les a tous
confondus. Et il peut alors justifier son second paradoxe,
selon lequel il est mieux d'être puni d'une injustice commise que de ne pas l'être (476a-480a), en expliquant que
la punition est une délivrance des maux de l'âme, une
amélioration.

Ainsi, au terme de l'entretien avec Polos, Socrate fait
se rejoindre la réflexion éthique et la définition initiale
de la technique, pour définir un triple dispositif technique au service de la vie humaine (une technique d'ad-
ministration des biens et des ressources, la chrématistique ; une technique de soin du corps, la médecine ; une
technique de soin de l'âme, la justice). La punition judiciaire de l'injustice est la mesure politique qui s'impose
pour soigner l'âme et la délivrer du dérèglement (478d).
Au contraire, le procédé rhétorique qui peut permettre
que l'on échappe à cette correction est un encourage-
ment nuisible au dérèglement de l'âme, une maladie.

Socrate et Calliclès : la vie la meilleure

Après l'avoir brutalement interrompu au moment où,
de nouveau, le second allait achever sa double réfutation
et la justification de sa thèse paradoxale, Calliclès
contraint Socrate à reconsidérer sa thèse éthique et le
projet de vie heureuse dont il vient d'indiquer les conditions. Parce qu'il met en cause la faiblesse des démons-

20. Celle que résumait le syntagme grec *kalos kagathos* (qu'on
rend par « homme bon » ou de manière peut-être plus suggestive par
« honnête homme »).

trations précédentes et parce qu'il est le plus hostile au projet philosophique que Socrate entend défendre contre la rhétorique, ce personnage, dont on ne trouve nul équivalent dans le *corpus* platonicien[21], est celui qui entend le mieux Socrate[22]. Il est celui qui, loin de Polos et plus encore de Gorgias, comprend l'étendue du bouleversement que propose Socrate. Et qui en comprend surtout l'objet véritable ; Calliclès ne s'entretiendra plus avec Socrate de rhétorique, mais seulement du mode de vie humain, de la conduite individuelle au sein d'une vie commune. Ainsi et d'emblée : « Si tu dis tout cela sérieusement et si par hasard c'est vrai, toute la vie des hommes serait mise sens dessus dessous, et nous, nous faisons, semble-t-il, tout le contraire de ce qu'il faut » (481c). Socrate acquiesce volontiers, et il va s'efforcer de définir, de représenter et d'opposer ce qui caractérise les deux principaux modes de vie, les deux dispositions possibles de l'existence humaine.

Dans cette discussion, et en dépit de ses heurts ou de ses incompréhensions volontaires, Platon oppose explicitement la philosophie, elle « qui dit toujours la même chose » (482a), à tous les objets de désir ou à tous les principes susceptibles de déterminer une conduite. Il s'agit de savoir comment l'on peut ordonner sa propre existence, par quels moyens et à quoi (à quel(s) principe(s)). Ce faisant, Socrate et Calliclès vont parcourir de nouveau tout le spectre des notions ou difficultés abordées avec Polos : qu'est-ce qu'agir justement, qu'est-ce que le plaisir et que permet à cet égard la rhétorique ? Calliclès assume ici une position radicale qui n'est toutefois pas excessivement infondée ou arbitraire. Au contraire, et parce qu'il a compris Socrate, Calliclès

---

21. Le Thrasymaque du premier livre de la *République* n'en sera qu'un parent assagi.

22. Socrate fait de Calliclès la pierre de touche de sa réflexion, comme s'il avait enfin trouvé en lui son premier véritable interlocuteur (486d *sq.*).

reprend chacune des principales conclusions des entretiens précédents, en révélant leurs failles, leurs ambiguï-
tés ou leurs incohérences. Comme il le souligne lui-
même (482c-d), son argument n'est d'abord que la poursuite et l'achèvement de l'hypothèse défendue trop mol-
lement par Gorgias et par Polos. Encore une fois, le
Gorgias n'est qu'un seul et même entretien. Gorgias et
Polos ont eu tort, selon Calliclès, de concéder à Socrate
que la rhétorique ne parvient pas à enseigner la justice,
puisqu'il est pire de commettre l'injustice que de la
subir. Les arguments socratiques n'ont été en la matière
que des arguties sophistiques, d'autant plus illégitimes
que Socrate confond le juste et le légal pour défendre
une inepte vie de philosophe bavard et impuissant, assu-
jetti au pouvoir démocratique. Enfin, la critique de
Calliclès n'est pas infondée au sens où, loin d'être arbitraire, elle se soutient d'une doctrine, de facture sophistique, dont Platon entend ici faire la critique.

La nature et la loi

La philosophie telle que l'a défendue Socrate n'est
selon Calliclès qu'un discours conservateur de plus au
service de l'ordre de la cité et de la justice conventionnelle qui le soutient. Il existe (482d) des « règles de la
société humaine », qui sont les lois édictées par les
faibles afin que leur mode de vie et la satisfaction de
leurs intérêts servent de normes à toutes les conduites.
L'*ordre conventionnel* (le droit écrit athénien) que
Socrate confond avec le *juste* n'est rien d'autre que l'expression de cette faiblesse, de ce pouvoir de la masse qui
reçoit dans la cité démocratique le nom d'« égalité »
(*isonomie*, égalité selon la loi). Calliclès lui oppose une
forme de justice hiérarchique (le fort doit avoir un pouvoir à sa mesure), qu'il fonde, de fait, en nature : il existe un droit par nature, un juste selon la nature (484c1,
puis 484b1). Ce juste naturel repose sur la force, quali-
fiée comme une force physique (une aptitude à vaincre),

une supériorité de certains vivants sur d'autres (les animaux, les humains, les cités ; 482e-484d). C'est une force naturelle, au sens où la loi positive ne peut pas passer outre le fait de la hiérarchie des espèces (qu'elles soient animales ou *humaines* : il y a des espèces, des races humaines, et l'égalité du genre humain, comme l'égalité des individus au sein d'un même groupe, est une erreur, un artifice légal contre-nature) et de l'inégalité des dispositions. Suivre la nature, reconnaître politiquement cette hiérarchie naturelle, suppose donc que l'on donne le pouvoir aux forts. La rhétorique politique de Calliclès est un plaidoyer oligarchique, antidémocratique[23], qui s'appuie en partie sur l'opposition sophistique de la nature et de la loi (ou de la convention, *nomos*). En partie, car Platon ne vise pas seulement à travers Calliclès une école ou une doctrine, mais une idéologie politique, celle de l'aristocratie athénienne hostile à la souveraineté du peuple et favorable à l'empire athénien[24]. Que certains arguments sophistiques soient utilisés par les représentants de ce parti est manifeste, mais la portée de la critique politique platonicienne dépasse la simple réfutation doctrinale[25]. De cette doctrine, les fragments conservés des œuvres d'Antiphon (c. 470-c. 411)[26], donnent sans doute la ver-

---

23. A. NESCHKE donne une analyse suivie des arguments de Calliclès et de la théorie de la loi que leur oppose Socrate : *Platonisme politique et théorie du droit naturel*, leçon 4 (p. 107-135).

24. Car il faut préciser que Calliclès, parce qu'il se prononce en faveur de la souveraineté et de l'impérialisme athéniens, n'est pas favorable au ralliement idéologique à Sparte ; c'est un oligarque, mais pas un laconisant.

25. C'est A. Neschke qui explique comment l'opposition nature/loi que reprend Calliclès est d'abord un lieu commun de la rhétorique politique avant d'être une théorie sophistique, *op. cit.*, p. 116-118.

26. Voir les références bibliographiques en fin de volume. L'identité d'Antiphon est assez floue. Ici, contre ce qui semble avoir été l'engagement d'Antiphon en faveur de la démocratie, Platon pro-

sion la plus proche des arguments de Calliclès. Selon Antiphon, la loi conventionnelle présente pour caractéristiques de ne pas être nécessaire et d'être parfois désavantageuse à la vie humaine[27]. La nature est un ensemble de phénomènes et de processus nécessaires, auxquels il est impossible de se soustraire, que l'on ne peut contrarier d'aucune façon. Au contraire, la loi de la cité n'atteint à aucune nécessité inconditionnelle, et ce qu'elle prescrit pourra toujours être transgressé. En ce sens et parce qu'elle tente de contrarier la nature humaine, la loi est une prescription illégitime, comme ajoutée à la nature[28]. C'est la raison pour laquelle Antiphon condamne le droit comme un ensemble de prescriptions arbitraires et contraires à l'exercice naturel des fonctions humaines, du plaisir et des joies. Or c'est précisément dans l'usage libre et naturel de ces fonctions que pourrait résider une véritable liberté, créatrice de concorde entre les hommes. Calliclès répète donc l'essentiel du constat d'Antiphon, en l'adaptant à une stratégie d'appropriation du pouvoir détenu par le grand nombre de ceux que la nature a défavorisés et qui la brident chez les forts par le moyen de la loi. Au juste naturel de Calliclès, Socrate oppose une théorie originale de la justice, qui se distingue à la fois du naturalisme oligarchique de son adversaire et de la défense de la loi démocratique. Plutôt que de discuter de la nature ou de la légitimité du pouvoir politique et de son droit, Socrate choisit de défendre

---

pose des arguments du sophiste une version antidémocratique (c'est la raison pour laquelle on peut songer à confondre Antiphon le sophiste. et Antiphon de Rhamnonte, orateur réactionnaire membre des Quatre Cents de la révolution oligarchique de 411).

27. Dans le *Protagoras*, Hippias le sophiste dit de la loi qu'elle est le « tyran des hommes » (337d).

28. Comme le souligne A. Neschke, « Antiphon est le premier penseur à établir clairement la différence entre la règle physique non impérative [parce que toujours nécessaire] et la règle sociale impérative », *op. cit.*, p. 144.

une autre forme de *droit naturel*[29]. Celui-ci ne sera pas une déduction de la nature au droit, comme on pourrait s'y attendre (en songeant que Socrate devrait défendre un droit « juste », en conformité avec la nature[30]), mais une identité de la loi et de la nature conçues comme « ordre ». La nature et la loi sont deux espèces d'ordonnancement du multiple, deux sortes d'organisation, dans un même tout, d'éléments distincts. Ce que le monde est (un tout ordonné), la loi peut l'être au prix de l'application d'une mesure que Socrate nomme, d'après les savants pythagoriciens, l'égalité « géométrique » (508a). Connaître l'ordre du monde, savoir ce qu'est la nature doit ainsi permettre de déterminer la mesure qui convient à la meilleure organisation de la vie commune. La philosophie se présente alors et indistinctement comme intelligence de l'ordre naturel et ouvrière de l'ordre politique[31].

L'ordre de l'âme

Contre l'évidence naturelle du droit du plus fort, accuse Calliclès, la philosophie défend une imposture ignorante, celle du droit positif qui trahit une ignorance

---

29. L'expression peut paraître anachronique. Elle est défendue de façon convaincante par A. Neschke, qui voit en Platon le premier théoricien du droit naturel ; voir notamment, *op. cit.*, p. 126. L. STRAUSS avait défendu, dans une autre perspective, une hypothèse analogue (dans *Droit naturel et histoire*, 1953, traduit de l'anglais par M. Nathan et E. de Dampierre, Paris, Plon, 1954, puis Flammarion, 1986 ; particulièrement les chapitres III et IV).

30. C'est l'hypothèse d'E. R. Dodds, selon lequel Platon « ancre » le droit dans la nature, *op. cit.*, p. 336-337.

31. Cette définition suppose bien entendu que l'on puisse rapporter l'un à l'autre des deux sens du mot « nature », à la fois ce tout ordonné qu'est le monde et ce mode ou cette force de caractère qui fait que l'individu a telle ou telle conduite. Socrate y parvient donc en définissant la bonne nature individuelle (tempérante) comme une nature ordonnée, c'est-à-dire à son tour comme une sorte de petit monde, un *microcosme*.

de ce que sont l'homme et les affaires humaines. La philosophie est un discours pédagogique qui s'efforce de substituer à la vérité de fait (naturelle) une justification bavarde et finalement rhétorique de la faiblesse. D'où les accusations de pédagogie pour enfant, de bavardage et, finalement, de bêtise que lui voue Calliclès pour conclure que le philosophe mérite les coups qu'on est en droit de lui donner.

La principale critique ici faite à la philosophie n'est pas seulement qu'elle est ignorante du juste naturel, mais surtout qu'elle le devient peu à peu de ce que vivre signifie, de ce que sont les hommes et les affaires humaines. Parce qu'elle persiste à vouloir occulter la nature, celle des besoins et des plaisirs, elle se maintient dans l'ignorance de ce que sont les hommes et son discours se découvre dépourvu d'objet (c'est le babil du philosophe qui « philosophe »[32]). L'incompétence du philosophe est donc aussi bien anthropologique (la nature humaine n'est pas comprise) qu'éthique (le mode de vie qu'elle défend est inadéquat à cette nature) et politique (485c-e).

De la sorte, incapable de contribuer au gouvernement des conduites et des cités, la philosophie se voue elle-même à sa propre perte (486a-b). C'est un avertissement prémonitoire. Non seulement parce qu'il s'agit bien sûr d'une allusion très explicite à la mort de Socrate (qui ne s'est pas défendu comme il aurait dû le faire pour échapper à la mort en 399), mais aussi parce qu'il fixe à la philosophie un objectif politique[33]. Calliclès, encore

32. Dans la bouche de Calliclès (voir surtout 485a-c), le fait de *philosophein* est particulièrement péjoratif (dans sa traduction, M. Canto l'a bien rendu par « philosophailler »). La critique du *philosophein* est semblable à celle du philosophe qui « météorologise » (qui passe son temps dans les étoiles) ; sur ce sujet, voir la note 292 à la traduction du *Phèdre* par L. BRISSON (Paris, GF-Flammarion, 1989, p. 227-228) et l'étude de C. GAUDIN, « Remarques sur la météorologie chez Platon », *Revue des études anciennes*, 72, 3-4, 1970, p. 332-343.

une fois, comprend l'objet de la critique socratique de la rhétorique (le gouvernement des conduites dans la cité) ; il la retourne ici contre la philosophie elle-même. En montrant de manière générale que l'attitude philosophique est celle de la démission (« philosopher », c'est fuir la cité en babillant), et en insistant plus précisément (c'est un rappel du texte sur la réfutation) sur le caractère confidentiel de la discussion philosophique (485d-e). La philosophie fait le choix des entretiens particuliers, renonçant ainsi à la parole publique. Elle confond donc la pédagogie individuelle et le gouvernement de la cité ; elle reste un discours de précepteur (avec le mode de vie minable qui lui correspond). Si le réquisitoire de Calliclès est d'une extrême sévérité, il est aussi d'une grande fidélité au début du dialogue, puisqu'il met précisément en cause chacune des réfutations conduites avec succès sur Gorgias et Polos. Afin d'y répondre et de développer sa propre thèse concernant la vie juste, Socrate doit donc revenir sur la définition de la loi et de la nature, défendre la philosophie et justifier la pertinence du savoir et de l'ordre en matière de vie commune. C'est à quoi il s'emploie dans un exposé solitaire, auquel le mutisme de Calliclès l'a habilement contraint[34], dont l'unique objet est l'ordre de l'âme, à la fois destinataire des discours rhétoriques, sujet de savoir et sujet de la conduite humaine.

L'essentiel de l'argument socratique consiste dans l'examen des conditions psychologiques des deux *manières de vivre* contraires auxquelles le débat éthique

33. Si la philosophie peut prendre au sérieux la menace de Calliclès (et la mort de Socrate), c'est en ne renonçant pas à l'intervention politique et aux affaires de la cité. L'Académie, que Platon fonde probablement à l'époque où il rédige le *Gorgias*, avait notamment pour vocation de favoriser cette intervention.

34. De 505c à la fin du texte, le dialogue ne reprend qu'en deux occasions (510a-513c et 519e-523a). Dans les deux cas, la discussion porte sur la vie dans la cité, qu'il s'agisse de la puissance qu'y exerce le tyran ou de l'attitude que peut y adopter un homme de bien.

se trouve résumé. Au mode de vie intempérant qui défend la satisfaction des plaisirs, Socrate oppose donc une vie soumise à l'ordre *(taxis)* et à l'arrangement *(kosmos)* du corps comme de l'âme. Les normes qui étaient celles de l'action dans la discussion avec Polos (bonté, justice, avantage et beauté) sont ici expliquées et fondées : elles sont des états de l'âme. Des états ou qualités qui sont le résultat d'un certain ordonnancement. De la nature de l'âme, le *Gorgias* ne dit que peu de chose (c'est une explication qu'on ne trouvera que dans le *Phédon* et dans la *République*). Socrate se contente de la décrire selon les fonctions qu'elle est susceptible d'accomplir (opiner ; croire ; connaître ; prendre soin du corps et le diriger ; être courageuse ; être pieuse). Indépendamment de ce que peut être son exacte nature, l'âme présente une part d'indétermination ou de malléabilité. Adopter un mode de vie signifie alors qu'on forme ou oriente son âme dans une certaine direction. Socrate et Calliclès défendent ainsi deux orientations contraires, deux types de formation (494e-505b). La critique socratique de l'intempérance n'est toutefois pas une critique des plaisirs en tant que tels. Ici comme ailleurs (dans la *République* par exemple), Platon ne condamne pas les plaisirs en tant que tels. Il condamne l'impossibilité dans laquelle se trouvent certains hommes à distinguer les plaisirs et à apprécier l'opportunité de leur satisfaction.

Socrate définit le plaisir comme la satisfaction d'un état de peine (le besoin ou le désir, 496c-d), ou plutôt comme le contraire de cette peine (on souffre de faim, on prend plaisir à manger). C'est là un processus (le plaisir remplaçant progressivement la douleur), qui ne mérite aucune qualification éthique : la peine et le plaisir sont éprouvés par tous les hommes quels qu'ils soient, sans différence de degré. Ces précisions ont pour objet, dans la réfutation, de faire admettre à Calliclès que la peine et le plaisir sont indissociables (ce sont les

deux termes d'un même processus, le soulagement) et qu'ils ne peuvent aucunement servir de synonymes au mal et au bien (comme le suppose l'argument hédoniste en faisant de la vie bonne la vie de plaisir(s)). Que l'on soit bon ou mauvais, sage et courageux ou lâche et insensé, on éprouve de la peine et du plaisir (498e-499b). L'argument platonicien rappelle le fragment d'Héraclite selon lequel c'est « la maladie qui rend la santé agréable et bonne, la faim satiété, la fatigue repos »[35]. L'unité des contraires, dont Héraclite avait fait le principe de son explication de la réalité, exigeait selon lui que l'on considère toujours le plaisir comme le résultat de la disparition d'une souffrance : le plaisir est satiété (ici *koros*), satisfaction d'un besoin, et ne peut du coup être dissocié de son contraire. Platon retient le schéma de cette contrariété pour définir ici le plaisir comme satisfaction *(plêrôsis)* d'un besoin, c'est-à-dire d'un état de manque. Le plaisir est ainsi l'état d'abondance ou d'absence d'envie *(aphthonia)* qui succède par exemple à la souffrance. Retrouver la santé après une maladie ou boire lorsqu'on a soif sont des plaisirs pour cette raison. Mais ce ne sont là que deux cas de plaisirs parmi d'autres. On peut parfaitement éprouver du plaisir sans avoir préalablement souffert, comme c'est le cas lorsqu'on entend une belle musique ou que l'on découvre un beau corps[36]. Au contraire de ce qu'on s'est parfois plu à imaginer, en songeant sans soute qu'une telle rigueur lui conviendrait bien, il n'y a pas chez Platon de condamnation du plaisir. Mieux encore, il n'y a pas même de suspicion du plaisir. S'il fallait caractériser l'attitude platonicienne en la matière, le terme d'hédonisme serait le plus approprié. Mais il est encore trop faible et impropre pour désigner la manière dont Socrate

---

35. Je traduis le fragment 111 de l'édition Diels-Kranz (cité par Stobée, *Anthologie*, III, 1, 176-7).

36. Comme le souligneront la *République*, IX, 584a-b, et le *Philèbe*, 51a-c.

définit ici la recherche et l'usage des plaisirs comme le propre même de la philosophie. On réservera alors le terme d'hédonisme à l'attitude malheureuse, celle de Calliclès, qui consiste à poursuivre aveuglément et indistinctement les plaisirs, sans jamais comprendre que certains sont bons et d'autres mauvais, c'est-à-dire en ignorant toujours qu'il en existe de plus grands. Montrer à Calliclès que le plaisir peut procéder de la souffrance, c'est lui apprendre que certains plaisirs ne sont finalement que des retours à des états antérieurs de bien-être ou de santé, quand les véritables plaisirs sont ceux qui procurent un avantage à celui qui les éprouve. Ceux-là seuls sont bons. De sorte que, pour jouir d'autre chose que d'un soulagement (comme lorsque Calliclès se gratte toutes les parties ; 494e), il faut « consacrer sa vie à la philosophie » (500c). Ce qui ne signifie pas seulement qu'elle est une activité plaisante, mais qu'elle est aussi le moyen du plaisir. La jouissance des choses, des discours, des corps, des pensées suppose une réflexion (pour discerner ce qui est véritablement plaisant) et une maîtrise (l'usage des plaisirs). Comme l'avait déjà signalé Socrate dans le *Protagoras*, « c'est un manque de science qui fait faire de mauvais choix fautifs entre les plaisirs et les peines » (357d). La théorie platonicienne de la distinction et de l'usage des plaisirs suppose ainsi que l'on ne confonde pas les plaisirs et le bien. Non pas du tout parce qu'ils seraient des contraires[37], mais simplement parce que tous les plaisirs ne sont pas bons (494e-495). Or si c'est bien le bonheur compris comme vie plaisante qu'il s'agit de poursuivre, il est nécessaire de posséder le savoir qui permet de choisir entre les moyens de l'atteindre. Ceux-ci ne sont pas

---

37. Ce qui est la position de Speusippe, telle qu'ARISTOTE la critique dans l'*Éthique à Nicomaque*, X, 1173a10-20 (voir les deux premiers chapitres du livre X, qui dressent un état des lieux, sur cette question du plaisir, des principaux disciples immédiats de Platon ; commentaire et traduction par P. Pellegrin, Paris, Nathan, 1995).

exclusivement « spirituels »[38], comme l'indiquent toutes les actions et objets donnés ici comme exemples de choses plaisantes ; mais tous ont en commun d'être éprouvés à l'avantage de leur sujet, qui est l'âme.

« Dans l'âme, l'ordre et l'harmonie *(taxesin kai kos-mêsin)* s'appellent la discipline et la loi, qui font les bons citoyens et les honnêtes gens : et c'est cela qui constitue la justice et la tempérance » (504d1-3).

L'axiome qui sert de principe à l'argument psychologique est donc que l'*excellence, pour une chose, c'est d'être ordonnée.* Atteindre cette excellence suppose d'abord que l'on puisse identifier ce qui fait la spécificité de toute chose, la nature de toute réalité (506d). Comme le signale Socrate, c'est le modèle technique qui montre le mieux comment on doit connaître une réalité quelconque. Connaître une chose, c'est connaître le matériau qui la compose et la fonction qu'elle accomplit ; ici, de quoi est faite l'âme et quelle est sa fonction. Dans le *Gorgias*, Platon néglige la première question (c'est le *Phédon* qui mène cette enquête) pour ne s'intéresser qu'à l'état de l'âme et à l'exercice de sa fonction. L'ordre qui fait la qualité de l'âme, c'est une certaine structure, qui lui permet d'exercer sa fonction. Cet ordre de l'âme, Socrate le fait consister dans la tempérance (la *sôphrosunê*). La notion est plus vaste que son équivalent français, puisqu'elle signifie à la fois une intelligence pratique (un bon jugement ou un bon sens) et une maîtrise de soi (la tempérance en matière de plaisirs). Être tempérant, c'est être bien réglé, en connaissance de cause ; la tempérance est le but de la vie bonne, de celle du particulier comme de celle de la cité. De la sorte, la vie bonne n'est pas vertueuse sous tel ou tel aspect, mais elle l'est entièrement. En 507a-c, Socrate explique que

---

38. Pour Platon, l'âme est le sujet de la sensation, c'est-à-dire aussi des impressions sensibles qui affectent le corps. La distinction de sensations corporelles et psychologiques n'a de ce fait aucune pertinence pour le philosophe. Voir le *Timée*, 61c-69a.

l'âme « tempérante » est celle qui réunit l'ensemble des vertus[39] : il n'y a de vertu (individuelle et collective) que si l'on parvient à instaurer la totalité ordonnée (un *kosmos*) de toutes les vertus, que Socrate désigne comme vie heureuse. Et c'est au nom de cette vie heureuse et réglée qu'il démontre une nouvelle fois la nécessité de fuir l'injustice et celle de la subir quand elle s'impose. Afin de justifier le choix de ce mode de vie raisonnable et rationnelle, Socrate tente d'en donner une justification technique et une justification politique, avant de les réunir dans une même proposition philosophique.

L'ordre de la cité

« Mais appartient-il au premier venu de distinguer, dans le nombre des choses agréables, celles qui sont bonnes et celles qui sont mauvaises ? Ou bien est-ce le fait d'un technicien particulier pour chaque cas ? » (500a7-9). La nécessaire discrimination des plaisirs vient finalement compléter et expliquer *a posteriori* la définition de la rhétorique comme espèce de flatterie, procédé destiné à procurer du plaisir. Le bien ne peut faire l'objet que d'une détermination technique : c'est le technicien, parce qu'il connaît la nature de son objet, qui peut apprécier ce qui convient à l'intérêt de l'objet qu'il produit ou dont il a l'usage[40]. Dans la mesure où la compétence technique fait défaut aux espèces de la flatterie,

---

39. La *République* développera cet argument en donnant non plus à la tempérance mais à la justice ce statut d'harmonie des vertus. Le juste, c'est ce qui résulte de la réalisation de l'unité des vertus, qu'on peut alors alors considérer comme les différentes parties d'une même vertu enfin unifiée (IV, 443c-444a).

40. Le bien et l'avantage, ce qui est le meilleur pour une chose, sont donc toujours tenus pour synonymes. La notion de bien employée ici, à la différence de ce que concevra la *République* sous l'espèce de la forme du bien, reste simplement générique : il n'existe que des biens particuliers, des espèces de biens aussi nombreuses que les choses. Tous ces biens ont en commun d'être l'avantage particulier à chacune d'elles.

elles resteront incapables de discerner parmi les plaisirs. Appliqué à la parole publique et au contexte politique, ce constat permet de distinguer, de nouveau, la flatterie rhétorique et une possible rhétorique qui seule serait belle parce qu'elle œuvrerait à l'amélioration des âmes des citoyens (503a). Mais celle-ci n'est qu'une possibilité, dont Socrate montre l'absence : jamais il n'a existé de rhéteur qui montre une telle compétence. La leçon est bien sûr politique ; c'est la fonction gouvernementale qui est ici en cause et l'existence d'un politique doué d'une compétence technique susceptible de lui permettre de rendre meilleurs ses concitoyens. Socrate en donne d'abord une justification technique, en soulignant qu'il est nécessaire, pour faire les bons choix, pour bien gouverner son existence, de posséder une compétence technique (connaître l'objet dont on prend soin[41]). La vie heureuse suppose un savoir. C'est ce que montre ensuite la justification proprement politique de son argument : la vie commune exige la justice, au risque sinon que nulle politique ne soit jamais possible. C'est ce qui explique l'introduction dans sa démonstration du critère nouveau de l'amitié (510b sq.). Bien vivre en commun, c'est entretenir avec des semblables des rapports d'amitié, c'est-à-dire se rendre semblable à ceux qui dirigent cette vie commune. C'est à cette condition amicale qu'il peut y avoir un consentement au pouvoir et une communauté de jugement (510c-d), faute desquels la cité vivra mal, dans un état de dissension.

Comme on l'a signalé, Platon réunit ces deux justifications de la vie bonne pour soutenir la thèse selon laquelle la bonne vie en commun exige une compétence, une technique dont l'objet est le soin des citoyens. C'est le sens de la comparaison avec la technique du pilote (511c-513c), qui a pour objet de montrer que toutes les techniques prennent soin d'un aspect de la réalité ou de

41. En d'autres termes et comme le développe l'*Alcibiade*, il faut se connaître soi-même.

la vie, mais pas de l'orientation même de la vie, de sa nature (le pilote conduit des vivants à bon port, il n'a pas le souci de la bonté ou du vice des vies de ses passagers). La politique est donc cette technique qui saura discerner, parmi toutes les orientations, la *bonne vie*. La discussion des pages 509c-522e établit qu'Athènes n'a jamais connu de *technicien de la vie commune* qui réponde à l'exigence selon laquelle le véritable politique doit rendre meilleurs ses concitoyens. À l'exception, peut-être, du seul Socrate.

Il est assez clair que les conditions de l'existence d'une véritable politique sont philosophiques, au sens où la philosophie entend précisément être le savoir qui prend la vie pour objet et qui montre comment le gouvernement des individus suppose une certaine formation de leur âme. Les entretiens du *Gorgias* s'achèvent ainsi sur une définition politique de la philosophie, sur la définition de la position politique que peut et doit adopter la philosophie (521a-522e). Le *Gorgias* aura donc accompli un véritable tournant dans la doctrine platonicienne en lui donnant ici une orientation strictement politique dont on sait qu'elle est au principe même du projet de la *République* qui est de donner une définition politique de la philosophie. Le *Gorgias* s'achève ainsi sur un mot d'ordre ou un programme : la philosophie doit prendre soin de la cité.

Épilogue mythique

Le dialogue a toutefois une autre fin, sous la forme d'un mythe eschatologique. À la manière notamment de la fin du *Phédon* ou de la *République*, ce récit a pour objet de donner une représentation fictive de la thèse générale du dialogue. Non plus sous la forme d'une démonstration rationnelle[42], mais d'une fiction poétique qui doit *faire voir* combien la vie injuste est mauvaise en

montrant ce qu'il advient des injustes châtiés dans l'enfer du Tartare[43].

Au sein de la terre, dans cette géographie infernale dont le mythe eschatologique du *Phédon* (107d-114d)[44] donnera une carte encore plus précise, c'est la vie de l'âme qui est jugée. L'âme des défunts coupables porte les traces de ses crimes, de sa conduite, quand celle des hommes tempérants, qui partent vers les Îles des Bienheureux, porte sur elle la preuve de son ordre. L'âme, apprend-on alors, ne saurait être distinguée de son histoire, du mode de vie et de la conduite qui l'ont *formée*. Elle est, selon Platon, plutôt qu'une substance immuable déjà dotée de ses qualités, cet équilibre de dispositions ou de tendances qu'une existence a rendu possible. À cet égard, elle est, *comme le corps*, le résultat d'une éthique de l'existence. C'est ainsi que le mythe se propose d'en revenir à l'entretien pour en tirer l'ultime leçon, en prouvant que la vie injuste n'a finalement aucune valeur et qu'aucun des trois interlocuteurs n'a su faire de l'intempérance une apologie convaincante.

---

42. Sur l'usage du mythe chez Platon et sur le couple qu'il forme avec le discours rationnel, voir l'étude de L. BRISSON, *Platon, les mots et les mythes*, Maspero-La Découverte, 1994[2].

43. La signification du mythe eschatologique fait l'objet encore aujourd'hui d'un certain nombre de débats. On peut par exemple se reporter, récemment, aux deux articles suivants : D. E. Klemm, « *Gorgias*, Law and Rhetoric », *Iowa Law Review*, 74, 1989, p. 819-826, qui discute E. J. Weinrib, « Law as Myth. Reflections on Plato's *Gorgias* », *Iowa Law Review*, 74, 1989, p. 787-806.

44. Sur cet autre mythe final, voir J.-Fr. PRADEAU, « Le monde terrestre. Le modèle cosmologique du mythe final du *Phédon* », *Revue philosophique de la France et de l'étranger*, I, janvier-mars 1996, p. 75-106.

La traduction du *Gorgias*

La traduction d'A. Croiset ici reprise n'a été modifiée, à l'exception de quelques ajouts ou corrections indispensables, que de manière à en rendre le vocabulaire plus homogène. J'ai systématiquement rendu les termes grecs décisifs (dont ceux de *technê*, *sôphrosunê*, *pistis*, *rhêtor*, *ôphelimos*, *elenchos*, etc.) par des équivalents identiques et plus fidèles à la langue des dialogues que ne l'étaient ceux adoptés par A. Croiset. Si l'édition déjà citée du *Gorgias* par E. R. Dodds ne donne pas une traduction intégrale du dialogue, ses notes en fournissent toutefois tout le matériau. On devra donc s'y référer pour poursuivre une analyse textuelle plus exacte.

GORGIAS

ΓΟΡΓΙΑΣ

[ἢ περὶ ῥητορικῆς, ἀνατρεπτικός.]

ΚΑΛΛΙΚΛΗΣ ΣΩΚΡΑΤΗΣ ΧΑΙΡΕΦΩΝ
ΓΟΡΓΙΑΣ ΠΩΛΟΣ

ΚΑΛΛΙΚΛΗΣ. Πολέμου καὶ μάχης φασὶ χρῆναι, ὦ 447
Σώκρατες, οὕτω μεταλαγχάνειν.

ΣΩΚΡΑΤΗΣ. ᾽Αλλ᾽ ἦ τὸ λεγόμενον κατόπιν ἑορτῆς
ἥκομεν καὶ ὑστεροῦμεν ;

ΚΑΛ. Καὶ μάλα γε ἀστείας ἑορτῆς· πολλὰ γὰρ καὶ καλὰ
Γοργίας ἡμῖν ὀλίγον πρότερον ἐπεδείξατο.

ΣΩ. Τούτων μέντοι, ὦ Καλλίκλεις, αἴτιος Χαιρεφῶν
ὅδε, ἐν ἀγορᾷ ἀναγκάσας ἡμᾶς διατρῖψαι.

ΧΑΙΡΕΦΩΝ. Οὐδὲν πρᾶγμα, ὦ Σώκρατες· ἐγὼ γὰρ καὶ b
ἰάσομαι. Φίλος γάρ μοι Γοργίας, ὥστ᾽ ἐπιδείξεται ἡμῖν, εἰ
μὲν δοκεῖ, νῦν, ἐὰν δὲ βούλῃ, εἰσαῦθις.

ΚΑΛ. Τί δέ, ὦ Χαιρεφῶν ; ἐπιθυμεῖ Σωκράτης ἀκοῦσαι Γοργίου ;

ΧΑΙ. ᾽Επ᾽ αὐτό γέ τοι τοῦτο πάρεσμεν.

ΚΑΛ. Οὐκοῦν ὅταν βούλησθε παρ᾽ ἐμὲ ἥκειν οἴκαδε·
παρ᾽ ἐμοὶ γὰρ Γοργίας καταλύει καὶ ἐπιδείξεται ὑμῖν.

ΣΩ. Εὖ λέγεις, ὦ Καλλίκλεις. ᾽Αλλ᾽ ἆρα ἐθελήσειεν

GORGIAS
[ou *sur la Rhétorique*, réfutatif]

CALLICLÈS SOCRATE CHÉRÉPHON GORGIAS POLOS

CALLICLÈS. – Tu arrives, Socrate, comme il faut, dit-on, arriver à la guerre et à la bataille.

SOCRATE. – Sommes-nous en retard ? Arrivons-nous, comme dit le proverbe, après la fête ?

CALLICLÈS. – Après une fête exquise : Gorgias vient de nous faire entendre une foule de belles choses.

SOCRATE. – La faute, Calliclès, en est à Chéréphon, ici présent : c'est à cause de lui que nous nous sommes attardés à l'agora.

CHÉRÉPHON. – Le mal n'est pas grand, Socrate ; je vais le réparer. Gorgias est mon ami : j'obtiendrai de lui une nouvelle séance, tout de suite, si tu le désires, ou, sinon, un autre jour.

CALLICLÈS. – Que dis-tu, Chéréphon ? Socrate désire entendre Gorgias ?

CHÉRÉPHON. – Oui, et c'est justement pour cela que nous venons.

CALLICLÈS. – Eh bien, venez chez moi quand vous voudrez : Gorgias est mon hôte et il vous donnera une séance.

SOCRATE. – Tu es fort aimable, Calliclès ; mais

ἂν ἡμῖν διαλεχθῆναι ; βούλομαι γὰρ πυθέσθαι παρ' αὐτοῦ c
τίς ἡ δύναμις τῆς τέχνης τοῦ ἀνδρός, καὶ τί ἐστιν ὃ ἐπαγ-
γέλλεταί τε καὶ διδάσκει· τὴν δὲ ἄλλην ἐπίδειξιν εἰσαῦθις,
ὥσπερ σὺ λέγεις, ποιησάσθω.

ΚΑΛ. Οὐδὲν οἷον τὸ αὐτὸν ἐρωτᾶν, ὦ Σώκρατες. Καὶ
γὰρ αὐτῷ ἓν τοῦτ' ἦν τῆς ἐπιδείξεως· ἐκέλευε γοῦν νυνδὴ
ἐρωτᾶν ὅ τι τις βούλοιτο τῶν ἔνδον ὄντων, καὶ πρὸς
ἅπαντα ἔφη ἀποκρινεῖσθαι.

ΣΩ. Ἦ καλῶς λέγεις. Ὦ Χαιρεφῶν, ἐροῦ αὐτόν.

ΧΑΙ. Τί ἔρωμαι ;

ΣΩ. Ὅστις ἐστίν.   d

ΧΑΙ. Πῶς λέγεις ;

ΣΩ. Ὥσπερ ἂν εἰ ἐτύγχανεν ὢν ὑποδημάτων δημιουργός, ἀπεκρίνατο ἂν δήπου σοι ὅτι σκυτοτόμος· ἢ οὐ μαν-
θάνεις ὡς λέγω ;

ΧΑΙ. Μανθάνω καὶ ἐρήσομαι. Εἰπέ μοι, ὦ Γοργία, ἀληθῆ
λέγει Καλλικλῆς ὅδε, ὅτι ἐπαγγέλλει ἀποκρίνεσθαι ὅ τι ἄν
τίς σε ἐρωτᾷ ;

ΓΟΡΓΙΑΣ. Ἀληθῆ, ὦ Χαιρεφῶν· καὶ γὰρ νυνδὴ αὐτὰ 448
ταῦτα ἐπηγγελλόμην, καὶ λέγω ὅτι οὐδείς μέ πω ἠρώτηκε
καινὸν οὐδὲν πολλῶν ἐτῶν.

ΧΑΙ. Ἦ που ἄρα ῥᾳδίως ἀποκρινεῖ, ὦ Γοργία.

ΓΟΡ. Πάρεστι τούτου πεῖραν, ὦ Χαιρεφῶν, λαμβάνειν.

ΠΩΛΟΣ. Νὴ Δία· ἂν δέ γε βούλῃ, ὦ Χαιρεφῶν, ἐμοῦ.
Γοργίας μὲν γὰρ καὶ ἀπειρηκέναι μοι δοκεῖ· πολλὰ γὰρ ἄρτι
διελήλυθεν.

---

1. Sa *dunamis*, ce dont elle est capable.

Gorgias consentirait-il à causer avec nous ? car mon dessein est de lui demander quelle est la puissance[1] propre à sa technique et quelle est au juste la chose dont il fait profession et qu'il enseigne. Quant au reste, il pourra, comme tu le dis, nous en donner le plaisir une autre fois.

CALLICLÈS. – Le mieux, Socrate, est de lui poser la question à lui-même ; car ce que tu demandes était justement dans son programme : il priait tout à l'heure les assistants de lui adresser les questions qu'ils voudraient et se faisait fort de répondre à toutes[2].

SOCRATE. – À merveille. Veuille donc l'interroger, Chéréphon.

CHÉRÉPHON. – Sur quel sujet ?

SOCRATE. – Sur ce qu'il est.

CHÉRÉPHON. – Comment l'entends-tu ?

SOCRATE. – Suppose que son métier fût de faire des chaussures : il te répondrait évidemment qu'il est cordonnier. Comprends-tu ce que je veux dire ?

CHÉRÉPHON. – Je comprends, et je vais l'interroger. Dis-moi, Gorgias, est-il vrai, comme l'affirme Calliclès, que tu te fais fort de répondre à toute question qu'on peut te poser ?

GORGIAS. – Rien de plus vrai, Chéréphon : c'est cela même que je viens de déclarer publiquement, et j'affirme que jamais personne, depuis des années, ne m'a posé une question qui ait pu me surprendre.

CHÉRÉPHON. – Alors, Gorgias, il te sera certes bien facile de me répondre.

GORGIAS. – Tu peux, Chéréphon, t'en assurer sur le champ.

POLOS. – Sans doute ; mais, si tu le veux bien, Chéréphon, tente plutôt l'épreuve sur moi-même. Gorgias me semble avoir droit au repos ; il a déjà beaucoup parlé tout à l'heure.

---

2. Cette prétention est caractéristique de la sophistique (telle que Platon la représente). Sur Gorgias, voyez la note critique A, en fin de volume.

ΧΑΙ. Τί δέ, ὦ Πῶλε ; οἴει σὺ κάλλιον ἂν Γοργίου ἀποκρίνασθαι ;

ΠΩΛ. Τί δὲ τοῦτο, ἐάν σοί γε ἱκανῶς ;   b

ΧΑΙ. Οὐδέν· ἀλλ᾽ ἐπειδὴ σὺ βούλει, ἀποκρίνου.

ΠΩΛ. Ἐρώτα.

ΧΑΙ. Ἐρωτῶ δή. Εἰ ἐτύγχανε Γοργίας ἐπιστήμων ὢν
τῆς τέχνης ἧσπερ ὁ ἀδελφὸς αὐτοῦ Ἡρόδικος, τίνα ἂν
αὐτὸν ὠνομάζομεν δικαίως ; οὐχ ὅπερ ἐκεῖνον ;

ΠΩΛ. Πάνυ γε.

ΧΑΙ. Ἰατρὸν ἄρα φάσκοντες αὐτὸν εἶναι καλῶς ἂν ἐλέγομεν.

ΠΩΛ. Ναί.

ΧΑΙ. Εἰ δέ γε ἧσπερ Ἀριστοφῶν ὁ Ἀγλαοφῶντος ἢ ὁ
ἀδελφὸς αὐτοῦ ἔμπειρος ἦν τέχνης, τίνα ἂν αὐτὸν ὀρθῶς
ἐκαλοῦμεν ;

ΠΩΛ. Δῆλον ὅτι ζωγράφον.   c

ΧΑΙ. Νῦν δ᾽ ἐπειδὴ τίνος τέχνης ἐπιστήμων ἐστίν, τίνα
ἂν καλοῦντες αὐτὸν ὀρθῶς καλοῖμεν ;

ΠΩΛ. Ὦ Χαιρεφῶν, πολλαὶ τέχναι ἐν ἀνθρώποις εἰσὶν
ἐκ τῶν ἐμπειριῶν ἐμπείρως ηὑρημέναι· ἐμπειρία μὲν γὰρ
ποιεῖ τὸν αἰῶνα ἡμῶν πορεύεσθαι κατὰ τέχνην, ἀπειρία δὲ
κατὰ τύχην. Ἑκάστων δὲ τούτων μεταλαμβάνουσιν ἄλλοι
ἄλλων ἄλλως, τῶν δὲ ἀρίστων οἱ ἄριστοι· ὧν καὶ Γοργίας
ἐστὶν ὅδε, καὶ μετέχει τῆς καλλίστης τῶν τεχνῶν.

ΣΩ. Καλῶς γε, ὦ Γοργία, φαίνεται Πῶλος παρεσκευά- d
σθαι εἰς λόγους· ἀλλὰ γὰρ ὃ ὑπέσχετο Χαιρεφῶντι οὐ
ποιεῖ.

---

3. Cet Hérodicos, de Léontinium, ne doit pas être confondu avec
Hérodicos de Sélymbrie, dont Platon a fait mention à plusieurs reprises
(cf. *Protagoras*, 316e).

4. Socrate emploiera par la suite comme synonymes *technê* (technique) et *epistêmê* (science, savoir). L'absence de distinction tranchée

CHÉRÉPHON. – Quoi, Polos ? Te crois-tu plus capable de me répondre que Gorgias ?

POLOS. – Que t'importe, si je puis le faire assez bien pour toi ?

CHÉRÉPHON. – Cela m'est égal en effet. Réponds-moi donc, puisque telle est ta fantaisie.

POLOS. – Parle.

CHÉRÉPHON. – Voici ma question. Si Gorgias possédait la connaissance de la même technique que son frère Hérodicos[3], quelle est l'appellation qui lui conviendrait ? La même qu'à son frère, n'est-il pas vrai ?

POLOS. – Sans doute.

CHÉRÉPHON. – Nous aurions raison, par conséquent, de l'appeler médecin ?

POLOS. – Oui.

CHÉRÉPHON. – Et s'il avait de l'expérience dans la même technique qu'Aristophon, fils d'Aglaophon, ou que le frère d'Aristophon, comment faudrait-il l'appeler ?

POLOS. – Peintre, bien évidemment.

CHÉRÉPHON. – Mais, en fait, de quelle technique possède-t-il la connaissance et quel nom par suite devons-nous lui donner[4] ?

POLOS. – Chéréphon, il existe parmi les hommes une foule de techniques différentes, savantes créations de l'expérience ; car l'expérience dirige notre vie selon la technique, et l'absence d'expérience la livre au hasard. Entre ces différentes techniques, les uns choisissent les unes, les autres choisissent les autres, et les meilleurs choisissent les meilleurs. Gorgias est du nombre de ces derniers, et il a en partage les techniques les plus belles.

SOCRATE. – Je vois, Gorgias, que Polos excelle dans les discours ; mais il ne fait pas ce qu'il avait promis à Chéréphon.

entre ces deux termes est courante chez Platon, pour qui toute technique suppose précisément la connaissance, la science de son objet.

ΓΟΡ. Τί μάλιστα, ὦ Σώκρατες ;

ΣΩ. Τὸ ἐρωτώμενον οὐ πάνυ μοι φαίνεται ἀποκρίνεσθαι.

ΓΟΡ. Ἀλλὰ σύ, εἰ βούλει, ἐροῦ αὐτόν.

ΣΩ. Οὔκ, εἰ αὐτῷ γε σοὶ βουλομένῳ ἐστὶν ἀποκρίνεσθαι, ἀλλὰ πολὺ ἂν ἥδιον σέ. Δῆλος γάρ μοι Πῶλος καὶ ἐξ ὧν εἴρηκεν ὅτι τὴν καλουμένην ῥητορικὴν μᾶλλον μεμελέτηκεν ἢ διαλέγεσθαι.

ΠΩΛ. Τί δή, ὦ Σώκρατες ;   e

ΣΩ. Ὅτι, ὦ Πῶλε, ἐρομένου Χαιρεφῶντος τίνος Γοργίας ἐπιστήμων τέχνης, ἐγκωμιάζεις μὲν αὐτοῦ τὴν τέχνην ὥσπερ τινὸς ψέγοντος, ἥτις δέ ἐστιν οὐκ ἀπεκρίνω.

ΠΩΛ. Οὐ γὰρ ἀπεκρινάμην ὅτι εἴη ἡ καλλίστη ;

ΣΩ. Καὶ μάλα. Ἀλλ' οὐδεὶς ἐρωτᾷ ποία τις εἴη ἡ Γοργίου τέχνη, ἀλλὰ τίς, καὶ ὅντινα δέοι καλεῖν τὸν Γοργίαν· ὥσπερ τὰ ἔμπροσθέν σοι ὑπετείνατο Χαιρεφῶν καὶ αὐτῷ καλῶς καὶ διὰ βραχέων ἀπεκρίνω, καὶ νῦν οὕτως εἰπὲ τίς 449 ἡ τέχνη καὶ τίνα Γοργίαν καλεῖν χρὴ ἡμᾶς. Μᾶλλον δέ, ὦ Γοργία, αὐτὸς ἡμῖν εἰπὲ τίνα σε χρὴ καλεῖν ὡς τίνος ἐπιστήμονα τέχνης.

ΓΟΡ. Τῆς ῥητορικῆς, ὦ Σώκρατες.

ΣΩ. Ῥήτορα ἄρα χρή σε καλεῖν ;

ΓΟΡ. Ἀγαθόν γε, ὦ Σώκρατες, εἰ δὴ ὅ γε εὔχομαι εἶναι, ὡς ἔφη Ὅμηρος, βούλει με καλεῖν.

ΣΩ. Ἀλλὰ βούλομαι.

ΓΟΡ. Κάλει δή.

ΣΩ. Οὐκοῦν καὶ ἄλλους σε φῶμεν δυνατὸν εἶναι b ποιεῖν ;

ΓΟΡ. Ἐπαγγέλλομαί γε δὴ ταῦτα οὐ μόνον ἐνθάδε ἀλλὰ καὶ ἄλλοθι.

---

5. Le critère véritable de la possession d'un savoir, quel qu'il soit, est pour Platon la capacité de celui qui le possède à l'enseigner.

GORGIAS. – Que lui reproches-tu exactement ?

SOCRATE. – Il ne me paraît pas tout à fait répondre à la question.

GORGIAS. – Eh bien, si tu le préfères, interroge-le toi-même.

SOCRATE. – Je n'en ferai rien, si tu consens à me répondre en personne. Je le préférerais de beaucoup, car le langage même de Polos me prouve qu'il s'est plutôt exercé à ce qu'on appelle la rhétorique qu'au dialogue.

POLOS. – Pourquoi cela, Socrate ?

SOCRATE. – Parce que Chéréphon te demande de quelle technique Gorgias a la connaissance, et que tu fais l'éloge de sa technique comme si on l'attaquait, sans indiquer en quoi elle consiste.

POLOS. – N'ai-je pas répondu qu'elle était la plus belle ?

SOCRATE. – Assurément ; mais on ne te demandait pas quelle en était la qualité : on te demandait ce qu'elle était, et quel nom il fallait donner à Gorgias. Dans les exemples précédemment proposés par Chéréphon, tu lui avais répondu avec justesse et brièveté. Dis-moi de la même façon quelle est la technique de Gorgias et quel nom nous devons lui donner à lui-même. Ou plutôt, Gorgias, dis-nous toi-même quelle technique tu exerces et comment en conséquence nous devons t'appeler.

GORGIAS. – La rhétorique, Socrate.

SOCRATE. – Par conséquent, nous devons t'appeler rhéteur ?

GORGIAS. – Et bon rhéteur, Socrate, si tu veux me nommer d'après ce que « je me vante d'être », comme dit Homère.

SOCRATE. – C'est tout ce que je désire.

GORGIAS. – Appelle-moi donc ainsi.

SOCRATE. – Et nous dirons en outre que tu es capable de former des disciples à ton image[5] ?

GORGIAS. – Telle est en effet la prétention que j'affirme, non seulement ici, mais partout ailleurs.

ΣΩ. Ἆρ' οὖν ἐθελήσαις ἄν, ὦ Γοργία, ὥσπερ νῦν δια-
λεγόμεθα, διατελέσαι τὸ μὲν ἐρωτῶν, τὸ δ' ἀποκρινόμενος,
τὸ δὲ μῆκος τῶν λόγων τοῦτο, οἷον καὶ Πῶλος ἤρξατο,
εἰσαῦθις ἀποθέσθαι ; Ἀλλ' ὅπερ ὑπισχνεῖ, μὴ ψεύσῃ, ἀλλὰ
ἐθέλησον κατὰ βραχὺ τὸ ἐρωτώμενον ἀποκρίνεσθαι.

ΓΟΡ. Εἰσὶν μέν, ὦ Σώκρατες, ἔνιαι τῶν ἀποκρίσεων
ἀναγκαῖαι διὰ μακρῶν τοὺς λόγους ποιεῖσθαι· οὐ μὴν
ἀλλὰ πειράσομαί γε ὡς διὰ βραχυτάτων. Καὶ γὰρ αὖ καὶ c
τοῦτο ἕν ἐστιν ὧν φημί, μηδένα ἂν ἐν βραχυτέροις ἐμοῦ
τὰ αὐτὰ εἰπεῖν.

ΣΩ. Τούτου μὴν δεῖ, ὦ Γοργία· καί μοι ἐπίδειξιν
αὐτοῦ τούτου ποίησαι, τῆς βραχυλογίας, μακρολογίας δὲ
εἰσαῦθις.

ΓΟΡ. Ἀλλὰ ποιήσω, καὶ οὐδενὸς φήσεις βραχυλογω-
τέρου ἀκοῦσαι.

ΣΩ. Φέρε δή· ῥητορικῆς γὰρ φὴς ἐπιστήμων τέχνης
εἶναι καὶ ποιῆσαι ἂν καὶ ἄλλον ῥήτορα· ἡ ῥητορικὴ περὶ d
τί τῶν ὄντων τυγχάνει οὖσα; ὥσπερ ἡ ὑφαντικὴ περὶ τὴν
τῶν ἱματίων ἐργασίαν· ἢ γάρ ;

ΓΟΡ. Ναί.

ΣΩ. Οὐκοῦν καὶ ἡ μουσικὴ περὶ τὴν τῶν μελῶν
ποίησιν ;

ΓΟΡ. Ναί.

ΣΩ. Νὴ τὴν Ἥραν, ὦ Γοργία, ἄγαμαί γε τὰς ἀποκρί-
σεις, ὅτι ἀποκρίνει ὡς οἷόν τε διὰ βραχυτάτων.

ΓΟΡ. Πάνυ γὰρ οἶμαι, ὦ Σώκρατες, ἐπιεικῶς τοῦτο
ποιεῖν.

ΣΩ. Εὖ λέγεις. Ἴθι δή μοι ἀπόκριναι οὕτως καὶ περὶ
τῆς ῥητορικῆς, περὶ τί τῶν ὄντων ἐστὶν ἐπιστήμη ;

ΓΟΡ. Περὶ λόγους.

ΣΩ. Ποίους τούτους, ὦ Γοργία ; ἆρα οἳ δηλοῦσι τοὺς c
κάμνοντας, ὡς ἂν διαιτώμενοι ὑγιαίνοιεν ;

ΓΟΡ. Οὔ.

SOCRATE. – Consentirais-tu, Gorgias, à poursuivre l'entretien comme nous l'avons commencé, par demandes et réponses, en gardant pour une autre occasion cette ampleur de discours par où Polos avait débuté ? Mais sois fidèle à ta promesse et veuille répondre à mes questions avec brièveté.

GORGIAS. – Il y a des réponses, Socrate, qui exigent de longs développements. Cependant je tâcherai d'être aussi bref que possible ; car c'est encore une de mes prétentions, que personne ne puisse dire en moins de mots les mêmes choses que moi.

SOCRATE. – C'est ce dont j'ai besoin, Gorgias ; fais-moi donc admirer cet aspect de ton talent, la brièveté ; l'ampleur sera pour une autre fois.

GORGIAS. – Ainsi ferai-je, Socrate, et tu devras reconnaître que tu n'as jamais rencontré langage plus concis.

SOCRATE. – Eh bien, puisque tu dis que tu as la connaissance de la rhétorique et que tu es capable de former des rhéteurs, dis-moi à quel sujet se rapporte cette rhétorique. Le tissage, par exemple, se rapporte à la fabrication des étoffes, n'est-il pas vrai ?

GORGIAS. – Oui.

SOCRATE. – La musique à la création des mélodies ?

GORGIAS. – Oui.

SOCRATE. – Par Héra, Gorgias, j'admire tes réponses pour leur brièveté sans égal !

GORGIAS. – Je crois en effet, Socrate, que j'y réussis assez bien.

SOCRATE. – Très juste. Dis-moi donc de la même façon, à propos de la rhétorique, de quel objet elle est la science.

GORGIAS. – Des discours.

SOCRATE. – De quels discours ? De ceux qui indiquent aux malades le régime à suivre pour retrouver la santé ?

GORGIAS. – Non.

ΣΩ. Οὐκ ἄρα περὶ πάντας γε τοὺς λόγους ἡ ῥητορική ἐστιν.

ΓΟΡ. Οὐ δῆτα.

ΣΩ. Ἀλλὰ μὴν λέγειν γε ποιεῖ δυνατούς.

ΓΟΡ. Ναί.

ΣΩ. Οὐκοῦν περὶ ὧνπερ λέγειν, καὶ φρονεῖν ;

ΓΟΡ. Πῶς γὰρ οὔ ;

ΣΩ. Ἆρ' οὖν, ἣν νυνδὴ ἐλέγομεν, ἡ ἰατρικὴ περὶ τῶν 450 καμνόντων δυνατοὺς εἶναι φρονεῖν καὶ λέγειν ;

ΓΟΡ. Ἀνάγκη.

ΣΩ. Καὶ ἡ ἰατρικὴ ἄρα, ὡς ἔοικεν, περὶ λόγους ἐστίν.

ΓΟΡ. Ναί.

ΣΩ. Τούς γε περὶ τὰ νοσήματα ;

ΓΟΡ. Μάλιστα.

ΣΩ. Οὐκοῦν καὶ ἡ γυμναστικὴ περὶ λόγους ἐστὶν τοὺς περὶ εὐεξίαν τε τῶν σωμάτων καὶ καχεξίαν ;

ΓΟΡ. Πάνυ γε.

ΣΩ. Καὶ μὴν καὶ αἱ ἄλλαι τέχναι, ὦ Γοργία, οὕτως ἔχουσιν· ἑκάστη αὐτῶν περὶ λόγους ἐστὶν τούτους, οἳ b τυγχάνουσιν ὄντες περὶ τὸ πρᾶγμα οὗ ἑκάστη ἐστὶν ἡ τέχνη.

ΓΟΡ. Φαίνεται.

ΣΩ. Τί οὖν δή ποτε τὰς ἄλλας τέχνας οὐ ῥητορικὰς καλεῖς, οὔσας περὶ λόγους, εἴπερ ταύτην ῥητορικὴν καλεῖς, ἣ ἂν ᾖ περὶ λόγους ;

ΓΟΡ. Ὅτι, ὦ Σώκρατες, τῶν μὲν ἄλλων τεχνῶν περὶ χειρουργίας τε καὶ τοιαύτας πράξεις, ὡς ἔπος εἰπεῖν, πᾶσά ἐστιν ἡ ἐπιστήμη, τῆς δὲ ῥητορικῆς οὐδέν ἐστιν τοιοῦτον χειρούργημα, ἀλλὰ πᾶσα ἡ πρᾶξις καὶ ἡ κύρωσις διὰ λόγων ἐστίν. Διὰ ταῦτ' ἐγὼ τὴν ῥητορικὴν τέχνην c ἀξιῶ εἶναι περὶ λόγους, ὀρθῶς λέγων, ὡς ἐγώ φημι.

SOCRATE. – Alors, la rhétorique n'est pas la science de tous les discours indistinctement ?

GORGIAS. – Non, certes.

SOCRATE. – Mais tu rends tes disciples habiles à parler ?

GORGIAS. – Oui.

SOCRATE. – Et, sans doute, habiles aussi à penser sur les choses dont ils parlent ?

GORGIAS. – Évidemment.

SOCRATE. – Mais n'est-il pas vrai que la médecine, dont nous parlions tout à l'heure, rend habile à penser et à parler sur les maux des malades ?

GORGIAS. – Nécessairement.

SOCRATE. – Ainsi, la médecine aussi a pour objet les discours ?

GORGIAS. – Oui.

SOCRATE. – Les discours relatifs aux maladies ?

GORGIAS. – Parfaitement.

SOCRATE. – Et la gymnastique, les discours relatifs à la bonne ou à la mauvaise disposition des corps ?

GORGIAS. – Sans doute.

SOCRATE. – Et il en est de même, Gorgias, de toutes les autres techniques : chacun a pour objet les discours relatifs à la chose qui forme son domaine propre ?

GORGIAS. – Je le crois.

SOCRATE. – Alors, pourquoi n'appelles-tu pas « rhétoriques » les autres techniques, relatives pourtant elles aussi à des discours, puisque tu appelles rhétorique toute technique relative au discours ?

GORGIAS. – C'est que, Socrate, dans les autres techniques, tout l'essentiel du savoir, pour ainsi dire, se rapporte à des opérations manuelles et autres choses du même genre, tandis que la rhétorique ne comporte aucune opération analogue, mais agit et achève son œuvre uniquement au moyen de la parole. Voilà pourquoi je prétends que la rhétorique est la technique des discours, et je soutiens que ma définition est bonne.

ΣΩ. *Αρ' οὖν μανθάνω οἵαν αὐτὴν βούλει καλεῖν ; τάχα δὲ εἴσομαι σαφέστερον. Ἀλλ' ἀπόκριναι· εἰσὶν ἡμῖν τέχναι· ἦ γάρ ;

ΓΟΡ. Ναί.

ΣΩ. Πασῶν δή, οἶμαι, τῶν τεχνῶν τῶν μὲν ἐργασία τὸ πολύ ἐστιν καὶ λόγου βραχέος δέονται, ἔνιαι δὲ οὐδενός, ἀλλὰ τὸ τῆς τέχνης περαίνοιτο ἂν καὶ διὰ σιγῆς, οἷον γραφικὴ καὶ ἀνδριαντοποιία καὶ ἄλλαι πολλαί. Τὰς τοιαύτας μοι δοκεῖς λέγειν, περὶ ἃς οὐ φὴς τὴν ῥητορικὴν εἶναι· **d** ἦ οὔ ;

ΓΟΡ. Πάνυ μὲν οὖν καλῶς ὑπολαμβάνεις, ὦ Σώκρατες.

ΣΩ. Ἕτεραι δέ γέ εἰσι τῶν τεχνῶν αἳ διὰ λόγου πᾶν περαίνουσι, καὶ ἔργου, ὡς ἔπος εἰπεῖν, ἢ οὐδενὸς προσδέονται ἢ βραχέος πάνυ, οἷον ἡ ἀριθμητικὴ καὶ λογιστικὴ καὶ γεωμετρικὴ καὶ πεττευτική γε καὶ ἄλλαι πολλαὶ τέχναι, ὧν ἔνιαι σχεδόν τι ἴσους τοὺς λόγους ἔχουσι ταῖς πράξεσιν, αἱ δὲ πολλαὶ πλείους καὶ τὸ παράπαν πᾶσα ἡ πρᾶξις καὶ τὸ κῦρος αὐταῖς διὰ λόγων ἐστίν. Τῶν τοιούτων τινά **e** μοι δοκεῖς λέγειν τὴν ῥητορικήν.

ΓΟΡ. Ἀληθῆ λέγεις.

ΣΩ. Ἀλλ' οὗτοι τούτων γε οὐδεμίαν οἶμαί σε βούλεσθαι ῥητορικὴν καλεῖν, οὐχ ὅτι τῷ ῥήματι οὕτως εἶπες, ὅτι ἡ διὰ λόγου τὸ κῦρος ἔχουσα ῥητορική ἐστιν, καὶ ὑπολάβοι ἄν τις, εἰ βούλοιτο δυσχεραίνειν ἐν τοῖς λόγοις· Τὴν ἀριθμητικὴν ἄρα ῥητορικήν, ὦ Γοργία, λέγεις ; Ἀλλ' οὐκ οἶμαί σε οὔτε τὴν ἀριθμητικὴν οὔτε τὴν γεωμετρίαν ῥητορικὴν λέγειν.

ΓΟΡ. Ὀρθῶς γὰρ οἴει, ὦ Σώκρατες, καὶ δικαίως ὑπο- **451** λαμβάνεις.

ΣΩ. Ἴθι νῦν καὶ σὺ τὴν ἀπόκρισιν ἣν ἠρόμην διαπέρανον. Ἐπεὶ γὰρ ῥητορικὴ τυγχάνει μὲν οὖσα τούτων τις

SOCRATE. – Je ne sais si je comprends bien le caractère que tu lui attribues et qui te la fait nommer « rhétorique ». Mais je vais peut-être le voir plus clairement. Réponds-moi : il existe des techniques, n'est-ce pas ?

GORGIAS. – Oui.

SOCRATE. – Parmi ces techniques, les unes donnent le premier rôle à l'action et ne laissent à la parole qu'une place secondaire, quelques-unes même une place tout à fait nulle, si bien que toute leur œuvre pourrait s'accomplir en silence, comme il arrive pour la peinture, la sculpture et bien d'autres. Ce sont celles-là, je suppose, avec lesquelles tu dis que la rhétorique n'a rien à voir ?

GORGIAS. – Ta supposition est tout à fait juste, Socrate.

SOCRATE. – D'autres, au contraire, atteignent leur fin exclusivement par la parole, et l'action y est, pour ainsi dire, nulle ou tout à fait insignifiante : par exemple l'arithmétique, le calcul, la géométrie, la science des jeux de hasard, et tant d'autres où la parole tantôt joue un rôle à peu près égal à celui des actes matériels, tantôt, et le plus souvent, domine, et parfois même est l'unique moyen d'action par où ces techniques réalisent leur œuvre. C'est parmi ces dernières, ce me semble, que tu ranges la rhétorique ?

GORGIAS. – Tu as raison.

SOCRATE. – Je ne crois pourtant pas que tu veuilles donner à aucune d'elles le nom de rhétorique, bien qu'à prendre ton langage à la lettre, quand tu appelais rhétorique la technique qui agit uniquement par la parole, on pût croire, si l'on voulait épiloguer, que l'arithmétique était pour toi, Gorgias, la rhétorique. Mais je ne suppose pas que tu appelles rhétorique ni l'arithmétique ni la géométrie.

GORGIAS. – Ta supposition est juste, Socrate, et tu as raison d'entendre la chose ainsi.

SOCRATE. – Complète alors ta réponse à ma question. Puisque la rhétorique est une des techniques qui donnent

τῶν τεχνῶν τῶν τὸ πολὺ λόγῳ χρωμένων, τυγχάνουσιν δὲ καὶ ἄλλαι τοιαῦται οὖσαι, πειρῶ εἰπεῖν ἡ περὶ τί ἐν λόγοις τὸ κῦρος ἔχουσα ῥητορική ἐστιν. Ὥσπερ ἂν εἴ τίς με ἔροιτο ὧν νυνδὴ ἔλεγον περὶ ἡστινοσοῦν τῶν τεχνῶν· Ὦ Σώκρατες, τίς ἐστιν ἡ ἀριθμητικὴ τέχνη; εἴποιμ' ἂν b αὐτῷ, ὥσπερ σὺ ἄρτι, ὅτι τῶν διὰ λόγου τις τὸ κῦρος ἐχουσῶν· καὶ εἴ με ἐπανέροιτο· Τῶν περὶ τί; εἴποιμ' ἂν ὅτι τῶν περὶ τὸ ἄρτιόν τε καὶ περιττὸν [γνῶσις], ὅσα ἂν ἑκάτερα τυγχάνῃ ὄντα. Εἰ δ' αὖ ἔροιτο· Τὴν δὲ λογιστικὴν τίνα καλεῖς τέχνην; εἴποιμ' ἂν ὅτι καὶ αὕτη ἐστὶν τῶν λόγῳ τὸ πᾶν κυρουμένων· καὶ εἰ ἐπανέροιτο· Ἡ περὶ τί; εἴποιμ' ἂν ὥσπερ οἱ ἐν τῷ δήμῳ συγγραφόμενοι, ὅτι τὰ μὲν ἄλλα καθάπερ ἡ ἀριθμητικὴ ἡ λογιστικὴ ἔχει· περὶ c τὸ αὐτὸ γάρ ἐστιν, τό τε ἄρτιον καὶ τὸ περιττόν· διαφέρει δὲ τοσοῦτον, ὅτι καὶ πρὸς αὑτὰ καὶ πρὸς ἄλληλα πῶς ἔχει πλήθους ἐπισκοπεῖ τὸ περιττὸν καὶ τὸ ἄρτιον ἡ λογιστική. Καὶ εἴ τις τὴν ἀστρονομίαν ἀνέροιτο, ἐμοῦ λέγοντος ὅτι καὶ αὕτη λόγῳ κυροῦται τὰ πάντα, Οἱ δὲ λόγοι οἱ τῆς ἀστρονομίας, εἰ φαίη, περὶ τί εἰσιν, ὦ Σώκρατες; εἴποιμ' ἂν ὅτι περὶ τὴν τῶν ἄστρων φορὰν καὶ ἡλίου καὶ σελήνης, πῶς πρὸς ἄλληλα τάχους ἔχει.

ΓΟΡ. Ὀρθῶς γε λέγων σύ, ὦ Σώκρατες.

ΣΩ. Ἴθι δὴ καὶ σύ, ὦ Γοργία. Τυγχάνει μὲν γὰρ δὴ ἡ d ῥητορικὴ οὖσα τῶν λόγῳ τὰ πάντα διαπραττομένων τε καὶ κυρουμένων τις· ἢ γάρ;

ΓΟΡ. Ἔστι ταῦτα.

---

6. Le grec distingue entre l'*arithmétique (arithmêtikê)*, qui est la science ou théorie des nombres, et la *logistique (logistikê)*, qui répond à ce que nous appelons le calcul.

au langage la première place, mais que d'autres en font de même, veuille m'expliquer à quel objet se rapporte celle des techniques agissant par la parole que tu appelles rhétorique.

Si l'on me demandait, à propos d'une des techniques que je viens d'énumérer : « Socrate, qu'est-ce que l'arithmétique ? » Je répondrais, comme tu l'as fais tout à l'heure, que c'est une des techniques qui agissent par la parole. Et si l'on me demandait encore : « Relativement à quel objet[6] ? » je répondrais : « Relativement au pair et à l'impair, quelles que soient leurs grandeurs respectives ». Si l'on m'adressait ensuite cette question : « Qu'est-ce que le calcul ? » je répondrais que c'est de même une des techniques qui agissent par la parole. « Relativement à quels objets ? » me dirait-on. Je répondrais : « Entre l'arithmétique et le calcul, *pour le reste, point de différence*, comme on dit dans les décrets[7] ; car le calcul porte également sur le pair et l'impair ; mais il diffère de l'arithmétique en ceci précisément qu'il mesure les grandeurs relatives du pair et de l'impair soit par rapport à eux-mêmes soit par comparaison entre eux. » Et si l'on m'interrogeait sur l'astronomie, je commencerais par dire qu'elle aussi réalise son objet uniquement par la parole ; puis, si l'on ajoutait : « Quel est l'objet de ses discours ? » je répondrais que c'est la marche des astres, du soleil et de la lune, et la vitesse relative de leurs mouvements.

GORGIAS. – Ce serait fort bien répondu, Socrate.

SOCRATE. – Eh bien, maintenant, Gorgias, à ton tour. La rhétorique, avons-nous dit, est une des techniques qui se servent uniquement du discours pour achever et parfaire leur œuvre. Est-ce exact ?

GORGIAS. – Très exact.

---

7. C'est la formule usitée dans la rédaction des décrets athéniens pour introduire dans un texte une édition ou un amendement.

ΣΩ. Λέγε δὴ τῶν περὶ τί ; ⟨τί⟩ ἐστι τοῦτο τῶν ὄντων, περὶ οὗ οὗτοι οἱ λόγοι εἰσὶν οἷς ἡ ῥητορικὴ χρῆται ;

ΓΟΡ. Τὰ μέγιστα τῶν ἀνθρωπείων πραγμάτων, ὦ Σώκρατες, καὶ ἄριστα.

ΣΩ. Ἀλλ', ὦ Γοργία, ἀμφισβητήσιμον καὶ τοῦτο λέγεις καὶ οὐδέν πω σαφές. Οἶμαι γάρ σε ἀκηκοέναι ἐν τοῖς e συμποσίοις ᾀδόντων ἀνθρώπων τοῦτο τὸ σκολιόν, ἐν ᾧ καταριθμοῦνται ᾄδοντες ὅτι ὑγιαίνειν μὲν ἄριστόν ἐστιν, τὸ δὲ δεύτερον καλὸν γενέσθαι, τρίτον δέ, ὥς φησιν ὁ ποιητὴς τοῦ σκολιοῦ, τὸ πλουτεῖν ἀδόλως.

ΓΟΡ. Ἀκήκοα γάρ· ἀλλὰ πρὸς τί τοῦτο λέγεις ;

ΣΩ. Ὅτι σοι αὐτίκ' ἂν παρασταῖεν οἱ δημιουργοὶ τού- 452 των ὧν ἐπῄνεσεν ὁ τὸ σκολιὸν ποιήσας, ἰατρός τε καὶ παιδοτρίβης καὶ χρηματιστής, καὶ εἴποι πρῶτον μὲν ὁ ἰατρὸς ὅτι Ὦ Σώκρατες, ἐξαπατᾷ σε Γοργίας· οὐ γάρ ἐστιν ἡ τούτου τέχνη περὶ τὸ μέγιστον ἀγαθὸν τοῖς ἀνθρώποις, ἀλλ' ἡ ἐμή. Εἰ οὖν αὐτὸν ἐγὼ ἐροίμην· Σὺ δὲ τίς ὢν ταῦτα λέγεις ; εἴποι ἂν ἴσως ὅτι ἰατρός. Τί οὖν λέγεις ; Ἦ τὸ τῆς σῆς τέχνης ἔργον μέγιστόν ἐστιν ἀγαθόν ; Πῶς γὰρ οὔ, φαίη ἂν ἴσως, ὦ Σώκρατες, ὑγίεια ; Τί δ' ἐστὶν μεῖζον ἀγαθὸν ἀνθρώποις ὑγιείας ; Εἰ δ' αὖ μετὰ τοῦτον ὁ παιδο- b τρίβης εἴποι ὅτι Θαυμάζοιμι τἂν, ὦ Σώκρατες, καὶ αὐτός, εἴ σοι ἔχοι Γοργίας μεῖζον ἀγαθὸν ἐπιδεῖξαι τῆς αὑτοῦ τέχνης ἢ ἐγὼ τῆς ἐμῆς, εἴποιμ' ἂν αὖ καὶ πρὸς τοῦτον· Σὺ δὲ δὴ τίς εἶ, ὦ ἄνθρωπε, καὶ τί τὸ σὸν ἔργον ; Παιδοτρίβης, φαίη ἄν, τὸ δ' ἔργον μού ἐστιν καλούς τε καὶ ἰσχυροὺς ποιεῖν τοὺς ἀνθρώπους τὰ σώματα. Μετὰ δὲ τὸν

---

8. Le *scolie* était une sorte de chanson de table, dont la forme a varié d'ailleurs avec les époques. Celui-ci, auquel Platon fait encore allusion ailleurs (*Ménon* 87 e, *Euthyd.*, 279 a, *Phil.*, 48 d), est attribué par les scholiastes soit à Simonide, soit à Épicharme.

SOCRATE. – Dis-moi maintenant sur quoi portent ses discours. Quelle est, parmi toutes les choses existantes, celle qui forme le sujet des discours propres à la rhétorique ?

GORGIAS. – Ce sont, Socrate, les plus grandes et les meilleures entre les choses humaines.

SOCRATE. – Mais, Gorgias, ce que tu dis-là prête aux discussions et manque encore absolument de précision. Tu as sans doute entendu chanter dans les festins ce scolie[8] où il est dit, dans l'énumération des biens, que le premier de tous est la santé, que la beauté est le second, et que le troisième consiste, selon l'expression du poète, dans « la richesse acquise sans fraude ».

GORGIAS. – Certainement, je le connais ; mais où veux-tu en venir ?

SOCRATE. – À te faire observer que tu soulèverais contre toi tous les producteurs des autres biens vantés dans le scolie, le médecin, le pédotribe[9], le financier, et que le médecin dirait tout d'abord : « Socrate, Gorgias te trompe : ce n'est pas sa technique qui produit pour l'homme le plus grand bien ; c'est la mienne ». Et si je lui disais : « Qui es-tu donc, pour parler de la sorte ? » il me répondrait, je suppose, qu'il est médecin. – « Que veux-tu dire ? C'est l'objet de ta technique qui est le plus grand des biens ? » Sur quoi il me répondrait sans doute : « Comment, Socrate, ne serait-il pas le premier de tous quand c'est la santé ? Quoi de plus précieux pour l'homme qu'une bonne santé ? »

Viendrait ensuite le pédotribe, qui me dirait : « Je serais bien étonné, moi aussi, Socrate, si Gorgias arrivait à te démontrer qu'il produit par sa technique un plus grand bien que moi par la mienne ». – « Qui es-tu, lui dirai-je encore, et que produis-tu ? » – « Je suis pédotribe, dirait-il, et ce que je fais, c'est de rendre beaux et forts les corps des hommes ».

9. Le pédotribe est le maître de gymnastique.

παιδοτρίβην εἴποι ἂν ὁ χρηματιστής, ὡς ἐγῷμαι, πάνυ καταφρονῶν ἁπάντων· Σκόπει δῆτα, ὦ Σώκρατες, ἐάν σοι c πλούτου φανῇ τι μεῖζον ἀγαθὸν ὂν ἢ παρὰ Γοργίᾳ ἢ παρ' ἄλλῳ ὁτῳοῦν. Φαῖμεν ἂν οὖν πρὸς αὐτόν· Τί δὲ δή ; ἢ σὺ τούτου δημιουργός ; Φαίη ἄν. Τίς ἄν ; Χρηματιστής. Τί οὖν ; Κρίνεις σὺ μέγιστον ἀνθρώποις ἀγαθὸν εἶναι πλοῦτον ; φήσομεν. Πῶς γὰρ οὔκ ; ἐρεῖ. Καὶ μὴν ἀμφισβητεῖ γε Γοργίας ὅδε τὴν παρ' αὑτῷ τέχνην μείζονος ἀγαθοῦ αἰτίαν εἶναι ἢ τὴν σήν, φαῖμεν ἂν ἡμεῖς. Δῆλον οὖν ὅτι τὸ μετὰ τοῦτο ἔροιτ' ἄν· Καὶ τί ἐστιν τοῦτο τὸ ἀγαθόν ; Ἀποκρινάσθω Γοργίας. Ἴθι οὖν νομίσας, ὦ Γοργία, ἐρω- d τᾶσθαι καὶ ὑπ' ἐκείνων καὶ ὑπ' ἐμοῦ, ἀπόκριναι τί ἐστιν τοῦτο ὃ φῂς σὺ μέγιστον ἀγαθὸν εἶναι τοῖς ἀνθρώποις καὶ σὲ δημιουργὸν εἶναι αὐτοῦ.

ΓΟΡ. Ὅπερ ἐστίν, ὦ Σώκρατες, τῇ ἀληθείᾳ μέγιστον ἀγαθὸν καὶ αἴτιον ἅμα μὲν ἐλευθερίας αὐτοῖς τοῖς ἀνθρώποις, ἅμα δὲ τοῦ ἄλλων ἄρχειν ἐν τῇ αὐτοῦ πόλει ἑκάστῳ.

ΣΩ. Τί οὖν δὴ τοῦτο λέγεις ;

ΓΟΡ. Τὸ πείθειν ἔγωγ' οἷόν τ' εἶναι τοῖς λόγοις καὶ ἐν δικαστηρίῳ δικαστὰς καὶ ἐν βουλευτηρίῳ βουλευτὰς καὶ e ἐν ἐκκλησίᾳ ἐκκλησιαστὰς καὶ ἐν ἄλλῳ ξυλλόγῳ παντί, ὅστις ἂν πολιτικὸς ξύλλογος γίγνηται. Καίτοι ἐν ταύτῃ τῇ δυνάμει δοῦλον μὲν ἕξεις τὸν ἰατρόν, δοῦλον δὲ τὸν παιδοτρίβην· ὁ δὲ χρηματιστὴς οὗτος ἄλλῳ ἀναφανήσεται χρηματιζόμενος καὶ οὐχ αὑτῷ, ἀλλὰ σοὶ τῷ δυναμένῳ λέγειν καὶ πείθειν τὰ πλήθη.

ΣΩ. Νῦν μοι δοκεῖς δηλῶσαι, ὦ Γοργία, ἐγγύτατα τὴν ῥητορικὴν ἥντινα τέχνην ἡγεῖ εἶναι, καὶ εἴ τι ἐγὼ συνίημι, 453 λέγεις ὅτι πειθοῦς δημιουργός ἐστιν ἡ ῥητορική, καὶ ἡ πραγματεία αὐτῆς ἅπασα καὶ τὸ κεφάλαιον εἰς τοῦτο τελευτᾷ· ἢ ἔχεις τι λέγειν ἐπὶ πλέον τὴν ῥητορικὴν δύνασθαι ἢ πειθὼ τοῖς ἀκούουσιν ἐν τῇ ψυχῇ ποιεῖν ;

Après le pédotribe, le financier, j'imagine, plein de mépris pour les autres, me dirait à son tour : « Vois donc, Socrate, si tu peux trouver auprès de Gorgias ou de n'importe qui un bien supérieur à la richesse ». – « Quoi ? lui dirai-je, es-tu donc producteur de richesse ». – « Oui ». – « En quelle qualité ? » – « En qualité de financier ». – « Ainsi, dirions-nous, tu estimes que la richesse est pour l'homme le premier des biens ? » – « Sans aucun doute ». – « Voici pourtant Gorgias, répondrons-nous, qui proteste que sa technique produit un plus grand bien que la tienne ». – « Quel bien ? dira-t-il ; que Gorgias s'explique ».

Eh bien, Gorgias, suppose que tu es interrogé par eux tous en même temps que par moi, et fais-nous connaître quelle est cette chose que tu dis être pour l'homme le plus grand des biens, et que tu fais profession de produire.

GORGIAS. – C'est celle qui est réellement le bien suprême, celle qui donne à qui la possède la liberté pour lui-même et la domination sur les autres dans sa patrie.

SOCRATE. – Mais enfin qu'entends-tu par là ?

GORGIAS. – J'entends le pouvoir de persuader par le discours les juges au tribunal, les sénateurs au Conseil, le peuple dans l'Assemblée du peuple et de même dans toute autre réunion qui soit une réunion de citoyens. Avec ce pouvoir, tu feras ton esclave du médecin, ton esclave du pédotribe, et quant au fameux financier, on s'apercevra qu'il aura financé non pour lui-même, mais pour autrui, pour toi qui sais parler et qui persuades la multitude.

SOCRATE. – Maintenant, Gorgias, tu me parais avoir déterminé aussi exactement que possible quelle technique est selon toi la rhétorique, et, si je te comprends bien, tu affirmes que la rhétorique est une ouvrière de persuasion, que c'est à cela que tend et qu'aboutit tout son effort. Vois-tu quelque autre pouvoir à lui attribuer que celui de produire la persuasion dans l'âme des auditeurs ?

ΓΟΡ. Οὐδαμῶς, ὦ Σώκρατες, ἀλλά μοι δοκεῖς ἱκανῶς ὁρίζεσθαι· ἔστιν γὰρ τοῦτο τὸ κεφάλαιον αὐτῆς.

ΣΩ. Ἄκουσον δή, ὦ Γοργία. Ἐγὼ γὰρ εὖ ἴσθ᾽ ὅτι, ὡς ἐμαυτὸν πείθω, εἴπερ τις ἄλλος ἄλλῳ διαλέγεται βουλόμε- b νος εἰδέναι αὐτὸ τοῦτο περὶ ὅτου ὁ λόγος ἐστίν, καὶ ἐμὲ εἶναι τούτων ἕνα· ἀξιῶ δὲ καὶ σέ.

ΓΟΡ. Τί οὖν δή, ὦ Σώκρατες;

ΣΩ. Ἐγὼ ἐρῶ νῦν. Ἐγὼ τὴν ἀπὸ τῆς ῥητορικῆς πειθώ, ἥ τίς ποτ᾽ ἐστὶν ἣν σὺ λέγεις καὶ περὶ ὧντινων πραγμάτων ἐστὶν πειθώ, σαφῶς μὲν εὖ ἴσθ᾽ ὅτι οὐκ οἶδα, οὐ μὴν ἀλλ᾽ ὑποπτεύω γε ἣν οἶμαί σε λέγειν καὶ περὶ ὧν. Οὐδὲν μέντοι ἧττον ἐρήσομαί σε τίνα ποτὲ λέγεις τὴν πειθὼ τὴν ἀπὸ τῆς ῥητορικῆς καὶ περὶ τίνων αὐτὴν εἶναι. Τοῦ c ἕνεκα δὴ αὐτὸς ὑποπτεύων σὲ ἐρήσομαι, ἀλλ᾽ οὐκ αὐτὸς λέγω; Οὐ σοῦ ἕνεκα, ἀλλὰ τοῦ λόγου, ἵνα οὕτω προΐῃ ὡς μάλιστ᾽ ἂν ἡμῖν καταφανὲς ποιοῖ περὶ ὅτου λέγεται. Σκόπει γὰρ εἴ σοι δοκῶ δικαίως ἀνερωτᾶν σε. Ὥσπερ ἂν εἰ ἐτύγχανόν σε ἐρωτῶν τίς ἐστιν τῶν ζωγράφων Ζεῦξις, εἴ μοι εἶπες ὅτι ὁ τὰ ζῷα γράφων, ἆρ᾽ οὐκ ἂν δικαίως σε ἠρόμην ὁ τὰ ποῖα τῶν ζῴων γράφων; Ἢ οὔ;

ΓΟΡ. Πάνυ γε.

ΣΩ. Ἆρα διὰ τοῦτο, ὅτι καὶ ἄλλοι εἰσὶ ζωγράφοι γρα- d φοντες ἄλλα πολλὰ ζῷα;

ΓΟΡ. Ναί.

ΣΩ. Εἰ δέ γε μηδεὶς ἄλλος ἢ Ζεῦξις ἔγραφε, καλῶς ἂν σοι ἀπεκέκριτο;

ΓΟΡ. Πῶς γὰρ οὔ;

ΣΩ. Ἴθι δὴ καὶ περὶ τῆς ῥητορικῆς εἰπέ· πότερόν σοι

---

10. Zeuxis d'Héraclée (c. 425-397) est le peintre le plus fameux de l'école classique. Voyez les témoignages recueillis par A. Reinach, *La Peinture ancienne*, textes grecs et latins relatifs à l'histoire de la

GORGIAS. – Nullement, Socrate, et tu me parais l'avoir parfaitement définie ; car tel est bien son caractère essentiel.

SOCRATE. – Écoute-moi, Gorgias. Sache donc que, s'il est des gens qui tiennent à savoir, dans un entretien, de quoi l'on parle exactement, je suis certainement de ceux-là ; toi aussi, j'aime à le croire.

GORGIAS. – Et après, Socrate ?

SOCRATE. – Je vais te le dire. Cette persuasion dont tu parles, produite par la rhétorique, qu'est-elle au juste et sur quoi porte-t-elle ? Je t'avoue que je ne le vois pas distinctement, et, bien que je croie deviner ce que tu penses de sa nature et de son objet, je te prierai néanmoins de me dire comment tu conçois cette persuasion créée par la rhétorique et à quelles choses elle s'applique suivant toi. Pourquoi, croyant entrevoir ta pensée, ai-je le désir de t'interroger au lieu de l'exposer moi-même ? Ce n'est pas ta personne que j'envisage, c'est notre discours lui-même, que je voudrais voir avancer de manière à mettre en pleine lumière ce qui est son objet. Vois plutôt si je n'ai pas raison de pousser ainsi mon interrogation. Si je t'avais demandé quel genre de peintre était Zeuxis[10] et que tu m'eusses répondu : c'est un peintre de figures animées, n'aurais-je pas été en droit de te demander quelles figures animées il peint ? Est-ce vrai ?

GORGIAS. – Absolument.

SOCRATE. – Et cela, pour la raison que d'autres peintres représentent aussi quantité de figures animées ?

GORGIAS. – Oui.

SOCRATE. – Si Zeuxis au contraire était le seul à en peindre, ta réponse eût été correcte ?

GORGIAS. – Évidemment.

SOCRATE. – Eh bien, à propos de la Rhétorique, dis-

---

peinture ancienne, Paris, Klincksieck, 1921, réimp. en 1985 avec une introduction d'A. Rouveret, Paris, Macula.

δοκεῖ πειθὼ ποιεῖν ἡ ῥητορικὴ μόνη ἢ καὶ ἄλλαι τέχναι ;
Λέγω δὲ τὸ τοιόνδε· ὅστις διδάσκει ὁτιοῦν πρᾶγμα, πότερον ὃ διδάσκει πείθει ἢ οὔ ;

ΓΟΡ. Οὐ δῆτα, ὦ Σώκρατες, ἀλλὰ πάντων μάλιστα
πείθει.

ΣΩ. Πάλιν δὴ ἐπὶ τῶν αὐτῶν τεχνῶν λέγωμεν ὧνπερ e
νυνδή· ἡ ἀριθμητικὴ οὐ διδάσκει ἡμᾶς ὅσα ἐστὶν τὰ τοῦ
ἀριθμοῦ, καὶ ὁ ἀριθμητικὸς ἄνθρωπος ;

ΓΟΡ. Πάνυ γε.

ΣΩ. Οὐκοῦν καὶ πείθει ;

ΓΟΡ. Ναί.

ΣΩ. Πειθοῦς ἄρα δημιουργός ἐστιν καὶ ἡ ἀριθμητική.

ΓΟΡ. Φαίνεται.

ΣΩ. Οὐκοῦν ἐάν τις ἐρωτᾷ ἡμᾶς ποίας πειθοῦς καὶ
περὶ τί, ἀποκρινούμεθά που αὐτῷ ὅτι τῆς διδασκαλικῆς
τῆς περὶ τὸ ἄρτιόν τε καὶ τὸ περιττὸν ὅσον ἐστίν· καὶ 454
τὰς ἄλλας ἃς νυνδὴ ἐλέγομεν τέχνας ἁπάσας ἕξομεν ἀποδεῖξαι πειθοῦς δημιουργοὺς οὔσας καὶ ἧστινος καὶ περὶ
ὅ τι· ἢ οὔ ;

ΓΟΡ. Ναί.

ΣΩ. Οὐκ ἄρα ῥητορικὴ μόνη πειθοῦς ἐστιν δημιουργός.

ΓΟΡ. Ἀληθῆ λέγεις.

ΣΩ. Ἐπειδὴ τοίνυν οὐ μόνη ἀπεργάζεται τοῦτο τὸ
ἔργον, ἀλλὰ καὶ ἄλλαι, δικαίως ὥσπερ περὶ τοῦ ζωγράφου
μετὰ τοῦτο ἐπανεροίμεθ᾽ ἂν τὸν λέγοντα· Ποίας δὴ πειθοῦς
καὶ τῆς περὶ τί πειθοῦς ἡ ῥητορικὴ ἐστιν τέχνη ; Ἢ οὐ
δοκεῖ σοι δίκαιον εἶναι ἐπανερέσθαι ;   b

ΓΟΡ. Ἔμοιγε.

ΣΩ. Ἀπόκριναι δή, ὦ Γοργία, ἐπειδή γε καὶ σοὶ δοκεῖ
οὕτω.

moi : est-elle seule à produire la persuasion, ou d'autres techniques la produisent-elles aussi ? Je m'explique. Quoi qu'on enseigne, est-il vrai qu'on persuade ce qu'on enseigne, oui ou non ?

GORGIAS. – On le persuade, Socrate, au plus haut degré.

SOCRATE. – Revenons aux techniques dont nous parlions tout à l'heure. L'arithmétique ne nous enseigne-t-elle pas ce qui se rapporte au nombre, ainsi que l'arithméticien ?

GORGIAS. – Certainement.

SOCRATE. – Donc, elle nous persuade aussi ?

GORGIAS. – Oui.

SOCRATE. – De sorte que l'arithmétique est également une ouvrière de persuasion ?

GORGIAS. – Il y a apparence.

SOCRATE. – Et si on nous demande de quelle persuasion et sur quelles choses, nous répondrons, je pense : d'une persuasion didactique relative au pair et à l'impair et à leur grandeur. Nous pourrions montrer de même que toutes les autres techniques précédemment énumérées sont des ouvrières de persuasion, et dire de quelle persuasion et à propos de quoi. N'est-ce pas vrai ?

GORGIAS. – Oui.

SOCRATE. – De sorte que la rhétorique n'est pas seule ouvrière de persuasion.

GORGIAS. – Tu dis vrai.

SOCRATE. – Par conséquent, puisqu'elle n'est pas seule à produire cet effet, mais que d'autres techniques en font autant, nous sommes en droit, comme tout à l'heure à propos du peintre, de poser à notre interlocuteur une nouvelle question, sur la nature et l'objet de cette persuasion dont la rhétorique est la technique. Ne trouves-tu pas cette nouvelle question justifiée ?

GORGIAS. – Certainement.

SOCRATE. – Réponds-moi donc, Gorgias, puisque tu es de mon avis.

ΓΟΡ. Ταύτης τοίνυν τῆς πειθοῦς λέγω, ὦ Σώκρατες, τῆς ἐν τοῖς δικαστηρίοις καὶ ἐν τοῖς ἄλλοις ὄχλοις, ὥσπερ καὶ ἄρτι ἔλεγον, καὶ περὶ τούτων ἅ ἐστι δίκαιά τε καὶ ἄδικα.

ΣΩ. Καὶ ἐγώ τοι ὑπώπτευον ταύτην σε λέγειν τὴν πειθὼ καὶ περὶ τούτων, ὦ Γοργία· ἀλλ' ἵνα μὴ θαυμάζῃς ἐὰν ὀλίγον ὕστερον τοιοῦτόν τί σε ἀνέρωμαι, ὃ δοκεῖ μὲν δῆλον εἶναι, ἐγὼ δ' ἐπανερωτῶ· ὅπερ γὰρ λέγω, τοῦ ἑξῆς c ἕνεκα περαίνεσθαι τὸν λόγον ἐρωτῶ, οὐ σοῦ ἕνεκα, ἀλλ' ἵνα μὴ ἐθιζώμεθα ὑπονοοῦντες προαρπάζειν ἀλλήλων τὰ λεγόμενα, ἀλλὰ σὺ τὰ σαυτοῦ κατὰ τὴν ὑπόθεσιν ὅπως ἂν βούλῃ περαίνῃς.

ΓΟΡ. Καὶ ὀρθῶς γέ μοι δοκεῖς ποιεῖν, ὦ Σώκρατες.

ΣΩ. Ἴθι δὴ καὶ τόδε ἐπισκεψώμεθα. Καλεῖς τι μεμαθηκέναι ;

ΓΟΡ. Καλῶ.

ΣΩ. Τί δέ ; Πεπιστευκέναι ;

ΓΟΡ. Ἔγωγε.

ΣΩ. Πότερον οὖν ταὐτὸν δοκεῖ σοι εἶναι μεμαθηκέναι d καὶ πεπιστευκέναι, καὶ μάθησις καὶ πίστις, ἢ ἄλλο τι ;

ΓΟΡ. Οἴομαι μὲν ἔγωγε, ὦ Σώκρατες, ἄλλο.

ΣΩ. Καλῶς γὰρ οἴει· γνώσει δὲ ἐνθένδε. Εἰ γάρ τίς σε ἔροιτο· Ἆρ' ἔστιν τις, ὦ Γοργία, πίστις ψευδὴς καὶ ἀληθής ; φαίης ἄν, ὡς ἐγὼ οἶμαι.

ΓΟΡ. Ναί.

ΣΩ. Τί δ' ; Ἐπιστήμη ἐστὶν ψευδὴς καὶ ἀληθής ;

---

11. L'enquête sur la rhétorique devient donc une enquête sur l'usage et les moyens de la parole publique. L'assemblée et les tribunaux étaient les lieux athéniens privilégiés de l'exercice de la délibération démocratique.

12. C'est l'une des premières conditions de la réfutation socratique dans le dialogue : que l'interlocuteur puisse développer lui-même toutes les conséquences de ses hypothèses. On y revient plus loin.

13. La *pistis* (rendue par « persuasion ») désigne aussi la croyan-

GORGIAS. – Je dis que la persuasion propre à la rhétorique est celle des tribunaux et des autres assemblées, ainsi que je l'indiquais tout à l'heure, et qu'elle a pour objet le juste et l'injuste[11].

SOCRATE. – Je pensais bien, Gorgias, que c'était cette sorte de persuasion et ces objets que tu avais dans l'esprit ; mais ma question avait pour but de prévenir toute surprise de ta part si, par la suite, je te pose encore quelque question sur un point qui paraisse clair et qui pourtant m'amène à t'interroger de nouveau. Je le répète, ce que j'en fais est pour faciliter le progrès de la discussion et ne vise en rien ta personne ; mais nous ne devons pas prendre l'habitude de nous entendre à demi-mot et de nous jeter en hâte sur une pensée simplement entrevue : il faut que tu puisses, pour ta part, t'expliquer librement jusqu'au bout suivant ton dessein[12].

GORGIAS. – C'est là, Socrate, une méthode excellente.

SOCRATE. – Poursuivons donc, et examinons encore ceci : existe-t-il quelque chose que tu appelles « savoir » ?

GORGIAS. – Oui.

SOCRATE. – Et quelque chose que tu appelles « croire »[13] ?

GORGIAS. – Oui certes.

SOCRATE. – Savoir et croire, est-ce la même chose à ton avis, ou la science et la croyance sont-elles distinctes ?

GORGIAS. – Je me les représente, Socrate, comme distinctes.

SOCRATE. – Tu as raison, et en voici la preuve. Si l'on te demandait : « Y a-t-il une croyance fausse et une vraie ? » Tu répondrais, je pense, affirmativement.

GORGIAS. – Oui.

SOCRATE. – Mais y a-t-il aussi une science fausse et une vraie ?

ce (notamment la foi religieuse) ; elle est avant tout un *effet*, le sentiment de confiance résultant d'une croyance.

ΓΟΡ. Οὐδαμῶς.

ΣΩ. Δῆλον ἄρ' αὖ ὅτι οὐ ταὐτόν ἐστιν.

ΓΟΡ. 'Αληθῆ λέγεις.

ΣΩ. 'Αλλὰ μὴν οἵ τέ γε μεμαθηκότες πεπεισμένοι εἰσὶν θ
καὶ οἱ πεπιστευκότες.

ΓΟΡ. Ἔστι ταῦτα.

ΣΩ. Βούλει οὖν δύο εἴδη θῶμεν πειθοῦς, τὸ μὲν πίστιν
παρεχόμενον ἄνευ τοῦ εἰδέναι, τὸ δ' ἐπιστήμην ;

ΓΟΡ. Πάνυ γε.

ΣΩ. Ποτέραν οὖν ἡ ῥητορικὴ πειθὼ ποιεῖ ἐν δικαστηρίοις τε καὶ τοῖς ἄλλοις ὄχλοις περὶ τῶν δικαίων τε καὶ
ἀδίκων : ἐξ ἧς τὸ πιστεύειν γίγνεται ἄνευ τοῦ εἰδέναι ἢ
ἐξ ἧς τὸ εἰδέναι ;

ΓΟΡ. Δῆλον δήπου, ὦ Σώκρατες, ὅτι ἐξ ἧς τὸ πιστεύειν.

ΣΩ. Ἡ ῥητορικὴ ἄρα, ὡς ἔοικεν, πειθοῦς δημιουργός
ἐστιν πιστευτικῆς, ἀλλ' οὐ διδασκαλικῆς, περὶ τὸ δίκαιόν τε 455
καὶ ἄδικον.

ΓΟΡ. Ναί.

ΣΩ. Οὐδ' ἄρα διδασκαλικὸς ὁ ῥήτωρ ἐστὶν δικαστη-
ρίων τε καὶ τῶν ἄλλων ὄχλων δικαίων τε πέρι καὶ ἀδίκων, ἀλλὰ πειστικὸς μόνον. Οὐ γὰρ δήπου ὄχλον γ' ἂν
δύναιτο τοσοῦτον ἐν ὀλίγῳ χρόνῳ διδάξαι οὕτω μεγάλα
πράγματα.

ΓΟΡ. Οὐ δῆτα.

ΣΩ. Φέρε δή, ἴδωμεν τί ποτε καὶ λέγομεν περὶ τῆς ῥη-
τορικῆς· ἐγὼ μὲν γάρ τοι οὐδ' αὐτός πω δύναμαι κατα- b
νοῆσαι ὅ τι λέγω. Ὅταν περὶ ἰατρῶν αἱρέσεως ᾖ τῇ πόλει

---

14. Dans ce texte déterminant, ce sont tous les termes susceptibles
de désigner la compréhension, la pensée et le savoir qui se trouvent
opposés à la persuasion (ainsi, distingués de la *pistis*, on trouve *mathê-*

GORGIAS. – En aucune façon.

SOCRATE. – Science et croyance ne sont donc pas la même chose.

GORGIAS. – C'est juste.

SOCRATE. – Cependant, la persuasion est égale chez ceux qui savent et chez ceux qui croient.

GORGIAS. – Très vrai.

SOCRATE. – Je te propose alors de distinguer deux sortes de persuasions, l'une qui crée la croyance sans la science, l'autre qui donne la science.

GORGIAS. – Parfaitement.

SOCRATE. – Cela posé, quelle est la sorte de persuasion que produit la rhétorique, devant les tribunaux et les autres assemblées, relativement au juste et à l'injuste ? Est-ce celle d'où résulte la croyance dénuée de science, ou celle qui donne la science ?

GORGIAS. – Il est évident, Socrate, que c'est celle d'où résulte la croyance.

SOCRATE. – La rhétorique, à ce compte, serait donc l'ouvrière d'une persuasion de croyance, non d'enseignement, sur le juste et l'injuste[14] ?

GORGIAS. – Oui.

SOCRATE. – De telle sorte que le rhéteur n'enseigne pas aux tribunaux et aux autres assemblées le juste et l'injuste, mais leur suggère une opinion, et rien de plus. Le fait est qu'il lui serait évidemment impossible, en si peu de temps, d'instruire des foules si nombreuses sur de si grands sujets.

GORGIAS. – Assurément.

SOCRATE. – S'il en est ainsi, voyons ce que signifient nos affirmations touchant la rhétorique. Car, pour moi, je n'arrive pas encore à voir clairement ce que j'en pense.

Quand une assemblée se réunit pour choisir un méde-

---

sis, *manthanô, epistêmê, eidô*). Il n'existe donc aucune forme de connaissance qui puisse être confondue avec la persuasion. La rhétorique est ici et d'emblée définitivement condamnée comme exercice ignorant du discours.

σύλλογος ἤ περὶ ναυπηγῶν ἤ περὶ ἄλλου τινὸς δημιουρ-
γικοῦ ἔθνους, ἄλλο τι ἢ τότε ὁ ῥητορικὸς οὐ συμβουλεύσει·
δῆλον γὰρ ὅτι ἐν ἑκάστῃ αἱρέσει τὸν τεχνικώτατον δεῖ
αἱρεῖσθαι· οὐδ' ὅταν τειχῶν περὶ οἰκοδομήσεως ἢ λιμένων
κατασκευῆς ἢ νεωρίων, ἀλλ' οἱ ἀρχιτέκτονες· οὐδ' αὖ ὅταν
στρατηγῶν αἱρέσεως πέρι ἢ τάξεώς τινος πρὸς πολεμίους
ἢ χωρίων καταλήψεως συμβουλὴ ᾖ, ἀλλ' οἱ στρατηγικοὶ c
τότε συμβουλεύσουσιν, οἱ ῥητορικοὶ δὲ οὔ· ἢ πῶς λέγεις, ὦ
Γοργία, τὰ τοιαῦτα ; Ἐπειδὴ γὰρ αὐτός τε φῂς ῥήτωρ
εἶναι καὶ ἄλλους ποιεῖν ῥητορικούς, εὖ ἔχει τὰ τῆς σῆς
τέχνης παρὰ σοῦ πυνθάνεσθαι. Καὶ ἐμὲ νῦν νόμισον καὶ τὸ
σὸν σπεύδειν· ἴσως γὰρ καὶ τυγχάνει τις τῶν ἔνδον ὄντων
μαθητής σου βουλόμενος γενέσθαι, ὡς ἐγώ τινας σχεδὸν
καὶ συχνοὺς αἰσθάνομαι, οἳ ἴσως αἰσχύνοιντ' ἄν σε ἀνε-
ρέσθαι. Ὑπ' ἐμοῦ οὖν ἀνερωτώμενος νόμισον καὶ ὑπ' d
ἐκείνων ἀνερωτᾶσθαι· Τί ἡμῖν, ὦ Γοργία, ἔσται, ἐάν σοι
συνῶμεν ; Περὶ τίνων τῇ πόλει συμβουλεύειν οἷοί τε
ἐσόμεθα ; Πότερον περὶ δικαίου μόνον καὶ ἀδίκου ἢ καὶ
περὶ ὧν νυνδὴ Σωκράτης ἔλεγεν ; Πειρῶ οὖν αὐτοῖς ἀποκρίνεσθαι.

ΓΟΡ. Ἀλλ' ἐγώ σοι πειράσομαι, ὦ Σώκρατες, σαφῶς
ἀποκαλύψαι τὴν τῆς ῥητορικῆς δύναμιν ἅπασαν· αὐτὸς
γὰρ καλῶς ὑφηγήσω. Οἶσθα γὰρ δήπου ὅτι τὰ νεώρια ταῦτα
καὶ τὰ τείχη τὰ Ἀθηναίων καὶ ἡ τῶν λιμένων κατασκευὴ e
ἐκ τῆς Θεμιστοκλέους συμβουλῆς γέγονεν, τὰ δ' ἐκ τῆς
Περικλέους, ἀλλ' οὐκ ἐκ τῆς δημιουργῶν.

15. Thémistocle (c. 525-460), archonte puis stratège athénien, est
le premier et principal représentant de l'impérialisme naval athénien,
promoteur du développement de la flotte de guerre et de la fortification d'Athènes (aménagement du Pirée et début de la construction des
« Longs Murs » qui reliaient Athènes à ses ports). Platon l'associe souvent à Périclès (495-429), le plus célèbre dirigeant athénien, qui pour-
suivit la politique de développement naval et de fortification. Pour
davantage de détails, Thucydide, *Histoire de la guerre du Pélopon-*

cin, un constructeur de navires ou quelque autre des gens
de métiers, appartient-il au rhéteur de donner un avis ?
Nullement, car il est clair que, dans tous ces choix, c'est
le plus habile en son métier qu'il faut prendre. De même,
s'il s'agit de bâtir des murs, d'installer des ports ou des
arsenaux, c'est aux architectes qu'on demandera conseil,
et s'il s'agit d'élire des généraux, de ranger une armée en
bataille ou d'enlever une position, c'est aux stratèges,
non aux rhéteurs. Qu'en penses-tu, Gorgias ? Car,
puisque tu te déclares toi-même rhéteur et capable de
former des rhéteurs, c'est toi qu'il convient d'interroger
entre tous sur les choses de ta technique.

En cela, sois sûr que je défends tes intérêts : peut-être
en effet, parmi les assistants, s'en trouve-t-il qui songent
à devenir tes disciples ; je devine qu'il y en a, et même
beaucoup, mais qui hésitent peut-être à t'interroger.
Considère donc mes questions comme venant d'eux en
même temps que de moi. « Gorgias, disent-ils, quel
bénéfice retirerons-nous de tes leçons ? Sur quelles
affaires deviendrons-nous capables de conseiller la cité ?
Est-ce seulement sur le juste et l'injuste, ou encore sur
les sujets que Socrate vient d'énumérer ? » Veuille donc
leur répondre.

Gorgias. – Je vais essayer, Socrate, de te dévoiler
clairement la puissance de la rhétorique dans toute son
ampleur, car tu m'as toi-même admirablement ouvert la
voie. Tu n'ignores certainement pas que ces arsenaux,
ces murs d'Athènes et toute l'organisation de vos ports
doivent leur origine pour une part aux conseils de
Thémistocle et pour le reste à ceux de Périclès, mais nullement à ceux des hommes du métier[15].

---

nèse, I, 89-93. Platon manifesta dans toute son œuvre une hostilité
radicale à cette politique qui fit d'Athènes, à ses dépens, une thalasso-
cratie (sur la question, voir, dans la même collection, le *Ménexène*,
puis J.-Fr. Pradeau, *Le Monde de la politique. Sur le récit atlante de
Platon*, Sankt Augustin, Academia Verlag, 1997, « Les maîtres de la
mer », p. 206-224).

ΣΩ. Λέγεται ταῦτα, ὦ Γοργία, περὶ Θεμιστοκλέους· Περικλέους δὲ καὶ αὐτὸς ἤκουον ὅτε συνεβούλευεν ἡμῖν περὶ τοῦ διὰ μέσου τείχους.

ΓΟΡ. Καὶ ὅταν γέ τις αἵρεσις ᾖ ὧν δὴ σὺ ἔλεγες, ὦ 456 Σώκρατες, ὁρᾷς ὅτι οἱ ῥήτορές εἰσιν οἱ συμβουλεύοντες καὶ οἱ νικῶντες τὰς γνώμας περὶ τούτων.

ΣΩ. Ταῦτα καὶ θαυμάζων, ὦ Γοργία, πάλαι ἐρωτῶ ἥτις ποτὲ ἡ δύναμίς ἐστιν τῆς ῥητορικῆς. Δαιμονία γάρ τις ἔμοιγε καταφαίνεται τὸ μέγεθος οὕτω σκοποῦντι.

ΓΟΡ. ⟨Τί⟩ εἰ πάντα γε εἰδείης, ὦ Σώκρατες, ὅτι ὡς ἔπος εἰπεῖν ἁπάσας τὰς δυνάμεις συλλαβοῦσα ὑφ' αὑτῇ ἔχει. Μέγα δέ σοι τεκμήριον ἐρῶ· πολλάκις γὰρ ἤδη ἔγωγε b μετὰ τοῦ ἀδελφοῦ καὶ μετὰ τῶν ἄλλων ἰατρῶν εἰσελθὼν παρά τινα τῶν καμνόντων οὐχὶ ἐθέλοντα ἢ φάρμακον πιεῖν ἢ τεμεῖν ἢ καῦσαι παρασχεῖν τῷ ἰατρῷ, οὐ δυναμένου τοῦ ἰατροῦ πεῖσαι, ἐγὼ ἔπεισα, οὐκ ἄλλη τέχνη ἢ τῇ ῥητορικῇ. Φημὶ δὲ καὶ εἰς πόλιν ὅποι βούλει ἐλθόντα ῥητορικὸν ἄνδρα καὶ ἰατρόν, εἰ δέοι λόγῳ διαγωνίζεσθαι ἐν ἐκκλησίᾳ ἢ ἐν ἄλλῳ τινὶ συλλόγῳ ὁπότερον δεῖ αἱρεθῆναι ἰατρόν, οὐδαμοῦ ἂν φανῆναι τὸν ἰατρόν, ἀλλ' αἱρεθῆναι ἂν τὸν εἰπεῖν c δυνατόν, εἰ βούλοιτο. Καὶ εἰ πρὸς ἄλλον γε δημιουργὸν ὁντιναοῦν ἀγωνίζοιτο, πείσειεν ἂν αὑτὸν ἑλέσθαι ὁ ῥητορικὸς μᾶλλον ἢ ἄλλος ὁστισοῦν· οὐ γὰρ ἔστιν περὶ ὅτου οὐκ ἂν πιθανώτερον εἴποι ὁ ῥητορικὸς ἢ ἄλλος ὁστισοῦν τῶν δημιουργῶν ἐν πλήθει. Ἡ μὲν οὖν δύναμις τοσαύτη ἐστὶν καὶ τοιαύτη τῆς τέχνης· δεῖ μέντοι, ὦ Σώκρατες, τῇ ῥητο-

SOCRATE. – C'est là, en effet, ce qu'on rapporte au sujet de Thémistocle, et quant à Périclès, je l'ai moi-même entendu proposer la construction du mur intérieur.

GORGIAS. – Et quand il s'agit d'une de ces élections dont tu parlais tout à l'heure, tu peux constater que ce sont encore les rhéteurs qui donnent leur avis en pareille matière et qui le font triompher.

SOCRATE. – Je le constate avec étonnement, Gorgias, et c'est pour cela que je demande depuis si longtemps quelle est cette puissance de la rhétorique. À voir ce qui se passe, elle m'apparaît comme une chose d'une grandeur quasi divine.

GORGIAS. – Si tu savais tout, Socrate, tu verrais qu'elle englobe en elle-même, pour ainsi dire, et tient sous sa domination toutes les puissances. Je vais t'en donner une preuve frappante.

Il m'est arrivé maintes fois d'accompagner mon frère ou d'autres médecins chez quelque malade qui refusait une drogue ou ne voulait pas se laisser opérer par le fer et le feu, et là où les exhortations du médecin restaient vaines, moi je persuadais le malade, par nulle autre technique que la rhétorique. Qu'un rhéteur et un médecin aillent ensemble dans la ville que tu voudras : si une discussion doit s'engager à l'assemblée du peuple ou dans une réunion quelconque pour décider lequel des deux sera élu comme médecin, j'affirme que le médecin n'existera pas et que le rhéteur sera préféré si cela lui plaît.

Il en serait de même en face de tout autre artisan : c'est le rhéteur qui se ferait choisir plutôt que n'importe quel compétiteur ; car il n'est point de sujet sur lequel un homme qui sait la rhétorique ne puisse parler devant la foule d'une manière plus persuasive que l'homme de métier, quel qu'il soit. Voilà ce qu'est la rhétorique et ce qu'elle peut.

Toutefois, Socrate, il faut user de cette technique comme de toutes les autres techniques de combat.

ρικῇ χρῆσθαι ὥσπερ τῇ ἄλλῃ πάσῃ ἀγωνίᾳ. Καὶ γὰρ τῇ
ἄλλῃ ἀγωνίᾳ οὐ τούτου ἕνεκα δεῖ πρὸς ἅπαντας χρῆσθαι d
ἀνθρώπους, ὅτι ἔμαθεν πυκτεύειν τε καὶ παγκρατιάζειν
καὶ ἐν ὅπλοις μάχεσθαι, ὥστε κρείττων εἶναι καὶ φίλων καὶ
ἐχθρῶν, οὐ τούτου ἕνεκα τοὺς φίλους δεῖ τύπτειν οὐδὲ
κεντεῖν τε καὶ ἀποκτεινύναι. Οὐδέ γε μὰ Δία ἐάν τις εἰς
παλαίστραν φοιτήσας, εὖ ἔχων τὸ σῶμα καὶ πυκτικὸς γενόμενος, ἔπειτα τὸν πατέρα τύπτῃ καὶ τὴν μητέρα ἢ ἄλλον
τινὰ τῶν οἰκείων ἢ τῶν φίλων, οὐ τούτου ἕνεκα δεῖ τοὺς
παιδοτρίβας καὶ τοὺς ἐν τοῖς ὅπλοις διδάσκοντας μάχεσθαι e
μισεῖν τε καὶ ἐκβάλλειν ἐκ τῶν πόλεων. Ἐκεῖνοι μὲν γὰρ
παρέδοσαν ἐπὶ τῷ δικαίως χρῆσθαι τούτοις πρὸς τοὺς πολεμίους καὶ τοὺς ἀδικοῦντας, ἀμυνομένους, μὴ ὑπάρχον-
τας· οἱ δὲ μεταστρέψαντες χρῶνται τῇ ἰσχύῖ καὶ τῇ τέχνῃ 45
οὐκ ὀρθῶς. Οὔκουν οἱ διδάξαντες πονηροί, οὐδὲ ἡ τέχνη
οὔτε αἰτία οὔτε πονηρὰ τούτου ἕνεκά ἐστιν, ἀλλ' οἱ μὴ
χρώμενοι, οἶμαι, ὀρθῶς. Ὁ αὐτὸς δὴ λόγος καὶ περὶ τῆς
ῥητορικῆς. Δυνατὸς μὲν γὰρ πρὸς ἅπαντάς ἐστιν ὁ ῥήτωρ
καὶ περὶ παντὸς λέγειν, ὥστε πιθανώτερος εἶναι ἐν τοῖς
πλήθεσιν ἔμβραχυ περὶ ὅτου ἂν βούληται· ἀλλ' οὐδέν τι b
μᾶλλον τούτου ἕνεκα δεῖ οὔτε τοὺς ἰατροὺς τὴν δόξαν
ἀφαιρεῖσθαι — ὅτι δύναιτο ἂν τοῦτο ποιῆσαι — οὔτε
τοὺς ἄλλους δημιουργούς, ἀλλὰ δικαίως καὶ τῇ ῥητορικῇ
χρῆσθαι, ὥσπερ καὶ τῇ ἀγωνίᾳ. Ἐὰν δέ, οἶμαι, ῥητορικὸς
γενόμενός τις κᾆτα ταύτῃ τῇ δυνάμει καὶ τῇ τέχνῃ ἀδικῇ,
οὐ τὸν διδάξαντα δεῖ μισεῖν τε καὶ ἐκβάλλειν ἐκ τῶν
πόλεων. Ἐκεῖνος μὲν γὰρ ἐπὶ δικαίᾳ χρείᾳ παρέδωκεν, ὁ c

Quelles que soient celles qu'on cultive, ce n'est pas une raison pour en user contre tout le monde que d'avoir appris le pugilat, le pancrace ou les armes de manière à battre sûrement amis et ennemis : cela ne nous donne pas le droit de frapper nos amis, de les transpercer et de les tuer.

Et d'un autre côté, par Zeus, ce n'est pas une raison non plus, parce qu'un habitué de la palestre, devenu robuste de corps et bon pugiliste, aura abusé de son avantage pour frapper son père, sa mère, quelqu'un de ses proches ou de ses amis, ce n'est pas une raison pour condamner et exiler des cités les pédotribes et les maîtres d'armes. Ceux-ci en effet ont transmis leur technique à des disciples pour qu'il en fût fait usage avec justice contre les ennemis et contre les méchants, pour se défendre et non pour attaquer ; mais il arrive que les disciples détournent à tort vers des fins opposées leur force et leur technique. Les maîtres ne sont donc pas coupables et la technique n'encourt de ce chef ni responsabilité ni blâme : toute la faute est à ceux qui en usent mal.

Le même raisonnement s'applique à la rhétorique. Le rhéteur, sans doute, est capable de parler contre tout adversaire et sur tout sujet de manière à persuader la foule mieux qu'un autre et à obtenir d'elle, en un mot, tout ce qu'il veut. Mais il ne résulte pas de là qu'il doive dépouiller de leur gloire les médecins ni les autres artisans, par la seule raison qu'il le pourrait ; on doit user de la rhétorique avec justice, comme de toutes les armes. Si un homme, devenu habile dans la rhétorique, se sert ensuite de sa puissance et de sa technique pour faire le mal, ce n'est pas le maître, à mon avis, qui mérite la réprobation et l'exil ; car celui-ci enseignait sa technique en vue d'un usage légitime, et le disciple en a fait un

δ' ἐναντίως χρῆται. Τὸν οὖν οὐκ ὀρθῶς χρώμενον μισεῖν δίκαιον καὶ ἐκβάλλειν καὶ ἀποκτεινύναι, ἀλλ' οὐ τὸν διδάξαντα.

ΣΩ. Οἶμαι, ὦ Γοργία, καὶ σὲ ἔμπειρον εἶναι πολλῶν λόγων καὶ καθεωρακέναι ἐν αὐτοῖς τὸ τοιόνδε, ὅτι οὐ ῥᾳδίως δύνανται περὶ ὧν ἂν ἐπιχειρήσωσιν διαλέγεσθαι διορισάμενοι πρὸς ἀλλήλους καὶ μαθόντες καὶ διδάξαντες ἑαυτοὺς οὕτω διαλύεσθαι τὰς συνουσίας, ἀλλ' ἐὰν περί του d ἀμφισβητήσωσιν καὶ μὴ φῇ ὁ ἕτερος τὸν ἕτερον ὀρθῶς λέγειν ἢ μὴ σαφῶς, χαλεπαίνουσί τε καὶ κατὰ φθόνον οἴονται τὸν ἑαυτῶν λέγειν, φιλονικοῦντας ἀλλ' οὐ ζητοῦντας τὸ προκείμενον ἐν τῷ λόγῳ· καὶ ἔνιοί γε τελευτῶντες αἴσχιστα ἀπαλλάττονται, λοιδορηθέντες τε καὶ εἰπόντες καὶ ἀκούσαντες περὶ σφῶν αὐτῶν τοιαῦτα οἷα καὶ τοὺς παρόντας ἄχθεσθαι ὑπὲρ σφῶν αὐτῶν, ὅτι τοιούτων ἀνθρώπων ἠξίωσαν ἀκροαταὶ γενέσθαι. Τοῦ δὴ ἕνεκα λέγω ε ταῦτα ; Ὅτι νῦν ἐμοὶ δοκεῖς σὺ οὐ πάνυ ἀκόλουθα λέγειν οὐδὲ σύμφωνα οἷς τὸ πρῶτον ἔλεγες περὶ τῆς ῥητορικῆς. Φοβοῦμαι οὖν διελέγχειν σε, μή με ὑπολάβῃς οὐ πρὸς τὸ πρᾶγμα φιλονικοῦντα λέγειν τοῦ καταφανὲς γενέσθαι, ἀλλὰ πρὸς σέ. Ἐγὼ οὖν, εἰ μὲν καὶ σὺ εἶ τῶν ἀνθρώπων ὧνπερ 458 καὶ ἐγώ, ἡδέως ἄν σε διερωτῴην· εἰ δὲ μή, ἐῴην ἄν. Ἐγὼ δὲ τίνων εἰμί; Τῶν ἡδέως μὲν ἂν ἐλεγχθέντων εἴ τι μὴ ἀληθὲς λέγω, ἡδέως δ' ἂν ἐλεγξάντων εἴ τίς τι μὴ ἀληθὲς λέγοι, οὐκ ἀηδέστερον μεντἂν ἐλεγχθέντων ἢ ἐλεγξάντων· μεῖζον γὰρ αὐτὸ ἀγαθὸν ἡγοῦμαι, ὅσῳπερ μεῖζον ἀγαθόν

16. Gorgias tente ici de défendre la rhétorique comme un moyen, une arme, dont l'usage peut être bon ou mauvais. Cette puissance et cette neutralité (la rhétorique ne serait ni bonne ni mauvaise par elle-même, mais elle le deviendrait selon son usage) vont être toutes deux contestées par Socrate : la rhétorique est impuissante *et* elle n'a que

abus tout contraire. C'est donc celui qui en use mal qui mérite la haine et l'exil et la mort, mais non le maître[16].

SOCRATE. – J'imagine, Gorgias, que tu as assisté, comme moi, à de nombreuses discussions et que tu as dû remarquer combien il est rare que les deux adversaires commencent par définir exactement le sujet de leur entretien, puis se séparent après s'être instruits et éclairés réciproquement : au lieu de cela, s'ils sont en désaccord et que l'un des deux trouve que l'autre se trompe ou n'est pas clair, ils s'irritent, accusent l'adversaire de malveillance et leur discussion est plutôt une dispute que l'examen d'un problème. Quelques-uns même finissent par se séparer fort vilainement, après un tel échange d'injures que les assistants s'en veulent à eux-mêmes de s'être risqués en pareille compagnie.

Pourquoi dis-je ces choses ? C'est qu'en ce moment tu me parais exprimer des idées qui ne sont point tout à fait d'accord et en harmonie avec ce que tu disais au début sur la rhétorique[17]. J'hésite donc à les combattre, dans la crainte que tu ne me croies moins soucieux dans cette discussion d'éclaircir la question elle-même que de te quereller personnellement. Si tu es un homme de ma sorte je t'interrogerai avec plaisir ; sinon, je quitterai la partie.

Quelle sorte d'homme suis-je donc ? Je suis de ceux qui sont bien aises d'être réfutés quand ils se trompent, et aussi de réfuter à leur tour une allégation inexacte, mais qui n'aiment pas moins à être réfutés qu'à réfuter les autres ; je considère même cet avantage comme supérieur, par la raison qu'il est plus avantageux pour un

des effets malheureux et fâcheux (c'est la double conclusion, en 480a-481b de la discussion avec Polos ; l'impuissance du rhéteur est acquise dès 466b).

17. C'est la seconde mise au point méthodologique relative au bon déroulement du dialogue : l'interlocuteur doit développer son hypothèse sans y renoncer, c'est-à-dire sans la contredire ou l'abandonner.

ἔστιν αὐτὸν ἀπαλλαγῆναι κακοῦ τοῦ μεγίστου ἢ ἄλλον ἀπαλλάξαι. Οὐδὲν γὰρ οἶμαι τοσοῦτον κακὸν εἶναι ἀνθρώπῳ, ὅσον δόξα ψευδὴς περὶ ὧν τυγχάνει νῦν ἡμῖν ὁ b λόγος ὤν. Εἰ μὲν οὖν καὶ σὺ φὴς τοιοῦτος εἶναι, διαλεγώμεθα· εἰ δὲ καὶ δοκεῖ χρῆναι ἐᾶν, ἐῶμεν ἤδη χαίρειν καὶ διαλύωμεν τὸν λόγον.

ΓΟΡ. Ἀλλὰ φημὶ μὲν ἔγωγε, ὦ Σώκρατες, καὶ αὐτὸς τοιοῦτος εἶναι οἷον σὺ ὑφηγεῖ· ἴσως μέντοι χρῆν ἐννοεῖν καὶ τὸ τῶν παρόντων. Πάλαι γάρ τοι, πρὶν καὶ ὑμᾶς ἐλθεῖν, ἐγὼ τοῖς παροῦσιν πολλὰ ἐπεδειξάμην, καὶ νῦν ἴσως πόρρω ἀποτενοῦμεν, ἢν διαλεγώμεθα. Σκοπεῖν οὖν χρὴ καὶ c τὸ τούτων, μή τινας αὐτῶν κατέχομεν βουλομένους τι καὶ ἄλλο πράττειν.

ΧΑΙ. Τοῦ μὲν θορύβου, ὦ Γοργία τε καὶ Σώκρατες, αὐτοὶ ἀκούετε τούτων τῶν ἀνδρῶν βουλομένων ἀκούειν ἐάν τι λέγητε· ἐμοὶ δ' οὖν καὶ αὐτῷ μὴ γένοιτο τοσαύτη ἀσχολία, ὥστε τοιούτων λόγων καὶ οὕτω λεγομένων ἀφεμένῳ προὐργιαίτερόν τι γενέσθαι ἄλλο πράττειν.

ΚΑΛ. Νὴ τοὺς θεούς, ὦ Χαιρεφῶν, καὶ μὲν δὴ καὶ d αὐτὸς πολλοῖς ἤδη λόγοις παραγενόμενος οὐκ οἶδ' εἰ πώποτε ἥσθην οὕτως ὥσπερ νυνί· ὥστ' ἔμοιγε, κἂν τὴν ἡμέραν ὅλην ἐθέλητε διαλέγεσθαι, χαριεῖσθε.

ΣΩ. Ἀλλὰ μήν, ὦ Καλλίκλεις, τό γ' ἐμὸν οὐδὲν κωλύει, εἴπερ ἐθέλει Γοργίας.

ΓΟΡ. Αἰσχρὸν δὴ τὸ λοιπόν, ὦ Σώκρατες, γίγνεται ἐμέ γε μὴ ἐθέλειν, αὐτὸν ἐπαγγειλάμενον ἐρωτᾶν ὅ τί τις βούλεται. Ἀλλ' εἰ δοκεῖ τουτοισί, διαλέγου τε καὶ ἐρώτα ὅ τι βούλει. e

ΣΩ. Ἄκουε δή, ὦ Γοργία, ἃ θαυμάζω ἐν τοῖς λεγομένοις ὑπὸ σοῦ· ἴσως γάρ τοι σοῦ ὀρθῶς λέγοντος ἐγὼ οὐκ ὀρθῶς ὑπολαμβάνω. Ῥητορικὸν φὴς ποιεῖν οἷός τ' εἶναι, ἐάν τις βούληται παρὰ σοῦ μανθάνειν;

homme d'être délivré du plus grand des maux que d'en délivrer autrui. Rien, en effet, selon moi, n'est plus funeste à l'homme qu'une opinion fausse sur le sujet dont nous parlons.

Si donc tu es aussi de ce caractère, causons ; si tu crois au contraire qu'il vaut mieux abandonner la discussion, restons-en là et finissons l'entretien.

GORGIAS. – Mais moi aussi, Socrate, je prétends me reconnaître dans l'image que tu viens de tracer. Peut-être, cependant, devons-nous songer aussi à nos auditeurs. Bien avant votre arrivée, j'ai donné aux assistants une longue séance, et notre entretien pourrait nous mener bien loin. Il faut donc nous inquiéter de leurs convenances et voir si nous ne risquons pas de retenir quelque personne qui ait autre chose à faire.

CHÉRÉPHON. – Vous entendez, Gorgias et Socrate, le murmure approbateur des assistants, avides d'écouter vos paroles. Pour moi, puissé-je n'avoir jamais d'occupations si pressantes que je doive sacrifier de pareils entretiens, entre de tels interlocuteurs, aux exigences impérieuses de mes affaires !

CALLICLÈS. – Par les dieux, Chéréphon, j'ai assisté à bien des entretiens, mais je ne sache pas que jamais aucun m'ait donné autant de plaisir que celui-ci. En ce qui me concerne, dussiez-vous parler tout le long du jour, j'en serais charmé.

SOCRATE. – Eh bien, Calliclès, je n'ai, pour ma part, aucun empêchement, si Gorgias accepte.

GORGIAS. – J'aurais honte après tout cela, Socrate, de me dérober, quand j'ai moi-même déclaré hautement que qui voudrait pourrait m'interroger. Avec la permission de nos auditeurs, reprends donc l'entretien et pose-moi les questions que tu voudras.

SOCRATE. – Écoute donc, Gorgias, ce qui a causé mon étonnement dans ton discours. Peut-être d'ailleurs avais-tu raison et t'ai-je mal compris. Tu es capable, dis-tu, d'enseigner la rhétorique à quiconque veut l'apprendre de toi ?

ΓΟΡ. Ναί.

ΣΩ. Οὐκοῦν περὶ πάντων ὥστ᾽ ἐν ὄχλῳ πιθανὸν εἶναι οὐ διδάσκοντα ἀλλὰ πείθοντα ;

ΓΟΡ. Πάνυ μὲν οὖν.   459

ΣΩ. Ἔλεγές τοι νυνδὴ ὅτι καὶ περὶ τοῦ ὑγιεινοῦ τοῦ ἰατροῦ πιθανώτερος ἔσται ὁ ῥήτωρ.

ΓΟΡ. Καὶ γὰρ ἔλεγον, ἔν γε ὄχλῳ.

ΣΩ. Οὐκοῦν τὸ ἐν ὄχλῳ τοῦτό ἐστιν, ἐν τοῖς μὴ εἰδόσιν ; οὐ γὰρ δήπου ἔν γε τοῖς εἰδόσι τοῦ ἰατροῦ πιθανώτερος ἔσται.

ΓΟΡ. Ἀληθῆ λέγεις.

ΣΩ. Οὐκοῦν εἴπερ τοῦ ἰατροῦ πιθανώτερος ἔσται, τοῦ εἰδότος πιθανώτερος γίγνεται ;

ΓΟΡ. Πάνυ γε.

ΣΩ. Οὐκ ἰατρός γε ὤν· ἦ γάρ ;   b

ΓΟΡ. Ναί.

ΣΩ. Ὁ δὲ μὴ ἰατρός γε δήπου ἀνεπιστήμων ὧν ὁ ἰατρὸς ἐπιστήμων.

ΓΟΡ. Δῆλον ὅτι.

ΣΩ. Ὁ οὐκ εἰδὼς ἄρα τοῦ εἰδότος ἐν οὐκ εἰδόσι πιθανώτερος ἔσται, ὅταν ὁ ῥήτωρ τοῦ ἰατροῦ πιθανώτερος ᾖ. Τοῦτο συμβαίνει ἢ ἄλλο τι ;

ΓΟΡ. Τοῦτο ἐνταῦθά γε συμβαίνει.

ΣΩ. Οὐκοῦν καὶ περὶ τὰς ἄλλας ἁπάσας τέχνας ὡσαύτως ἔχει ὁ ῥήτωρ καὶ ἡ ῥητορική ; Αὐτὰ μὲν τὰ πράγματα οὐδὲν δεῖ αὐτὴν εἰδέναι ὅπως ἔχει, μηχανὴν δέ τινα πειθοῦς ηὑρηκέναι, ὥστε φαίνεσθαι τοῖς οὐκ εἰδόσι μᾶλλον c εἰδέναι τῶν εἰδότων.

18. La rhétorique est donc un procédé qui permet à des ignorants de s'adresser à des ignorants (ou encore, qui permet que les premiers ignorants dissimulent leur ignorance tout en laissant les seconds dans leur ignorance initiale). Le drame en la matière reste bien évidemment

GORGIAS. – Oui.

SOCRATE. – De telle sorte que sur tous sujets on puisse obtenir l'assentiment d'une assemblée nombreuse sans l'instruire, mais en la persuadant ?

GORGIAS. – Parfaitement.

SOCRATE. – Tu disais tout à l'heure que même sur les choses relatives à la santé le rhéteur est plus persuasif que le médecin.

GORGIAS. – En effet, devant la foule.

SOCRATE. – Devant la foule, c'est-à-dire sans doute, devant ceux qui ne savent pas ? Car, devant ceux qui savent, il est bien impossible que le rhéteur soit plus persuasif que le médecin.

GORGIAS. – Tu as raison.

SOCRATE. – S'il est plus persuasif que le médecin, le voilà plus persuasif que celui qui sait ?

GORGIAS. – Assurément.

SOCRATE. – Sans être médecin lui-même, n'est-ce pas ?

GORGIAS. – Oui.

SOCRATE. – Celui qui n'est pas médecin ignore ce que sait le médecin.

GORGIAS. – Évidemment.

SOCRATE. – Ainsi, c'est un ignorant parlant devant des ignorants qui l'emporte sur le savant, lorsque le rhéteur triomphe du médecin ? Est-ce bien là ce qui arrive, ou est-ce autre chose[18] ?

GORGIAS. – C'est cela, dans ce cas du moins.

SOCRATE. – À l'égard des autres techniques aussi, le rhéteur et la rhétorique ont sans doute le même avantage : la rhétorique n'a pas besoin de connaître la réalité des choses ; il lui suffit d'un certain procédé de persuasion qu'elle a inventé, pour qu'elle paraisse devant les ignorants plus savante que les savants.

que les uns comme les autres, par l'effet de la persuasion, ont le sentiment d'être savants.

ΓΟΡ. Οὐκοῦν πολλὴ ῥᾳστώνη, ὦ Σώκρατες, γίγνεται, μὴ μαθόντα τὰς ἄλλας τέχνας, ἀλλὰ μίαν ταύτην, μηδὲν ἐλαττοῦσθαι τῶν δημιουργῶν ;

ΣΩ. Εἰ μὲν ἐλαττοῦται ἢ μὴ ἐλαττοῦται ὁ ῥήτωρ τῶν ἄλλων διὰ τὸ οὕτως ἔχειν, αὐτίκα ἐπισκεψόμεθα, ἐάν τι ἡμῖν πρὸς λόγον ᾖ· νῦν δὲ τόδε πρότερον σκεψώμεθα, ἆρα τυγχάνει περὶ τὸ δίκαιον καὶ τὸ ἄδικον καὶ τὸ αἰσχρὸν καὶ d τὸ καλὸν καὶ ἀγαθὸν καὶ κακὸν οὕτως ἔχων ὁ ῥητορικὸς ὡς περὶ τὸ ὑγιεινὸν καὶ περὶ τὰ ἄλλα ὧν αἱ ἄλλαι τέχναι, αὐτὰ μὲν οὐκ εἰδώς, τί ἀγαθὸν ἢ τί κακόν ἐστιν ἢ τί καλὸν ἢ τί αἰσχρὸν ἢ δίκαιον ἢ ἄδικον, πειθὼ δὲ περὶ αὐτῶν μεμηχανημένος, ὥστε δοκεῖν εἰδέναι οὐκ εἰδὼς ἐν οὐκ εἰδόσιν μᾶλλον τοῦ εἰδότος ; Ἢ ἀνάγκη εἰδέναι, καὶ δεῖ e προεπιστάμενον ταῦτα ἀφικέσθαι παρὰ σὲ τὸν μέλλοντα μαθήσεσθαι τὴν ῥητορικήν ; Εἰ δὲ μή, σὺ ὁ τῆς ῥητορικῆς διδάσκαλος τούτων μὲν οὐδὲν διδάξεις τὸν ἀφικνούμενον — οὐ γὰρ σὸν ἔργον — ποιήσεις δ᾽ ἐν τοῖς πολλοῖς δοκεῖν εἰδέναι αὐτὸν τὰ τοιαῦτα οὐκ εἰδότα καὶ δοκεῖν ἀγαθὸν εἶναι οὐκ ὄντα ; Ἢ τὸ παράπαν οὐχ οἷός τε ἔσει αὐτὸν διδάξαι τὴν ῥητορικήν, ἐὰν μὴ προειδῇ περὶ τούτων τὴν ἀλήθειαν ; Ἢ πῶς τὰ τοιαῦτα ἔχει, ὦ Γοργία ; Καὶ πρὸς Διός, ὥσπερ ἄρτι εἶπες, ἀποκαλύψας τῆς ῥητορικῆς εἰπὲ 460 τίς ποθ᾽ ἡ δύναμίς ἐστιν.

ΓΟΡ. Ἀλλ᾽ ἐγὼ μὲν οἶμαι, ὦ Σώκρατες, ἐὰν τύχῃ μὴ εἰδώς, καὶ ταῦτα παρ᾽ ἐμοῦ μαθήσεται.

ΣΩ. Ἔχε δή· καλῶς γὰρ λέγεις. Ἐάνπερ ῥητορικὸν σύ τινα ποιήσῃς, ἀνάγκη αὐτὸν εἰδέναι τὰ δίκαια καὶ τὰ ἄδικα ἤτοι πρότερόν γε ἢ ὕστερον μαθόντα παρὰ σοῦ.

GORGIAS. – N'est-ce pas une merveilleuse facilité, Socrate, que de pouvoir, sans aucune étude des autres techniques, grâce à celle-là seule, être l'égal de tous les spécialistes ?

SOCRATE. – Si le rhéteur, par cette manière de faire, est ou non l'égal des autres, c'est ce que nous examinerons tout à l'heure, si la discussion le demande. Pour le moment, voyons d'abord si, relativement au juste et à l'injuste, au beau et au laid, au bien ou au mal, le rhéteur est dans les mêmes conditions que relativement à la santé et aux objets des autres techniques, et si, sans connaître les choses mêmes, sans savoir ce qui est bien ou mal, beau ou laid, juste ou injuste, il possède un secret de persuasion qui lui permette, à lui qui ne sait rien, de paraître aux ignorants plus savant que ceux qui savent ? Ou bien est-il nécessaire qu'il sache, et doit-on avoir appris déjà ces choses avant de venir chercher auprès de toi des leçons de rhétorique ? Sinon, toi qui es maître de rhétorique, sans enseigner à ton disciple aucune de ces choses (ce n'est pas ton métier), feras-tu qu'il paraisse à la foule les savoir tout en les ignorant, et qu'il semble honnête homme sans l'être ? Ou bien encore es-tu hors d'état d'enseigner la rhétorique à qui n'a pas acquis préalablement la connaissance de la vérité sur ces matières ? Enfin, que faut-il penser de tout cela, Gorgias ? Par Zeus, dévoile-moi, comme tu le disais tout à l'heure, toute la puissance de la rhétorique, et fais m'en comprendre la nature.

GORGIAS. – Je crois, Socrate, que si l'on ignorait ces choses auparavant, on les apprendra, elles aussi, auprès de moi.

SOCRATE. – Il suffit : voilà qui est bien parlé. Pour que tu puisses faire de ton disciple un rhéteur, il faut qu'il connaisse le juste et l'injuste, soit qu'il ait acquis cette connaissance antérieurement, soit qu'il l'ait reçue de toi par la suite.

ΓΟΡ. Πάνυ γε.

ΣΩ. Τί οὖν; Ὁ τὰ τεκτονικὰ μεμαθηκὼς τεκτονικός, b ἢ οὔ;

ΓΟΡ. Ναί.

ΣΩ. Οὐκοῦν καὶ ὁ τὰ μουσικὰ μουσικός;

ΓΟΡ. Ναί.

ΣΩ. Καὶ ὁ τὰ ἰατρικὰ ἰατρικός, καὶ τἆλλα οὕτω κατὰ τὸν αὐτὸν λόγον, ὁ μεμαθηκὼς ἕκαστα τοιοῦτός ἐστιν οἷον ἡ ἐπιστήμη ἕκαστον ἀπεργάζεται;

ΓΟΡ. Πάνυ γε.

ΣΩ. Οὐκοῦν κατὰ τοῦτον τὸν λόγον καὶ ὁ τὰ δίκαια μεμαθηκὼς δίκαιος;

ΓΟΡ. Πάντως δήπου.

ΣΩ. Ὁ δὲ δίκαιος δίκαιά που πράττει.

ΓΟΡ. Ναί.

[ΣΩ. Οὐκοῦν ἀνάγκη τὸν ῥητορικὸν δίκαιον εἶναι, τὸν c δὲ δίκαιον βούλεσθαι δίκαια πράττειν;

ΓΟΡ. Φαίνεταί γε.

ΣΩ. Οὐδέποτε ἄρα βουλήσεται ὅ γε δίκαιος ἀδικεῖν.

ΓΟΡ. Ἀνάγκη].

ΣΩ. Τὸν δὲ ῥητορικὸν ἀνάγκη ἐκ τοῦ λόγου δίκαιον εἶναι.

ΓΟΡ. Ναί.

ΣΩ. Οὐδέποτε ἄρα βουλήσεται ὁ ῥητορικὸς ἀδικεῖν.

ΓΟΡ. Οὐ φαίνεταί γε.

ΣΩ. Μέμνησαι οὖν λέγων ὀλίγῳ πρότερον ὅτι οὐ δεῖ d τοῖς παιδοτρίβαις ἐγκαλεῖν οὐδ' ἐκβάλλειν ἐκ τῶν πόλεων, ἐὰν ὁ πύκτης τῇ πυκτικῇ χρῆταί τε καὶ ἀδικῇ; Ὡσαύτως δὲ οὕτως καὶ ἐὰν ὁ ῥήτωρ τῇ ῥητορικῇ ἀδίκως χρῆται, μὴ τῷ διδάξαντι ἐγκαλεῖν μηδ' ἐξελαύνειν ἐκ τῆς πόλεως,

GORGIAS. – Parfaitement.

SOCRATE. – Mais quoi ? Celui qui a appris l'architecture est architecte, n'est-il pas vrai ?

GORGIAS. – Oui.

SOCRATE. – Et musicien, celui qui a appris la musique ?

GORGIAS. – Oui.

SOCRATE. – Médecin, celui qui a appris la médecine, et ainsi de suite : quand on a appris une chose, on acquiert la qualité que confère la science de cette chose ?

GORGIAS. – Évidemment.

SOCRATE. – À ce compte, celui qui sait le juste est juste ?

GORGIAS. – Sans doute.

SOCRATE. – Et celui qui est juste agit selon la justice ?

GORGIAS. – Oui.

SOCRATE. – Ainsi, le rhéteur est nécessairement juste, et le juste ne peut vouloir agir que justement ?

GORGIAS. – Il y a apparence.

SOCRATE. – L'homme juste ne saurait, par conséquent, vouloir commettre l'injustice.

GORGIAS. – Nécessairement.

SOCRATE. – Or, le rhéteur, d'après ce que nous avons dit, est nécessairement juste ?

GORGIAS. – Oui.

SOCRATE. – Par conséquent, il ne saurait vouloir commettre l'injustice.

GORGIAS. – Il semble bien que non.

SOCRATE. – Te rappelles-tu ce que tu me disais tout à l'heure ? Qu'il ne faut pas accuser les pédotribes ni les expulser des cités s'il arrive qu'un pugiliste use de son habileté au pugilat pour une fin mauvaise ? Et que, de même, si un rhéteur fait un usage coupable de la rhétorique, ce n'est pas le maître qu'il faut accuser et bannir,

ἀλλὰ τῷ ἀδικοῦντι καὶ οὐκ ὀρθῶς χρωμένῳ τῇ ῥητορικῇ ;
ἐρρήθη ταῦτα ἢ οὔ ;

ΓΟΡ. Ἐρρήθη.

ΣΩ. Νῦν δέ γε ὁ αὐτὸς οὗτος φαίνεται, ὁ ῥητορικός, e
οὐκ ἄν ποτε ἀδικήσας· ἢ οὔ ;

ΓΟΡ. Φαίνεται.

ΣΩ. Καὶ ἐν τοῖς πρώτοις γε, ὦ Γοργία, λόγοις ἐλέγετο
ὅτι ἡ ῥητορικὴ περὶ λόγους εἴη οὐ τοὺς τοῦ ἀρτίου καὶ
περιττοῦ, ἀλλὰ τοὺς τοῦ δικαίου καὶ ἀδίκου· ἢ γάρ ;

ΓΟΡ. Ναί.

ΣΩ. Ἐγὼ τοίνυν σου τότε ταῦτα λέγοντος· ὑπέλαβον
ὡς οὐδέποτ' ἂν εἴη ἡ ῥητορικὴ ἄδικον πρᾶγμα, ὃ γ' ἀεὶ
περὶ δικαιοσύνης τοὺς λόγους ποιεῖται· ἐπειδὴ δὲ ὀλίγον
ὕστερον ἔλεγες ὅτι ὁ ῥήτωρ τῇ ῥητορικῇ κἂν ἀδίκως 461
χρῷτο, οὕτω θαυμάσας καὶ ἡγησάμενος οὐ συνᾴδειν τὰ
λεγόμενα ἐκείνους εἶπον τοὺς λόγους, ὅτι εἰ μὲν κέρδος
ἡγοῖο εἶναι τὸ ἐλέγχεσθαι ὥσπερ ἐγώ, ἄξιον εἴη διαλέγεσθαι, εἰ δὲ μή, ἔαν χαίρειν. Ὕστερον δὲ ἡμῶν ἐπισκοπου-
μένων ὁρᾷς δὴ καὶ αὐτὸς ὅτι αὖ ὁμολογεῖται τὸν ῥητορικὸν
ἀδύνατον εἶναι ἀδίκως χρῆσθαι τῇ ῥητορικῇ καὶ ἐθέλειν
ἀδικεῖν. Ταῦτα οὖν ὅπῃ ποτὲ ἔχει, μὰ τὸν κύνα, ὦ
Γοργία, οὐκ ὀλίγης συνουσίας ἐστὶν ὥστε ἱκανῶς διασκέ- b
ψασθαι.

ΠΩΛ. Τί δέ, ὦ Σώκρατες ; Οὕτω καὶ σὺ περὶ τῆς ῥητορικῆς δοξάζεις ὥσπερ νῦν λέγεις ; Ἢ οἴει, ὅτι Γοργίας
ᾐσχύνθη σοι μὴ προσομολογῆσαι τὸν ῥητορικὸν ἄνδρα μὴ
οὐχὶ καὶ τὰ δίκαια εἰδέναι καὶ τὰ καλὰ καὶ τὰ ἀγαθά, καὶ
ἐὰν μὴ ἔλθῃ ταῦτα εἰδὼς παρ' αὐτόν, αὐτὸς διδάξειν,
ἔπειτα ἐκ ταύτης ἴσως τῆς ὁμολογίας ἐναντίον τι συνέβη
ἐν τοῖς λόγοις, τοῦθ' ὃ δὴ ἀγαπᾷς, αὐτὸς ἀγαγὼν ἐπὶ c

---

19. On devrait atteindre ici au terme de la réfutation de Gorgias,
puisque ce dernier reconnaît la contradiction de son raisonnement et

mais bien celui qui a commis la faute en usant mal de la rhétorique ? M'as-tu dit cela, oui ou non[19] ?

GORGIAS. – Je l'ai dit.

SOCRATE. – Et maintenant, voilà ce même rhéteur qui est donné comme incapable de jamais faire le mal ? Est-ce vrai ?

GORGIAS. – Je ne puis le nier.

SOCRATE. – Au début de cet entretien, Gorgias, tu disais que la rhétorique se rapportait aux discours, non à ceux qui traitent du pair et de l'impair, mais à ceux qui traitent du juste et de l'injuste. N'est-ce pas vrai ?

GORGIAS. – Oui.

SOCRATE. – En t'écoutant parler ainsi, j'eus l'idée que la rhétorique ne pouvait jamais être une chose injuste, puisqu'elle ne s'occupait que de la justice. Mais quand tu m'as dit un peu après qu'un rhéteur pouvait aussi user injustement de sa technique, alors, frappé d'étonnement et jugeant ces propos contradictoires, j'ai fait l'observation que tu te rappelles : j'ai dit que, si tu estimais comme moi qu'il y eût avantage à être réfuté, il valait la peine de causer, mais que, sinon, mieux valait en rester là. Or, en continuant notre examen, tu vois toi-même que nous sommes amenés à reconnaître au contraire que le rhéteur ne peut user injustement de la rhétorique ni consentir à l'injustice. Comment arranger tout cela ? Par le chien, Gorgias, ce n'est pas l'affaire d'un moment si nous voulons y voir tout à fait clair.

POLOS. – Qu'est-ce à dire, Socrate ? Exprimes-tu en ce moment ta véritable opinion de la rhétorique ? Parce que Gorgias a eu la faiblesse de te concéder que le rhéteur connaît le juste, le beau et le bien, en ajoutant qu'il enseignerait lui-même ces choses à qui viendrait le trouver sans les avoir apprises d'avance, et parce qu'ensuite cette déclaration a pu donner lieu à quelque apparence

qu'il invalide de ce fait son hypothèse initiale. Mais l'intervention de Polos interrompt la réfutation.

τοιαῦτα ἐρωτήματα — ἐπεὶ τίνα οἴει ἀπαρνήσεσθαι μὴ οὐχὶ καὶ αὐτὸν ἐπίστασθαι τὰ δίκαια καὶ ἄλλους διδάξειν ; Ἀλλ' εἰς τὰ τοιαῦτα ἄγειν πολλὴ ἀγροικία ἐστὶν τοὺς λόγους

ΣΩ. Ὦ κάλλιστε Πῶλε, ἀλλά τοι ἐξεπίτηδες κτώμεθα ἑταίρους καὶ ὑεῖς, ἵνα ἐπειδὰν αὐτοὶ πρεσβύτεροι γιγνόμενοι σφαλλώμεθα, παρόντες ὑμεῖς οἱ νεώτεροι ἐπανορθῶτε ἡμῶν τὸν βίον καὶ ἐν ἔργοις καὶ ἐν λόγοις. Καὶ νῦν εἴ τι ἐγὼ καὶ Γοργίας ἐν τοῖς λόγοις σφαλλόμεθα, σὺ παρὼν d ἐπανόρθου· δίκαιος δ' εἶ· καὶ ἐγὼ ἐθέλω τῶν ὡμολογημένων εἴ τί σοι δοκεῖ μὴ καλῶς ὡμολογῆσθαι, ἀναθέσθαι ὅ τι ἂν σὺ βούλῃ, ἐάν μοι ἓν μόνον φυλάττῃς.

ΠΩΛ. Τί τοῦτο λέγεις ;

ΣΩ. Τὴν μακρολογίαν, ὦ Πῶλε, ἣν καθέρξῃς, ᾗ τὸ πρῶτον ἐπεχείρησας χρῆσθαι.

ΠΩΛ. Τί δέ ; οὐκ ἐξέσται μοι λέγειν ὁπόσα ἂν βούλωμαι ;

ΣΩ. Δεινὰ μεντἂν πάθοις, ὦ βέλτιστε, εἰ Ἀθήναζε e ἀφικόμενος, οὗ τῆς Ἑλλάδος πλείστη ἐστὶν ἐξουσία τοῦ λέγειν, ἔπειτα σὺ ἐνταῦθα τούτου μόνος ἀτυχήσαις. Ἀλλ' ἀντίθες τοι· σοῦ μακρὰ λέγοντος καὶ μὴ ἐθέλοντος τὸ ἐρωτώμενον ἀποκρίνεσθαι, οὐ δεινὰ ἂν αὖ ἐγὼ πάθοιμι, εἰ μὴ ἐξέσται μοι ἀπιέναι καὶ μὴ ἀκούειν σου ; Ἀλλ' εἴ τι κήδει 462 τοῦ λόγου τοῦ εἰρημένου καὶ ἐπανορθώσασθαι αὐτὸν βούλει, ὥσπερ νυνδὴ ἔλεγον, ἀναθέμενος ὅ τί σοι δοκεῖ, ἐν τῷ μέρει ἐρωτῶν τε καὶ ἐρωτώμενος, ὥσπερ ἐγώ τε καὶ Γοργίας, ἔλεγχέ τε καὶ ἐλέγχου. Φῂς γὰρ δήπου καὶ σὺ ἐπίστασθαι ἅπερ Γοργίας· ἢ οὔ ;

ΠΩΛ. Ἔγωγε.

de contradiction dans le raisonnement – ce qui est toujours une joie pour toi – t'imagines-tu, toi qui l'avais attiré dans le piège par tes questions... ? Mais qui donc niera jamais qu'il sache le juste et soit capable de l'enseigner à autrui ? Cette manière de conduire une discussion est indigne de gens bien élevés.

SOCRATE. – Charmant Polos, voilà bien le service que nous attendons de nos amis et de nos enfants ! Quand l'âge nous fait faire des faux pas, vous, les jeunes, vous êtes là pour nous redresser dans nos actes et dans nos discours. En ce moment même, si nous avons failli dans nos raisonnements, Gorgias et moi, tu arrives à point pour nous corriger. C'est ton rôle. Je suis tout prêt, pour ma part, si tu trouves à redire à quelqu'une de nos affirmations, à la reprendre selon ton désir, à une seule condition.

POLOS. – Quelle condition ?

SOCRATE. – Il faut, Polos, tenir en bride cette ampleur de discours dont tu avais commencé par nous éblouir.

POLOS. – Comment ? Je n'aurais pas le droit de parler autant qu'il me plaira ?

SOCRATE. – Tu jouerais de malheur, mon cher, si, venant à Athènes, le lieu de la Grèce où la parole est la plus libre, tu t'y voyais seul dépouillé de ce privilège. Mais vois la contre-partie : si tu fais de longs discours au lieu de répondre à mes questions, ne serait-ce pas, à mon tour, jouer de malheur que de n'avoir pas le droit de m'en aller sans t'écouter ? Cependant, si tu t'intéresses à l'entretien et si tu as quelque chose à y corriger, je le répète, remets en discussion ce que tu voudras, tour à tour interrogeant et interrogé, comme Gorgias et moi, réfutant et réfuté. Tu prétends sans doute en savoir autant que Gorgias, n'est-il pas vrai ?

POLOS. – Oui, certes.

SOCRATE. – Tu invites donc aussi chacun à te poser la question qui lui plaît, et tu te fais fort d'y répondre ?

POLOS. – Absolument.

ΣΩ. Οὐκοῦν καὶ σὺ κελεύεις σαυτὸν ἐρωτᾶν ἑκάστοτε
ὅ τι ἄν τις βούληται, ὡς ἐπιστάμενος ἀποκρίνεσθαι;

ΠΩΛ. Πάνυ μὲν οὖν.

ΣΩ. Καὶ νῦν δὴ τούτων ὁπότερον βούλει ποίει, ἐρώτα b
ἢ ἀποκρίνου.

ΠΩΛ. Ἀλλὰ ποιήσω ταῦτα. Καί μοι ἀπόκριναι, ὦ Σώ-
κρατες· ἐπειδὴ Γοργίας ἀπορεῖν σοι δοκεῖ περὶ τῆς ῥητορικῆς, σὺ αὐτὴν τίνα φὴς εἶναι;

ΣΩ. Ἆρα ἐρωτᾷς ἥντινα τέχνην φημὶ εἶναι;

ΠΩΛ. Ἔγωγε.

ΣΩ. Οὐδεμία ἔμοιγε δοκεῖ, ὦ Πῶλε, ὥς γε πρὸς σὲ
τἀληθῆ εἰρῆσθαι.

ΠΩΛ. Ἀλλὰ τί σοι δοκεῖ ἡ ῥητορικὴ εἶναι;

ΣΩ. Πρᾶγμα ὅ φὴς σὺ ποιῆσαι τέχνην ἐν τῷ συγγράμ-
ματι ὅ ἐγὼ ἔναγχος ἀνέγνων.   c

ΠΩΛ. Τί τοῦτο λέγεις;

ΣΩ. Ἐμπειρίαν ἔγωγέ τινα.

ΠΩΛ. Ἐμπειρία ἄρα σοι δοκεῖ ἡ ῥητορικὴ εἶναι;

ΣΩ. Ἔμοιγε, εἰ μή τι σὺ ἄλλο λέγεις.

ΠΩΛ. Τίνος ἐμπειρία;

ΣΩ. Χάριτός τινος καὶ ἡδονῆς ἀπεργασίας.

ΠΩΛ. Οὐκοῦν καλόν σοι δοκεῖ ἡ ῥητορικὴ εἶναι, χαρίζεσθαι οἷόν τε εἶναι ἀνθρώποις;

ΣΩ. Τί δέ, ὦ Πῶλε; Ἤδη πέπυσαι παρ' ἐμοῦ ὅ τι
φημὶ αὐτὴν εἶναι, ὥστε τὸ μετὰ τοῦτο ἐρωτᾷς, εἰ οὐ καλή d
μοι δοκεῖ εἶναι;

ΠΩΛ. Οὐ γὰρ πέπυσμαι ὅτι ἐμπειρίαν τινὰ αὐτὴν φὴς
εἶναι;

---

20. Sur la personne et l'écrit de Polos, voir la note critique B en
fin de volume.

Socrate. – Eh bien, choisis ton rôle : interroge ou réponds.

Polos. – C'est ce que je vais faire : réponds-moi, Socrate. Puisque Gorgias te paraît n'avoir aucune solution à proposer sur la nature de la rhétorique, qu'est-elle suivant toi ?

Socrate. – Me demandes-tu quelle sorte de technique elle est suivant moi ?

Polos. – Oui.

Socrate. – Je ne la considère pas du tout comme une technique, Polos, s'il faut te dire toute ma pensée.

Polos. – Qu'en fais-tu alors ?

Socrate. – Une chose comme celle que toi-même, dans un écrit que j'ai lu récemment, tu te vantes d'avoir élevée à la dignité de la technique[20].

Polos. – Que veux-tu dire ?

Socrate. – Une sorte de procédé[21].

Polos. – La rhétorique, selon toi, serait un procédé ?

Socrate. – C'est mon opinion, sauf avis contraire de ta part.

Polos. – Un procédé destiné à quoi ?

Socrate. – À produire une certaine sorte d'agrément et de plaisir.

Polos. – Eh bien ! la rhétorique n'est-elle pas une belle chose, si elle est le moyen de se rendre agréable ?

Socrate. – Voyons, Polos, sais-tu donc déjà ce qu'est à mes yeux la rhétorique, pour passer ainsi à la question suivante, celle de savoir si je ne la trouve pas belle ?

Polos. – Ne viens-tu pas de me dire que la rhétorique était un procédé ?

---

21. L'*empeiria* (rendue par « procédé ») désigne un savoir-faire (une recette) acquis par expérience (là où la technique est l'expression d'une véritable connaissance de son objet ; cf. 464e-465b, puis 503d-504a).

ΣΩ. Βούλει οὖν, ἐπειδὴ τιμᾷς τὸ χαρίζεσθαι, σμικρόν τί μοι χαρίσασθαι ;

ΠΩΛ. Ἔγωγε.

ΣΩ. Ἐροῦ νῦν με, ὀψοποιία ἥτις μοι δοκεῖ τέχνη εἶναι.

ΠΩΛ. Ἐρωτῶ δή, τίς τέχνη ὀψοποιία ;

ΣΩ. Οὐδεμία, ὦ Πῶλε.

ΠΩΛ. Ἀλλὰ τί ; φάθι.

ΣΩ. Φημὶ δή, ἐμπειρία τις.

ΠΩΛ. Τίνος; φάθι.

ΣΩ. Φημὶ δή· χάριτος καὶ ἡδονῆς ἀπεργασίας, ὦ Πῶλε. **θ**

ΠΩΛ. Ταὐτὸν ἄρ᾽ ἐστὶν ὀψοποιία καὶ ῥητορική ;

ΣΩ. Οὐδαμῶς γε, ἀλλὰ τῆς αὐτῆς μὲν ἐπιτηδεύσεως μόριον.

ΠΩΛ. Τίνος λέγεις ταύτης ;

ΣΩ. Μὴ ἀγροικότερον ᾖ τὸ ἀληθὲς εἰπεῖν· ὀκνῶ γὰρ Γοργίου ἕνεκα λέγειν, μὴ οἴηταί με διακωμῳδεῖν τὸ ἑαυτοῦ ἐπιτήδευμα· ἐγὼ δέ, εἰ μὲν τοῦτό ἐστιν ἡ ῥητορικὴ ἣν Γοργίας ἐπιτηδεύει, οὐκ οἶδα· καὶ γὰρ ἄρτι ἐκ τοῦ **463** λόγου οὐδὲν ἡμῖν καταφανὲς ἐγένετο τί ποτε οὗτος ἡγεῖται· ὃ δ᾽ ἐγὼ καλῶ τὴν ῥητορικήν, πράγματός τινός ἐστι μόριον οὐδενὸς τῶν καλῶν.

ΓΟΡ. Τίνος, ὦ Σώκρατες; Εἰπέ, μηδὲν ἐμὲ αἰσχυνθείς.

ΣΩ. Δοκεῖ τοίνυν μοι, ὦ Γοργία, εἶναί τι ἐπιτήδευμα τεχνικὸν μὲν οὔ, ψυχῆς δὲ στοχαστικῆς καὶ ἀνδρείας καὶ φύσει δεινῆς προσομιλεῖν τοῖς ἀνθρώποις· καλῶ δὲ αὐτοῦ ἐγὼ τὸ κεφάλαιον κολακείαν. Ταύτης μοι δοκεῖ τῆς ἐπιτη- **b** δεύσεως πολλὰ μὲν καὶ ἄλλα μόρια εἶναι, ἓν δὲ καὶ ἡ ὀψο- ποιική· ὃ δοκεῖ μὲν εἶναι τέχνη, ὡς δὲ ὁ ἐμὸς λόγος, οὐκ

---

22. Sur cette analyse dichotomique et la typologie qui en résulte, voir le tableau de l'Introduction (*supra*, p. XX).

SOCRATE. – Puisque tu apprécies l'agrément, veux-tu me faire un petit plaisir ?

POLOS. – Volontiers.

SOCRATE. – Demande-moi donc maintenant quelle sorte de technique est, selon moi, la cuisine.

POLOS. – Soit : quelle sorte de technique est la cuisine ?

SOCRATE. – Ce n'est pas une technique du tout, Polos.

POLOS. – Qu'est-ce donc alors ? Explique-toi.

SOCRATE. – Je déclare que c'est une sorte particulière de procédé.

POLOS. – Lequel ? Parle.

SOCRATE. – Je vais te le dire : un procédé destiné à la production de l'agrément et du plaisir.

POLOS. – Alors, cuisine et rhétorique, c'est tout un ?

SOCRATE. – Pas le moins du monde : chacune est une partie distincte d'une même pratique.

POLOS. – Quelle pratique ?

SOCRATE. – J'ai peur que la vérité ne soit quelque peu choquante, et j'hésite à parler à cause de Gorgias, qui pourrait me soupçonner de vouloir tourner en ridicule sa profession. Pour moi, je ne sais si la rhétorique telle que Gorgias la pratique est bien cela ; car notre entretien ne nous a donné aucune lumière sur ce qu'il en pense lui-même. Mais ce que j'appelle, moi, du nom de rhétorique est partie d'un tout qui n'est nullement une belle chose.

GORGIAS. – Quelle chose, Socrate ? Parle librement, sans t'inquiéter de moi.

SOCRATE. – Eh bien, Gorgias, la rhétorique, à ce qu'il me semble, est une pratique étrangère à la technique, mais qui exige une âme douée d'imagination, de hardiesse, et naturellement apte au commerce des hommes. Le nom générique de cette sorte de pratique est, pour moi, la flatterie. J'y distingue plusieurs subdivisions, et la cuisine est une d'elles[22]. Celle-ci passe pour une technique, mais, à mon sens, ce n'est pas une technique ;

ἔστιν τέχνη, ἀλλ' ἐμπειρία καὶ τριβή. Ταύτης μόριον καὶ τὴν ῥητορικὴν ἐγὼ καλῶ καὶ τήν γε κομμωτικὴν καὶ τὴν σοφιστικήν, τέτταρα ταῦτα μόρια ἐπὶ τέτταρσιν πράγμασιν. Εἰ οὖν βούλεται Πῶλος πυνθάνεσθαι, πυνθανέσθω· οὐ γάρ πω πέπυσται ὁποῖόν φημι ἐγὼ τῆς κολακείας μόριον c εἶναι τὴν ῥητορικήν, ἀλλ' αὐτὸν λέληθα οὔπω ἀποκεκριμένος, ὁ δὲ ἐπανερωτᾷ εἰ οὐ καλὸν ἡγοῦμαι εἶναι. Ἐγὼ δὲ αὐτῷ οὐκ ἀποκρινοῦμαι πρότερον, εἴτε καλὸν εἴτε αἰσχρὸν ἡγοῦμαι εἶναι τὴν ῥητορικήν, πρὶν ἂν πρῶτον ἀποκρίνωμαι ὅ τί ἐστιν. Οὐ γὰρ δίκαιον, ὦ Πῶλε· ἀλλ' εἴπερ βούλει πυθέσθαι, ἐρώτα, ὁποῖον μόριον τῆς κολακείας φημὶ εἶναι τὴν ῥητορικήν.

ΠΩΛ. Ἐρωτῶ δή, καὶ ἀπόκριναι, ὁποῖον μόριον.

ΣΩ. Ἆρ' οὖν ἂν μάθοις ἀποκριναμένου; Ἔστιν γὰρ ἡ d ῥητορικὴ κατὰ τὸν ἐμὸν λόγον πολιτικῆς μορίου εἴδωλον.

ΠΩΛ. Τί οὖν; Καλὸν ἢ αἰσχρὸν λέγεις αὐτὴν εἶναι;

ΣΩ. Αἰσχρὸν ἔγωγε· τὰ γὰρ κακὰ αἰσχρὰ καλῶ· ἐπειδὴ δεῖ σοι ἀποκρίνασθαι ὡς ἤδη εἰδότι ἃ ἐγὼ λέγω.

ΓΟΡ. Μὰ τὸν Δία, ὦ Σώκρατες, ἀλλ' ἐγὼ οὐδὲ αὐτὸς συνίημι ὅ τι λέγεις.

ΣΩ. Εἰκότως γε, ὦ Γοργία· οὐδὲν γάρ πω σαφὲς λέγω, e Πῶλος δὲ ὅδε νέος ἐστὶ καὶ ὀξύς.

ΓΟΡ. Ἀλλὰ τοῦτον μὲν ἔα, ἐμοὶ δ' εἰπὲ πῶς λέγεις πολιτικῆς μορίου εἴδωλον εἶναι τὴν ῥητορικήν.

ΣΩ. Ἀλλ' ἐγὼ πειράσομαι φράσαι ὅ γέ μοι φαίνεται εἶναι ἡ ῥητορική· εἰ δὲ μὴ τυγχάνει ὂν τοῦτο, Πῶλος ὅδε ἐλέγξει. Σῶμά που καλεῖς τι καὶ ψυχήν; 464

c'est un procédé et une routine. Je rattache encore à la flatterie, comme autant de parties distinctes, la rhétorique, la toilette et la sophistique, en tout quatre subdivisions, avec autant d'objets distincts.

Si Polos veut m'interroger, qu'il m'interroge ; car il n'a pas encore reçu mes explications sur la place que je donne à la rhétorique entre les subdivisions de la flatterie. Il ne s'en est pas aperçu et me demande déjà si je ne la trouve pas belle. Pour moi, je ne répondrai pas à cette question sur la beauté ou la laideur que j'attribue à la rhétorique avant d'avoir répondu sur ce qu'elle est. Ce serait incorrect, Polos. Si tu veux savoir, au contraire, quelle partie de la flatterie elle est, tu peux m'interroger.

POLOS. – Eh bien, je te le demande : quelle partie en est-elle ?

SOCRATE. – Je ne sais si tu saisiras bien ma réponse : à mon avis, la rhétorique est comme le fantôme d'une partie de la politique.

POLOS. – Qu'entends-tu par là ? Veux-tu dire qu'elle est belle ou laide ?

SOCRATE. – Laide, suivant moi ; car j'appelle laid tout ce qui est mauvais, puisqu'il faut à toute force te répondre comme si tu savais déjà ce que je suis en train de dire.

GORGIAS. – Par Zeus, Socrate, je ne comprends pas non plus ton langage.

SOCRATE. – Rien d'étonnant à cela, Gorgias ; je ne me suis pas encore expliqué clairement, mais Polos est jeune et impatient.

GORGIAS. – Eh bien, laisse-le tranquille, mais explique-moi ce que tu veux dire en déclarant que la rhétorique est comme le fantôme d'une partie de la politique.

SOCRATE. – Je vais essayer de te faire comprendre ce qu'est à mes yeux la rhétorique. Si je me trompe, Polos me réfutera. Existe-t-il une chose que tu appelles le corps et une autre que tu appelles âme ?

ΓΟΡ. Πῶς γὰρ οὔ ;

ΣΩ. Οὐκοῦν καὶ τούτων οἴει τινὰ εἶναι ἑκατέρου εὐεξίαν ;

ΓΟΡ. Ἔγωγε.

ΣΩ. Τί δέ ; Δοκοῦσαν μὲν εὐεξίαν, οὖσαν δ᾽ οὔ ; Οἷον τοιόνδε λέγω· πολλοὶ δοκοῦσιν εὖ ἔχειν τὰ σώματα, οὓς οὐκ ἂν ῥᾳδίως αἴσθοιτό τις ὅτι οὐκ εὖ ἔχουσιν, ἄλλος ἢ ἰατρός τε καὶ τῶν γυμναστικῶν τις.

ΓΟΡ. Ἀληθῆ λέγεις.

ΣΩ. Τὸ τοιοῦτον λέγω καὶ ἐν σώματι εἶναι καὶ ἐν ψυχῇ, ὃ τι ποιεῖ μὲν δοκεῖν εὖ ἔχειν τὸ σῶμα καὶ τὴν ψυχήν, ἔχει δὲ οὐδὲν μᾶλλον.   b

ΓΟΡ. Ἔστι ταῦτα.

ΣΩ. Φέρε δή σοι, ἐὰν δύνωμαι, σαφέστερον ἐπιδείξω ὃ λέγω. Δυοῖν ὄντοιν τοῖν πραγμάτοιν δύο λέγω τέχνας· τὴν μὲν ἐπὶ τῇ ψυχῇ πολιτικὴν καλῶ, τὴν δ᾽ ἐπὶ σώματι μίαν μὲν οὕτως ὀνομάσαι οὐκ ἔχω σοι, μιᾶς δὲ οὔσης τῆς τοῦ σώματος θεραπείας δύο μόρια λέγω, τὴν μὲν γυμναστικήν, τὴν δὲ ἰατρικήν· τῆς δὲ πολιτικῆς ἀντίστροφον μὲν τῇ γυμναστικῇ τὴν νομοθετικήν, ἀντίστροφον δὲ τῇ ἰατρικῇ τὴν δικαιοσύνην. Ἐπικοινωνοῦσι μὲν δὴ ἀλλήλαις, ἅτε c περὶ τὸ αὐτὸ οὖσαι, ἑκάτεραι τούτων, ἥ τε ἰατρικὴ τῇ γυμναστικῇ καὶ ἡ δικαιοσύνη τῇ νομοθετικῇ· ὅμως δὲ διαφέρουσίν τι ἀλλήλων.

Τεττάρων δὴ τούτων οὐσῶν, καὶ ἀεὶ πρὸς τὸ βέλτιστον θεραπευουσῶν τῶν μὲν τὸ σῶμα, τῶν δὲ τὴν ψυχήν, ἡ κολακευτικὴ αἰσθομένη, οὐ γνοῦσα λέγω ἀλλὰ στοχασαμένη, τέτραχα ἑαυτὴν διανείμασα, ὑποδῦσα ὑπὸ ἕκαστον τῶν

23. Cette surprenante définition « psychologique » de la politique sera éclairée par l'argument selon lequel l'objet de la politique est de

GORGIAS. – Assurément.

SOCRATE. – N'y a-t-il pas pour chacune d'elles une manière d'être qui s'appelle la santé ?

GORGIAS. – Oui.

SOCRATE. – Et cette santé ne peut-elle pas n'être qu'apparente et non réelle ? Par exemple, beaucoup de gens on l'air de se bien porter que seul un médecin ou un pédotribe reconnaîtra pour être mal portants.

GORGIAS. – C'est juste.

SOCRATE. – Je prétends qu'il y a dans le corps et dans l'âme telle influence qui leur donne l'apparence de la santé sans qu'ils la possèdent réellement.

GORGIAS. – Tu as raison.

SOCRATE. – Eh bien, maintenant, je vais essayer de te faire saisir ma pensée plus clairement, s'il est possible.

Je dis donc qu'il y a deux choses différentes et deux techniques correspondantes : la technique qui se rapporte à l'âme, je l'appelle la politique[23] ; pour celle qui se rapporte au corps, je ne puis de la même façon lui donner un nom unique ; mais dans cette culture du corps, qui forme un seul tout, je distingue deux parties, la gymnastique et la médecine. Dans la politique, je distingue la législation, qui correspond à la gymnastique, et la justice, qui correspond à la médecine. Dans chacun de ces groupes, en effet, les deux techniques se ressemblent par l'identité de leur objet, la médecine et la gymnastique pour le corps, la justice et la législation pour l'âme ; et d'autre part elles se distinguent en certains points.

Ces quatre techniques étant ainsi constituées et visant toutes au plus grand bien soit du corps soit de l'âme, la flatterie s'aperçut de la chose, non par une connaissance raisonnée, mais par une conjecture instinctive ; alors, se divisant elle-même en quatre parties, puis

rendre meilleurs et plus savants les citoyens, en prenant soin de leur âme (particulièrement en 509c-522e).

μορίων, προσποιεῖται εἶναι τοῦτο ὅπερ ὑπέδυ, καὶ τοῦ μὲν d
βελτίστου οὐδὲν φροντίζει, τῷ δὲ ἀεὶ ἡδίστῳ θηρεύεται
τὴν ἄνοιαν καὶ ἐξαπατᾷ, ὥστε δοκεῖ πλείστου ἀξία εἶναι.
Ὑπὸ μὲν οὖν τὴν ἰατρικὴν ἡ ὀψοποιικὴ ὑποδέδυκεν, καὶ
προσποιεῖται τὰ βέλτιστα σιτία τῷ σώματι εἰδέναι, ὥστ'
εἰ δέοι ἐν παισὶ διαγωνίζεσθαι ὀψοποιόν τε καὶ ἰατρόν, ἢ
ἐν ἀνδράσιν οὕτως ἀνοήτοις ὥσπερ οἱ παῖδες, πότερος
ἐπαΐει περὶ τῶν χρηστῶν σιτίων καὶ πονηρῶν, ὁ ἰατρὸς
ἢ ὁ ὀψοποιός, λιμῷ ἂν ἀποθανεῖν τὸν ἰατρόν. Κολακείαν e
μὲν οὖν αὐτὸ καλῶ, καὶ αἰσχρόν φημι εἶναι τὸ τοιοῦτον,
ὦ Πῶλε — τοῦτο γὰρ πρὸς σὲ λέγω — ὅτι τοῦ ἡδέος στο- 465
χάζεται ἄνευ τοῦ βελτίστου· τέχνην δὲ αὐτὴν οὔ φημι
εἶναι ἀλλ' ἐμπειρίαν, ὅτι οὐκ ἔχει λόγον οὐδένα ᾧ προσφέρει ἃ προσφέρει ὁποῖ' ἄττα τὴν φύσιν ἐστίν, ὥστε τὴν
αἰτίαν ἑκάστου μὴ ἔχειν εἰπεῖν. Ἐγὼ δὲ τέχνην οὐ καλῶ,
ὃ ἂν ᾖ ἄλογον πρᾶγμα· τούτων δὲ πέρι εἰ ἀμφισβητεῖς,
ἐθέλω ὑποσχεῖν λόγον.

Τῇ μὲν οὖν ἰατρικῇ, ὥσπερ λέγω, ἡ ὀψοποιικὴ κολακεία b
ὑπόκειται· τῇ δὲ γυμναστικῇ κατὰ τὸν αὐτὸν τρόπον τοῦτον
ἡ κομμωτική, κακοῦργός τε οὖσα καὶ ἀπατηλὴ καὶ ἀγεννὴς
καὶ ἀνελεύθερος, σχήμασιν καὶ χρώμασιν καὶ λειότητι καὶ
ἐσθῆσει ἀπατῶσα, ὥστε ποιεῖν ἀλλότριον κάλλος ἐφελκο-
μένους τοῦ οἰκείου τοῦ διὰ τῆς γυμναστικῆς ἀμελεῖν. Ἵν'
οὖν μὴ μακρολογῶ, ἐθέλω σοι εἰπεῖν ὥσπερ οἱ γεωμέτραι
— ἤδη γὰρ ἂν ἴσως ἀκολουθήσαις — ὅτι ὃ κομμωτικὴ πρὸς c
γυμναστικήν, τοῦτο ὀψοποιικὴ πρὸς ἰατρικήν· μᾶλλον δὲ
ὧδε, ὅτι ὃ κομμωτικὴ πρὸς γυμναστικήν, τοῦτο σοφιστικὴ
πρὸς νομοθετικήν, καὶ ὅτι ὃ ὀψοποιικὴ πρὸς ἰατρικήν,
τοῦτο ῥητορικὴ πρὸς δικαιοσύνην. Ὅπερ μέντοι λέγω,

glissant chacune de ces parties sous la technique correspondante, elle se donna pour la technique dont elle pre-
nait le masque ; du bien, elle n'a nul souci, mais, par
l'attrait du plaisir, elle tend un piège à la sottise qu'elle
abuse, et gagne de la sorte la considération. C'est ainsi
que la cuisine contrefait la médecine et feint de
connaître les aliments qui conviennent le mieux au
corps, de telle façon que si des enfants, ou des hommes
aussi déraisonnables que des enfants, avaient à juger,
entre le médecin et le cuisinier, lequel connaît le mieux
la qualité bonne ou mauvaise des aliments, le médecin
n'aurait qu'à mourir de faim.

Une telle pratique, je l'appelle flatterie, et je la considère comme quelque chose de laid, Polos (car c'est à toi
que je m'adresse), parce qu'elle vise à l'agréable sans
souci du meilleur. Et je dis qu'elle est non une technique, mais un procédé, parce qu'elle n'a pas, pour offrir
les choses qu'elle offre, de raison fondée sur ce qui en
est la nature, et qu'elle ne peut, par suite, les rapporter
chacune à sa cause. Or, pour moi, je ne donne pas le nom
de technique à une pratique sans raison. Si tu as des
objections à faire sur ce point, je suis prêt à discuter. À
la médecine donc, je le répète, correspond la cuisine
comme la forme de flatterie qui prend son masque. À la
gymnastique correspond de la même façon la toilette,
chose malfaisante, trompeuse, basse, indigne d'un
homme libre, qui produit l'illusion par des apparences,
par des couleurs, par un vernis superficiel et par des
étoffes. Si bien que la recherche d'une beauté empruntée
fait négliger la beauté naturelle que donne la gymnastique.

Pour abréger, je te dirai dans le langage des géo-
mètres (peut-être maintenant me comprendras-tu) que ce
que la toilette est à la gymnastique la cuisine l'est à la
médecine ; ou plutôt encore, que la sophistique est à la
législation comme la toilette est à la gymnastique, et que
la rhétorique est à la justice comme la cuisine est à la
médecine. Toutefois si, je le répète, ces choses diffèrent

διέστηκε μὲν οὕτω φύσει· ἅτε δ' ἐγγὺς ὄντων φύρονται ἐν τῷ αὐτῷ καὶ περὶ ταὐτά σοφισταὶ καὶ ῥήτορες, καὶ οὐκ ἔχουσιν ὅ τι χρήσονται οὔτε αὐτοὶ ἑαυτοῖς οὔτε οἱ ἄλλοι ἄνθρωποι τούτοις. Καὶ γὰρ ἄν, εἰ μὴ ἡ ψυχὴ τῷ σώματι ἐπεστάτει, ἀλλ' αὐτὸ αὐτῷ, καὶ μὴ ὑπὸ ταύτης κατεθεωρεῖτο καὶ **d** διεκρίνετο ἥ τε ὀψοποιικὴ καὶ ἡ ἰατρική, ἀλλ' αὐτὸ τὸ σῶμα ἔκρινε σταθμώμενον ταῖς χάρισι ταῖς πρὸς αὐτό, τὸ τοῦ Ἀναξαγόρου ἂν πολὺ ἦν, ὦ φίλε Πῶλε — σὺ γὰρ τούτων ἔμπειρος — ὁμοῦ ἂν πάντα χρήματα ἐφύρετο ἐν τῷ αὐτῷ, ἀκρίτων ὄντων τῶν τε ἰατρικῶν καὶ ὑγιεινῶν καὶ ὀψοποιικῶν. Ὁ μὲν οὖν ἐγώ φημι τὴν ῥητορικὴν εἶναι, ἀκήκοας· ἀντίστροφον ὀψοποιίας ἐν ψυχῇ, ὡς ἐκεῖνο ἐν **e** σώματι.

Ἴσως μὲν οὖν ἄτοπον πεποίηκα, ὅτι σε οὐκ ἐῶν μακροὺς λόγους λέγειν αὐτὸς συχνὸν λόγον ἀποτέτακα. Ἄξιον μὲν οὖν ἐμοὶ συγγνώμην ἔχειν ἐστίν· λέγοντος γάρ μου βραχέα οὐκ ἐμάνθανες, οὐδὲ χρῆσθαι τῇ ἀποκρίσει ἥν σοι ἀπεκρινάμην οὐδὲν οἷός τ' ἦσθα, ἀλλ' ἐδέου διηγήσεως. Ἐὰν μὲν οὖν καὶ ἐγώ σου ἀποκρινομένου μὴ ἔχω ὅ τι χρήσω- **466** μαι, ἀπότεινε καὶ σὺ λόγον, ἐὰν δὲ ἔχω, ἔα με χρῆσθαι· δίκαιον γάρ. Καὶ νῦν ταύτῃ τῇ ἀποκρίσει εἴ τι ἔχεις χρῆ- σθαι, χρῶ.

ΠΩΛ. Τί οὖν φῄς ; Κολακεία δοκεῖ σοι εἶναι ἡ ῥητο- ρική ;

ΣΩ. Κολακείας μὲν οὖν ἔγωγε εἶπον μόριον. Ἀλλ' οὐ μνημονεύεις τηλικοῦτος ὤν, ὦ Πῶλε ; Τί τάχα δράσεις ;

24. Ainsi, le danger principal des simulacres que sont les quatre espèces de la flatterie tient au fait qu'ils ne sont pas hostiles à leur objet, mais au contraire qu'ils lui procurent un certain plaisir (en se fai- sant passer pour les techniques auxquelles ils se substituent, à la

ainsi en nature ; comme d'autre part elles sont voisines, sophistes et rhéteurs se confondent, pêle-mêle, sur le même domaine, autour des mêmes sujets, si bien qu'ils ne savent eux-mêmes quel est au vrai leur emploi, et que les autres hommes ne le savent pas non plus. De fait, si l'âme, au lieu de commander au corps, le laissait vivre indépendant ; si elle n'intervenait pas pour reconnaître et distinguer la cuisine de la médecine, et que le corps dût faire à lui seul ces distinctions, sans autre moyen d'appréciation que le plaisir qui lui revient de ces choses, les applications ne manqueraient pas, mon cher Polos, du principe d'Anaxagore (ces doctrines te sont familières) : « Toutes les choses seraient confondues ensemble et pêle-mêle », celles de la médecine et de la santé avec celles de la cuisine[24].

Tu connais maintenant ce qu'est, selon moi, la rhétorique : elle correspond, pour l'âme, à ce qu'est la cuisine pour le corps. C'est peut-être une singulière inconséquence de ma part d'avoir parlé si longuement après t'avoir interdit les longs discours ; j'ai pourtant une excuse : quand je te parlais brièvement, tu ne tirais rien de mes réponses et tu me demandais des explications. Si donc à mon tour je trouve tes réponses insuffisantes, tu pourras les développer ; sinon, laisse-moi m'en contenter selon mon droit. Et maintenant, vois ce que tu veux faire de ma réponse.

Polos. – Ainsi donc, selon toi, la rhétorique est flatterie ?

Socrate. – J'ai dit « une partie de la flatterie ». Ne t'en souviens-tu pas, Polos, à ton âge ? Que feras-tu plus tard ?

---

manière d'un imitateur). Les « procédés » ne sont donc pas des activités vaines : chacun a un effet, chacun produit un plaisir. Voir l'Introduction et le passage complémentaire de 500e-501c.

ΠΩΛ. *Αρ' οὖν δοκοῦσί σοι ὡς κόλακες ἐν ταῖς πόλεσι φαῦλοι νομίζεσθαι οἱ ἀγαθοὶ ῥήτορες ;

ΣΩ. Ἐρώτημα τοῦτ' ἐρωτᾷς ἢ λόγου τινὸς ἀρχὴν b λέγεις ;

ΠΩΛ. Ἐρωτῶ ἔγωγε.

ΣΩ. Οὐδὲ νομίζεσθαι ἔμοιγε δοκοῦσιν.

ΠΩΛ. Πῶς οὐ νομίζεσθαι ; Οὐ μέγιστον δύνανται ἐν ταῖς πόλεσιν ;

ΣΩ. Οὔκ, εἰ τὸ δύνασθαί γε λέγεις ἀγαθόν τι εἶναι τῷ δυναμένῳ.

ΠΩΛ. Ἀλλὰ μὴν [δὴ] λέγω·γε.

ΣΩ. Ἐλάχιστον τοίνυν μοι δοκοῦσιν τῶν ἐν τῇ πόλει δύνασθαι οἱ ῥήτορες.

ΠΩΛ. Τί δ' ; Οὐχ, ὥσπερ οἱ τύραννοι, ἀποκτεινύασίν τε ὃν ἂν βούλωνται, καὶ ἀφαιροῦνται χρήματα καὶ ἐκβάλ- c λουσιν ἐκ τῶν πόλεων ὃν ἂν δοκῇ αὐτοῖς ;

ΣΩ. Νὴ τὸν κύνα, ἀμφιγνοῶ μέντοι, ὦ Πῶλε, ἐφ' ἑκάστου ὧν λέγεις, πότερον αὐτὸς ταῦτα λέγεις καὶ γνώμην σαυτοῦ ἀποφαίνει, ἢ ἐμὲ ἐρωτᾷς.

ΠΩΛ. Ἀλλ' ἔγωγε σὲ ἐρωτῶ.

ΣΩ. Εἶεν, ὦ φίλε· ἔπειτα δύο ἅμα με ἐρωτᾷς ;

ΠΩΛ. Πῶς δύο ;

ΣΩ. Οὐκ ἄρτι οὕτω πως ἔλεγες, ὅτι ἀποκτεινύασιν οἱ ῥήτορες οὓς ἂν βούλωνται, ὥσπερ οἱ τύραννοι, καὶ χρή- d ματα ἀφαιροῦνται καὶ ἐξελαύνουσιν ἐκ τῶν πόλεων ὃν ἂν δοκῇ αὐτοῖς ;

ΠΩΛ. Ἔγωγε.

ΣΩ. Λέγω τοίνυν σοι ὅτι δύο ταῦτ' ἐστὶν τὰ ἐρωτή- ματα, καὶ ἀποκρινοῦμαί γέ σοι πρὸς ἀμφότερα. Φημὶ γάρ, ὦ Πῶλε, ἐγὼ καὶ τοὺς ῥήτορας καὶ τοὺς τυράννους δύνα- σθαι μὲν ἐν ταῖς πόλεσιν σμικρότατον, ὥσπερ νυνδὴ ἔλε-

POLOS. – Tu crois donc que les bons rhéteurs sont considérés avec mépris dans les cités en qualité de flatteurs ?

SOCRATE. – Est-ce une question que tu me poses, ou le début d'un discours ?

POLOS. – C'est une question.

SOCRATE. – Eh bien, je crois qu'ils sont considérés ni de cette façon ni d'une autre.

POLOS. – Veux-tu dire qu'ils passent inaperçus ? Mais ne sont-ils pas tout puissants dans les cités ?

SOCRATE. – Nullement, si tu appelles « puissance » une chose qui soit un bien pour celui qui la possède.

POLOS. – Telle est en effet ma pensée.

SOCRATE. – Eh bien, à mon avis, les rhéteurs sont les moins puissants des citoyens.

POLOS. – Comment cela ? Ne peuvent-ils pas, comme les tyrans, faire périr qui ils veulent, spolier et exiler ceux qu'il leur plaît ?

SOCRATE. – Par le chien, je me demande, Polos, à chaque mot que tu dis, si tu parles pour ton compte et si tu exprimes ta propre pensée, ou si c'est moi que tu interroges.

POLOS. – Mais certainement, je t'interroge !

SOCRATE. – Soit, mon ami ; alors tu me poses une double question ?

POLOS. – Double ? Comment cela ?

SOCRATE. – Ne m'as-tu pas dit, ou à peu près, que les rhéteurs font, comme les tyrans, périr qui ils veulent et qu'ils dépouillent et bannissent qui il leur plaît.

POLOS. – Oui.

SOCRATE. – Eh bien, je dis que cela pose deux questions différentes, et je vais te répondre sur chacune d'elles. Je maintiens, Polos, que les rhéteurs et les tyrans sont les moins puissants des hommes, comme je te le disais tout à l'heure, attendu qu'ils ne font rien, pour

γον· οὐδὲν γὰρ ποιεῖν ὧν βούλονται, ὡς ἔπος εἰπεῖν· ποιεῖν **θ**
μέντοι ὅ τι ἂν αὐτοῖς δόξῃ βέλτιστον εἶναι.

ΠΩΛ. Οὐκοῦν τοῦτό ἐστιν τὸ μέγα δύνασθαι ;

ΣΩ. Οὔχ, ὥς γέ φησιν Πῶλος.

ΠΩΛ. Ἐγὼ οὔ φημι ; Φημὶ μὲν οὖν ἔγωγε.

ΣΩ. Μὰ τὸν — οὐ σύ γε, ἐπεὶ τὸ μέγα δύνασθαι ἔφης
ἀγαθὸν εἶναι τῷ δυναμένῳ.

ΠΩΛ. Φημὶ γὰρ οὖν.

ΣΩ. Ἀγαθὸν οὖν οἴει εἶναι, ἐάν τις ποιῇ ταῦτα ἃ ἂν
δοκῇ αὐτῷ βέλτιστα εἶναι, νοῦν μὴ ἔχων, καὶ τοῦτο καλεῖς
μέγα δύνασθαι ;

ΠΩΛ. Οὐκ ἔγωγε.

ΣΩ. Οὐκοῦν ἀποδείξεις τοὺς ῥήτορας νοῦν ἔχοντας καὶ
τέχνην τὴν ῥητορικὴν ἀλλὰ μὴ κολακείαν ἐμὲ ἐξελέγξας ; **467**
Εἰ δέ με ἐάσεις ἀνέλεγκτον, οἱ ῥήτορες οἱ ποιοῦντες ἐν
ταῖς πόλεσιν ἃ δοκεῖ αὐτοῖς καὶ οἱ τύραννοι οὐδὲν ἀγαθὸν
τοῦτο κεκτήσονται, ἡ δὲ δύναμίς ἐστιν, ὡς σὺ φῄς, ἀγαθόν,
τὸ δὲ ποιεῖν ἄνευ νοῦ ἃ δοκεῖ καὶ σὺ ὁμολογεῖς κακὸν
εἶναι· ἢ οὔ ;

ΠΩΛ. Ἔγωγε.

ΣΩ. Πῶς ἂν οὖν οἱ ῥήτορες μέγα δύναιντο ἢ οἱ τύραννοι ἐν ταῖς πόλεσιν, ἐὰν μὴ Σωκράτης ἐξελεγχθῇ ὑπὸ
Πώλου ὅτι ποιοῦσιν ἃ βούλονται ;

ΠΩΛ. Οὗτος ἀνήρ — **b**

ΣΩ. Οὔ φημι ποιεῖν αὐτοὺς ἃ βούλονται· ἀλλά μ᾽ ἔλεγχε.

ΠΩΛ. Οὐκ ἄρτι ὡμολόγεις ποιεῖν ἃ δοκεῖ αὐτοῖς βέλτιστα εἶναι [τούτου πρόσθεν] ;

ΣΩ. Καὶ γὰρ νῦν ὁμολογῶ.

ΠΩΛ. Οὐκ οὖν ποιοῦσιν ἃ βούλονται ;

ΣΩ. Οὔ φημι.

25. C'est la distinction entre *faire ce qu'on veut* et *faire ce qui
nous plaît* qui est ici introduite. Afin de réfuter Polos, Socrate lui fera

ainsi dire, de ce qu'ils veulent ; et j'admets cependant qu'ils font ce qui leur paraît le meilleur[25].

POLOS. – Eh bien ? N'est-ce pas là être puissant ?

SOCRATE. – Non, du propre aveu de Polos.

POLOS. – Moi ? J'avoue cela ? j'affirme tout le contraire.

SOCRATE. – Erreur, puisque tu affirmes que la toute puissance est un bien pour celui qui la possède.

POLOS. – Oui, je l'affirme.

SOCRATE. – Crois-tu donc que ce soit un bien pour un homme de faire ce qui lui paraît le meilleur, s'il est privé de raison ? Et appelles-tu cela être tout-puissant ?

POLOS. – Non.

SOCRATE. – Alors, tu vas sans doute me prouver que les rhéteurs ont du bon sens et que la rhétorique est une technique, non une flatterie, contrairement à mon opinion ? Si tu laisses debout mon affirmation, ni les rhéteurs qui font ce qui leur plaît dans la cité ni les tyrans ne possèdent, de par leur situation, un bien ; et cependant la puissance, selon toi, en est un, tandis que faire ce qui vous plaît, quand on est privé de raison, est un mal, de ton propre aveu ; mais l'avoues-tu ?

POLOS. – Oui.

SOCRATE. – Comment alors les rhéteurs et les tyrans seraient-ils tout puissants dans les cités, si Polos ne force pas Socrate à reconnaître qu'ils font ce qu'ils veulent ?

POLOS. – Cet homme...

SOCRATE. – Je prétends qu'ils ne font pas ce qu'ils veulent : prouve-moi le contraire.

POLOS. – Ne reconnaissais-tu pas tout à l'heure qu'ils faisaient ce qui leur paraissait le meilleur ?

SOCRATE. – Je le reconnais encore.

POLOS. – Alors, ne font-ils pas ce qu'ils veulent ?

SOCRATE. – Je le nie.

reconnaître la nécessité de cette distinction et de sa principale conséquence : ce qui nous plaît n'est pas forcément ce qui est bon et beau.

ΠΩΛ. Ποιοῦντες ἃ δοκεῖ αὐτοῖς ;

ΣΩ. Φημί.

ΠΩΛ. Σχέτλια λέγεις καὶ ὑπερφυᾶ, ὦ Σώκρατες.

ΣΩ. Μὴ ┃ κατηγόρει, ὦ λῷστε Πῶλε, ἵνα προσείπω σε κατὰ σέ· ἀλλ' εἰ μὲν ἔχεις ἐμὲ ἐρωτᾶν, ἐπίδειξον ὅτι ψεύ- c δομαι, εἰ δὲ μή, αὐτὸς ἀποκρίνου.

ΠΩΛ. Ἀλλ' ἐθέλω ἀποκρίνεσθαι, ἵνα καὶ εἰδῶ ὅ τι λέγεις.

ΣΩ. Πότερον οὖν σοι δοκοῦσιν οἱ ἄνθρωποι τοῦτο βούλεσθαι ὃ ἂν πράττωσιν ἑκάστοτε, ἢ ἐκεῖνο οὗ ἕνεκα πράττουσιν τοῦθ' ὃ πράττουσιν ; Οἷον οἱ τὰ φάρμακα πίνοντες παρὰ τῶν ἰατρῶν πότερόν σοι δοκοῦσιν τοῦτο βούλεσθαι ὅπερ ποιοῦσιν, πίνειν τὸ φάρμακον καὶ ἀλγεῖν, ἢ ἐκεῖνο, τὸ ὑγιαίνειν, οὗ ἕνεκα πίνουσιν ;

ΠΩΛ. Δῆλον ὅτι τὸ ὑγιαίνειν.

ΣΩ. Οὐκοῦν καὶ οἱ πλέοντές τε καὶ τὸν ἄλλον χρημα- d τισμὸν χρηματιζόμενοι οὐ τοῦτό ἐστιν ὃ βούλονται, ὃ ποιοῦσιν ἑκάστοτε· τίς γὰρ βούλεται πλεῖν τε καὶ κινδυνεύειν καὶ πράγματ' ἔχειν ; ἀλλ' ἐκεῖνο, οἶμαι, οὗ ἕνεκα ·πλέουσιν, πλουτεῖν· πλούτου γὰρ ἕνεκα πλέουσιν.

ΠΩΛ. Πάνυ γε.

ΣΩ. Ἄλλο τι οὖν οὕτω καὶ περὶ πάντων ; ἐάν τίς τι πράττῃ ἕνεκά του, οὐ τοῦτο βούλεται ὃ πράττει, ἀλλ' ἐκεῖνο οὗ ἕνεκα πράττει ;

ΠΩΛ. Ναί.

ΣΩ. Ἆρ' οὖν ἔστιν τι τῶν ὄντων, ὃ οὐχὶ ἤτοι ἀγαθόν e γ' ἐστὶν ἢ κακὸν ἢ μεταξὺ τούτων οὔτε ἀγαθὸν οὔτε κακόν ;

26. Troisième précision méthodologique relative à la réfutation. Il s'agit cette fois de rappeler que la réfutation ne peut être produite qu'à partir de la contradiction des conséquences déduites de l'hypothèse

POLOS. – Quand ils font ce qui leur plaît ?

SOCRATE. – Oui.

POLOS. – Tu dis-là, Socrate, des choses misérables, des énormités !

SOCRATE. – Ne sois pas amer, mon très cher, pour parler à ta façon. Si tu es capable de m'interroger, prouve-moi la fausseté de mon opinion[26] ; sinon, réponds toi-même à mes questions.

POLOS. – Je ne demande pas mieux que de répondre, pour voir enfin ce que tu veux dire.

SOCRATE. – À ton avis, les hommes, dans leurs actions, veulent-ils toujours la chose même qu'ils font, ou celle en vue de laquelle ils agissent ? Par exemple, ceux qui avalent une drogue qu'un médecin leur donne, veulent-ils la chose qu'ils font, avaler une boisson répugnante, ou bien cette autre chose, la santé, en vue de laquelle ils boivent la drogue ?

POLOS. – Ils veulent évidemment la santé.

SOCRATE. – De même, les navigateurs, et les autres trafiquants, lorsqu'ils se livrent à une besogne, n'ont pas la volonté de la besogne qu'ils sont en train de faire ; quel homme est désireux de traversées, de dangers, de tracas ? L'objet de leur vouloir, c'est la fin pour laquelle ils naviguent, la richesse, car on navigue pour s'enrichir.

POLOS. – C'est vrai.

SOCRATE. – N'en est-il pas de même pour tout, et quand on agit en vue d'un résultat, la chose voulue n'est-elle pas le résultat de l'action, et non l'action[27] ?

POLOS. – Oui.

SOCRATE. – Existe-t-il une seule chose qui ne soit ou bonne, ou mauvaise, ou neutre, entre le bien et le mal ?

(c'est le raisonnement, l'interlocuteur lui-même qui doit conclure à la fausseté de son opinion).

27. Socrate définit l'action et la distingue d'autres formes d'activités en montrant que sa spécificité est de posséder toujours un mobile ; cf. l'Introduction.

ΠΩΛ. Πολλὴ ἀνάγκη, ὦ Σώκρατες.

ΣΩ. Οὐκοῦν λέγεις εἶναι ἀγαθὸν μὲν σοφίαν τε καὶ
ὑγίειαν καὶ πλοῦτον καὶ τἆλλα τὰ τοιαῦτα, κακὰ δὲ τἀναντία τούτων;

ΠΩΛ. Ἔγωγε.

ΣΩ. Τὰ δὲ μήτε ἀγαθὰ μήτε κακὰ ἆρα τοιάδε λέγεις,
ἃ ἐνίοτε μὲν μετέχει τοῦ ἀγαθοῦ, ἐνίοτε δὲ τοῦ κακοῦ,
ἐνίοτε δὲ οὐδετέρου, οἷον καθῆσθαι καὶ βαδίζειν καὶ τρέ- 468
χειν καὶ πλεῖν, καὶ οἷον αὖ λίθους καὶ ξύλα καὶ τἆλλα τὰ
τοιαῦτα; Οὐ ταῦτα λέγεις; ἢ ἄλλ' ἄττα καλεῖς τὰ μήτε
ἀγαθὰ μήτε κακά;

ΠΩΛ. Οὔκ, ἀλλὰ ταῦτα.

ΣΩ. Πότερον οὖν τὰ μεταξὺ ταῦτα ἕνεκα τῶν ἀγαθῶν
πράττουσιν, ὅταν πράττωσιν, ἢ τἀγαθὰ τῶν μεταξύ;

ΠΩΛ. Τὰ μεταξὺ δήπου τῶν ἀγαθῶν.

ΣΩ. Τὸ ἀγαθὸν ἄρα διώκοντες καὶ βαδίζομεν, ὅταν b
βαδίζωμεν, οἰόμενοι βέλτιον εἶναι, καὶ τὸ ἐναντίον ἕστα-
μεν, ὅταν ἑστῶμεν, τοῦ αὐτοῦ ἕνεκα, τοῦ ἀγαθοῦ· ἢ οὔ;

ΠΩΛ. Ναί.

ΣΩ. Οὐκοῦν καὶ ἀποκτείνυμεν, εἴ τιν' ἀποκτείνυμεν,
καὶ ἐκβάλλομεν καὶ ἀφαιρούμεθα χρήματα, οἰόμενοι ἄμεινον εἶναι ἡμῖν ταῦτα ποιεῖν ἢ μή;

ΠΩΛ. Πάνυ γε.

ΣΩ. Ἕνεκ' ἄρα τοῦ ἀγαθοῦ ἅπαντα ταῦτα ποιοῦσιν οἱ
ποιοῦντες.

ΠΩΛ. Φημί.

ΣΩ. Οὐκοῦν ὡμολογήσαμεν, ἃ ἕνεκά του ποιοῦμεν, μὴ
ἐκεῖνα βούλεσθαι, ἀλλ' ἐκεῖνο οὗ ἕνεκα ταῦτα ποιοῦμεν;   c

ΠΩΛ. Μάλιστα.

Polos. – Il est de toute nécessité, Socrate, qu'une chose soit l'un ou l'autre.

Socrate. – Ainsi, tu appelles bonnes l'habileté, la santé, la richesse, et autres choses semblables ; mauvaises, celles qui sont le contraire.

Polos. – Oui.

Socrate. – Celles que tu regardes comme n'étant ni bonnes ni mauvaises, ce sont celles qui participent tantôt au bien, tantôt au mal, et parfois sont indifférentes, comme de s'asseoir, de marcher, de courir, d'aller sur mer, ou encore comme le bois, la pierre et les objets de même sorte ? N'est-ce pas ton avis ? Ce que tu appelles des choses neutres, est-ce autre chose ?

Polos. – Non, c'est cela même.

Socrate. – Ces choses neutres, quand on les fait, les fait-on en vue de celles qui sont bonnes, ou les bonnes en vue des neutres ?

Polos. – Les neutres évidemment en vue des bonnes.

Socrate. – Ainsi, c'est notre bien que nous cherchons dans la marche quand nous marchons, espérant nous en trouver mieux, et quand nous faisons le contraire, c'est encore pour la même fin, pour le bien, que nous restons tranquilles ? N'est-ce pas vrai ?

Polos. – Oui.

Socrate. – De même encore, quand nous tuons un ennemi (si cela nous arrive), quand nous l'exilons ou le privons de ses biens, c'est que nous croyons meilleur pour nous de faire cela que de ne pas le faire ?

Polos. – Assurément.

Socrate. – De sorte que ceux qui accomplissent toutes ces actions les font en vue d'un bien ?

Polos. – Je le reconnais.

Socrate. – Mais n'avons-nous pas reconnu que, lorsque nous faisons une chose en vue d'une autre, la chose voulue n'est pas celle que nous faisons, mais celle en vue de laquelle nous agissons ?

Polos. – Certainement.

ΣΩ. Οὐκ ἄρα σφάττειν βουλόμεθα οὐδ' ἐκβάλλειν ἐκ τῶν πόλεων οὐδὲ χρήματα ἀφαιρεῖσθαι ἁπλῶς οὕτως, ἀλλ' ἐὰν μὲν ὠφέλιμα ᾖ ταῦτα, βουλόμεθα πράττειν αὐτά, βλαβερὰ δὲ ὄντα οὐ βουλόμεθα. Τὰ γὰρ ἀγαθὰ βουλόμεθα, ὡς φῇς σύ, τὰ δὲ μήτε ἀγαθὰ μήτε κακὰ οὐ βουλόμεθα, οὐδὲ τὰ κακά· ἦ γάρ ; Ἀληθῆ σοι δοκῶ λέγειν, ὦ Πῶλε, ἢ οὔ ; Τί οὐκ ἀποκρίνει ;

ΠΩΛ. Ἀληθῆ.

ΣΩ. Οὐκοῦν εἴπερ ταῦτα ὁμολογοῦμεν, εἴ τις ἀποκτεί- **d** νει τινὰ ἢ ἐκβάλλει ἐκ πόλεως ἢ ἀφαιρεῖται χρήματα, εἴτε τύραννος ὢν εἴτε ῥήτωρ, οἰόμενος ἄμεινον εἶναι αὐτῷ, τυγχάνει δὲ ὂν κάκιον, οὗτος δήπου ποιεῖ ἃ δοκεῖ αὐτῷ· ἦ γάρ ;

ΠΩΛ. Ναί.

ΣΩ. Ἆρ' οὖν καὶ ἃ βούλεται, εἴπερ τυγχάνει ταῦτα κακὰ ὄντα ; Τί οὐκ ἀποκρίνει ;

ΠΩΛ. Ἀλλ' οὔ μοι δοκεῖ ποιεῖν ἃ βούλεται.

ΣΩ. Ἔστιν οὖν ὅπως ὁ τοιοῦτος μέγα δύναται ἐν τῇ πόλει ταύτῃ, εἴπερ ἐστὶ τὸ μέγα δύνασθαι ἀγαθόν τι κατὰ **e** τὴν σὴν ὁμολογίαν ;

ΠΩΛ. Οὐκ ἔστιν.

ΣΩ. Ἀληθῆ ἄρα ἐγὼ ἔλεγον, λέγων ὅτι ἔστιν ἄνθρωπον ποιοῦντα ἐν πόλει ἃ δοκεῖ αὐτῷ μὴ μέγα δύνασθαι μηδὲ ποιεῖν ἃ βούλεται.

ΠΩΛ. Ὡς δὴ σύ, ὦ Σώκρατες, οὐκ ἂν δέξαιο ἐξεῖναί σοι ποιεῖν ὅ τι δοκεῖ σοι ἐν τῇ πόλει μᾶλλον ἢ μή, οὐδὲ ζηλοῖς ὅταν ἴδῃς τινὰ ἢ ἀποκτείναντα ὃν ἔδοξεν αὐτῷ ἢ ἀφελόμενον χρήματα ἢ δήσαντα.

ΣΩ. Δικαίως λέγεις ἢ ἀδίκως ;

---

28. Polos a donc concédé trois choses distinctes : 1. qu'on ne peut vouloir que ce qui est bénéfique, 2. que vouloir, c'est souhaiter son propre bien, et 3. que vouloir, c'est souhaiter le bien (la chose bonne).

SOCRATE. – Nous ne voulons donc pas faire périr des gens, les bannir, leur prendre leurs biens, pour le simple plaisir d'agir ainsi : lorsque la chose est utile, nous voulons la faire ; si elle est nuisible, nous ne le voulons pas. Car nous voulons notre bien, comme tu le déclares, mais nous ne voulons ni les choses indifférentes ni les choses mauvaises. Est-ce vrai ? Trouves-tu que j'aie raison, Polos, oui ou non ? Pourquoi ne réponds-tu pas ?

POLOS. – Tu dis vrai.

SOCRATE. – Ce point étant acquis, si un homme, tyran ou rhéteur, fait périr un ennemi, l'exile ou le dépouille, croyant y trouver son avantage, et s'il se trouve au contraire que cela lui est désavantageux, cet homme assurément fait ce qui lui plaît : n'est-ce pas vrai ?

POLOS. – Oui.

SOCRATE. – Mais fait-il ce qu'il veut, si la chose se trouve être désavantageuse ? Qu'en dis-tu ?

POLOS. – Il me semble qu'il ne fait pas ce qu'il veut.

SOCRATE. – Peut-on alors dire que cet homme soit tout puissant dans la cité, si la toute puissance est, comme tu l'as admis, un bien ?

POLOS. – On ne le peut pas.

SOCRATE. – J'avais donc raison d'affirmer qu'un homme peut être en état de faire dans la cité ce qui lui plaît, sans être pour cela tout puissant ni faire ce qu'il veut[28].

POLOS. – À t'en croire, Socrate, tu aimerais autant n'avoir aucun pouvoir dans la cité que d'être libre d'y agir à ta guise, et tu ne porterais aucune envie à un homme que tu verrais tuer, dépouiller ou jeter en prison qui il lui plairait.

SOCRATE. – Entends-tu qu'il le ferait justement ou injustement ?

Il y a là une ambiguïté remarquable, puisqu'on peut se tromper sur ce qui est bon. L'erreur en la matière, et du coup la seule source du mal, consiste alors en une erreur d'appréciation sur le compte de ce qui est un bien.

ΠΩΛ. 'Οπότερ' ἂν ποιῇ, οὐκ ἀμφοτέρως ζηλωτός ἐστιν ; 469

ΣΩ. Εὐφήμει, ὦ Πῶλε.

ΠΩΛ. Τί δή ;

ΣΩ. Ὅτι οὐ χρὴ οὔτε τοὺς ἀζηλώτους ζηλοῦν οὔτε τοὺς ἀθλίους, ἀλλ' ἐλεεῖν.

ΠΩΛ. Τί δέ ; Οὕτω σοι δοκεῖ ἔχειν περὶ ὧν ἐγὼ λέγω τῶν ἀνθρώπων ;

ΣΩ. Πῶς γὰρ οὔ ;

ΠΩΛ. Ὅστις οὖν ἀποκτείνυσιν ὃν ἂν δόξῃ αὐτῷ, δικαίως ἀποκτεινύς, ἄθλιος δοκεῖ σοι εἶναι καὶ ἐλεεινός ;

ΣΩ. Οὐκ ἔμοιγε, οὐδὲ μέντοι ζηλωτός.

ΠΩΛ. Οὐκ ἄρτι ἄθλιον ἔφησθα εἶναι ;

ΣΩ. Τὸν ἀδίκως γε, ὦ ἑταῖρε, ἀποκτείναντα, καὶ ἐλε- b εινόν γε πρός· τὸν δὲ δικαίως ἀζήλωτον.

ΠΩΛ. Ἦ που ὅ γε ἀποθνήσκων ἀδίκως ἐλεεινός τε καὶ ἄθλιός ἐστιν.

ΣΩ. Ἧττον ἢ ὁ ἀποκτεινύς, ὦ Πῶλε, καὶ ἧττον ἢ ὁ δικαίως ἀποθνήσκων.

ΠΩΛ. Πῶς δῆτα, ὦ Σώκρατες ;

ΣΩ. Οὕτως, ὡς μέγιστον τῶν κακῶν τυγχάνει ὂν τὸ ἀδικεῖν.

ΠΩΛ. Ἦ γὰρ τοῦτο μέγιστον ; Οὐ τὸ ἀδικεῖσθαι μεῖζον ;

ΣΩ. Ἥκιστά γε.

ΠΩΛ. Σὺ ἄρα βούλοιο ἂν ἀδικεῖσθαι μᾶλλον ἢ ἀδικεῖν ;

ΣΩ. Βουλοίμην μὲν ἂν ἔγωγε οὐδέτερα· εἰ δ' ἀναγκαῖον c εἴη ἀδικεῖν ἢ ἀδικεῖσθαι, ἑλοίμην ἂν μᾶλλον ἀδικεῖσθαι ἢ ἀδικεῖν.

ΠΩΛ. Σὺ ἄρα τυραννεῖν οὐκ ἂν δέξαιο ;

POLOS. – D'une manière ou d'une autre, cet homme n'est-il pas digne d'envie ?

SOCRATE. – Surveille ton langage, Polos.

POLOS. – Que veux-tu dire ?

SOCRATE. – Que ceux dont le sort n'est pas enviable ne doivent pas exciter l'envie non plus que les misérables, et qu'ils sont dignes de pitié.

POLOS. – Quoi ? les hommes dont je parle sont-ils dans ce cas ?

SOCRATE. – Comment n'y seraient-ils pas ?

POLOS. – Ainsi, faire périr qui il vous plaît, quand on le fait périr justement, c'est être misérable et digne de pitié ?

SOCRATE. – Je ne dis pas cela, mais je dis que ce n'est pas être digne d'envie.

POLOS. – Ne viens-tu pas de dire qu'on est misérable ?

SOCRATE. – Oui, si l'on tue injustement ; et en outre, digne de pitié. Pour celui qui tue justement, je dis simplement qu'il n'est pas digne d'envie.

POLOS. – L'homme misérable et digne de pitié, c'est à coup sûr celui qui est tué injustement.

SOCRATE. – Moins que celui qui tue, Polos, et moins que celui qui meurt justement.

POLOS. – Que veux-tu dire, Socrate ?

SOCRATE. – Simplement ceci, que le plus grand des maux, c'est de commettre l'injustice.

POLOS. – Le plus grand des maux ? Mais souffrir l'injustice, n'est-ce pas pire ?

SOCRATE. – Pas le moins du monde.

POLOS. – Ainsi, tu aimerais mieux subir l'injustice que la commettre ?

SOCRATE. – Je ne désire ni l'un ni l'autre ; mais s'il fallait choisir entre la subir et la commettre, je préférerais la subir.

POLOS. – Ainsi, tu n'accepterais pas d'exercer la tyrannie ?

ΣΩ. Οὐκ, εἰ τὸ τυραννεῖν γε λέγεις ὅπερ ἐγώ.

ΠΩΛ. 'Αλλ' ἔγωγε τοῦτο λέγω ὅπερ ἄρτι, ἐξεῖναι ἐν τῇ πόλει, ὃ ἂν δοκῇ αὐτῷ, ποιεῖν τοῦτο, καὶ ἀποκτεινύντι καὶ ἐκβάλλοντι καὶ πάντα πράττοντι κατὰ τὴν αὐτοῦ δόξαν.

ΣΩ. Ὦ μακάριε, ἐμοῦ δὴ λέγοντος τῷ λόγῳ ἐπιλαβοῦ. Εἰ γὰρ ἐγὼ ἐν ἀγορᾷ πληθούσῃ λαβὼν ὑπὸ μάλης ἐγχειρί- d διον λέγοιμι πρὸς σὲ ὅτι, Ὦ Πῶλε, ἐμοὶ δύναμίς τις καὶ τυραννὶς θαυμασία ἄρτι προσγέγονεν· ἐὰν γὰρ ἄρα ἐμοὶ δόξῃ τινὰ τουτωνὶ τῶν ἀνθρώπων ὧν σὺ ὁρᾷς αὐτίκα μάλα δεῖν τεθνάναι, τεθνήξει οὗτος ὃν ἂν δόξῃ· κἄν τινα δόξῃ μοι τῆς κεφαλῆς αὐτῶν κατεαγέναι δεῖν, κατεαγὼς ἔσται αὐτίκα μάλα, κἂν θοἰμάτιον διεσχίσθαι, διεσχισμένον ἔσται· οὕτω μέγα ἐγὼ δύναμαι ἐν τῇδε τῇ πόλει· εἰ οὖν ἀπι- ℮ στοῦντί σοι δείξαιμι τὸ ἐγχειρίδιον, ἴσως ἂν εἴποις ἰδὼν ὅτι, Ὦ Σώκρατες, οὕτω μὲν πάντες ἂν μέγα δύναιντο, ἐπεὶ κἂν ἐμπρησθείη οἰκία τούτῳ τῷ τρόπῳ ἥντιν' ἂν σοι δοκῇ, καὶ τά γε 'Αθηναίων νεώρια καὶ ⟨αἱ⟩ τριήρεις καὶ τὰ πλοῖα πάντα καὶ τὰ δημόσια καὶ τὰ ἴδια. 'Αλλ' οὐκ ἄρα τοῦτ' ἔστιν τὸ μέγα δύνασθαι, τὸ ποιεῖν ἃ δοκεῖ αὐτῷ· ἢ δοκεῖ σοι ;

ΠΩΛ. Οὐ δῆτα οὕτω γε.

ΣΩ. Ἔχεις οὖν εἰπεῖν δι' ὅ τι μέμφει τὴν τοιαύτην 470 δύναμιν ;

ΠΩΛ. Ἔγωγε.

ΣΩ. Τί δή ; Λέγε.

ΠΩΛ. Ὅτι ἀναγκαῖον τὸν οὕτω πράττοντα ζημιοῦσθαί ἐστιν.

ΣΩ. Τὸ δὲ ζημιοῦσθαι οὐ κακόν ;

ΠΩΛ. Πάνυ γε.

ΣΩ. Οὐκοῦν, ὦ θαυμάσιε, τὸ μέγα δύνασθαι πάλιν αὖ σοι φαίνεται, ἐὰν μὲν πράττοντι ἃ δοκεῖ ἕπηται τὸ ὠφελίμως πράττειν, ἀγαθόν τε εἶναι, καὶ τοῦτο, ὡς ἔοικεν,

SOCRATE. – Non, si tu définis la tyrannie comme je le fais moi-même.

POLOS. – Pour moi, je le répète, elle consiste à pouvoir faire dans la cité ce qui vous plaît, tuer, dépouiller, et tout ce qui vous passe par la tête.

SOCRATE. – Mon très cher, laisse-moi parler avant de me couper la parole. Supposons qu'à l'heure où l'agora se remplit de monde, ayant un poignard caché sous l'aisselle, je te dise : « Polos, j'ai acquis un pouvoir nouveau, merveilleux instrument de tyrannie ; s'il me plaît qu'un de ces hommes que tu vois périsse sur le champ, celui que j'aurai choisi sera mort aussitôt ; s'il me plaît que tel d'entre eux ait la tête brisée, il l'aura brisée sans délai, ou que son vêtement soit déchiré, le vêtement sera en pièces : tant est grande ma puissance dans la cité. » Si alors, pour dissiper ton doute, je te montrais mon poignard, tu me répondrais peut-être : « Socrate, à ce compte, il n'est personne qui ne puisse être tout puissant ; car tu pourrais aussi bien mettre le feu à la maison que tu voudrais, incendier les arsenaux et les trières des Athéniens, brûler tous les navires marchands de la cité et des particuliers. » Mais alors, ce n'est donc pas être tout puissant que de pouvoir faire tout ce qui vous plaît ? Que t'en semble ?

POLOS. – De cette façon-là, assurément non.

SOCRATE. – Peux-tu me dire ce que tu blâmes dans cette sorte de puissance ?

POLOS. – Oui certes.

SOCRATE. – Qu'est-ce donc ? Parle.

POLOS. – C'est qu'un homme qui agit ainsi sera forcément puni.

SOCRATE. – Être puni, n'est-ce pas un mal ?

POLOS. – Certainement.

SOCRATE. – Tu en reviens donc, très cher ami, à estimer qu'il y a un grand pouvoir partout où faisant ce qui plaît, on y trouve avantage, et que cela est un bien. Voilà,

ἐστὶν τὸ μέγα δύνασθαι· εἰ δὲ μή, κακὸν καὶ σμικρὸν δύνασθαι. Σκεψώμεθα δὲ καὶ τόδε· ἄλλο τι ὁμολογοῦμεν ἐνίοτε b μὲν ἄμεινον εἶναι ταῦτα ποιεῖν ἃ νυνδὴ ἐλέγομεν, ἀποκτεινύναι τε καὶ ἐξελαύνειν ἀνθρώπους καὶ ἀφαιρεῖσθαι χρήματα, ἐνίοτε δὲ οὔ ;

ΠΩΛ. Πάνυ γε.

ΣΩ. Τοῦτο μὲν δή, ὡς ἔοικε, καὶ παρὰ σοῦ καὶ παρ' ἐμοῦ ὁμολογεῖται.

ΠΩΛ. Ναί.

ΣΩ. Πότε οὖν σὺ φῂς ἄμεινον εἶναι ταῦτα ποιεῖν ; Εἰπὲ τίνα ὅρον ὁρίζει.

ΠΩΛ. Σὺ μὲν οὖν, ὦ Σώκρατες, ἀπόκριναι αὐτὸ τοῦτο.

ΣΩ. Ἐγὼ μὲν τοίνυν φημί, ὦ Πῶλε, εἴ σοι παρ' ἐμοῦ c ἥδιόν ἐστιν ἀκούειν, ὅταν μὲν δικαίως τις ταῦτα ποιῇ, ἄμεινον εἶναι, ὅταν δὲ ἀδίκως, κάκιον.

ΠΩΛ. Χαλεπόν γέ σε ἐλέγξαι, ὦ Σώκρατες· ἀλλ' οὐχὶ κἂν παῖς σε ἐλέγξειεν ὅτι οὐκ ἀληθῆ λέγεις ;

ΣΩ. Πολλὴν ἄρα ἐγὼ τῷ παιδὶ χάριν ἕξω, ἴσην δὲ καὶ σοί, ἐάν με ἐλέγξῃς καὶ ἀπαλλάξῃς φλυαρίας. Ἀλλὰ μὴ κάμῃς φίλον ἄνδρα εὐεργετῶν, ἀλλ' ἔλεγχε.

ΠΩΛ. Ἀλλὰ μήν, ὦ Σώκρατες, οὐδέν γέ σε δεῖ παλαιοῖς πράγμασιν ἐλέγχειν· τὰ γὰρ ἐχθὲς καὶ πρῴην γεγονότα d ταῦτα ἱκανά σε ἐξελέγξαι ἐστὶν καὶ ἀποδεῖξαι ὡς πολλοὶ ἀδικοῦντες ἄνθρωποι εὐδαίμονές εἰσιν.

ΣΩ. Τὰ ποῖα ταῦτα ;

ΠΩΛ. Ἀρχέλαον δήπου τοῦτον τὸν Περδίκκου ὁρᾷς ἄρχοντα Μακεδονίας ;

---

29. Il s'agit de Perdiccas II (454 (?) – 413). Archélaos n'était pas son fils légitime et ne s'était élevé et maintenu sur le trône que par une succession de crimes, dont Polos se fait ici le complaisant narrateur. Qu'il exagère ou non, toutes ces tragédies ne doivent pas faire oublier

semble-t-il, ce qu'est un grand pouvoir. Dans le cas contraire, ce serait faible pouvoir et chose mauvaise. Mais examinons encore ceci : ne reconnaissons-nous pas qu'il vaut mieux quelquefois faire les choses que nous venons de dire, tuer, bannir, dépouiller tel ou tel, et que d'autres fois, c'est le contraire ?

Polos. – Sans doute.

Socrate. – Voilà un point, semble-t-il, sur lequel nous sommes d'accord, toi et moi ?

Polos. – Oui.

Socrate. – Dans quels cas, selon toi, cela vaut-il mieux ? Dis-moi où tu traces la séparation.

Polos. – Réponds toi-même, Socrate.

Socrate. – Eh bien, Polos, si tu préfères m'écouter, je te dirai donc que cela vaut mieux quand l'acte est juste, et que c'est mauvais quand il est injuste.

Polos. – Le rude jouteur que tu fais, Socrate ! Mais un enfant lui-même te prouverait ton erreur !

Socrate. – J'en rendrai mille grâces à l'enfant, et je t'en rendrai à toi-même tout autant, si tu veux bien, en me réfutant, me débarrasser de ma niaiserie. Ne refuse pas, de grâce, ce service à un ami, et réfute-moi.

Polos. – Pour te réfuter, Socrate, il n'est pas nécessaire d'aller chercher des exemples bien loin dans le passé. Ceux d'hier et d'aujourd'hui suffisent pour te convaincre d'erreur et te prouver que souvent l'injustice est heureuse.

Socrate. – Quels exemples, Polos ?

Polos. – Ne vois-tu pas Archélaos, fils de Perdiccas, régner en Macédoine[29] ?

---

qu'Archélaos fut un des créateurs de la puissance macédonienne ; Thucydide (II, 100, 2) ne lui marchande pas les éloges, et on sait que sa cour de Pella fut un centre brillant de civilisation : il y avait attiré Euripide, Choerilos, Agathon, le musicien Thimothée. Il mourut, en 399, de mort violente, probablement assassiné (cf. Plat., *Alc.* II, 141 d ; Arist., *Pol.*, VIII, 13 ; Diod., XIV, 37).

ΣΩ. Εἰ δὲ μή, ἀλλ' ἀκούω γε.

ΠΩΛ. Εὐδαίμων οὖν σοι δοκεῖ εἶναι ἢ ἄθλιος ;

ΣΩ. Οὐκ οἶδα, ὦ Πῶλε· οὐ γάρ πω συγγέγονα τῷ ἀνδρί.

ΠΩΛ. Τί δέ ; Συγγενόμενος ἂν γνοίης, ἄλλως δὲ αὐτό- θ θεν οὐ γιγνώσκεις ὅτι εὐδαιμονεῖ ;

ΣΩ. Μὰ Δί' οὐ δῆτα.

ΠΩΛ. Δῆλον δή, ὦ Σώκρατες, ὅτι οὐδὲ τὸν μέγαν βασιλέα γιγνώσκειν φήσεις εὐδαίμονα ὄντα.

ΣΩ. Καὶ ἀληθῆ γε ἐρῶ· οὐ γάρ οἶδα παιδείας ὅπως ἔχει καὶ δικαιοσύνης.

ΠΩΛ. Τί δέ ; Ἐν τούτῳ ἡ πᾶσα εὐδαιμονία ἐστίν ;

ΣΩ. Ὡς γε ἐγὼ λέγω, ὦ Πῶλε· τὸν μὲν γὰρ καλὸν κἀγαθὸν ἄνδρα καὶ γυναῖκα εὐδαίμονα εἶναί φημι, τὸν δὲ ἄδικον καὶ πονηρὸν ἄθλιον.

ΠΩΛ. Ἄθλιος ἄρα οὗτός ἐστιν ὁ Ἀρχέλαος κατὰ τὸν 471 σὸν λόγον ;

ΣΩ. Εἴπερ γε, ὦ φίλε, ἄδικος.

ΠΩΛ. Ἀλλὰ μὲν δὴ πῶς οὐκ ἄδικος ; Ὧι γε προσῆκε μὲν τῆς ἀρχῆς οὐδὲν ἦν νῦν ἔχει, ὄντι ἐκ γυναικὸς ἢ ἦν δούλη Ἀλκέτου τοῦ Περδίκκου ἀδελφοῦ, καὶ κατὰ μὲν τὸ δίκαιον δοῦλος ἦν Ἀλκέτου, καὶ εἰ ἐβούλετο τὰ δίκαια ποιεῖν, ἐδούλευεν ἂν Ἀλκέτῃ καὶ ἦν εὐδαίμων κατὰ τὸν σὸν λόγον· νῦν δὲ θαυμασίως ὡς ἄθλιος γέγονεν, ἐπεὶ τὰ μέγιστα ἠδίκηκεν· ὅς γε πρῶτον μὲν τοῦτον αὐτὸν τὸν b δεσπότην καὶ θεῖον μεταπεμψάμενος ὡς ἀποδώσων τὴν ἀρχὴν ἣν Περδίκκας αὐτὸν ἀφείλετο, ξενίσας καὶ καταμεθύσας αὐτόν τε καὶ τὸν ὑὸν αὐτοῦ Ἀλέξανδρον, ἀνεψιὸν αὐτοῦ, σχεδὸν ἡλικιώτην, ἐμβαλὼν εἰς ἄμαξαν, νύκτωρ ἐξαγαγὼν ἀπέσφαξέν τε καὶ ἠφάνισεν ἀμφοτέρους. Καὶ

SOCRATE. – Si je ne le vois pas, du moins je le sais par ouï-dire.

POLOS. – Te paraît-il heureux, ou misérable ?

SOCRATE. – Je ne sais trop, Polos ; je ne l'ai pas encore rencontré.

POLOS. – Eh quoi ! Tu le saurais si tu l'avais rencontré, et, sans sortir d'ici, tu n'as pas d'autres moyens de savoir qu'il est heureux ?

SOCRATE. – Je n'en ai aucun, par Zeus !

POLOS. – Évidemment, Socrate, du grand roi lui-même, tu vas me dire que tu ne sais pas s'il est heureux !

SOCRATE. – Et je ne dirai que la vérité pure ; car je ne sais ce qu'il vaut quant à l'instruction et à la justice.

POLOS. – Eh bien ? est-ce en cela que réside la totalité du bonheur ?

SOCRATE. – Oui, Polos, à mon avis : l'homme et la femme sont heureux quand ils sont bien élevés ; s'ils sont injustes et mauvais, ils sont malheureux.

POLOS. – Alors, d'après ton raisonnement, cet Archélaos serait malheureux ?

SOCRATE. – Oui, mon cher, s'il est injuste.

POLOS. – Injuste ! Comment ne le serait-il pas ? Il n'avait aucun titre au pouvoir qu'il exerce, étant né d'une femme qui était esclave d'Alkétès frère de Perdiccas, de sorte qu'il était lui-même, en droit, esclave d'Alkétès, et que, s'il avait voulu observer la justice, il le serait demeuré et serait ainsi heureux, d'après toi. Mais, au lieu de cela, il est tombé au dernier degré du malheur, car il a commis tous les crimes. Pour commencer, il a fait venir cet Alkétès, son maître et son oncle, sous prétexte de lui rendre le pouvoir dont Perdiccas l'avait dépouillé ; mais l'ayant reçu dans sa demeure, il l'enivra ainsi que son fils Alexandre, qui était son propre cousin, et avait à peu près même âge que lui, puis les mettant tous deux dans un char, il les emmena de nuit, les égorgea et les fit disparaître. Ce crime accompli, il ne s'aperçut pas qu'il était devenu le plus

ταῦτα ἀδικήσας ἔλαθεν ἑαυτὸν ἀθλιώτατος γενόμενος καὶ
οὐ μετεμέλησεν αὐτῷ, ἀλλ' ὀλίγον ὕστερον τὸν ἀδελφόν,
τὸν γνήσιον τοῦ Περδίκκου ὑόν, παῖδα ὡς ἑπτέτη, οὗ ἡ c
ἀρχὴ ἐγίγνετο κατὰ τὸ δίκαιον, οὐκ ἐβουλήθη εὐδαίμων
γενέσθαι δικαίως ἐκθρέψας καὶ ἀποδοὺς τὴν ἀρχὴν ἐκείνῳ,
ἀλλ' εἰς φρέαρ ἐμβαλὼν καὶ ἀποπνίξας, πρὸς τὴν μητέρα
αὐτοῦ Κλεοπάτραν χῆνα ἔφη διώκοντα ἐμπεσεῖν καὶ ἀποθανεῖν. Τοιγάρτοι νῦν, ἅτε μέγιστα ἠδικηκὼς τῶν ἐν Μα-
κεδονίᾳ, ἀθλιώτατός ἐστιν πάντων Μακεδόνων, ἀλλ' οὐκ
εὐδαιμονέστατος, καὶ ἴσως ἔστιν ὅστις Ἀθηναίων ἀπὸ σοῦ
ἀρξάμενος δέξαιτ' ἂν ἄλλος ὁστισοῦν Μακεδόνων γενέσθαι d
μᾶλλον ἢ Ἀρχέλαος.

ΣΩ. Καὶ κατ' ἀρχὰς τῶν λόγων, ὦ Πῶλε, ἔγωγέ σε
ἐπήνεσα ὅτι μοι δοκεῖς εὖ πρὸς τὴν ῥητορικὴν πεπαιδεῦ-
σθαι, τοῦ δὲ διαλέγεσθαι ἠμεληκέναι· καὶ νῦν ἄλλο τι οὗτός
ἐστιν ὁ λόγος, ᾧ με καὶ ἂν παῖς ἐξελέγξειε, καὶ ἐγὼ ὑπὸ
σοῦ νῦν, ὡς σὺ οἴει, ἐξελήλεγμαι τούτῳ τῷ λόγῳ, φάσκων
τὸν ἀδικοῦντα οὐκ εὐδαίμονα εἶναι; Πόθεν, ὦ 'γαθέ; Καὶ
μὴν οὐδέν γέ σοι τούτων ὁμολογῶ ὧν σὺ φῇς.

ΠΩΛ. Οὐ γὰρ ἐθέλεις, ἐπεὶ δοκεῖ γέ σοι ὡς ἐγὼ λέγω. e

ΣΩ. Ὦ μακάριε, ῥητορικῶς γάρ με ἐπιχειρεῖς ἐλέγχειν,
ὥσπερ οἱ ἐν τοῖς δικαστηρίοις ἡγούμενοι ἐλέγχειν. Καὶ γὰρ
ἐκεῖ οἱ ἕτεροι τοὺς ἑτέρους δοκοῦσιν ἐλέγχειν, ἐπειδὰν τῶν
λόγων ὧν ἂν λέγωσι μάρτυρας πολλοὺς παρέχωνται καὶ
εὐδοκίμους, ὁ δὲ τἀναντία λέγων ἕνα τινὰ παρέχηται ἢ
μηδένα. Οὗτος δὲ ὁ ἔλεγχος οὐδενὸς ἄξιός ἐστιν πρὸς τὴν
ἀλήθειαν· ἐνίοτε γὰρ ἂν καὶ καταψευδομαρτυρηθείη τις 472
ὑπὸ πολλῶν καὶ δοκούντων εἶναί τί. Καὶ νῦν περὶ ὧν σὺ
λέγεις ὀλίγου σοι πάντες συμφήσουσιν ταῦτα Ἀθηναῖοι καὶ
οἱ ξένοι, ἐὰν βούλῃ κατ' ἐμοῦ μάρτυρας παρασχέσθαι ὡς
οὐκ ἀληθῆ λέγω· μαρτυρήσουσί σοι, ἐὰν μὲν βούλῃ, Νικίας

malheureux des hommes, n'éprouva aucun remords, et même, peu de temps après, alors que son propre frère, le fils légitime de Perdiccas, un enfant d'environ sept ans, se trouvait être légalement l'héritier de la couronne, au lieu de consentir à se rendre heureux en élevant l'enfant comme le voulait la justice et en lui rendant sa couronne, il le jeta dans un puits, le noya, puis alla dire à sa mère, Cléopâtre, qu'en poursuivant une oie il était tombé dans le puits où il avait péri. Évidemment, étant le plus grand criminel de tous les Macédoniens, bien loin d'en être le plus heureux, il en est le plus misérable, et sans doute plus d'un Athénien, à commencer par toi, préférerait la condition de n'importe quel Macédonien à celle d'Archélaos.

SOCRATE. – Dès le début de notre entretien, Polos, j'ai admiré ta connaissance de la rhétorique et noté ton inexpérience du dialogue. Et maintenant, voici donc ce fameux raisonnement par lequel un enfant me réfuterait, et avec lequel tu prétends bien réfuter en effet ce que j'affirme, que l'homme injuste n'est pas heureux ? Comment serais-je réfuté, puisque je nie toutes tes propositions.

POLOS. – C'est que tu y mets de la mauvaise volonté, car, au fond, tu es de mon avis.

SOCRATE. – Mon très cher, tu essaies de me réfuter par des procédés de rhétorique, comme ceux qui ont cours devant les tribunaux. Là, un rhéteur croit réfuter son adversaire quand il peut produire en faveur de sa thèse des témoins nombreux et considérables alors que l'autre n'en a qu'un seul ou point du tout. Mais ce genre de démonstration est sans valeur pour découvrir la vérité ; car il peut arriver qu'un innocent succombe sous de faux témoignages nombreux et qui semblent autorisés. En fait, sur l'exemple allégué par toi, tu auras, ou peu s'en faut, l'appui de tous les Athéniens et de tous les étrangers, si tu les appelles à témoigner contre la vérité de ce que j'affirme : tu auras pour témoins, si tu le

ὁ Νικηράτου καὶ οἱ ἀδελφοὶ μετ' αὐτοῦ, ὧν οἱ τρίποδες οἱ
ἐφεξῆς ἑστῶτές εἰσιν ἐν τῷ Διονυσίῳ, ἐὰν δὲ βούλῃ, 'Αρι-
στοκράτης ὁ Σκελλίου, οὗ αὖ ἔστιν ἐν Πυθίου τοῦτο τὸ b
καλὸν ἀνάθημα, ἐὰν δὲ βούλῃ, ἡ Περικλέους ὅλη οἰκία
ἢ ἄλλη συγγένεια ἥντινα ἂν βούλῃ τῶν ἐνθάδε ἐκλέξασθαι.

'Αλλ' ἐγώ σοι εἷς ὢν οὐχ ὁμολογῶ· οὐ γάρ με σὺ ἀναγ-
κάζεις, ἀλλὰ ψευδομάρτυρας πολλοὺς κατ' ἐμοῦ παρασχό-
μενος ἐπιχειρεῖς ἐκβάλλειν με ἐκ τῆς οὐσίας καὶ τοῦ ἀλη-
θοῦς. Ἐγὼ δὲ ἂν μὴ σὲ αὐτὸν ἕνα ὄντα μάρτυρα παράσχωμαι
ὁμολογοῦντα περὶ ὧν λέγω, οὐδὲν οἶμαι ἄξιον λόγου μοι
πεπεράνθαι περὶ ὧν ἂν ἡμῖν ὁ λόγος ᾖ· οἶμαι δὲ οὐδὲ σοί, c
ἐὰν μὴ ἐγώ σοι μαρτυρῶ εἷς ὢν μόνος, τοὺς δ' ἄλλους πάντας τούτους χαίρειν ἐᾷς. Ἔστιν μὲν οὖν οὗτός τις τρόπος
ἐλέγχου, ὡς σύ τε οἴει καὶ ἄλλοι πολλοί· ἔστιν δὲ καὶ ἄλλος, ὃν ἐγὼ αὖ οἶμαι. Παραβαλόντες οὖν παρ' ἀλλήλους
σκεψώμεθα εἴ τι διοίσουσιν ἀλλήλων. Καὶ γὰρ τυγχάνει
περὶ ὧν ἀμφισβητοῦμεν οὐ πάνυ σμικρὰ ὄντα, ἀλλὰ σχεδόν
τι ταῦτα περὶ ὧν εἰδέναι τε κάλλιστον μὴ εἰδέναι τε
αἴσχιστον· τὸ γὰρ κεφάλαιον αὐτῶν ἐστιν ἢ γιγνώσκειν ἢ
ἀγνοεῖν ὅστις τε εὐδαίμων ἐστὶν καὶ ὅστις μή. Αὐτίκα
πρῶτον, περὶ οὗ νῦν ὁ λόγος ἐστίν, σὺ ἡγεῖ οἷόν τε εἶναι d
μακάριον ἄνδρα ἀδικοῦντά τε καὶ ἄδικον ὄντα, εἴπερ 'Αρ-
χέλαον ἄδικον μὲν ἡγεῖ εἶναι, εὐδαίμονα δέ. Ἄλλο τι ὡς
οὕτω σου νομίζοντος διανοώμεθα;

---

30. Cette dernière et complète mise au point sur la réfutation
(l'*elenchos*, voir l'Introduction) peut être rapprochée de la définition
analogue qu'en donne l'*Apologie de Socrate*, 26e-27a ; cette dernière

désires, Nicias fils de Nicératos et avec lui tous ses
frères, dont on voit les trépieds rangés en bel ordre dans
le sanctuaire de Dionysos ; tu auras, si tu le veux,
Aristocratès fils de Skellios, le donateur de cette belle
offrande qu'on admire à Delphes ; et si tu veux encore,
la famille entière de Périclès, ou, dans Athènes, toute
autre grande famille qu'il te plaira de choisir.

Mais moi, quoique seul, je ne me rends pas ; car tu
ne m'y obliges, toi, en rien : tu produis seulement contre
moi une foule de faux témoins pour tâcher de m'arracher
mon bien et la vérité. Moi, au contraire, si je n'obtiens
pas ton propre témoignage, et lui seul, en faveur de mon
affirmation, j'estime n'avoir rien fait pour la solution de
notre débat, non plus que toi du reste, si tu n'obtiens pas
l'appui de mon témoignage, seul entre tous, et si tu ne
renvoies pas tous tes autres témoins. Voilà donc une
sorte de réfutation, celle à laquelle tu crois comme bien
d'autres ; mais il en existe une autre, qui est la mienne[30].
Il faut les examiner comparativement et voir en quoi
elles diffèrent. Car le sujet de notre discussion n'est pas
une chose insignifiante : c'est peut-être la question sur
laquelle il est le plus beau de savoir la vérité et le plus
honteux de l'ignorer. Elle se résume en effet en ceci :
savoir ou ignorer qui est heureux et qui ne l'est pas.

Pour rappeler d'abord le point précis de notre débat,
tu estimes qu'on peut être heureux en faisant le mal et en
vivant dans l'injustice, puisque tu reconnais d'une part
l'injustice d'Archélaos, et que cependant tu le déclares
heureux. Est-ce bien là l'opinion que nous devons considérer comme étant la tienne ?

est commentée par L.-A. Dorion, « La subversion de l'*elenchos* juridique dans l'*Apologie de Socrate* », *Revue philosophique de Louvain*,
88, 1990, p. 311-344.

ΠΩΛ. Πάνυ γε.

ΣΩ. Ἐγὼ δέ φημι ἀδύνατον. Ἕν μὲν τουτὶ ἀμφισβη-τοῦμεν. Εἶεν· ἀδικῶν δὲ δὴ εὐδαίμων ἔσται ἆρ', ἂν τυγχάνῃ δίκης τε καὶ τιμωρίας ;

ΠΩΛ. Ἥκιστά γε, ἐπεὶ οὕτω γ' ἂν ἀθλιώτατος εἴη.

ΣΩ. Ἀλλ' ἐὰν ἄρα μὴ τυγχάνῃ δίκης ὁ ἀδικῶν, κατὰ τὸν σὸν λόγον εὐδαίμων ἔσται ; e

ΠΩΛ. Φημί.

ΣΩ. Κατὰ δέ γε τὴν ἐμὴν δόξαν, ὦ Πῶλε, ὁ ἀδικῶν τε καὶ ὁ ἄδικος πάντως μὲν ἄθλιος, ἀθλιώτερος μέντοι ἐὰν μὴ διδῷ δίκην μηδὲ τυγχάνῃ τιμωρίας ἀδικῶν, ἧττον δὲ ἄθλιος ἐὰν διδῷ δίκην καὶ τυγχάνῃ δίκης ὑπὸ θεῶν τε καὶ ἀνθρώπων.

ΠΩΛ. Ἄτοπά γε, ὦ Σώκρατες, ἐπιχειρεῖς λέγειν. 473

ΣΩ. Πειράσομαι δέ γε καὶ σὲ ποιῆσαι, ὦ ἑταῖρε, ταὐτὰ ἐμοὶ λέγειν· φίλον γάρ σε ἡγοῦμαι. Νῦν μὲν οὖν ἃ διαφερό-μεθα ταῦτ' ἐστίν· σκόπει δὲ καὶ σύ· εἶπον ἐγώ που ἐν τοῖς ἔμπροσθεν τὸ ἀδικεῖν τοῦ ἀδικεῖσθαι κάκιον εἶναι.

ΠΩΛ. Πάνυ γε.

ΣΩ. Σὺ δὲ τὸ ἀδικεῖσθαι.

ΠΩΛ. Ναί.

ΣΩ. Καὶ τοὺς ἀδικοῦντας ἀθλίους ἔφην εἶναι ἐγώ, καὶ ἐξηλέγχθην ὑπὸ σοῦ.

ΠΩΛ. Ναὶ μὰ Δία.

ΣΩ. Ὡς σύ γε οἴει, ὦ Πῶλε. b

ΠΩΛ. Ἀληθῆ γε οἰόμενος.

ΣΩ. Ἴσως. Σὺ δέ γε εὐδαίμονας αὖ τοὺς ἀδικοῦντας, ἐὰν μὴ διδῶσι δίκην.

ΠΩΛ. Πάνυ μὲν οὖν.

ΣΩ. Ἐγὼ δέ γε αὐτοὺς ἀθλιωτάτους φημί, τοὺς δὲ δι-δόντας δίκην ἧττον. Βούλει καὶ τοῦτο ἐλέγχειν ;

ΠΩΛ. Ἀλλ' ἔτι τοῦτ' ἐκείνου χαλεπώτερόν ἐστιν, ὦ Σώκρατες, ἐξελέγξαι.

POLOS. – Parfaitement.

SOCRATE. – Je soutiens au contraire que c'est impossible. Voilà le premier point. Ceci posé, est-ce un bonheur pour le coupable de payer sa faute et de subir un châtiment ?

POLOS. – Pas le moins du monde, car il n'en serait que plus malheureux.

SOCRATE. – Alors, selon toi, le coupable sera heureux s'il n'expie pas ?

POLOS. – Certainement.

SOCRATE. – Selon moi, Polos, l'homme coupable, comme aussi l'homme injuste, est malheureux en tout cas, mais il l'est surtout s'il ne paie point ses fautes et n'en subit pas le châtiment ; il l'est moins au contraire s'il les paie et s'il est châtié par les dieux et les hommes.

POLOS. – Voilà, Socrate, une étrange théorie.

SOCRATE. – Je vais essayer pourtant, mon ami, de te la faire partager avec moi ; car je te considère comme mon ami. Pour le moment, la différence qui nous sépare est celle-ci : – vois toi-même – j'ai dit au cours de notre entretien que commettre l'injustice était pire que la subir.

POLOS. – Oui.

SOCRATE. – Et toi, que la subir était pire.

POLOS. – Oui.

SOCRATE. – J'ai dit aussi que les coupables étaient malheureux, et tu as réfuté mon affirmation.

POLOS. – Assurément, par Zeus.

SOCRATE. – C'est du moins ton opinion.

POLOS. – Et une opinion qui n'est point fausse !

SOCRATE. – Peut-être. Toi, au contraire, tu juges heureux les coupables qui échappent au châtiment.

POLOS. – Sans aucun doute.

SOCRATE. – Moi, je prétends que ce sont les plus malheureux, et que ceux qui expient le sont moins. Veux-tu réfuter aussi cette partie de ma thèse ?

POLOS. – Seconde réfutation encore plus difficile, en vérité, que la première, Socrate !

ΣΩ. Οὐ δῆτα, ὦ Πῶλε, ἀλλ' ἀδύνατον· τὸ γὰρ ἀληθὲς
οὐδέποτε ἐλέγχεται.

ΠΩΛ. Πῶς λέγεις ; Ἐὰν ἀδικῶν ἄνθρωπος ληφθῇ
τυραννίδι ἐπιβουλεύων, καὶ ληφθεὶς στρεβλῶται καὶ ἐκτέμ- c
νηται καὶ τοὺς ὀφθαλμοὺς ἐκκάηται, καὶ ἄλλας πολλὰς καὶ
μεγάλας καὶ παντοδαπὰς λώβας αὐτός τε λωβηθεὶς καὶ
τοὺς αὑτοῦ ἐπιδὼν παῖδάς τε καὶ γυναῖκα τὸ ἔσχατον
ἀνασταυρωθῇ ἢ καταπιττωθῇ, οὗτος εὐδαιμονέστερος ἔσται
ἢ ἐὰν διαφυγὼν τύραννος καταστῇ καὶ ἄρχων ἐν τῇ πόλει
διαβιῷ ποιῶν ὅ τι ἂν βούληται, ζηλωτὸς ὢν καὶ εὐδαιμο-
νιζόμενος ὑπὸ τῶν πολιτῶν καὶ τῶν ἄλλων ξένων ; Ταῦτα
λέγεις ἀδύνατον εἶναι ἐξελέγχειν ;   d

ΣΩ. Μορμολύττει αὖ, ὦ γενναῖε Πῶλε, καὶ οὐκ ἐλέγχεις·
ἄρτι δὲ ἐμαρτύρου. Ὅμως δὲ ὑπόμνησόν με σμικρόν· ἐὰν
ἀδίκως ἐπιβουλεύων τυραννίδι, εἶπες ;

ΠΩΛ. Ἔγωγε.

ΣΩ. Εὐδαιμονέστερος μὲν τοίνυν οὐδέποτε ἔσται οὐδέ-
τερος αὐτῶν, οὔτε ὁ κατειργασμένος τὴν τυραννίδα ἀδίκως οὔτε ὁ διδοὺς δίκην, δυοῖν γὰρ ἀθλίοιν εὐδαιμονέστερος
μὲν οὐκ ἂν εἴη· ἀθλιώτερος μέντοι ὁ διαφυγὼν καὶ τυραν- e
νεύσας. Τί τοῦτο, ὦ Πῶλε ; Γελᾷς; Ἄλλο αὖ τοῦτο εἶδος ἐλέγχου ἐστίν, ἐπειδάν τίς τι εἴπῃ, καταγελᾶν, ἐλέγχειν δὲ μή ;

ΠΩΛ. Οὐκ οἴει ἐξεληλέγχθαι, ὦ Σώκρατες, ὅταν τοιαῦτα λέγῃς ἃ οὐδεὶς ἂν φήσειεν ἀνθρώπων ; Ἐπεὶ ἐροῦ
τινα τουτωνί.

ΣΩ. Ὦ Πῶλε, οὐκ εἰμὶ τῶν πολιτικῶν, καὶ πέρυσι βου-
λεύειν λαχών, ἐπειδὴ ἡ φυλὴ ἐπρυτάνευε καὶ ἔδει με ἐπιψηφίζειν, γέλωτα παρεῖχον καὶ οὐκ ἠπιστάμην ἐπιψηφί- 474

SOCRATE. – Ne dis pas difficile, Polos, mais impossible ; car la vérité est irréfutable.

POLOS. – Que dis-tu là ? Voici un homme qui est arrêté au moment où il essaie criminellement de renverser un tyran ; aussitôt pris, on le torture, on lui coupe les membres, on lui brûle les yeux, et après qu'il a été soumis lui-même à mille souffrances atroces, après qu'il a vu ses enfants et sa femme livrés aux mêmes supplices, on finit par le mettre en croix ou l'enduire de poix et le brûler vif : et cet homme, il serait plus heureux de la sorte que s'il avait pu s'échapper, devenir tyran, gouverner la cité toute sa vie en se livrant à tous ses caprices, objet d'envie et d'admiration pour les citoyens et pour les étrangers ? Voilà la thèse que tu dis irréfutable ?

SOCRATE. – Tu me présentes un épouvantail, brave Polos, non une réfutation, pas plus que tout à l'heure avec tes témoins. Quoi qu'il en soit, veuille me rappeler un détail ; tu as bien dit : « au moment où il essaie criminellement de renverser un tyran » ?

POLOS. – Oui.

SOCRATE. – Dans ce cas, il ne saurait y avoir aucune supériorité de bonheur ni pour celui qui s'empare de la tyrannie injustement ni pour celui qui est livré au châtiment ; car, de deux malheureux, ni l'un ni l'autre n'est « le plus heureux ». Ce qui est vrai, c'est que le plus malheureux des deux est celui qui a pu échapper et devenir tyran. Quoi, Polos ? Tu ricanes ? Est-ce là encore une nouvelle forme de réfutation, que de se moquer de ce qu'on dit, sans donner de raisons ?

POLOS. – Crois-tu, Socrate, que des raisons soient nécessaires, quand tu tiens un langage que personne ne voudrait tenir ? Demande plutôt aux assistants.

SOCRATE. – Polos, je ne suis pas un politique, et l'an passé, devenu par le sort membre du conseil des Cinqcents, quand ce fut au tour de ma tribu d'exercer la prytanie et que je dus présider au vote de l'Assemblée, je prêtai à rire, ne sachant comment mettre la question aux

ζειν. Μὴ οὖν μηδὲ νῦν με κέλευε ἐπιψηφίζειν τοὺς παρόντας, ἀλλ' εἰ μὴ ἔχεις τούτων βελτίω ἔλεγχον, ὅπερ νυνδὴ ἐγὼ ἔλεγον, ἐμοὶ ἐν τῷ μέρει παράδος, καὶ πείρασαι τοῦ ἐλέγχου οἷον ἐγὼ οἶμαι δεῖν εἶναι. Ἐγὼ γὰρ ὧν ἂν λέγω ἕνα μὲν παρασχέσθαι μάρτυρα ἐπίσταμαι, αὐτὸν πρὸς ὃν ἄν μοι ὁ λόγος ᾖ, τοὺς δὲ πολλοὺς ἐῶ χαίρειν, καὶ ἕνα ἐπιψηφίζειν ἐπίσταμαι, τοῖς δὲ πολλοῖς οὐδὲ διαλέγομαι. Ὅρα οὖν εἰ ἐθελήσεις ἐν τῷ μέρει διδόναι ἔλεγχον ἀποκρι- b νόμενος τὰ ἐρωτώμενα. Ἐγὼ γὰρ δὴ οἶμαι καὶ ἐμὲ καὶ σὲ καὶ τοὺς ἄλλους ἀνθρώπους τὸ ἀδικεῖν τοῦ ἀδικεῖσθαι κάκιον ἡγεῖσθαι καὶ τὸ μὴ διδόναι δίκην τοῦ διδόναι.

ΠΩΛ. Ἐγὼ δέ γε οὔτ' ἐμὲ οὔτ' ἄλλον ἀνθρώπων οὐδένα. Ἐπεὶ σὺ δέξαι' ἂν μᾶλλον ἀδικεῖσθαι ἢ ἀδικεῖν;

ΣΩ. Καὶ σύ γ' ἂν καὶ οἱ ἄλλοι πάντες.

ΠΩΛ. Πολλοῦ γε δεῖ, ἀλλ' οὔτ' ἐγὼ οὔτε σὺ οὔτ' ἄλλος οὐδείς.

ΣΩ. Οὐκοῦν ἀποκρινεῖ;   c

ΠΩΛ. Πάνυ μὲν οὖν· καὶ γὰρ ἐπιθυμῶ εἰδέναι ὅ τι ποτ' ἐρεῖς.

ΣΩ. Λέγε δή μοι, ἵν' εἰδῇς, ὥσπερ ἂν εἰ ἐξ ἀρχῆς σε ἠρώτων· πότερον δοκεῖ σοι, ὦ Πῶλε, κάκιον εἶναι τὸ ἀδικεῖν ἢ τὸ ἀδικεῖσθαι;

ΠΩΛ. Τὸ ἀδικεῖσθαι ἔμοιγε.

ΣΩ. Τί δὲ δὴ αἴσχιον; Πότερον τὸ ἀδικεῖν ἢ τὸ ἀδικεῖσθαι; Ἀποκρίνου.

ΠΩΛ. Τὸ ἀδικεῖν.

---

31. Cet aveu fameux de Socrate sera contredit plus loin (521d) ; c'est la pratique politique athénienne (celle des assemblées et des votes dans les tribunaux) dont Socrate se dit incapable. Il n'en reste

voix[31]. Ne me demande donc pas non plus aujourd'hui de faire voter les assistants. Si tu n'as pas de meilleurs arguments à m'opposer, laisse-moi tenir ta place à mon tour, comme je te le proposais tout à l'heure, et fais ainsi l'expérience de ce que j'entends par un argument.

Pour moi, en effet, je ne sais produire en faveur de mes opinions qu'un seul témoin, mon interlocuteur lui-même, et je donne congé aux autres ; je sais faire voter un témoin unique, mais s'ils sont en nombre, je ne leur adresse même pas la parole. Vois donc si tu consens à te laisser à ton tour mettre à l'épreuve, en répondant à mes questions.

Je crois, quant à moi, que toi-même, moi et tous les hommes, nous sommes d'accord pour juger que commettre l'injustice est pire que d'en être victime et qu'échapper au châtiment est pire que le subir.

POLOS. – Et moi, je crois que ni moi ni personne ne sommes de cet avis. Toi-même, aimerais-tu mieux souffrir l'injustice que la commettre ?

SOCRATE. – Oui, comme toi et comme tout le monde.

POLOS. – Tant s'en faut ; ni moi, ni toi, ni personne.

SOCRATE. – Veux-tu me répondre ?

POLOS. – Assurément : je suis curieux de savoir ce que tu pourras bien dire.

SOCRATE. – Eh bien, si tu veux le savoir, réponds-moi comme si nous en étions au début de mes interrogations. Lequel te paraît le pire, Polos, commettre l'injustice ou la subir ?

POLOS. – La subir, selon moi.

SOCRATE. – Et lequel est le plus laid ? La subir ou la commettre ? Réponds.

POLOS. – La commettre.

pas moins, eu égard cette fois à ce que Socrate dit attendre d'un véritable gouvernant (améliorer ses concitoyens), que l'aveu est fondé (sur la question, cf. J.-Fr. Pradeau, *Platon et la cité*, p. 13-24).

ΣΩ. Οὐκοῦν καὶ κάκιον, εἴπερ αἴσχιον ;

ΠΩΛ. Ἥκιστά γε.

ΣΩ. Μανθάνω· οὐ ταὐτὸν ἡγεῖ σύ, ὡς ἔοικας, καλόν τε καὶ ἀγαθὸν καὶ κακὸν καὶ αἰσχρόν. d

ΠΩΛ. Οὐ δῆτα.

ΣΩ. Τί δὲ τόδε ; Τὰ καλὰ πάντα, οἷον καὶ σώματα καὶ χρώματα καὶ σχήματα καὶ φωνὰς καὶ ἐπιτηδεύματα, εἰς οὐδὲν ἀποβλέπων καλεῖς ἑκάστοτε καλά ; Οἷον πρῶτον τὰ σώματα τὰ καλὰ οὐχὶ ἤτοι κατὰ τὴν χρείαν λέγεις καλὰ εἶναι, πρὸς ὃ ἂν ἕκαστον χρήσιμον ᾖ, πρὸς τοῦτο, ἢ κατὰ ἡδονήν τινα, ἐὰν ἐν τῷ θεωρεῖσθαι χαίρειν ποιῇ τοὺς θεωροῦντας ; Ἔχεις τι ἐκτὸς τούτων λέγειν περὶ σώματος κάλλους ; e

ΠΩΛ. Οὐκ ἔχω.

ΣΩ. Οὐκοῦν καὶ τἆλλα πάντα οὕτω καὶ σχήματα καὶ χρώματα ἢ διὰ ἡδονήν τινα ἢ διὰ ὠφελίαν ἢ δι᾽ ἀμφότερα καλὰ προσαγορεύεις ;

ΠΩΛ. Ἔγωγε.

ΣΩ. Οὐ καὶ τὰς φωνὰς καὶ τὰ κατὰ τὴν μουσικὴν πάντα ὡσαύτως ;

ΠΩΛ. Ναί.

ΣΩ. Καὶ μὴν τά γε κατὰ τοὺς νόμους καὶ τὰ ἐπιτηδεύματα οὐ δήπου ἐκτὸς τούτων ἐστίν, τὰ καλά, ἢ ὠφέλιμα εἶναι ἢ ἡδέα ἢ ἀμφότερα.

ΠΩΛ. Οὐκ ἔμοιγε δοκεῖ.

32. La série de synonymes (le beau, qui est aussi le bon, est encore l'avantageux) va servir de fil directeur et de moyen à l'argument de Socrate. Au prix souvent de glissements (Socrate faisant jouer au contraire du beau, le laid, le rôle de contraire du bon) qui, s'ils per-

SOCRATE. – C'est donc aussi le pire, étant le plus laid ?

POLOS. – Nullement.

SOCRATE. – Je comprends : tu n'admets pas, ce me semble, qu'il y ait identité entre le beau et le bon, entre le laid et le mauvais.

POLOS. – Non certes.

SOCRATE. – Autre question : les choses qui sont belles, qu'il s'agisse de corps, de couleurs, de figures, de sons ou de manières de vivre, est-ce sans motif que tu les appelles belles ? Par exemple, pour commencer par les corps, ceux que tu appelles beaux, ne les désignes-tu pas ainsi en considération de leur usage selon celui qui est propre à chacun, ou bien par rapport au plaisir, si leur vue peut réjouir les regards ? Hors de cela, peux-tu indiquer quelque autre motif qui te fasse dire qu'un corps est beau[32] ?

POLOS. – Aucun.

SOCRATE. – Et de même les autres choses, les figures et les couleurs, n'est-ce pas pour un certain plaisir, ou pour un avantage, ou pour ces deux motifs à la fois, que tu les qualifies de belles ?

POLOS. – Oui.

SOCRATE. – De même encore pour les sons et tout ce qui concerne la musique ?

POLOS. – Oui.

SOCRATE. – En ce qui concerne les lois et les manières de vivre, celles que tu appelles belles ne manquent pas non plus de présenter ce caractère, d'être ou utiles, ou avantageuses, ou l'un et l'autre à la fois ?

POLOS. – C'est mon avis.

mettent la réfutation de Polos, manquent pour le moins à la rigueur démonstrative. Il faut en suivre le détail pour apprécier l'habileté de Socrate.

ΣΩ. Οὐκοῦν καὶ τὸ τῶν μαθημάτων κάλλος ὡσαύτως; 475

ΠΩΛ. Πάνυ γε· καὶ καλῶς γε νῦν ὁρίζει, ὦ Σώκρατες, ἡδονῇ τε καὶ ἀγαθῷ ὁριζόμενος τὸ καλόν.

ΣΩ. Οὐκοῦν τὸ αἰσχρὸν τῷ ἐναντίῳ, λύπῃ τε καὶ κακῷ;

ΠΩΛ. Ἀνάγκη.

ΣΩ. Ὅταν ἄρα δυοῖν καλοῖν θάτερον κάλλιον ᾖ, ἢ τῷ ἑτέρῳ τούτοιν ἢ ἀμφοτέροις ὑπερβάλλον κάλλιόν ἐστιν, ἤτοι ἡδονῇ ἢ ὠφελίᾳ ἢ ἀμφοτέροις.

ΠΩΛ. Πάνυ γε.

ΣΩ. Καὶ ὅταν δὲ δὴ δυοῖν αἰσχροῖν τὸ ἕτερον αἴσχιον ᾖ, ἤτοι λύπῃ ἢ κακῷ ὑπερβάλλον αἴσχιον ἔσται· ἢ οὐκ b ἀνάγκη;

ΠΩΛ. Ναί.

ΣΩ. Φέρε δή, πῶς ἐλέγετο νυνδὴ περὶ τοῦ ἀδικεῖν καὶ ἀδικεῖσθαι; Οὐκ ἔλεγες τὸ μὲν ἀδικεῖσθαι κάκιον εἶναι, τὸ δὲ ἀδικεῖν αἴσχιον;

ΠΩΛ. Ἔλεγον.

ΣΩ. Οὐκοῦν εἴπερ αἴσχιον τὸ ἀδικεῖν τοῦ ἀδικεῖσθαι ἤτοι λυπηρότερόν ἐστιν καὶ λύπῃ ὑπερβάλλον αἴσχιον ἂν εἴη ἢ κακῷ ἢ ἀμφοτέροις; οὐ καὶ τοῦτο ἀνάγκη;

ΠΩΛ. Πῶς γὰρ οὔ;

ΣΩ. Πρῶτον μὲν δὴ σκεψώμεθα, ἆρα λύπῃ ὑπερβάλλει c τὸ ἀδικεῖν τοῦ ἀδικεῖσθαι, καὶ ἀλγοῦσι μᾶλλον οἱ ἀδικοῦντες ἢ οἱ ἀδικούμενοι;

ΠΩΛ. Οὐδαμῶς, ὦ Σώκρατες, τοῦτό γε.

SOCRATE. – Et pour la beauté des connaissances, il en est de même ?

POLOS. – Absolument. Voici enfin, Socrate, une bonne définition du beau, maintenant que tu le définis par le plaisir et le bien.

SOCRATE. – Le laid, alors, se définira par les contraires, le douleureux et le mauvais ?

POLOS. – Nécessairement.

SOCRATE. – Par conséquent, lorsque de deux belles choses l'une est plus belle que l'autre, c'est par l'une de ces qualités, ou par toutes deux à la fois, qu'elle l'emporte en beauté, par le plaisir, ou l'avantage, ou l'un et l'autre[33] ?

POLOS. – Assurément.

SOCRATE. – Et lorsque de deux choses laides l'une est plus laide que l'autre, c'est l'excès du douloureux ou du mauvais qui la rend plus laide ? N'est-ce pas une conséquence rigoureuse ?

POLOS. – Oui.

SOCRATE. – Eh bien, que disions-nous tout à l'heure de l'injustice commise ou subie ? Ne disais-tu pas que subir l'injustice était plus mauvais, et que la commettre était plus laid ?

POLOS. – Je l'ai dit en effet.

SOCRATE. – Mais si commettre l'injustice est plus laid que la subir, ou bien c'est plus douloureux et c'est l'excès de la souffrance qui le rend plus laid, ou bien ce sera l'excès du mauvais, ou enfin tous les deux ? N'est-ce pas forcé ?

POLOS. – C'est incontestable.

SOCRATE. – Examinons d'abord si c'est la souffrance qui est plus grande à commettre qu'à subir l'injustice, et si le coupable souffre plus que la victime.

POLOS. – Quant à cela, Socrate, jamais de la vie !

33. L'avantageux (ôphelimos ; ou l'avantage, ophelos) est ce dont l'usage (khrêsis) apporte quelque chose (comme le beau apporte un plaisir et le bien une amélioration de soi).

ΣΩ. Οὐκ ἄρα λύπῃ γε ὑπερέχει.

ΠΩΛ. Οὐ δῆτα.

ΣΩ. Οὐκοῦν εἰ μὴ λύπῃ, ἀμφοτέροις μὲν οὐκ ἂν ἔτι ὑπερβάλλοι.

ΠΩΛ. Οὐ φαίνεται.

ΣΩ. Οὐκοῦν τῷ ἑτέρῳ λείπεται.

ΠΩΛ. Ναί.

ΣΩ. Τῷ κακῷ.

ΠΩΛ. Ἔοικεν.

ΣΩ. Οὐκοῦν κακῷ ὑπερβάλλον τὸ ἀδικεῖν κάκιον ἂν εἴη τοῦ ἀδικεῖσθαι.

ΠΩΛ. Δῆλον δὴ ὅτι.   d

ΣΩ. Ἄλλο τι οὖν ὑπὸ μὲν τῶν πολλῶν ἀνθρώπων καὶ ὑπὸ σοῦ ὡμολογεῖτο ἡμῖν ἐν τῷ ἔμπροσθεν χρόνῳ αἴσχιον εἶναι τὸ ἀδικεῖν τοῦ ἀδικεῖσθαι;

ΠΩΛ. Ναί.

ΣΩ. Νῦν δέ γε κάκιον ἐφάνη.

ΠΩΛ. Ἔοικε.

ΣΩ. Δέξαιο ἂν οὖν σὺ μᾶλλον τὸ κάκιον καὶ τὸ αἴσχιον ἀντὶ τοῦ ἧττον; μὴ ὄκνει ἀποκρίνασθαι, ὦ Πῶλε· οὐδὲν γὰρ βλαβήσει· ἀλλὰ γενναίως τῷ λόγῳ ὥσπερ ἰατρῷ παρέχων ἀποκρίνου, καὶ ἢ φάθι ἢ μὴ ἃ ἐρωτῶ.   e

ΠΩΛ. Ἀλλ᾽ οὐκ ἂν δεξαίμην, ὦ Σώκρατες.

ΣΩ. Ἄλλος δέ τις ἀνθρώπων;

ΠΩΛ. Οὔ μοι δοκεῖ κατά γε τοῦτον τὸν λόγον.

ΣΩ. Ἀληθῆ ἄρα ἐγὼ ἔλεγον, ὅτι οὔτ᾽ ἂν ἐγὼ οὔτ᾽ ἂν σὺ οὔτ᾽ ἄλλος οὐδεὶς ἀνθρώπων δέξαιτ᾽ ἂν μᾶλλον ἀδικεῖν ἢ ἀδικεῖσθαι· κάκιον γὰρ τυγχάνει ὄν.

ΠΩΛ. Φαίνεται.

ΣΩ. Ὁρᾷς οὖν, ὦ Πῶλε, ὁ ἔλεγχος παρὰ τὸν ἔλεγχον παραβαλλόμενος ὅτι οὐδὲν ἔοικεν, ἀλλὰ σοὶ μὲν οἱ ἄλλοι

Socrate. – Ce n'est donc pas la souffrance qui l'emporte ?

Polos. – Non certes.

Socrate. – Si la souffrance ne l'emporte pas, ce ne sont pas les deux choses ensemble qui l'emportent ?

Polos. – Évidemment.

Socrate. – Reste donc que ce soit l'autre ?

Polos. – Oui.

Socrate. – C'est à dire le mauvais ?

Polos. – C'est vraisemblable.

Socrate. – Mais si le mauvais l'emporte dans le fait de commettre l'injustice, il en résulte que la commettre est pire que de la subir ?

Polos. – Évidemment.

Socrate. – Ne reconnaissais-tu pas toi-même tout à l'heure, avec l'opinion générale, que commettre l'injustice est plus laid que la subir ?

Polos. – Oui.

Socrate. – Et maintenant, il t'apparaît que c'est plus mauvais.

Polos. – Je ne le nie pas.

Socrate. – Préférerais-tu la chose la plus mauvaise et la plus laide à celle qui l'est le moins ? Réponds hardiment, Polos ; tu n'en recevras aucun dommage. Livre-toi courageusement à la raison comme à un médecin et réponds par oui ou par non à la question que je te pose.

Polos. – Eh bien, je ne préférerais pas cette chose.

Socrate. – Est-il personne qui pût la préférer ?

Polos. – Je ne le crois pas, à raisonner ainsi.

Socrate. – J'avais donc raison de dire que ni moi, ni toi, ni personne ne saurait préférer commettre l'injustice à la subir : car il se trouve que c'est une mauvaise affaire.

Polos. – C'est probable.

Socrate. – Tu vois maintenant, Polos, que nos deux réfutations mises à côté l'une de l'autre ne se ressemblent en rien. Tu as pour toi tout le monde excepté moi ;

πάντες ὁμολογοῦσιν πλὴν ἐμοῦ, ἐμοὶ δὲ σὺ ἐξαρκεῖς εἷς ὢν
μόνος καὶ ὁμολογῶν καὶ μαρτυρῶν, καὶ ἐγὼ σὲ μόνον ἐπι- 476
ψηφίζων τοὺς ἄλλους ἐῶ χαίρειν. Καὶ τοῦτο μὲν ἡμῖν
οὕτως ἐχέτω· μετὰ τοῦτο δὲ περὶ οὗ τὸ δεύτερον ἠμφεσβητήσαμεν σκεψώμεθα, τὸ ἀδικοῦντα διδόναι δίκην ἆρα μέγιστον τῶν κακῶν ἐστιν, ὡς σὺ ᾤου, ἢ μεῖζον τὸ μὴ διδόναι,
ὡς αὖ ἐγὼ ᾤμην. Σκοπώμεθα δὲ τῇδε· τὸ διδόναι δίκην καὶ
τὸ κολάζεσθαι δικαίως ἀδικοῦντα ἆρα τὸ αὐτὸ καλεῖς;

ΠΩΛ. Ἔγωγε.

ΣΩ. Ἔχεις οὖν λέγειν ὡς οὐχὶ τά γε δίκαια πάντα καλά b
ἐστιν, καθ᾽ ὅσον δίκαια; Καὶ διασκεψάμενος εἰπέ.

ΠΩΛ. Ἀλλά μοι δοκεῖ, ὦ Σώκρατες.

ΣΩ. Σκόπει δὴ καὶ τόδε· ἆρα εἴ τίς τι ποιεῖ, ἀνάγκη τι
εἶναι καὶ πάσχον ὑπὸ τούτου τοῦ ποιοῦντος;

ΠΩΛ. Ἔμοιγε δοκεῖ.

ΣΩ. Ἆρα τοῦτο πάσχον ὃ τὸ ποιοῦν ποιεῖ, καὶ τοιοῦτον οἷον ποιεῖ τὸ ποιοῦν; Λέγω δὲ τὸ τοιόνδε· εἴ τις τύπτει, ἀνάγκη τι τύπτεσθαι;

ΠΩΛ. Ἀνάγκη.

ΣΩ. Καὶ εἰ σφόδρα τύπτει ἢ ταχὺ ὁ τύπτων, οὕτω καὶ
τὸ τυπτόμενον τύπτεσθαι;   c

ΠΩΛ. Ναί.

ΣΩ. Τοιοῦτον ἆρα πάθος τῷ τυπτομένῳ ἐστὶν οἷον ἂν
τὸ τύπτον ποιῇ;

ΠΩΛ. Πάνυ γε.

ΣΩ. Οὐκοῦν καὶ εἰ κάει τις, ἀνάγκη τι κάεσθαι;

ΠΩΛ. Πῶς γὰρ οὔ;

34. Le couple conceptuel (activité/passivité) ici introduit fera
l'objet de plusieurs examens dans les dialogues : toute réalité est pour

quant à moi, je ne demande l'approbation ni de témoignage qu'à toi seul ; ton seul suffrage me suffit, et pourvu que je le recueille, j'abandonne tous les autres.

Mais laissons cette question, et abordons le second sujet de notre débat : payer sa faute quand on a péché, est-ce le plus grand des maux, comme tu le soutenais, ou bien, comme je le croyais, n'est-ce pas un plus grand mal de ne pas expier ? Voici comment nous allons procéder : payer sa faute et être puni justement quand on a péché, est-ce la même chose à ton avis ?

POLOS – Oui.

SOCRATE. – Peux-tu maintenant affirmer que ce qui est juste ne soit pas toujours beau en tant que juste ? Réfléchis avant de répondre.

POLOS. – Je crois bien qu'il en est ainsi.

SOCRATE. – Examine donc encore ceci : toute activité n'a-t-elle pas pour conséquence nécessaire une passivité correspondante[34] ?

POLOS. – Je le crois.

SOCRATE. – Cette passivité n'est-elle pas telle et de même qualité que l'action qui la produit ? Je prends un exemple : s'il y a un coup donné, n'y a-t-il pas nécessairement un coup reçu ?

POLOS. – Forcément.

SOCRATE. – Et si le coup est frappé fort ou vite, le coup reçu n'est-il pas reçu de la même manière ?

POLOS. – Oui.

SOCRATE. – L'effet produit sur l'objet frappé est donc conforme à l'action de celui qui frappe ?

POLOS. – Sans doute.

SOCRATE. – De même, si une brûlure est faite, il y a nécessairement une brûlure subie ?

POLOS. – C'est forcé.

Platon à la fois principe d'action (du fait de sa puissance) et principe de passivité (ou de résistance, c'est-à-dire qu'elle possède une capacité à être affectée) ; cf. surtout *Phèdre*, 270c-e, puis *Sophiste*, 247d-e.

ΣΩ. Καὶ εἰ σφόδρα γε κάει ἢ ἀλγεινῶς, οὕτως κάεσθαι
τὸ καόμενον ὡς ἂν τὸ κᾶον κάῃ ;

ΠΩΛ. Πάνυ γε.

ΣΩ. Οὐκοῦν καὶ εἰ τέμνει τις, ὁ αὐτὸς λόγος ; Τέμνεται
γάρ τι.

ΠΩΛ. Ναί.

ΣΩ. Καὶ εἰ μέγα γε ἢ βαθὺ τὸ τμῆμα ἢ ἀλγεινόν,
τοιοῦτον τμῆμα τέμνεται τὸ τεμνόμενον οἷον τὸ τέμνον   d
τέμνει ;

ΠΩΛ. Φαίνεται.

ΣΩ. Συλλήβδην δὴ ὅρα εἰ ὁμολογεῖς, ὃ ἄρτι ἔλεγον, περὶ
πάντων, οἷον ἂν ποιῇ τὸ ποιοῦν, τοιοῦτον τὸ πάσχον
πάσχειν.

ΠΩΛ. 'Αλλ' ὁμολογῶ.

ΣΩ. Τούτων δὴ ὁμολογουμένων, τὸ δίκην διδόναι πότερον πάσχειν τί ἐστιν ἢ ποιεῖν ;

ΠΩΛ. 'Ανάγκη, ὦ Σώκρατες, πάσχειν.

ΣΩ. Οὐκοῦν ὑπό τινος ποιοῦντος ;

ΠΩΛ. Πῶς γὰρ οὔ ; 'Υπό γε τοῦ κολάζοντος.

ΣΩ. 'Ο δὲ ὀρθῶς κολάζων δικαίως κολάζει ;   e

ΠΩΛ. Ναί.

ΣΩ. Δίκαια ποιῶν ἢ οὔ ;

ΠΩΛ. Δίκαια.

ΣΩ. Οὐκοῦν ὁ κολαζόμενος δίκην διδοὺς δίκαια πάσχει ;

ΠΩΛ. Φαίνεται.

ΣΩ. Τὰ δὲ δίκαιά που καλὰ ὡμολόγηται ;

ΠΩΛ. Πάνυ γε.

ΣΩ. Τούτων ἄρα ὁ μὲν ποιεῖ καλά, ὁ δὲ πάσχει, ὁ κολαζόμενος.

ΠΩΛ. Ναί.

ΣΩ. Οὐκοῦν εἴπερ καλά, ἀγαθά ; "Η γὰρ ἡδέα ἢ ὠφέλιμα.   477

SOCRATE. – Et si la brûlure ainsi faite est violente ou douloureuse, l'objet brûlé subit un effet conforme à la brûlure qu'on lui fait ?

POLOS. – Évidemment.

SOCRATE. – De même encore pour une coupure : il y a dans ce cas quelque chose qui est coupé ?

POLOS. – Oui.

SOCRATE. – Et si la coupure ainsi pratiquée est large ou profonde ou douloureuse, l'objet coupé subit une coupure conforme à celle qu'on lui inflige ?

POLOS. – C'est évident.

SOCRATE. – En résumé, vois si tu m'accordes ma proposition générale de tout à l'heure, que la qualité de l'effet correspond à la qualité de l'action.

POLOS. – Oui, je te l'accorde.

SOCRATE. – Ce principe étant admis, dis-moi si payer sa faute c'est être passif ou actif ?

POLOS. – Passif évidemment, Socrate.

SOCRATE. – Et cela, du fait de quelqu'un qui est actif ?

POLOS. – Sans doute : du fait de celui qui châtie.

SOCRATE. – Or, celui qui a raison de châtier châtie justement.

POLOS. – Oui.

SOCRATE. – Son action est-elle juste ou injuste ?

POLOS. – Elle est juste.

SOCRATE. – Par conséquent, celui qui est châtié en expiation d'une faute subit un traitement juste ?

POLOS. – Il y a apparence.

SOCRATE. – N'avons-nous pas reconnu que ce qui est juste est beau ?

POLOS. – Assurément.

SOCRATE. – Ainsi, l'action de l'un est belle, et aussi la souffrance de l'autre, de celui qui est châtié ?

POLOS. – Oui.

SOCRATE. – Et si elle est belle, n'est-elle pas bonne ? car il en résulte qu'elle est ou agréable ou avantageuse.

ΠΩΛ. Ἀνάγκη.

ΣΩ. Ἀγαθὰ ἄρα πάσχει ὁ δίκην διδούς ;

ΠΩΛ. Ἔοικεν.

ΣΩ. Ὠφελεῖται ἄρα ;

ΠΩΛ. Ναί.

ΣΩ. Ἆρα ἥνπερ ἐγὼ ὑπολαμβάνω τὴν ὠφελίαν; Βελτίων τὴν ψυχὴν γίγνεται, εἴπερ δικαίως κολάζεται ;

ΠΩΛ. Εἰκός γε.

ΣΩ. Κακίας ἄρα ψυχῆς ἀπαλλάττεται ὁ δίκην διδούς ;

ΠΩΛ. Ναί.

ΣΩ. Ἆρα οὖν τοῦ μεγίστου ἀπαλλάττεται κακοῦ ; Ὧδε δὲ σκόπει· ἐν χρημάτων κατασκευῇ ἀνθρώπου κακίαν ἄλλην τινὰ ἐνορᾷς ἢ πενίαν ;   b

ΠΩΛ. Οὔκ, ἀλλὰ πενίαν.

ΣΩ. Τί δ' ἐν σώματος κατασκευῇ ; Κακίαν ἂν φήσαις ἀσθένειαν εἶναι καὶ νόσον καὶ αἶσχος καὶ τὰ τοιαῦτα ;

ΠΩΛ. Ἔγωγε.

ΣΩ. Οὐκοῦν καὶ ἐν ψυχῇ πονηρίαν ἡγεῖ τινα εἶναι ;

ΠΩΛ. Πῶς γὰρ οὔ ;

ΣΩ. Ταύτην οὖν οὐκ ἀδικίαν καλεῖς καὶ ἀμαθίαν καὶ δειλίαν καὶ τὰ τοιαῦτα ;

ΠΩΛ. Πάνυ μὲν οὖν.

ΣΩ. Οὐκοῦν χρημάτων καὶ σώματος καὶ ψυχῆς, τριῶν ὄντων, τριττὰς εἴρηκας πονηρίας, πενίαν, νόσον, ἀδικίαν; c

ΠΩΛ. Ναί.

ΣΩ. Τίς οὖν τούτων τῶν πονηριῶν αἰσχίστη ; Οὐχ ἡ ἀδικία καὶ συλλήβδην ἡ τῆς ψυχῆς πονηρία ;

ΠΩΛ. Πολύ γε.

ΣΩ. Εἰ δὴ αἰσχίστη, καὶ κακίστη ;

Polos. – C'est forcé.

Socrate. – Ainsi, le traitement subi par l'homme qui paie sa faute est bon ?

Polos. – Cela semble vrai.

Socrate. – Cet homme y trouve donc son avantage ?

Polos. – Oui.

Socrate. – Est-ce l'avantage que j'imagine ? Son âme ne s'améliore-t-elle pas grâce à une juste punition ?

Polos. – C'est probable.

Socrate. – Ainsi donc, celui qui paie sa faute est débarrassé par là de la méchanceté de son âme ?

Polos. – C'est exact.

Socrate. – N'est-ce pas là être débarrassé du plus grand des maux ? Examine, en effet : pour ce qui est des richesses, vois-tu quelque autre mal qui puisse advenir à l'homme que la pauvreté ?

Polos. – Non, pas d'autre que la pauvreté.

Socrate. – Et pour ce qui concerne le corps ? Le mal, à cet égard, n'est-il pas pour toi la faiblesse, la maladie, la laideur, et autres inconvénients de même sorte ?

Polos. – Oui.

Socrate. – Et tu admets que l'âme aussi peut avoir ses défauts ?

Polos. – Comment en douter ?

Socrate. – Ces défauts, tu les appelles l'injustice, l'ignorance, la lâcheté, et ainsi de suite ?

Polos. – Certainement.

Socrate. – Ainsi, pour ces trois choses, la richesse, le corps et l'âme, tu reconnais trois sortes d'imperfections, la pauvreté, la maladie, l'injustice ?

Polos. – Oui.

Socrate. – De ces trois imperfections, laquelle est la plus laide ? N'est-ce pas l'injustice, et d'une manière générale l'imperfection de l'âme ?

Polos. – Et de beaucoup.

Socrate. – Si elle est la plus laide, n'est-elle pas la plus mauvaise ?

ΠΩΛ. Πῶς, ὦ Σώκρατες, λέγεις ;

ΣΩ. 'Ωδί· ἀεὶ τὸ αἴσχιστον ἤτοι λύπην μεγίστην παρέ-
χον ἢ βλάβην ἢ ἀμφότερα αἴσχιστόν ἐστιν ἐκ τῶν ὡμολογημένων ἐν τῷ ἔμπροσθεν.

ΠΩΛ. Μάλιστα.

ΣΩ. Αἴσχιστον δὲ ἀδικία καὶ σύμπασα ψυχῆς πονηρία
νυνδὴ ὡμολόγηται ἡμῖν ;   d

ΠΩΛ. 'Ωμολόγηται γάρ.

ΣΩ. Οὐκοῦν ἢ ἀνιαρότατόν ἐστιν καὶ ἀνίᾳ ὑπερβάλλον
αἴσχιστον τούτων ἐστὶν ἢ βλάβῃ ἢ ἀμφότερα ;

ΠΩΛ. 'Ανάγκη.

ΣΩ. *Αρ' οὖν ἀλγεινότερόν ἐστιν τοῦ πένεσθαι καὶ κάμ-
νειν τὸ ἄδικον εἶναι καὶ ἀκόλαστον καὶ δειλὸν καὶ ἀμαθῆ ;

ΠΩΛ. Οὐκ ἔμοιγε δοκεῖ, ὦ Σώκρατες, ἀπὸ τούτων γε.

ΣΩ. 'Υπερφυεῖ τινι ἄρα ὡς μεγάλη βλάβη καὶ κακῷ
θαυμασίῳ ὑπερβάλλουσα τἆλλα ἡ τῆς ψυχῆς πονηρία
αἴσχιστόν ἐστι πάντων, ἐπειδὴ οὐκ ἀλγηδόνι γε, ὡς ὁ σὸς   e
λόγος.

ΠΩΛ. Φαίνεται.

ΣΩ. 'Αλλὰ μὴν που τό γε μεγίστῃ βλάβῃ ὑπερβάλλον μέγιστον ἂν κακὸν εἴη τῶν ὄντων.

ΠΩΛ. Ναί.

ΣΩ. 'Η ἀδικία ἄρα καὶ ἡ ἀκολασία καὶ ἡ ἄλλη ψυχῆς
πονηρία μέγιστον τῶν ὄντων κακόν ἐστιν ;

ΠΩΛ. Φαίνεται.

ΣΩ. Τίς οὖν τέχνη πενίας ἀπαλλάττει ; Οὐ χρηματι-
στική ;

35. La *chrématistique*, littéralement : la technique relative aux
richesses, est conçue comme une technique domestique (gestion du
patrimoine), mais aussi marchande (technique d'enrichissement). Elle

POLOS. – En quel sens, Socrate ?

SOCRATE. – Voici : la chose la plus laide est toujours celle qui apporte le plus de souffrance ou de dommage, ou le plus de l'un et de l'autre, d'après nos conclusions précédentes.

POLOS. – C'est très vrai.

SOCRATE. – Ne venons-nous pas de reconnaître la suprême laideur de l'injustice et en général de l'imperfection relative à l'âme ?

POLOS. – Parfaitement.

SOCRATE. – Il faut donc ou qu'elle soit ce qu'il y a de plus douloureux et c'est par l'excès de la souffrance qu'elle est la laideur suprême, ou bien qu'elle soit le plus dommageable, ou bien l'un et l'autre ?

POLOS. – Certainement.

SOCRATE. – Est-il donc plus pénible d'être injuste, intempérant, lâche ou ignorant que d'être pauvre et malade ?

POLOS. – Cela ne me paraît pas résulter, Socrate, de la discussion.

SOCRATE. – Il faut donc, pour être la laideur suprême, que la méchanceté de l'âme l'emporte prodigieusement par l'énormité du dommage et du détriment qu'elle cause, puisque, suivant toi, ce n'est pas par la souffrance.

POLOS. – Cela paraît évident.

SOCRATE. – Or il est certain que ce qui cause le plus grand dommage est le plus grand mal qui existe.

POLOS. – Oui.

SOCRATE. – Par conséquent l'injustice, l'intempérance et les autres infirmités de l'âme sont les plus grands des maux ?

POLOS. – Je le crois.

SOCRATE. – Eh bien, quel est la technique qui délivre de la pauvreté ? N'est-ce pas la chrémastitique[35] ?

sera l'objet d'une analyse déterminante dans les traités politiques d'Aristote (cf. la *Politique*, I, 8-10).

ΠΩΛ. Ναί.

ΣΩ. Τίς δὲ νόσου ; Οὐκ ἰατρικὴ ;

ΠΩΛ. Ἀνάγκη.

ΣΩ. Τίς δὲ πονηρίας καὶ ἀδικίας ; Εἰ μὴ οὕτως εὐπο- **478**
ρεῖς, ὧδε σκόπει· ποῖ ἄγομεν καὶ παρὰ τίνας τοὺς κάμνοντας τὰ σώματα ;

ΠΩΛ. Παρὰ τοὺς ἰατρούς, ὦ Σώκρατες.

ΣΩ. Ποῖ δὲ τοὺς ἀδικοῦντας καὶ τοὺς ἀκολασταίνοντας ;

ΠΩΛ. Παρὰ τοὺς δικαστὰς λέγεις ;

ΣΩ. Οὐκοῦν δίκην δώσοντας ;

ΠΩΛ. Φημί.

ΣΩ. Ἆρ' οὖν οὐ δικαιοσύνῃ τινὶ χρώμενοι κολάζουσιν
οἱ ὀρθῶς κολάζοντες ;

ΠΩΛ. Δῆλον δή.

ΣΩ. Χρηματιστικὴ μὲν ἄρα πενίας ἀπαλλάττει, ἰατρικὴ
δὲ νόσου, δίκη δὲ ἀκολασίας καὶ ἀδικίας.   **b**

ΠΩΛ. Φαίνεται.

ΣΩ. Τί οὖν τούτων κάλλιστόν ἐστιν [ὧν λέγεις] ;

ΠΩΛ. Τίνων λέγεις ;

ΣΩ. Χρηματιστικῆς, ἰατρικῆς, δίκης.

ΠΩΛ. Πολὺ διαφέρει, ὦ Σώκρατες, ἡ δίκη.

ΣΩ. Οὐκοῦν αὖ ἤτοι ἡδονὴν πλείστην ποιεῖ ἢ ὠφελίαν
ἢ ἀμφότερα, εἴπερ κάλλιστόν ἐστιν ;

ΠΩΛ. Ναί.

36. Cette typologie (trois techniques pour trois sortes d'objets : la
justice, c'est-à-dire aussi la politique, pour l'âme, la médecine pour le
corps et la chrématistique pour les biens) a une portée anthropologique. On peut définir l'homme par la possession et l'usage de ces trois
objets : son âme, son corps, ses biens (par ordre décroissant d'impor-

POLOS. – Oui.

SOCRATE. – Et de la maladie ? N'est-ce pas la médecine ?

POLOS. – Certainement.

SOCRATE. – Et de la méchanceté ainsi que de l'injustice ? Si la question ainsi posée t'embarrasse, posons-la autrement : en quel lieu et chez qui amenons-nous ceux dont le corps est malade ?

POLOS. – Chez les médecins, Socrate.

SOCRATE. – Et les hommes injustes ou intempérants ?

POLOS. – Tu veux dire qu'on les mène devant les juges ?

SOCRATE. – Pour y payer leur faute ?

POLOS. – Oui.

SOCRATE. – Et n'est-ce pas en vertu d'une certaine justice que l'on punit quand on punit avec raison ?

POLOS. – Évidemment.

SOCRATE. – Ainsi donc, la chrématistique délivre de la pauvreté, la médecine de la maladie, la justice de l'intempérance et de l'injustice[36].

POLOS. – Il y a apparence.

SOCRATE. – Et laquelle de ces choses est la plus belle ?

POLOS. – Quelles choses ?

SOCRATE. – La chrématistique, la médecine, la justice.

POLOS. – La plus belle de beaucoup, Socrate, c'est la justice.

SOCRATE. – Par conséquent elle procure plus que toute autre ou du plaisir ou un avantage ou l'un et l'autre, dès lors qu'elle est la plus belle ?

POLOS. – Oui.

tance). Le premier *Alcibiade* (dont on conteste l'authenticité mais qui paraît sous cet aspect très proche du *Gorgias*) développera cette tripartition pour en tirer une définition de l'homme comme *âme faisant usage d'un corps et de biens* (128d-132b).

ΣΩ. *Αρ' οὖν τὸ ἰατρεύεσθαι ἡδύ ἐστιν, καὶ χαίρουσιν
οἱ ἰατρευόμενοι ;

ΠΩΛ. Οὐκ ἔμοιγε δοκεῖ.

ΣΩ. 'Αλλ' ὠφέλιμόν γε. *Η γάρ ;

ΠΩΛ. Ναί.   c

ΣΩ. Μεγάλου γὰρ κακοῦ ἀπαλλάττεται, ὥστε λυσιτελεῖ
ὑπομεῖναι τὴν ἀλγηδόνα καὶ ὑγιῆ εἶναι.

ΠΩΛ. Πῶς γὰρ οὔ ;

ΣΩ. *Αρ' οὖν οὕτως ἂν περὶ σῶμα εὐδαιμονέστατος ἄνθρωπος εἴη, ἰατρευόμενος, ἢ μηδὲ κάμνων ἀρχήν ;

ΠΩΛ. Δῆλον ὅτι μηδὲ κάμνων.

ΣΩ. Οὐ γὰρ τοῦτ' ἦν εὐδαιμονία, ὡς ἔοικεν, κακοῦ
ἀπαλλαγή, ἀλλὰ τὴν ἀρχὴν μηδὲ κτῆσις.

ΠΩΛ. *Εστι ταῦτα.

ΣΩ. Τί δέ ; 'Αθλιώτερος πότερος δυοῖν ἐχόντοιν κακὸν d
εἴτ' ἐν σώματι εἴτ' ἐν ψυχῇ, ὁ ἰατρευόμενος καὶ ἀπαλλαττόμενος τοῦ κακοῦ, ἢ ὁ μὴ ἰατρευόμενος, ἔχων δέ ;

ΠΩΛ. Φαίνεταί μοι ὁ μὴ ἰατρευόμενος.

ΣΩ. Οὐκοῦν τὸ δίκην διδόναι μεγίστου κακοῦ ἀπαλλαγή
ἦν, πονηρίας ;

ΠΩΛ. *Ην γάρ.

ΣΩ. Σωφρονίζει γάρ που καὶ δικαιοτέρους ποιεῖ καὶ
ἰατρικὴ γίγνεται πονηρίας ἡ δίκη.

ΠΩΛ. Ναί.

ΣΩ. Εὐδαιμονέστατος μὲν ἄρα ὁ μὴ ἔχων κακίαν ἐν e
ψυχῇ, ἐπειδὴ τοῦτο μέγιστον τῶν κακῶν ἐφάνη.

ΠΩΛ. Δῆλον δή.

ΣΩ. Δεύτερος δέ που ὁ ἀπαλλαττόμενος.

SOCRATE. – Est-ce que les traitements des médecins sont agréables, et a-t-on du plaisir à être entre leurs mains ?

POLOS. – Je ne le crois pas.

SOCRATE. – Mais ces traitements sont avantageux, n'est-il pas vrai ?

POLOS. – Oui.

SOCRATE. – Le patient, en effet, se débarrasse grâce à eux de son mal, en sorte qu'il lui est avantageux d'accepter la souffrance pour guérir.

POLOS. – Sans aucun doute.

SOCRATE. – Quel est pour un homme, en ce qui est de son corps, le plus grand bonheur : d'être guéri par les médecins, ou de n'être pas du tout malade ?

POLOS. – C'est évidemment de n'être pas malade.

SOCRATE. – Le bonheur en effet aurait consisté non pas à guérir de la maladie, mais à ne pas la prendre du tout.

POLOS. – C'est mon avis.

SOCRATE. – Oui. Mais de deux malades également atteints, soit dans leur corps soit dans leur âme, lequel est le plus malheureux, celui qui se fait soigner et qui guérit, ou celui qui, faute de soins, garde son mal ?

POLOS. – Il me semble que c'est celui qui ne reçoit pas de soins.

SOCRATE. – Payer sa faute, avons-nous dit, délivre du plus grand des maux, la méchanceté ?

POLOS. – Oui.

SOCRATE. – La justice ainsi rendue, en effet, oblige à devenir plus tempérant et plus juste et elle est comme la médecine de la méchanceté.

POLOS. – Oui.

SOCRATE. – Ainsi donc, le plus heureux, c'est celui dont l'âme est exempte de mal, puisque ce mal en l'âme, nous l'avons dit, est le plus grand des maux.

POLOS. – Certainement.

SOCRATE. – Au second rang, vient celui qu'on délivre de son mal.

ΠΩΛ. Ἔοικεν.

ΣΩ. Οὗτος δ' ἦν ὁ νουθετούμενός τε καὶ ἐπιπληττόμενος καὶ δίκην διδούς.

ΠΩΛ. Ναί.

ΣΩ. Κάκιστα ἄρα ζῇ ὁ ἔχων ἀδικίαν καὶ μὴ ἀπαλλαττόμενος.

ΠΩΛ. Φαίνεται.

ΣΩ. Οὐκοῦν οὗτος τυγχάνει ὢν ὃς ἂν τὰ μέγιστα ἀδικῶν καὶ χρώμενος μεγίστῃ ἀδικίᾳ διαπράξηται ὥστε μήτε νουθετεῖσθαι μήτε κολάζεσθαι μήτε δίκην διδόναι, ὥσπερ 479 σὺ φῂς Ἀρχέλαον παρεσκευάσθαι καὶ τοὺς ἄλλους τυράννους καὶ ῥήτορας καὶ δυνάστας ;

ΠΩΛ. Ἔοικε.

ΣΩ. Σχεδὸν γάρ που οὗτοι, ὦ ἄριστε, τὸ αὐτὸ διαπεπραγμένοι εἰσὶν ὥσπερ ἂν εἴ τις τοῖς μεγίστοις νοσήμασιν συνισχόμενος διαπράξαιτο μὴ διδόναι δίκην τῶν περὶ τὸ σῶμα ἁμαρτημάτων τοῖς ἰατροῖς μηδὲ ἰατρεύεσθαι, φοβούμενος, ὡσπερανεὶ παῖς, τὸ κάεσθαι καὶ τὸ τέμνεσθαι, ὅτι ἀλγεινόν. Ἢ οὐ δοκεῖ καὶ σοὶ οὕτως ;   b

ΠΩΛ. Ἔμοιγε.

ΣΩ. Ἀγνοῶν γε, ὡς ἔοικεν, οἷόν ἐστιν ἡ ὑγίεια καὶ ἀρετὴ σώματος. Κινδυνεύουσι γὰρ ἐκ τῶν νῦν ἡμῖν ὡμολογημένων τοιοῦτόν τι ποιεῖν καὶ οἱ τὴν δίκην φεύγοντες, ὦ Πῶλε, τὸ ἀλγεινὸν αὐτοῦ καθορᾶν, πρὸς δὲ τὸ ὠφέλιμον τυφλῶς ἔχειν καὶ ἀγνοεῖν ὅσῳ ἀθλιώτερόν ἐστι μὴ ὑγιοῦς σώματος μὴ ὑγιεῖ ψυχῇ συνοικεῖν, ἀλλὰ σαθρᾷ καὶ ἀδίκῳ καὶ ἀνοσίῳ. Ὅθεν καὶ πᾶν ποιοῦσιν ὥστε δίκην μὴ διδόναι c μηδ' ἀπαλλάττεσθαι τοῦ μεγίστου κακοῦ, καὶ χρήματα παρασκευαζόμενοι καὶ φίλους καὶ ὅπως ἂν ὦσιν ὡς πιθανώτατοι λέγειν. Εἰ δὲ ἡμεῖς ἀληθῆ ὡμολογήκαμεν, ὦ Πῶλε,

37. Du tyran la *République* donnera un portrait semblable et tout aussi paradoxal en apparence : il est le plus malheureuse des victimes (voir surtout IX, 576b-577e).

POLOS. – Oui.

SOCRATE. – Or, cet homme-là, c'est celui qui reçoit des conseils, des reproches, qui paie sa faute.

POLOS. – Oui.

SOCRATE. – Ainsi, celui qui garde son injustice au lieu d'en être délivré, est le plus malheureux de tous.

POLOS. – Cela semble certain.

SOCRATE. – N'est-ce pas précisément le cas de l'homme qui, tout en commettant les crimes les plus abominables, et en vivant dans la plus parfaite injustice, réussit à éviter les avertissements, les châtiments, le paiement de sa peine, comme tu dis qu'y est parvenu cet Archélaos, ainsi que tous les tyrans, les rhéteurs et les hommes d'État les plus puissants[37] ?

POLOS. – C'est vraisemblable.

SOCRATE. – Quand je considère le résultat auquel aboutissent les gens de cette sorte, je les comparerais volontiers à un malade qui, souffrant de mille maux très graves, parviendrait à ne point rendre ses comptes aux médecins sur ses maladies et à éviter tout traitement, craignant comme un enfant l'application du fer et du feu, parce que cela fait mal. N'est-ce point ton avis ?

POLOS. – Tout à fait.

SOCRATE. – C'est sans doute qu'il ne saurait pas le prix de la santé et d'une bonne constitution. À en juger par les principes que nous avons reconnus vrais, ceux qui cherchent à ne pas rendre de comptes à la justice, Polos, pourraient bien être également des gens qui voient ce qu'elle comporte de douloureux, mais qui sont aveugles sur ce qu'elle a d'avantageux, et qui ne savent pas combien plus lamentable est la compagnie d'une âme malsaine, c'est-à-dire corrompue, injuste et impure, que celle d'un corps malsain. De là tous leurs efforts pour échapper à la punition, pour éviter qu'on les débarrasse du plus grand des maux ; pour cela, ils entassent les richesses, se font des amis et se rendent autant qu'ils peuvent habiles à persuader par la parole. Si pourtant nos principes sont justes, vois-tu, Polos, la conclusion

ἆρ' αἰσθάνει τὰ συμβαίνοντα ἐκ τοῦ λόγου ; Ἤ βούλει συλλογισώμεθα αὐτά ;

ΠΩΛ. Εἰ σοί γε δοκεῖ.

ΣΩ. Ἆρ' οὖν συμβαίνει μέγιστον κακὸν ἡ ἀδικία καὶ τὸ ἀδικεῖν ;

ΠΩΛ. Φαίνεταί γε.

ΣΩ. Καὶ μὴν ἀπαλλαγή γε ἐφάνη τούτου τοῦ κακοῦ τὸ **d** δίκην διδόναι ;

ΠΩΛ. Κινδυνεύει.

ΣΩ. Τὸ δέ γε μὴ διδόναι ἐμμονὴ τοῦ κακοῦ ;

ΠΩΛ. Ναί.

ΣΩ. Δεύτερον ἄρα ἐστὶν τῶν κακῶν μεγέθει τὸ ἀδικεῖν· τὸ δὲ ἀδικοῦντα μὴ διδόναι δίκην πάντων μέγιστόν τε καὶ πρῶτον κακῶν πέφυκεν.

ΠΩΛ. Ἔοικεν.

ΣΩ. Ἆρ' οὖν οὐ περὶ τούτου, ὦ φίλε, ἠμφεσβητήσαμεν, σὺ μὲν τὸν Ἀρχέλαον εὐδαιμονίζων τὸν τὰ μέγιστα ἀδικοῦντα δίκην οὐδεμίαν διδόντα, ἐγὼ δὲ τοὐναντίον οἰόμε- **e** νος, εἴτε Ἀρχέλαος εἴτ' ἄλλος ἀνθρώπων ὁστισοῦν μὴ δίδωσι δίκην ἀδικῶν, τούτῳ προσήκειν ἀθλίῳ εἶναι διαφερόντως τῶν ἄλλων ἀνθρώπων, καὶ ἀεὶ τὸν ἀδικοῦντα τοῦ ἀδικουμένου ἀθλιώτερον εἶναι καὶ τὸν μὴ διδόντα δίκην τοῦ διδόντος ; Οὐ ταῦτ' ἦν τὰ ὑπ' ἐμοῦ λεγόμενα ;

ΠΩΛ. Ναί.

ΣΩ. Οὐκοῦν ἀποδέδεικται ὅτι ἀληθῆ ἐλέγετο ;

ΠΩΛ. Φαίνεται.

ΣΩ. Εἶεν· εἰ οὖν δὴ ταῦτα ἀληθῆ, ὦ Πῶλε, τίς ἡ μεγάλη **480** χρεία ἐστὶν τῆς ῥητορικῆς ; Δεῖ μὲν γὰρ δὴ ἐκ τῶν νῦν ὡμολογημένων αὐτὸν ἑαυτὸν μάλιστα φυλάττειν ὅπως μὴ ἀδικήσει, ὡς ἱκανὸν κακὸν ἕξοντα. Οὐ γάρ ;

qui s'en dégage ? Ou préfères-tu que nous la dégagions ensemble ?

POLOS. – Dégageons-la, si tu le veux bien.

SOCRATE. – Il résulte de nos raisonnements que le plus grand des maux, c'est d'être injuste et de vivre dans l'injustice, n'est-il pas vrai ?

POLOS. – Évidemment.

SOCRATE. – D'autre part, nous avons reconnu qu'on se délivrait de ce mal en expiant sa faute ?

POLOS. – C'est possible.

SOCRATE. – Et qu'en se refusant à expier on le faisait durer ?

POLOS. – Oui.

SOCRATE. – Par conséquent, commettre l'injustice n'est que le second des maux en grandeur ; mais y persévérer sans expier est de tous le plus grand et le premier.

POLOS. – Je crois que tu as raison.

SOCRATE. – Quel était donc le sujet particulier de notre débat ? Il s'agissait d'Archélaos : tu soutenais qu'il était heureux parce que, malgré ses crimes abominables, il échappait à toute punition ; et moi je pensais au contraire qu'Archélaos ou tout autre, s'il n'est point puni de ses crimes, est condamné par là même à être le plus malheureux des hommes, que toujours le coupable est plus malheureux que la victime, et le coupable impuni plus que celui qui expie. N'est-ce point là ce que je disais ?

POLOS. – Oui.

SOCRATE. – Il est donc démontré que j'avais raison ?

POLOS. – Il le semble.

SOCRATE. – À la bonne heure. Mais si cela est vrai, Polos, où est le grand usage de la rhétorique ? Il résulte en effet de ce que nous avons admis qu'il faut avant tout se garder de commettre une faute, attendu que ce serait déjà un mal suffisant. Est-ce vrai ?

ΠΩΛ. Πάνυ γε.

ΣΩ. Ἐὰν δέ γε ἀδικήσῃ ἢ αὐτὸς ἢ ἄλλος τις ὧν ἂν κήδηται, αὐτὸν ἑκόντα ἰέναι ἐκεῖσε ὅπου ὡς τάχιστα δώσει δίκην, παρὰ τὸν δικαστήν, ὥσπερ παρὰ τὸν ἰατρόν, σπεύδοντα ὅπως μὴ ἐγχρονισθὲν τὸ νόσημα τῆς ἀδικίας ὕπουλον b τὴν ψυχὴν ποιήσει καὶ ἀνίατον· ἢ πῶς λέγομεν, ὦ Πῶλε, εἴπερ τὰ πρότερον μένει ἡμῖν ὁμολογήματα; Οὐκ ἀνάγκη ταῦτα ἐκείνοις οὕτω μὲν συμφωνεῖν, ἄλλως δὲ μή;

ΠΩΛ. Τί γὰρ δὴ φῶμεν, ὦ Σώκρατες;

ΣΩ. Ἐπὶ μὲν ἄρα τὸ ἀπολογεῖσθαι ὑπὲρ τῆς ἀδικίας τῆς αὐτοῦ ἢ γονέων ἢ ἑταίρων ἢ παίδων ἢ πατρίδος ἀδικούσης οὐ χρήσιμος οὐδὲν ἡ ῥητορικὴ ἡμῖν, ὦ Πῶλε, εἰ μὴ εἴ τις ὑπολάβοι ἐπὶ τοὐναντίον, κατηγορεῖν δεῖν μάλιστα c μὲν ἑαυτοῦ, ἔπειτα δὲ καὶ τῶν οἰκείων καὶ τῶν ἄλλων ὃς ἂν ἀεὶ τῶν φίλων τυγχάνῃ ἀδικῶν, καὶ μὴ ἀποκρύπτεσθαι, ἀλλ' εἰς τὸ φανερὸν ἄγειν τὸ ἀδίκημα, ἵνα δῷ δίκην καὶ ὑγιὴς γένηται, ἀναγκάζειν τε καὶ αὐτὸν καὶ τοὺς ἄλλους μὴ ἀποδειλιᾶν, ἀλλὰ παρέχειν μύσαντα καὶ ἀνδρείως ὥσπερ τέμνειν καὶ κάειν ἰατρῷ, τὸ ἀγαθὸν καὶ καλὸν διώκοντα, μὴ ὑπολογιζόμενον τὸ ἀλγεινόν, ἐὰν μέν γε πληγῶν ἄξια ἠδικηκὼς ᾖ, τύπτειν παρέχοντα, ἐὰν δὲ δεσμοῦ, δεῖν, d ἐὰν δὲ ζημίας, ἀποτίνοντα, ἐὰν δὲ φυγῆς, φεύγοντα, ἐὰν δὲ θανάτου, ἀποθνήσκοντα, αὐτὸν πρῶτον ὄντα κατήγορον καὶ αὐτοῦ καὶ τῶν ἄλλων οἰκείων καὶ ἐπὶ τοῦτο χρώμενον τῇ ῥητορικῇ, ὅπως ἂν καταδήλων τῶν ἀδικημάτων γιγνομένων ἀπαλλάττωνται τοῦ μεγίστου κακοῦ, ἀδικίας. Φῶμεν οὕτως ἢ μὴ φῶμεν, ὦ Πῶλε;

Polos. – Tout à fait.

Socrate. – Mais que, s'il arrive qu'on en commette une, ou soi-même ou quelqu'un à qui l'on s'intéresse, il faut aller en toute hâte, de son plein gré, là où l'on obtiendra la plus rapide punition, chez le juge, comme on irait chez le médecin, de peur que le mal d'injustice n'étant pas pris à temps, ne corrompe l'âme jusqu'au fond et ne la rende incurable. Quel autre langage pouvons-nous tenir, Polos, si les principes que nous avons établis demeurent fermes ? Cette conclusion n'est-elle pas la seule qui s'accorde avec eux, à l'exclusion de toute autre ?

Polos. – Que dire en effet, Socrate, en dehors de cela ?

Socrate. – Par conséquent, s'il s'agit de nous défendre nous-mêmes en cas d'injustice, ou de défendre nos parents, nos amis, nos enfants, notre patrie lorsqu'elle est coupable, la rhétorique, Polos, ne peut nous être d'aucun usage ; à moins d'admettre au contraire que nous devions nous en servir pour nous accuser d'abord nous-mêmes, ensuite pour accuser tous ceux de nos parents et de nos amis qui se rendraient coupables, sans rien cacher, en mettant plutôt la faute en pleine lumière, de telle sorte que le coupable se guérisse par l'expiation. On se forcerait alors soi-même et on forcerait les autres à ne point faiblir, à s'offrir bravement au juge, les yeux fermés, comme au fer et au feu du médecin, dans l'amour du beau et du bien, sans souci de la douleur, et, si la faute commise mérite des coups, allant au-devant des coups, au-devant des chaînes si elle mérite des chaînes, prêt à payer s'il faut payer, à s'exiler si la peine est l'exil, à mourir s'il faut mourir ; toujours le premier à s'accuser soi-même ainsi que les siens ; rhéteur à cette seule fin de rendre la faute évidente pour se mieux délivrer du plus grand des maux, l'injustice. Est-ce là, Polos, le langage que nous devons tenir, oui ou non ?

ΠΩΛ. Ἄτοπα μέν, ὦ Σώκρατες, ἔμοιγε δοκεῖ, τοῖς μέν- ε τοι ἔμπροσθεν ἴσως σοι ὁμολογεῖται.

ΣΩ. Οὐκοῦν ἢ κἀκεῖνα λυτέον ἢ τάδε ἀνάγκη συμβαίνειν ;

ΠΩΛ. Ναί, τοῦτό γε οὕτως ἔχει.

ΣΩ. Τοὐναντίον δέ γε αὖ μεταβαλόντα, εἰ ἄρα δεῖ τινα κακῶς ποιεῖν, εἴτ' ἐχθρὸν εἴτε ὁντινοῦν, ἐὰν μόνον μὴ αὐτὸς ἀδικῆται ὑπὸ τοῦ ἐχθροῦ· τοῦτο μὲν γὰρ εὐλαβητέον· ἐὰν δὲ ἄλλον ἀδικῇ ὁ ἐχθρός, παντὶ τρόπῳ παρασκευαστέον, καὶ πράττοντα καὶ λέγοντα, ὅπως μὴ δῷ δίκην μηδὲ ἔλθῃ 481 παρὰ τὸν δικαστήν· ἐὰν δὲ ἔλθῃ, μηχανητέον ὅπως ἂν διαφύγῃ καὶ μὴ δῷ δίκην ὁ ἐχθρός, ἀλλ' ἐάν τε χρυσίον ⟨ἢ⟩ ἡρπακὼς πολύ, μὴ ἀποδιδῷ τοῦτο ἀλλ' ἔχων ἀναλίσκῃ καὶ εἰς ἑαυτὸν καὶ εἰς τοὺς ἑαυτοῦ ἀδίκως καὶ ἀθέως, ἐάν τε αὖ θανάτου ἄξια ἠδικηκὼς ᾖ, ὅπως μὴ ἀποθανεῖται, μάλιστα μὲν μηδέποτε, ἀλλ' ἀθάνατος ἔσται πονηρὸς ὤν, εἰ δὲ μή, ὅπως ὡς πλεῖστον χρόνον βιώσεται τοιοῦτος ὤν. b Ἐπὶ τὰ τοιαῦτα ἔμοιγε δοκεῖ, ὦ Πῶλε, ἡ ῥητορικὴ χρήσιμος εἶναι, ἐπεὶ τῷ γε μὴ μέλλοντι ἀδικεῖν οὐ μεγάλη τίς μοι δοκεῖ ἡ χρεία αὐτῆς εἶναι, εἰ δὴ καὶ ἔστιν τις χρεία, ὡς ἔν γε τοῖς πρόσθεν οὐδαμῇ ἐφάνη οὖσα.

ΚΑΛ. Εἰπέ μοι, ὦ Χαιρεφῶν, σπουδάζει ταῦτα Σωκράτης ἢ παίζει ;

ΧΑΙ. Ἐμοὶ μὲν δοκεῖ, ὦ Καλλίκλεις, ὑπερφυῶς σπουδάζειν· οὐδὲν μέντοι οἷον τὸ αὐτὸν ἐρωτᾶν.

38. Là encore, la réfutation est interrompue au moment où elle allait atteindre son terme (Polos devant concéder que la rhétorique

Polos. – À vrai dire, Socrate, il me paraît étrange, mais peut-être nos discours précédents t'obligeaient-ils à parler ainsi.

Socrate. – Tu reconnais qu'il nous faut ou retirer tout ce que nous avons dit ou nous soumettre à ces conclusions ?

Polos. – Oui, les choses en sont là.

Socrate. – Mais d'autre part, dans la situation inverse, s'il s'agit de quelqu'un, ennemi ou tout autre, auquel on veuille rendre un mauvais service – à la condition seulement qu'il soit non la victime, mais l'auteur d'une injustice, car il faut prendre garde à cela – alors, changement d'attitude, il faut faire tous ses efforts, en actions et en paroles, pour qu'il n'ait pas à rendre ses comptes et pour qu'il ne vienne pas devant les juges ; ou s'il y vient, s'arranger pour qu'il échappe à la punition, de telle sorte que, s'il a volé de grosses sommes, il ne les rende pas, mais les garde et les dépense pour lui-même et pour les siens d'une manière injuste et impie ; que, s'il a mérité la mort par ses crimes, autant que possible il ne meure pas, mais vive à jamais dans sa méchanceté, ou que, du moins, il vive le plus longtemps possible en cet état.

Voilà, Polos, les seules fins auxquelles la rhétorique me paraisse pouvoir servir ; car pour l'homme qui ne songe pas à commettre l'injustice, je ne lui vois pas grand usage, à supposer même qu'elle en ait aucune, ce que nos précédents discours nous amenaient à lui refuser[38].

Calliclès. – Dis-moi, Chéréphon, Socrate est-il sérieux ou plaisante-t-il ?

Chéréphon. – À mon avis, Calliclès, il est tout ce qu'il y a de plus sérieux. Mais le mieux est de le lui demander.

n'est pas seulement impuissante, mais qu'elle est de surcroît désavantageuse, laide et injuste).

ΚΑΛ. Νὴ τοὺς θεοὺς ἀλλ᾽ ἐπιθυμῶ. Εἰπέ μοι, ὦ Σώκρα- c
τες, πότερόν σε θῶμεν νυνὶ σπουδάζοντα ἢ παίζοντα ; Εἰ
μὲν γὰρ σπουδάζεις τε καὶ τυγχάνει ταῦτα ἀληθῆ ὄντα ἃ
λέγεις, ἄλλο τι ἢ ἡμῶν ὁ βίος ἀνατετραμμένος ἂν εἴη τῶν
ἀνθρώπων καὶ πάντα τὰ ἐναντία πράττομεν, ὡς ἔοικεν, ἢ
ἃ δεῖ ;

ΣΩ. Ὦ Καλλίκλεις, εἰ μή τι ἦν τοῖς ἀνθρώποις πάθος,
τοῖς μὲν ἄλλο τι, τοῖς δὲ ἄλλο τι, τὸ αὐτό, ἀλλά τις ἡμῶν
ἴδιόν τι ἔπασχεν πάθος ἢ οἱ ἄλλοι, οὐκ ἂν ἦν ῥάδιον ἐνδεί- d
ξασθαι τῷ ἑτέρῳ τὸ ἑαυτοῦ πάθημα. Λέγω δ᾽ ἐννοήσας ὅτι
ἐγώ τε καὶ σὺ νῦν τυγχάνομεν ταὐτόν τι πεπονθότες,
ἐρῶντε δύο ὄντε δυοῖν ἑκάτερος, ἐγὼ μὲν Ἀλκιβιάδου τε
τοῦ Κλεινίου καὶ φιλοσοφίας, σὺ δὲ τοῦ τε Ἀθηναίων δήμου
καὶ τοῦ Πυριλάμπους.

Αἰσθάνομαι οὖν σου ἑκάστοτε, καίπερ ὄντος δεινοῦ, ὅ τι
ἂν φῇ σου τὰ παιδικὰ καὶ ὅπως ἂν φῇ ἔχειν, οὐ δυναμένου
ἀντιλέγειν, ἀλλ᾽ ἄνω καὶ κάτω μεταβαλλομένου· ἔν τε τῇ   θ
ἐκκλησίᾳ, ἐάν τι σοῦ λέγοντος ὁ δῆμος ὁ Ἀθηναίων μὴ φῇ
οὕτως ἔχειν, μεταβαλλόμενος λέγεις ἃ ἐκεῖνος βούλεται,
καὶ πρὸς τὸν Πυριλάμπους νεανίαν τὸν καλὸν τοῦτον τοιαῦτα ἕτερα πέπονθας. Τοῖς γὰρ τῶν παιδικῶν βουλεύμασίν
τε καὶ λόγοις οὐχ οἷός τ᾽ εἶ ἐναντιοῦσθαι, ὥστε, εἴ τίς σου
λέγοντος ἑκάστοτε ἃ διὰ τούτους λέγεις θαυμάζοι ὡς
ἄτοπά ἐστιν, ἴσως εἴποις ἂν αὐτῷ, εἰ βούλοιο τἀληθῆ λέγειν, ὅτι, εἰ μή τις παύσει τὰ σὰ παιδικὰ τούτων τῶν λό- 482
γων, οὐδὲ σὺ παύσει ποτὲ ταῦτα λέγων.

Νόμιζε τοίνυν καὶ παρ᾽ ἐμοῦ χρῆναι ἕτερα τοιαῦτα
ἀκούειν, καὶ μὴ θαύμαζε ὅτι ἐγὼ ταῦτα λέγω, ἀλλὰ τὴν
φιλοσοφίαν, τὰ ἐμὰ παιδικά, παῦσον ταῦτα λέγουσαν.

---

39. Sur le compte d'Alcibiade, voir le premier *Alcibiade* (et l'ap-
pendice « Autres portraits d'Alcibiade » par M.-L. Desclos, dans la
même collection). Démos, fils de Pyrilampe (proche de Périclès et

CALLICLÈS. – Par tous les dieux, j'en brûle d'envie. – Dis-moi, Socrate, devons-nous penser que tu es sérieux ou que tu plaisantes ? Car si tu parles sérieusement et si ce que tu dis est vrai, toute la vie humaine va se trouver sens dessus dessous, et nous faisons, semble-t-il, tout le contraire de ce qu'il faudrait.

SOCRATE. – Calliclès, si nos impressions, dans leur diversité, n'avaient rien de commun, si chacun de nous avait son sentiment particulier sans rapport avec ceux des autres, il ne serait pas facile de faire comprendre à autrui ce qu'on éprouve soi-même. Mais j'ai observé, et c'est ce qui me fait parler ainsi, que nous éprouvions tous deux le même genre de sentiment, et que nous étions deux amoureux, épris chacun de deux objets, moi d'Alcibiade, fils de Clinias, et de la philosophie, toi du Démos athénien et de Démos le fils de Pyrilampe[39].

Or, je m'aperçois qu'en toute occasion, malgré ton talent, quoique dise l'objet de ton amour et quelle que soit sa manière de voir, tu n'as pas la force de dire « non », et tu te laisses ballotter en tout sens ; il en est ainsi dans l'Assemblée : si tu exprimes une opinion et que le Démos soit d'un autre avis que toi, tu t'empresses de céder et de dire comme lui ; et il en est de même avec ce bel adolescent, le fils de Pyrilampe. C'est que, devant les volontés et les affirmations de l'objet aimé, tu es sans résistance, et que, si quelqu'un, voyant les choses qu'on te fait dire ainsi, t'en exprimait son étonnement, tu pourrais lui répondre, pour être sincère, que tant qu'on n'aura pas empêché tes amours de parler ainsi, tu ne pourras pas non plus parler autrement que tu ne fais.

Comprends donc que de ma part aussi tu ne peux entendre qu'un langage de même sorte, et au lieu de t'étonner de mes discours, oblige la philosophie, dont je suis amoureux, à ne plus parler comme elle parle.

beau-père de Platon), était lui aussi célèbre pour son aspect (Aristophane donne à sa beauté un caractère proverbial, cf. les *Guêpes*, 98).

Λέγει γάρ, ὦ φίλε ἑταῖρε, ἀεὶ ἃ νῦν ἐμοῦ ἀκούεις, καὶ μοί ἐστιν τῶν ἑτέρων παιδικῶν πολὺ ἧττον ἔμπληκτος· ὁ μὲν γὰρ Κλεινίειος οὗτος ἄλλοτε ἄλλων ἐστὶ λόγων, ἡ δὲ φιλοσοφία ἀεὶ τῶν αὐτῶν· λέγει δὲ ἃ σὺ νῦν θαυμάζεις, παρῆσθα δὲ καὶ αὐτὸς λεγομένοις. Ἢ οὖν ἐκείνην ἐξέλεγ- b ξον, ὅπερ ἄρτι ἔλεγον, ὡς οὐ τὸ ἀδικεῖν ἐστιν καὶ ἀδικοῦντα δίκην μὴ διδόναι ἀπάντων ἔσχατον κακῶν· ἢ εἰ τοῦτο ἐάσεις ἀνέλεγκτον, μὰ τὸν κύνα τὸν Αἰγυπτίων θεόν, οὔ σοι ὁμολογήσει Καλλικλῆς, ὦ Καλλίκλεις, ἀλλὰ διαφωνήσει ἐν ἅπαντι τῷ βίῳ. Καίτοι ἔγωγε οἶμαι, ὦ βέλτιστε, καὶ τὴν λύραν μοι κρεῖττον εἶναι ἀναρμοστεῖν τε καὶ διαφωνεῖν, καὶ χορὸν ᾧ χορηγοίην, καὶ πλείστους ἀνθρώπους μὴ ὁμολογεῖν μοι ἀλλ' ἐναντία λέγειν μᾶλλον ἢ ἕνα ὄντα ἐμὲ c ἐμαυτῷ ἀσύμφωνον εἶναι καὶ ἐναντία λέγειν.

ΚΑΛ. Ὦ Σώκρατες, δοκεῖς νεανιεύεσθαι ἐν τοῖς λόγοις ὡς ἀληθῶς δημηγόρος ὤν· καὶ νῦν ταῦτα δημηγορεῖς ταὐτὸν παθόντος Πώλου πάθος ὅπερ Γοργίου κατηγόρει πρὸς σὲ παθεῖν. Ἔφη γάρ που Γοργίαν ἐρωτώμενον ὑπὸ σοῦ, ἐὰν ἀφίκηται παρ' αὐτὸν μὴ ἐπιστάμενος τὰ δίκαια ὁ τὴν ῥητορικὴν βουλόμενος μαθεῖν, εἰ διδάξοι αὐτὸν ὁ Γοργίας, d αἰσχυνθῆναι αὐτὸν καὶ φάναι διδάξειν διὰ τὸ ἔθος τῶν ἀνθρώπων, ὅτι ἀγανακτοῖεν ἂν εἴ τις μὴ φαίη· διὰ δὴ ταύτην τὴν ὁμολογίαν ἀναγκασθῆναι ἐναντία αὐτὸν αὐτῷ εἰπεῖν, σὲ δὲ αὐτὸ τοῦτο ἀγαπᾶν. Καί σου κατεγέλα, ὥς γέ μοι δοκεῖν, ὀρθῶς τότε.

40. Contre la conception rhétorique et sophistique du discours et de la vérité, Platon fait donc valoir le caractère impersonnel du dis-

C'est elle, mon cher ami, qui dit sans cesse les
choses que tu m'entends dire en ce moment, et elle est
beaucoup moins étourdie que l'autre objet de mon
amour. Le fils de Clinias, lui, dit tantôt une chose et tantôt une autre ; la philosophie, au contraire, dit toujours la
même chose[40] ; et ce qu'elle dit, ce sont ces choses
mêmes qui t'étonnent, ces discours auxquels tu viens
d'assister. C'est donc elle, je te le répète, que tu dois
réfuter, en lui prouvant que commettre l'injustice et
vivre dans l'injustice sans expier n'est pas le plus grand
des maux. Si tu ne fais pas cette démonstration, par le
chien, dieu de l'Égypte, il est impossible, mon cher
Calliclès, que Calliclès vive en accord avec lui-même et
ne demeure pas dans une perpétuelle dissonance. Or
j'estime pour ma part, mon cher, que mieux vaudrait me
servir d'une lyre dissonante et mal accordée, diriger un
chœur mal réglé, ou me trouver en désaccord et en opposition avec tout le monde, que de l'être avec moi-même
tout seul et de me contredire.

CALLICLÈS. – Socrate, tu m'as l'air de lâcher la bride
à ton éloquence en véritable orateur populaire ; et la raison de cette éloquence, c'est qu'il est arrivé à Polos le
même accident qu'il reprochait à Gorgias d'avoir éprouvé avec toi. Il a dit en effet que, lorsque tu demandais à
Gorgias si un jeune homme, venant se mettre à son
école, sans connaître la justice, pourrait apprendre de lui
la justice, Gorgias alors, par fausse honte, avait répondu,
pour se conformer à l'usage, qu'il la lui enseignerait, les
hommes devant s'indigner si l'on répondait autrement.
Et Polos ajoutait que cette affirmation de Gorgias l'avait
forcé ensuite à se contredire, et que c'est toujours ce que
tu cherches ; sur quoi il se moqua de toi, et j'estime
qu'alors il avait raison.

cours vrai (philosophique). Comme y insistait déjà Héraclite, peu
importe par la bouche de qui s'exprime le discours vrai (cf. les fragments 1 et 50 de l'édition H. Diels - W. Kranz) et l'Introduction.

Νῦν δὲ πάλιν αὐτὸς ταὐτὸν τοῦτο ἔπαθεν, καὶ ἔγωγε κατ᾽ αὐτὸ τοῦτο οὐκ ἄγαμαι Πῶλον, ὅτι σοι συνεχώρησεν τὸ ἀδικεῖν αἴσχιον εἶναι τοῦ ἀδικεῖσθαι· ἐκ ταύτης γὰρ αὖ τῆς ϴ ὁμολογίας αὐτὸς ὑπὸ σοῦ συμποδισθεὶς ἐν τοῖς λόγοις ἐπεστομίσθη, αἰσχυνθεὶς ἃ ἐνόει εἰπεῖν. Σὺ γὰρ τῷ ὄντι, ὦ Σώκρατες, εἰς τοιαῦτα ἄγεις φορτικὰ καὶ δημηγορικά, φάσκων τὴν ἀλήθειαν διώκειν, ἃ φύσει μὲν οὐκ ἔστιν καλά, νόμῳ δέ.

Ὡς τὰ πολλὰ δὲ ταῦτα ἐναντί᾽ ἀλλήλοις ἐστίν, ἥ τε φύσις καὶ ὁ νόμος· ἐὰν οὖν τις αἰσχύνηται καὶ μὴ τολμᾷ λέγειν ἅπερ νοεῖ, ἀναγκάζεται ἐναντία λέγειν. Ὃ δὴ καὶ σὺ 483 τοῦτο τὸ σοφὸν κατανενοηκὼς κακουργεῖς ἐν τοῖς λόγοις, ἐὰν μέν τις κατὰ νόμον λέγῃ, κατὰ φύσιν ὑπερωτῶν, ἐὰν δὲ τὰ τῆς φύσεως, τὰ τοῦ νόμου. Ὥσπερ αὐτίκα ἐν τούτοις, τῷ ἀδικεῖν τε καὶ τῷ ἀδικεῖσθαι, Πώλου τὸ κατὰ νόμον αἴσχιον λέγοντος, σὺ τὸν νόμον ἐδιώκαθες κατὰ φύσιν. Φύσει μὲν γὰρ πᾶν αἴσχιόν ἐστιν ὅπερ καὶ κάκιον, τὸ ἀδικεῖσθαι, νόμῳ δὲ τὸ ἀδικεῖν. Οὐδὲ γὰρ ἀνδρὸς τοῦτό γ᾽ ἐστὶν ᵇ τὸ πάθημα, τὸ ἀδικεῖσθαι, ἀλλ᾽ ἀνδραπόδου τινός, ᾧ κρεῖττόν ἐστιν τεθνάναι ἢ ζῆν, ὅστις ἀδικούμενος καὶ προπηλακιζόμενος μὴ οἷός τέ ἐστιν αὐτὸς αὑτῷ βοηθεῖν μηδὲ ἄλλῳ οὗ ἂν κήδηται. Ἀλλ᾽, οἶμαι, οἱ τιθέμενοι τοὺς νόμους οἱ ἀσθενεῖς ἄνθρωποί εἰσιν καὶ οἱ πολλοί. Πρὸς αὐτοὺς οὖν καὶ τὸ αὑτοῖς συμφέρον τούς τε νόμους τίθενται καὶ τοὺς ἐπαίνους ἐπαινοῦσιν καὶ τοὺς ψόγους ψέγουσιν· ἐκφοβοῦν- ᶜ τές τε τοὺς ἐρρωμενεστέρους τῶν ἀνθρώπων καὶ δυνατοὺς ὄντας πλέον ἔχειν, ἵνα μὴ αὐτῶν πλέον ἔχωσιν, λέγουσιν ὡς αἰσχρὸν καὶ ἄδικον τὸ πλεονεκτεῖν, καὶ τοῦτό ἐστιν τὸ ἀδικεῖν, τὸ πλέον τῶν ἄλλων ζητεῖν ἔχειν· ἀγαπῶσι γάρ, οἶμαι, αὐτοὶ ἂν τὸ ἴσον ἔχωσιν φαυλότεροι ὄντες.

41. L'opposition sophistique de la nature et de la loi est ici résumée à ses principales conclusions et, surtout, à sa variante la plus radi-

Mais voici maintenant qu'il se met dans le même cas que Gorgias, et le reproche précis que je lui fais, c'est de t'avoir accordé que commettre l'injustice fût plus laid que de la subir. Par suite de cet aveu, en effet, il s'est laissé si bien entortiller par tes discours qu'il a dû recevoir le mors, faute d'avoir osé dire ce qu'il pensait. Ici, en effet, Socrate, sous prétexte de chercher la vérité, tu nous fatigues avec des sophismes de tribune sur ce qui est laid selon la nature et beau selon la loi.

Le plus souvent, la nature et la loi se contredisent ; il est donc impossible, si l'on craint par fausse honte de dire ce qu'on pense, de ne pas tomber dans la contradiction. Tu as découvert ce secret, et tu t'en sers pour discuter avec mauvaise foi : si l'on te parle de la loi, tu interroges sur la nature, et si l'on te parle de la nature, tu interroges sur la loi. C'est ainsi que tout à l'heure, à propos de l'injustice subie ou commise, quand Polos avait en vue ce qui est le plus laid selon la loi, tu harcelais la loi au nom de la nature. Selon la nature, en effet, ce qui est le plus laid, c'est toujours le plus désavantageux, subir l'injustice ; selon la loi, c'est de la commettre. La subir n'est même pas le fait d'un homme : c'est bon pour un esclave, à qui la mort est plus avantageuse que la vie, et qui, contre l'injustice et les mauvais traitements, est sans défense à la fois pour lui-même et pour ceux qu'il aime. La loi, au contraire, est faite par les faibles et par le grand nombre. C'est donc par rapport à eux-mêmes et en vue de leur intérêt personnel qu'ils font la loi et qu'ils décident de l'éloge et du blâme. Pour effrayer les plus forts, les plus capables de l'emporter sur eux, et pour les empêcher de l'emporter en effet, ils racontent que toute supériorité est laide et injuste, et que l'injustice consiste essentiellement à vouloir s'élever au-dessus des autres : quant à eux, il leur suffit, j'imagine, d'être au niveau des autres, sans les valoir[41].

cale (qui surpasse encore celle d'Antiphon ; cf. le fragment 44 de l'édition *DK* ; voir l'Introduction et la Bibliographie).

Διὰ ταῦτα δὴ νόμῳ μὲν τοῦτο ἄδικον καὶ αἰσχρὸν λέγεται, τὸ πλέον ζητεῖν ἔχειν τῶν πολλῶν, καὶ ἀδικεῖν αὐτὸ
καλοῦσιν· ἡ δέ γε, οἶμαι, φύσις αὐτὴ ἀποφαίνει αὖ ὅτι d
δίκαιόν ἐστιν τὸν ἀμείνω τοῦ χείρονος πλέον ἔχειν καὶ τὸν
δυνατώτερον τοῦ ἀδυνατωτέρου. Δηλοῖ δὲ ταῦτα πολλαχοῦ
ὅτι οὕτως ἔχει, καὶ ἐν τοῖς ἄλλοις ζῴοις καὶ τῶν ἀνθρώπων
ἐν ὅλαις ταῖς πόλεσι καὶ τοῖς γένεσιν, ὅτι οὕτω τὸ δίκαιον
κέκριται, τὸν κρείττω τοῦ ἥττονος ἄρχειν καὶ πλέον ἔχειν.
Ἐπεὶ ποίῳ δικαίῳ χρώμενος Ξέρξης ἐπὶ τὴν Ἑλλάδα ε
ἐστράτευσεν ἢ ὁ πατὴρ αὐτοῦ ἐπὶ Σκύθας, ἢ ἄλλα μυρία
ἄν τις ἔχοι τοιαῦτα λέγειν; Ἀλλ', οἶμαι, οὗτοι κατὰ φύσιν
τὴν τοῦ δικαίου ταῦτα πράττουσιν, καὶ ναὶ μὰ Δία κατὰ
νόμον γε τὸν τῆς φύσεως, οὐ μέντοι ἴσως κατὰ τοῦτον
ὃν ἡμεῖς τιθέμεθα· πλάττοντες τοὺς βελτίστους καὶ ἐρρω-
μενεστάτους ἡμῶν αὐτῶν, ἐκ νέων λαμβάνοντες, ὥσπερ
λέοντας, κατεπᾴδοντές τε καὶ γοητεύοντες καταδουλούμεθα 484
λέγοντες ὡς τὸ ἴσον χρὴ ἔχειν καὶ τοῦτό ἐστιν τὸ καλὸν
καὶ τὸ δίκαιον. Ἐὰν δέ γε, οἶμαι, φύσιν ἱκανὴν γένηται
ἔχων ἀνήρ, πάντα ταῦτα ἀποσεισάμενος καὶ διαρρήξας καὶ
διαφυγών, καταπατήσας τὰ ἡμέτερα γράμματα καὶ μαγγα-
νεύματα καὶ ἐπῳδὰς καὶ νόμους τοὺς παρὰ φύσιν ἄπαντας,
ἐπαναστὰς ἀνεφάνη δεσπότης ἡμέτερος ὁ δοῦλος, καὶ
ἐνταῦθα ἐξέλαμψεν τὸ τῆς φύσεως δίκαιον. Δοκεῖ δέ μοι b
καὶ Πίνδαρος ἅπερ ἐγὼ λέγω ἐνδείκνυσθαι ἐν τῷ ᾄσματι
ἐν ᾧ λέγει ὅτι

νόμος ὁ πάντων βασιλεὺς
θνατῶν τε καὶ ἀθανάτων·

---

42. Calliclès se livre ici à une mise en cause de l'idéologie démocratique (de son principe d'égalité selon la loi, l'*isonomia* ; sur cette

Voilà pourquoi la loi déclare injuste et laide toute tentative pour dépasser le niveau commun, et c'est cela qu'on appelle l'injustice. Mais la nature elle-même, selon moi, nous prouve qu'en bonne justice celui qui vaut plus doit l'emporter sur celui qui vaut moins, le capable sur l'incapable. Elle nous montre partout, chez les animaux et chez l'homme, dans les cités et les familles, qu'il en est bien ainsi, que la marque du juste, c'est la domination du puissant sur le faible et sa supériorité admise. De quel droit, en effet, Xerxès vint-il porter la guerre dans la Grèce, ou son père chez les Scythes ? et combien de cas semblables on pourrait citer ? Mais tous ces gens-là agissent, à mon avis, selon la vraie nature du droit, et, par Zeus, selon la loi de la nature, bien que ce soit peut-être contraire à celle que nous établissons, nous, et selon laquelle nous façonnons les meilleurs et les plus vigoureux d'entre nous, les prenant en bas âge, comme des lionceaux, pour nous les asservir à force d'incantations et de mômeries, en leur disant qu'il ne faut pas avoir plus que les autres et qu'en cela consiste le juste et le beau[42]. Mais qu'il se rencontre un homme assez heureusement doué pour secouer, briser, rejeter toutes ces chaînes, je suis sûr que, foulant aux pieds nos écrits, nos sortilèges, nos incantations, nos lois toutes contraires à la nature, il se révolterait, se dresserait en maître devant nous, lui qui était notre esclave, et qu'alors brillerait de tout son éclat le droit de la nature.

Il me semble que Pindare a exprimé la même pensée que moi dans l'ode où il dit :

La loi, reine du monde,
Des hommes et des dieux

question, cf. G. Vlastos, *American Journal of Philology*, 64, 1953, p. 337-366, repris dans les *Platonic Studies*, Princeton, Princeton University Press, 1981, p. 164-203).

οὗτος δὲ δή, φησίν,

ἄγειν δικαιοῖ τὸ βιαιότατον
ὑπερτάτᾳ χειρί· τεκμαίρομαι
ἔργοισιν Ἡρακλέος, ἐπεί — ἀπριάτας —

λέγει οὕτω πως· τὸ γὰρ ᾆσμα οὐκ ἐπίσταμαι· λέγει δ' ὅτι
οὔτε πριάμενος οὔτε δόντος τοῦ Γηρυόνου ἠλάσατο τὰς
βοῦς, ὡς τούτου ὄντος τοῦ δικαίου φύσει, καὶ βοῦς καὶ c
τἆλλα κτήματα εἶναι πάντα τοῦ βελτίονός τε καὶ κρείττονος τὰ τῶν χειρόνων τε καὶ ἡττόνων.

Τὸ μὲν οὖν ἀληθὲς οὕτως ἔχει, γνώσει δέ, ἂν ἐπὶ τὰ
μείζω ἔλθῃς ἐάσας ἤδη φιλοσοφίαν. Φιλοσοφία γάρ τοί
ἐστιν, ὦ Σώκρατες, χαρίεν, ἄν τις αὐτοῦ μετρίως ἅψηται
ἐν τῇ ἡλικίᾳ· ἐὰν δὲ περαιτέρω τοῦ δέοντος ἐνδιατρίψῃ,
διαφθορὰ τῶν ἀνθρώπων. Ἐὰν γὰρ καὶ πάνυ εὐφυὴς ᾖ καὶ
πόρρω τῆς ἡλικίας φιλοσοφῇ, ἀνάγκη πάντων ἄπειρον
γεγονέναι ἐστὶν ὧν χρὴ ἔμπειρον εἶναι τὸν μέλλοντα καλὸν d
κἀγαθὸν καὶ εὐδόκιμον ἔσεσθαι ἄνδρα.

Καὶ γὰρ τῶν νόμων ἄπειροι γίγνονται τῶν κατὰ τὴν πόλιν, καὶ τῶν λόγων οἷς δεῖ χρώμενον ὁμιλεῖν ἐν τοῖς συμ-
βολαίοις τοῖς ἀνθρώποις καὶ ἰδίᾳ καὶ δημοσίᾳ, καὶ τῶν
ἡδονῶν τε καὶ ἐπιθυμιῶν τῶν ἀνθρωπείων, καὶ συλλήβδην
τῶν ἠθῶν παντάπασιν ἄπειροι γίγνονται. Ἐπειδὰν οὖν
ἔλθωσιν εἴς τινα ἰδίαν ἢ πολιτικὴν πρᾶξιν, καταγέλαστοι
γίγνονται, ὥσπερ γε, οἶμαι, οἱ πολιτικοί, ἐπειδὰν αὖ εἰς e
τὰς ὑμετέρας διατριβὰς ἔλθωσιν καὶ τοὺς λόγους, καταγέ-
λαστοί εἰσιν.

43. Le poème dont est issue cette citation est perdu. La citation se
retrouve toutefois chez le scholiaste des *Néméennes*, 9, 35. Comme le
signale E. R. Dodds dans son commentaire (*op. cit.*, p. 270-272),
Pindare n'aurait sans doute pas accepté l'interprétation que fait
Calliclès de son texte. La loi pindarique est ici une loi divine, qui légitime la force, dans la mesure où elle sert l'ordre juste car divin des
choses. L'idée d'un droit naturel du plus fort est postérieure.

Qu'en dit-il ? Cette loi

justifie la force qui mène tout
De sa main souveraine ; j'en juge ainsi
Par les œuvres d'Héraclès, puisque, sans payer[43]...

Et voici l'idée, car je ne sais pas le morceau par cœur ; mais le sens en est qu'Héraclès, sans avoir ni payé ni reçu en don les bœufs de Géryon, les chassa devant lui, estimant que, selon le droit naturel, les bœufs et tous les biens du plus faible et du moins vaillant sont la propriété du meilleur et du plus puissant.

Voilà la vérité, et tu t'en convaincras si tu renonces à la philosophie pour aborder de plus hautes études. La philosophie, Socrate, n'est sans doute pas sans charme, s'y l'on s'y livre avec modération dans la jeunesse ; mais si l'on s'y attarde au-delà d'une juste mesure, c'est une calamité. Quelque bien doué que soit un homme, s'il continue à philosopher dans son âge mûr, il est impossible qu'il ne se rende pas étranger à toutes les choses qu'il faut connaître pour devenir un homme bien élevé et considéré[44].

Le philosophe ignore les lois qui régissent la cité ; il ignore la manière dont il faut parler aux autres dans les affaires privées et publiques ; il ne sait rien des plaisirs ni des passions, et, pour tout dire d'un mot, sa connaissance de l'homme est nulle. Aussi, quand il se trouve mêlé à quelque affaire publique ou privée, il fait rire de lui, de même que les politiques, je suppose, lorsqu'ils abordent vos entretiens et vos discussions, sont ridicules.

---

44. Le reproche de bavardage est un lieu commun de la critique anti-socratique (dans les *Nuées*, Aristophane en donne l'exemple le plus consistant et le plus drôle). Mais ici, et dans le contexte politique, la critique n'est pas dépourvue de légitimité : comme il en convient lui-même, la participation de Socrate aux affaires de la cité est effectivement nulle. Ce sera en un sens le projet politique et philosophique de la *République* que de répondre à l'accusation de Calliclès.

Συμβαίνει γὰρ τὸ τοῦ Εὐριπίδου· λαμπρός τ' ἐστὶν
ἔκαστος ἐν τούτῳ, καὶ ἐπὶ τοῦτ' ἐπείγεται,

νέμων τὸ πλεῖστον ἡμέρας τούτῳ μέρος,
ἵν' αὐτὸς αὑτοῦ τυγχάνει βέλτιστος ὤν·

ὅπου δ' ἂν φαῦλος ᾖ, ἐντεῦθεν φεύγει καὶ λοιδορεῖ τοῦτο, 485
τὸ δ' ἕτερον ἐπαινεῖ, εὐνοίᾳ τῇ ἑαυτοῦ, ἡγούμενος οὕτως
αὐτὸς ἑαυτὸν ἐπαινεῖν. Ἀλλ', οἶμαι, τὸ ὀρθότατόν ἐστιν
ἀμφοτέρων μετασχεῖν· φιλοσοφίας μὲν ὅσον παιδείας χάριν
καλὸν μετέχειν, καὶ οὐκ αἰσχρὸν μειρακίῳ ὄντι φιλοσοφεῖν·
ἐπειδὰν δὲ ἤδη πρεσβύτερος ὢν ἄνθρωπος ἔτι φιλοσοφῇ,
καταγέλαστον, ὦ Σώκρατες, τὸ χρῆμα γίγνεται, καὶ ἔγωγε
ὁμοιότατον πάσχω πρὸς τοὺς φιλοσοφοῦντας ὥσπερ πρὸς b
τοὺς ψελλιζομένους καὶ παίζοντας. Ὅταν μὲν γὰρ παιδίον
ἴδω, ᾧ ἔτι προσήκει διαλέγεσθαι οὕτω, ψελλιζόμενον καὶ
παῖζον, χαίρω τε καὶ χαρίεν μοι φαίνεται καὶ ἐλευθέριον
καὶ πρέπον τῇ τοῦ παιδίου ἡλικίᾳ, ὅταν δὲ σαφῶς διαλεγο-
μένου παιδαρίου ἀκούσω, πικρόν τί μοι δοκεῖ χρῆμα εἶναι
καὶ ἀνιᾷ μου τὰ ὦτα καί μοι δοκεῖ δουλοπρεπές τι εἶναι·
ὅταν δὲ ἀνδρὸς ἀκούσῃ τις ψελλιζομένου ἢ παίζοντα ὁρᾷ, c
καταγέλαστον φαίνεται καὶ ἄνανδρον καὶ πληγῶν ἄξιον.

Ταὐτὸν οὖν ἔγωγε τοῦτο πάσχω καὶ πρὸς τοὺς φιλοσοφοῦντας. Παρὰ νέῳ μὲν γὰρ μειρακίῳ ὁρῶν φιλοσοφίαν
ἄγαμαι, καὶ πρέπειν μοι δοκεῖ, καὶ ἡγοῦμαι ἐλεύθερόν τινα
εἶναι τοῦτον τὸν ἄνθρωπον, τὸν δὲ μὴ φιλοσοφοῦντα ἀνε-

---

45. Vers tirés de l'*Antiope* d'Euripide, à laquelle Platon va faire
une série d'emprunts. Cette pièce n'est plus connue que par des fragments et des allusions (cf. H. Weil, *Études sur le drame antique*, pp.
213-246). Une scène paraît avoir été particulièrement fameuse, le
débat institué par le poète entre les deux fils jumeaux qu'Antiope avait
eus de Zeus, Zéthos et Amphion, sur les mérites comparés de la vie de
l'homme d'action et de celle du poète ou de l'artiste. Vigoureux et
énergique, Zéthos, en effet, s'adonnait à la chasse et à l'élevage ; d'une

Il arrive alors ce que dit Euripide : la chose où chacun brille et vers laquelle il s'élance,

> *Donnant la meilleure part du jour à ce soin*
> *C'est celle où il se surpasse lui-même*[45].

Celle où l'on est médiocre, au contraire, on l'évite et on s'applique à la décrier, tandis qu'on vante l'autre, par amour de soi-même, dans l'idée qu'on fait ainsi son propre éloge.

Mais le mieux, suivant moi, est de n'être étranger ni aux unes ni aux autres. La philosophie est bonne à connaître dans la mesure où elle sert à l'éducation, et il n'y a pas de honte, quand on est jeune, à philosopher. Mais l'homme mûr qui continue à philosopher fait une chose ridicule, Socrate, et pour ma part j'éprouve à l'égard de ces gens-là le même sentiment qu'à l'égard d'un homme fait qui bégaie et qui joue comme un enfant. Quand je vois un enfant qui bégaie et qui joue, c'est de son âge, j'en suis ravi, je trouve cela charmant, tout à fait convenable à l'enfance d'un homme libre ; tandis que si j'entends un bambin s'exprimer avec netteté, cela me chagrine, cela blesse mon oreille et me paraît avoir quelque chose de servile. Un homme fait qui bégaie et qui joue est ridicule ; ce n'est pas un homme, on a envie de le fouetter.

C'est précisément ce que j'éprouve à l'égard des philosophes. Chez un tout jeune homme, je goûte fort la philosophie ; elle est à sa place et dénote une nature d'homme libre ; le jeune homme qui ne s'y adonne pas me semble d'âme illibérale, incapable de viser jamais à

---

nature plus fine et plus sensible, Amphion dédaignait les exercices violents ; Hermès lui avait fait don d'une lyre : il s'adonnait à la musique ; et tous deux naturellement vantaient le genre d'existence qu'ils avaient choisi. Calliclès, que son idéal de vie active et pratique rapproche de Zéthos, s'approprie quelques-uns de ses arguments pour reprocher à Socrate de se laisser absorber par la philosophie au lieu de se lancer dans cette carrière politique dont la rhétorique assure les voies.

λεύθερον καὶ οὐδέποτε οὐδενὸς ἀξιώσοντα ἑαυτὸν οὔτε
καλοῦ οὔτε γενναίου πράγματος· ὅταν δὲ δὴ πρεσβύτερον d
ἴδω ἔτι φιλοσοφοῦντα καὶ μὴ ἀπαλλαττόμενον, πληγῶν μοι
δοκεῖ ἤδη δεῖσθαι, ὦ Σώκρατες, οὗτος ὁ ἀνήρ. Ὁ γὰρ
νυνδὴ ἔλεγον, ὑπάρχει τούτῳ τῷ ἀνθρώπῳ, κἂν πάνυ εὐφυὴς ᾖ, ἀνάνδρῳ γενέσθαι. φεύγοντι τὰ μέσα τῆς πόλεως
καὶ τὰς ἀγοράς, ἐν αἷς ἔφη ὁ ποιητὴς τοὺς ἄνδρας
ἀριπρεπεῖς γίγνεσθαι, καταδεδυκότι δὲ τὸν λοιπὸν
βίον βιῶναι μετὰ μειρακίων ἐν γωνίᾳ τριῶν ἢ τεττάρων
ψιθυρίζοντα, ἐλεύθερον δὲ καὶ μέγα καὶ ἱκανὸν μηδέποτε e
φθέγξασθαι.

Ἐγὼ δέ, ὦ Σώκρατες, πρὸς σὲ ἐπιεικῶς ἔχω φιλικῶς·
κινδυνεύω οὖν πεπονθέναι νῦν ὅπερ ὁ Ζῆθος πρὸς τὸν
Ἀμφίονα ὁ Εὐριπίδου, οὗπερ ἐμνήσθην. Καὶ γὰρ ἐμοὶ
τοιαῦτ' ἄττα ἐπέρχεται πρὸς σὲ λέγειν, οἷάπερ ἐκεῖνος
πρὸς τὸν ἀδελφόν, ὅτι, Ἀμελεῖς, ὦ Σώκρατες, ὧν δεῖ σε
ἐπιμελεῖσθαι, καὶ φύσιν ψυχῆς ὧδε γενναίαν μειρακιώδει
τινὶ διατρέπεις μορφώματι, καὶ οὔτ' ἂν δίκης βουλαῖσι 486
προσθεῖ᾽ ἂν ὀρθῶς λόγον, οὔτ' εἰκὸς ἂν καὶ πιθανὸν ἂν λάβοις,
οὔθ᾽ ὑπὲρ ἄλλου νεανικὸν βούλευμα βουλεύσαιο. Καίτοι, ὦ
φίλε Σώκρατες — καί μοι μηδὲν ἀχθεσθῇς· εὐνοίᾳ γὰρ ἐρῶ
τῇ σῇ — οὐκ αἰσχρὸν δοκεῖ σοι εἶναι οὕτως ἔχειν ὡς ἐγὼ
σὲ οἶμαι ἔχειν καὶ τοὺς ἄλλους τοὺς πόρρω ἀεὶ φιλοσοφίας
ἐλαύνοντας ;

Νῦν γὰρ εἴ τις σοῦ λαβόμενος ἢ ἄλλου ὁτουοῦν τῶν
τοιούτων εἰς τὸ δεσμωτήριον ἀπάγοι, φάσκων ἀδικεῖν μηδὲν
ἀδικοῦντα, οἶσθ' ὅτι οὐκ ἂν ἔχοις ὅ τι χρήσαιο σαυτῷ, ἀλλ' b
εἰλιγγιῴης ἂν καὶ χασμῷο οὐκ ἔχων ὅ τι εἴποις, καὶ εἰς τὸ
δικαστήριον ἀναβάς, κατηγόρου τυχὼν πάνυ φαύλου καὶ
μοχθηροῦ, ἀποθάνοις ἄν, εἰ βούλοιτο θανάτου σοι τιμᾶσθαι.

rien de noble et de beau. Mais devant un homme âgé que je vois continuer à philosopher sans s'arrêter jamais, je me dis, Socrate, que celui-là mériterait d'être fouetté. Car un pareil homme, comme je le disais tout l'heure, a beau être bien doué naturellement, il devient moins qu'un homme, à fuir toujours le cœur de la cité, ces assemblées où, comme dit le poète, les hommes s'illustrent, et à faire le plongeon pour le restant de sa vie, babillant dans un coin avec trois ou quatre jeunes hommes, sans jamais faire entendre une parole libre, grande, généreuse.

Pour moi, Socrate, je n'ai à ton endroit que de bons sentiments ; aussi j'éprouve en ce moment devant toi quelque chose de semblable à ce que Zéthos ressentait pour Amphion, ce personnage d'Euripide auquel j'ai fait allusion. Moi aussi, j'ai envie de te dire, comme Zéthos à son frère, que tu négliges, Socrate, ce qui devrait t'occuper, que « tu imposes à ton naturel généreux un déguisement puéril, que ni dans les disputes de droit tu ne saurais porter une juste parole, ni saisir le vraisemblable et le persuasif, ni mettre au service d'autrui un noble dessein. » Et cependant, mon cher Socrate – ne te fâche pas contre moi, je te parle en ami – ne rougis-tu pas d'être tel que je le dis, tel que sont, selon moi, tous ceux qui s'obstinent à pousser sans cesse plus avant dans la philosophie ?

En ce moment même, si l'on t'arrêtait, toi ou tout autre de tes pareils, et qu'on te jetât en prison sous le prétexte d'une faute dont tu serais innocent, tu sais bien que tu serais sans défense, pris de vertige et la bouche ouverte sans rien dire ; puis amené devant le tribunal, mis en face d'un accusateur sans aucun talent ni considération, tu serais condamné à mourir, s'il lui plaisait de réclamer ta mort[46].

---

46. Ce qui fut, à la réserve près de sa propre défense (*Apologie de Socrate*), le sort de Socrate. La menace revient à plusieurs reprises (notamment en 521c).

Καίτοι πῶς σοφὸν τοῦτό ἐστιν, ὦ Σώκρατες, εἴ τις εὐ-
φυῆ λαβοῦσα τέχνη φῶτα ἔθηκε χείρονα, μήτε αὐτὸν
αὐτῷ δυνάμενον βοηθεῖν μηδ' ἐκσῶσαι ἐκ τῶν μεγίστων κινδύνων μήτε ἑαυτὸν μήτε ἄλλον μηδένα, ὑπὸ δὲ τῶν ἐχ- c
θρῶν περισυλᾶσθαι πᾶσαν τὴν οὐσίαν, ἀτεχνῶς δὲ ἄτιμον
ζῆν ἐν τῇ πόλει ; Τὸν δὲ τοιοῦτον, εἴ τι καὶ ἀγροικότερον
εἰρῆσθαι, ἔξεστιν ἐπὶ κόρρης τύπτοντα μὴ διδόναι δίκην.

'Αλλ' ὦγαθέ, ἐμοὶ πείθου, παῦσαι δ' ἐλέγχων, πραγμάτων δ' εὐμουσίαν ἄσκει, καὶ ἄσκει ὁπόθεν δόξεις
φρονεῖν, ἄλλοις τὰ κομψὰ ταῦτα ἀφείς, εἴτε ληρήματα
χρὴ φάναι εἶναι εἴτε φλυαρίας, ἐξ ὧν κενοῖσιν ἐγκατοι-
κήσεις δόμοις· ζηλῶν οὐκ ἐλέγχοντας ἄνδρας τὰ μικρὰ d
ταῦτα, ἀλλ' οἷς ἔστιν καὶ βίος καὶ δόξα καὶ ἄλλα πολλὰ ἀγαθά·

ΣΩ. Εἰ χρυσῆν ἔχων ἐτύγχανον τὴν ψυχήν, ὦ Καλλίκλεις, οὐκ ἂν οἴει με ἄσμενον εὑρεῖν τούτων τινὰ τῶν λί-
θων, ᾗ βασανίζουσιν τὸν χρυσόν, τὴν ἀρίστην, πρὸς ἥντινα
ἔμελλον προσαγαγὼν αὐτήν, εἴ μοι ὁμολογήσειεν ἐκείνη
καλῶς τεθεραπεῦσθαι τὴν ψυχήν, εὖ εἴσεσθαι ὅτι ἱκανῶς
ἔχω καὶ οὐδέν μοι δεῖ ἄλλης βασάνου ;

ΚΑΛ. Πρὸς τί δὴ τοῦτ' ἐρωτᾷς, ὦ Σώκρατες ;   e

ΣΩ. 'Εγώ σοι ἐρῶ· νῦν οἶμαι ἐγὼ σοὶ ἐντετυχηκὼς τοιούτῳ ἑρμαίῳ ἐντετυχηκέναι.

ΚΑΛ. Τί δή ;

ΣΩ. Εὖ οἶδ' ὅτι, ἄν μοι σὺ ὁμολογήσῃς περὶ ὧν ἡ ἐμὴ
ψυχὴ δοξάζει, ταῦτα ἤδη ἐστὶν αὐτὰ τἀληθῆ. 'Εννοῶ γὰρ
ὅτι τὸν μέλλοντα βασανιεῖν ἱκανῶς ψυχῆς πέρι ὀρθῶς τε   487
ζώσης καὶ μή, τρία ἄρα δεῖ ἔχειν, ἃ σὺ πάντα ἔχεις, ἐπιστήμην τε καὶ εὔνοιαν καὶ παρρησίαν. 'Εγὼ γὰρ πολλοῖς
ἐντυγχάνω, οἳ ἐμὲ οὐχ οἷοί τέ εἰσιν βασανίζειν, διὰ τὸ μὴ
σοφοὶ εἶναι ὥσπερ σύ· ἕτεροι δὲ σοφοὶ μέν εἰσιν, οὐκ ἐθέ-

Quelle science est-ce là, Socrate, qui, « prenant un homme bien doué, le rend pire », hors d'état de se défendre et de sauver des plus grands périls soit lui-même soit tout autre, bon seulement à se laisser dépouiller de tous ses biens par ses ennemis et en somme à vivre sans honneur dans sa patrie ? Un tel homme, passe-moi cette expression un peu rude, on a le droit de le souffleter impunément.

Crois-moi, mon cher, « laisse-là tes arguties ; cultive des exercices plus chers aux muses » et qui puissent te donner une réputation d'homme sage ; « abandonne à d'autres toutes ces gentillesses », qu'on ne sait si l'on doit appeler des folies ou des sottises, et « qui te conduiront à habiter une maison vide » ; prends pour modèles non ces disputeurs de vétilles, mais les hommes qui ont su acquérir la fortune, la réputation et mille autres avantages.

SOCRATE. – Si mon âme était d'or, Calliclès, peux-tu douter que je ne fusse heureux de trouver une de ces pierres qui servent à éprouver l'or ? Une pierre aussi parfaite que possible, à laquelle je ferais toucher mon âme, de telle sorte que, si elle était d'accord avec moi pour constater que mon âme avait été bien soignée, je fusse certain du bon état de celle-ci sans autre vérification ?

CALLICLÈS. – Où tend ta question, Socrate ?

SOCRATE. -- Je vais te le dire : en réalité, je crois avoir fait en ta personne cette précieuse trouvaille.

CALLICLÈS. – Comment cela ?

SOCRATE. – J'ai la certitude que ce dont tu tomberas d'accord avec moi sur les opinions de mon âme, cela, du même coup, sera vrai. Je réfléchis, en effet, que pour vérifier correctement si une âme vit bien ou mal, il faut avoir trois qualités, et que tu les possèdes toutes les trois : le savoir, la bienveillance et la franchise. Je rencontre souvent des gens qui ne sont pas capables de m'éprouver, faute d'être savants, comme tu l'es ; d'autres

λουσιν δέ μοι λέγειν τὴν ἀλήθειαν, διὰ τὸ μὴ κήδεσθαί μου
ὥσπερ σύ· τὼ δὲ ξένω τώδε, Γοργίας τε καὶ Πῶλος, σοφὼ
μὲν καὶ φίλω ἐστὸν ἐμώ, ἐνδεεστέρω δὲ παρρησίας καὶ b
αἰσχυντηροτέρω μᾶλλον τοῦ δέοντος. Πῶς γὰρ οὔ ; ὅ γε
εἰς τοσοῦτον αἰσχύνης ἐληλύθατον, ὥστε διὰ τὸ αἰσχύνεσθαι τολμᾷ ἐκάτερος αὐτῶν αὐτὸς αὑτῷ ἐναντία λέγειν
ἐναντίον πολλῶν ἀνθρώπων, καὶ ταῦτα περὶ τῶν μεγίστων.

Σὺ δὲ ταῦτα πάντα ἔχεις, ἃ οἱ ἄλλοι οὐκ ἔχουσιν· πεπαί-
δευσαί τε γὰρ ἱκανῶς, ὡς πολλοὶ ἂν φήσαιεν Ἀθηναίων,
καὶ ἐμοὶ εἶ εὔνους. Τίνι τεκμηρίῳ χρῶμαι ; Ἐγώ σοι ἐρῶ. c
Οἶδα ὑμᾶς ἐγώ, ὦ Καλλίκλεις, τέτταρας ὄντας κοινωνοὺς
γεγονότας σοφίας, σέ τε καὶ Τείσανδρον τὸν Ἀφιδναῖον
καὶ Ἄνδρωνα τὸν Ἀνδροτίωνος καὶ Ναυσικύδην τὸν Χολαρ-
γέα· καὶ ποτε ὑμῶν ἐγὼ ἐπήκουσα βουλευομένων μέχρι
ὅποι τὴν σοφίαν ἀσκητέον εἴη, καὶ οἶδα ὅτι ἐνίκα ἐν ὑμῖν
τοιάδε τις δόξα, μὴ προθυμεῖσθαι εἰς τὴν ἀκρίβειαν φιλο-
σοφεῖν, ἀλλὰ εὐλαβεῖσθαι παρεκελεύεσθε ἀλλήλοις ὅπως d
μὴ πέρα τοῦ δέοντος σοφώτεροι γενόμενοι λήσετε διαφθα-
ρέντες. Ἐπειδὴ οὖν σου ἀκούω ταὐτά ἐμοὶ συμβουλεύοντος
ἅπερ τοῖς σεαυτοῦ ἑταιροτάτοις, ἱκανόν μοι τεκμήριόν
ἐστιν ὅτι ὡς ἀληθῶς μοι εὔνους εἶ. Καὶ μὴν ὅτι γε οἷος
παρρησιάζεσθαι καὶ μὴ αἰσχύνεσθαι, αὐτός τε φῂς καὶ ὁ
λόγος ὃν ὀλίγον πρότερον ἔλεγες ὁμολογεῖ σοι.

Ἔχει δὴ οὑτωσὶ δῆλον ὅτι τούτων πέρι νυνί· ἐάν τι σὺ
ἐν τοῖς λόγοις ὁμολογήσῃς μοι, βεβασανισμένον τοῦτ' ἤδη e
ἔσται ἱκανῶς ὑπ' ἐμοῦ τε καὶ σοῦ, καὶ οὐκέτι αὐτὸ δεήσει
ἐπ' ἄλλην βάσανον ἀναφέρειν. Οὐ γὰρ ἄν ποτε αὐτὸ συνε-
χώρησας σὺ οὔτε σοφίας ἐνδείᾳ οὔτε αἰσχύνης περιουσίᾳ,

---

47. Cet Andron, qu'on a déjà rencontré dans le *Protagoras*
(315 c), est le père de l'orateur Androtion, contre qui on possède un
plaidoyer composé par Démosthène (XXII). D'après ce discours (§ 56,
cf. XXIV 125 et 168), il aurait été mis en prison comme débiteur de

sont savants, mais ne veulent pas me dire la vérité, parce qu'ils ne s'intéressent pas à moi, comme tu le fais. Pour ces deux étrangers, Gorgias et Polos, ils sont savants tous deux et de mes amis, mais une malheureuse timidité les empêche d'avoir avec moi leur franc-parler. Rien de plus évident : cette timidité va si loin qu'elle les réduit l'un et l'autre à se contredire par fausse honte devant un auditoire nombreux et cela sur les plus graves sujets.

Toi, au contraire, tu as toutes ces qualités que les autres n'ont pas : tu es fort instruit, comme en peuvent témoigner une foule d'Athéniens, et tu as de l'amitié pour moi. Quelle preuve en ai-je ? La voici. Je sais, Calliclès, que vous avez été quatre associés dans l'étude de la philosophie, toi, Tisandre d'Aphidna, Andron fils d'Androtion et Nausicyde de Colarge[47] ; et je vous ai entendu un jour délibérer sur le point jusqu'où il convenait de pousser cette étude. L'opinion qui prévalut parmi vous, je le sais, fut qu'il ne fallait pas la trop approfondir, et vous vous êtes conseillé les uns aux autres de prendre garde à ne pas vous laisser gâter à votre insu par l'excès même de la science. C'est pourquoi, lorsque je t'entends me donner les mêmes conseils qu'à tes plus chers compagnons, je n'ai pas besoin d'une autre preuve pour être sûr de ta véritable amitié. Quant à ta franchise et à ton absence de timidité, tu les affirmes hautement et ton discours précédent ne t'a pas démenti.

Voilà donc une question réglée : chaque fois que nous serons d'accord sur un point, ce point sera considéré comme suffisamment éprouvé de part et d'autre, sans qu'il y ait lieu de l'examiner à nouveau. Tu ne pouvais en effet me l'accorder faute de science ni par excès de timidité, et tu ne saurais, en le faisant, vouloir me

l'État et se serait évadé. C'est aussi lui, sans doute, qui avait rédigé le décret ordonnant des poursuites contre Antiphon (cf. Cratéros dans Harpocration, *s. v. Andrôn*, et [Plut.] *Vita decem oratorum*). Les deux autres personnages ne sont plus connus que de nom.

οὐδ' αὖ ἀπατῶν ἐμὲ συγχωρήσαις ἄν· φίλος γάρ μοι εἶ, ὡς καὶ αὐτὸς φής. Τῷ ὄντι οὖν ἡ ἐμὴ καὶ ἡ σὴ ὁμολογία τέλος ἤδη ἕξει τῆς ἀληθείας.

Πάντων δὲ καλλίστη ἐστὶν ἡ σκέψις, ὦ Καλλίκλεις, περὶ τούτων ὧν σὺ δή μοι ἐπετίμησας, ποῖόν τινα χρὴ εἶναι τὸν ἄνδρα καὶ τί ἐπιτηδεύειν καὶ μέχρι τοῦ, καὶ πρεσβύ- 488 τερον καὶ νεώτερον ὄντα. Ἐγὼ γὰρ εἴ τι μὴ ὀρθῶς πράττω κατὰ τὸν βίον τὸν ἐμαυτοῦ, εὖ ἴσθι τοῦτο ὅτι οὐχ ἑκὼν ἐξαμαρτάνω ἀλλ' ἀμαθίᾳ τῇ ἐμῇ· σὺ οὖν, ὥσπερ ἤρξω νουθετεῖν με, μὴ ἀποστῇς, ἀλλ' ἱκανῶς μοι ἔνδειξαι τί ἐστιν τοῦτο ὃ ἐπιτηδευτέον μοι, καὶ τίνα τρόπον κτησαίμην ἂν αὐτό, καὶ ἐάν με λάβῃς νῦν μέν σοι ὁμολογήσαντα, ἐν δὲ τῷ ὑστέρῳ χρόνῳ μὴ ταὐτὰ πράττοντα ἅπερ ὡμολόγησα, πάνυ με ἡγοῦ βλᾶκα εἶναι καὶ μηκέτι ποτέ με νουθετήσῃς b ὕστερον, ὡς μηδενὸς ἄξιον ὄντα.

Ἐξ ἀρχῆς δέ μοι ἐπανάλαβε πῶς φῂς τὸ δίκαιον ἔχειν καὶ σὺ καὶ Πίνδαρος τὸ κατὰ φύσιν ; Ἄγειν βίᾳ τὸν κρείττω τὰ τῶν ἡττόνων καὶ ἄρχειν τὸν βελτίω τῶν χειρόνων καὶ πλέον ἔχειν τὸν ἀμείνω τοῦ φαυλοτέρου ; Μή τι ἄλλο λέγεις τὸ δίκαιον εἶναι, ἢ ὀρθῶς μέμνημαι ;

ΚΑΛ. Ἀλλὰ ταῦτα ἔλεγον καὶ τότε καὶ νῦν λέγω.

ΣΩ. Πότερον δὲ τὸν αὐτὸν βελτίω καλεῖς σὺ καὶ κρείττω; Οὐδὲ γάρ τοι τότε οἷός τ' ἦ μαθεῖν σου τί ποτε λέγεις. c Πότερον τοὺς ἰσχυροτέρους κρείττους καλεῖς καὶ δεῖ ἀκρο- ᾶσθαι τοῦ ἰσχυροτέρου τοὺς ἀσθενεστέρους, οἷόν μοι δοκεῖς καὶ τότε ἐνδείκνυσθαι, ὡς αἱ μεγάλαι πόλεις ἐπὶ τὰς μικρὰς κατὰ τὸ φύσει δίκαιον ἔρχονται, ὅτι κρείττους εἰσὶν καὶ ἰσχυρότεραι, ὡς τὸ κρεῖττον καὶ ἰσχυρότερον καὶ βέλτιον ταὐτὸν ὄν, ἢ ἔστι βελτίω μὲν εἶναι, ἥττω δὲ καὶ ἀσθενέστε-

tromper ; car tu es mon ami, dis-tu. Notre accord, par conséquent, prouvera réellement que nous aurons atteint la vérité.

Tu m'as reproché, Calliclès, l'objet de mes recherches ; mais quoi de plus beau que de rechercher ce que doit être un homme, à quel travail il doit se livrer, et jusqu'à quel point, dans sa jeunesse et dans sa vieillesse ? Pour moi, s'il m'arrive de commettre quelque faute de conduite, sois sûr que je ne le fais pas exprès, mais que c'est pure ignorance de ma part, et puisque tu as commencé à me donner des conseils, ne m'abandonne donc pas, mais indique-moi le genre d'occupation auquel je dois me livrer et la meilleure manière de m'y préparer ; si plus tard, après que je t'aurai accordé aujourd'hui mon acquiescement, tu me prends à faire autre chose que ce que j'aurais dit, considère-moi comme un lâche, indigne désormais de recevoir tes conseils.

Mais reprenons les choses au commencement et dis-moi en quoi consiste, d'après toi et d'après Pindare, la justice selon la nature : est-ce en ceci que le plus puissant ravisse les biens du plus faible, et que le meilleur commande au médiocre et que celui qui vaut davantage ait une plus grosse part que celui qui vaut moins ? Conçois-tu la justice autrement, ou mon souvenir est-il exact ?

CALLICLÈS. – C'est cela même que j'ai dit et que je répète.

SOCRATE. – Mais qu'appelles-tu le meilleur et le plus puissant ? Est-ce la même chose ? Déjà tout à l'heure je suis resté dans le doute sur ce que tu voulais dire. Est-ce aux plus forts que tu appliques la qualification de plus puissants, et faut-il que les débiles obéissent aux forts ainsi que j'ai cru le comprendre quand tu indiquais que les grandes cités, en attaquant les petites, suivent le droit naturel, en tant qu'elles sont les plus puissantes et les plus fortes, parce que plus puissant, plus fort et meilleur,

ρον, καὶ κρείττω μὲν εἶναι, μοχθηρότερον δέ· ἢ ὁ αὐτὸς d ὅρος ἐστὶν τοῦ βελτίονος καὶ τοῦ κρείττονος ; Τοῦτό μοι αὐτὸ σαφῶς διόρισον, ταὐτὸν ἢ ἕτερόν ἐστιν τὸ κρεῖττον καὶ τὸ βέλτιον καὶ τὸ ἰσχυρότερον ;

ΚΑΛ. Ἀλλ' ἐγώ σοι σαφῶς λέγω ὅτι ταὐτόν ἐστιν.

ΣΩ. Οὐκοῦν οἱ πολλοὶ τοῦ ἑνὸς κρείττους εἰσὶν κατὰ φύσιν ; Οἳ δὴ καὶ τοὺς νόμους τίθενται ἐπὶ τῷ ἑνί, ὥσπερ καὶ σὺ ἄρτι ἔλεγες.

ΚΑΛ. Πῶς γὰρ οὔ ;

ΣΩ. Τὰ τῶν πολλῶν ἄρα νόμιμα τὰ τῶν κρειττόνων ἐστίν.

ΚΑΛ. Πάνυ γε.

ΣΩ. Οὐκοῦν τὰ τῶν βελτίονων ; Οἱ γὰρ κρείττους βελ- θ τίους που κατὰ τὸν σὸν λόγον.

ΚΑΛ. Ναί.

ΣΩ. Οὐκοῦν τὰ τούτων νόμιμα κατὰ φύσιν καλά, κρειττόνων γε ὄντων ;

ΚΑΛ. Φημί.

ΣΩ. Ἆρ' οὖν οἱ πολλοὶ νομίζουσιν οὕτως, ὡς ἄρτι αὖ σὺ ἔλεγες, δίκαιον εἶναι τὸ ἴσον ἔχειν καὶ αἴσχιον τὸ ἀδικεῖν τοῦ ἀδικεῖσθαι ; Ἔστιν ταῦτα ἢ οὔ ; Καὶ ὅπως μὴ 489 ἁλώσει ἐνταῦθα σὺ αὖ αἰσχυνόμενος· νομίζουσιν, ἢ οὔ, οἱ πολλοὶ τὸ ἴσον ἔχειν ἀλλ' οὐ τὸ πλέον δίκαιον εἶναι, καὶ αἴσχιον τὸ ἀδικεῖν τοῦ ἀδικεῖσθαι ; Μὴ φθόνει μοι ἀποκρίνασθαι τοῦτ', ⟨ὦ⟩ Καλλίκλεις, ἵν', ἐάν μοι ὁμολογήσῃς, βεβαιώσωμαι ἤδη παρὰ σοῦ, ἅτε ἱκανοῦ ἀνδρὸς διαγνῶναι ὡμολογηκότος.

ΚΑΛ. Ἀλλ' οἵ γε πολλοὶ νομίζουσιν οὕτως.

ΣΩ. Οὐ νόμῳ ἄρα μόνον ἐστὶν αἴσχιον τὸ ἀδικεῖν τοῦ

ce serait la même chose ? Ou bien au contraire peut-on être meilleur tout en étant plus faible et débile, et être à la fois plus puissant et plus mauvais ? Les mots meilleur et plus puissant ont-ils le même sens ? Je te prie de me les définir nettement et de me dire s'il y a identité ou différence entre plus puissant, meilleur et plus fort ?

CALLICLÈS. – Eh bien, je déclare nettement que c'est la même chose.

SOCRATE. – N'est-il pas conforme à la nature que le grand nombre soit plus puissant que l'homme isolé ? Le fait est que c'est le nombre qui impose les lois à l'individu, comme tu le disais tout à l'heure.

CALLICLÈS. – Évidemment.

SOCRATE. – Ainsi, les lois du grand nombre sont les lois des plus puissants ?

CALLICLÈS. – Sans doute.

SOCRATE. – Donc aussi des meilleurs ? car les plus puissants sont, n'est-ce pas, d'après toi, les meilleurs ?

CALLICLÈS. – Oui.

SOCRATE. – Et leurs lois sont belles selon la nature, puisqu'elles sont les lois des plus puissants ?

CALLICLÈS. – Oui.

SOCRATE. – Mais le grand nombre n'est-il pas d'avis, comme tu le disais encore, que la justice consiste dans l'égalité et qu'il est plus laid de commettre l'injustice que de la subir ? Est-ce vrai, oui ou non ? Et ne va pas céder maintenant, toi aussi, à un mouvement de fausse honte : le grand nombre pense-t-il, oui ou non, que la justice réside dans l'égalité et non dans l'inégalité, qu'il soit plus laid de commettre une injustice que d'en être victime ? Ne refuse pas de me répondre, Calliclès ; car, si tu penses comme moi, ce sera pour mon opinion une confirmation décisive, venant d'un homme qui sait discerner le vrai du faux.

CALLICLÈS. – Eh bien, oui, c'est là en effet ce que pense la foule.

SOCRATE. – Ainsi donc, ce n'est pas seulement selon

ἀδικεῖσθαι, οὐδὲ δίκαιον τὸ ἴσον ἔχειν, ἀλλὰ καὶ φύσει·
ὥστε κινδυνεύεις οὐκ ἀληθῆ λέγειν ἐν τοῖς πρόσθεν οὐδὲ b
ἐρθῶς ἐμοῦ κατηγορεῖν λέγων ὅτι ἐναντίον ἐστὶν ὁ νόμος
καὶ ἡ φύσις, ἃ δὴ καὶ ἐγὼ γνοὺς κακουργῶ ἐν τοῖς λόγοις,
ἐὰν μέν τις κατὰ φύσιν λέγῃ, ἐπὶ τὸν νόμον ἄγων, ἐὰν δέ
τις κατὰ τὸν νόμον, ἐπὶ τὴν φύσιν.

ΚΑΛ. Οὗτοσὶ ἀνὴρ οὐ παύσεται φλυαρῶν. Εἰπέ μοι, ὦ
Σώκρατες, οὐκ αἰσχύνει, τηλικοῦτος ὤν, ὀνόματα θηρεύων,
καὶ ἐάν τις ῥήματι ἁμάρτῃ, ἕρμαιον τοῦτο ποιούμενος ; c
Ἐμὲ γὰρ οἴει ἄλλο τι λέγειν τὸ κρείττους εἶναι ἢ τὸ βελτίους ; Οὐ πάλαι σοι λέγω ὅτι ταὐτόν φημι εἶναι τὸ βέλτιον καὶ τὸ κρεῖττον ; Ἢ οἴει με λέγειν, ἐὰν συρφετὸς
συλλεγῇ δούλων καὶ παντοδαπῶν ἀνθρώπων μηδενὸς ἀξίων
πλὴν ἴσως τῷ σώματι ἰσχυρίσασθαι, καὶ οὗτοι φῶσιν, αὐτὰ
ταῦτα εἶναι νόμιμα.

ΣΩ. Εἶεν, ὦ σοφώτατε Καλλίκλεις· οὕτω λέγεις ;

ΚΑΛ. Πάνυ μὲν οὖν. d

ΣΩ. Ἀλλ' ἐγὼ μέν, ὦ δαιμόνιε, καὶ αὐτὸς πάλαι τοπάζω
τοιοῦτόν τί σε λέγειν τὸ κρεῖττον, καὶ ἀνερωτῶ γλιχόμενος
σαφῶς εἰδέναι ὅ τι λέγεις. Οὐ γὰρ δήπου σύ γε τοὺς δύο
βελτίους ἡγεῖ τοῦ ἑνός, οὐδὲ τοὺς σοὺς δούλους βελτίους
σοῦ, ὅτι ἰσχυρότεροί εἰσιν ἢ σύ. Ἀλλὰ πάλιν ἐξ ἀρχῆς
εἰπέ τί ποτε λέγεις τοὺς βελτίους, ἐπειδὴ οὐ τοὺς
ἰσχυροτέρους ; Καί, ὦ θαυμάσιε, πραότερόν με προδίδασκε,
ἵνα μὴ ἀποφοιτήσω παρὰ σοῦ.

la loi qu'il est plus honteux de commettre une injustice que de la subir, et que la justice est dans l'égalité : c'est aussi selon la nature. De sorte que tu sembles bien avoir dit précédemment une chose inexacte et m'avoir adressé un reproche immérité quand tu déclarais que la loi et la nature se contredisaient, que je le savais parfaitement et que je discutais sans bonne foi, ramenant à la loi ceux qui parlaient de la nature, et à la nature ceux qui parlaient de la loi.

CALLICLÈS. – Cet homme ne cessera jamais de dire des niaiseries ! Voyons, Socrate, tu n'as pas honte, à ton âge, de faire la chasse aux mots, et s'il arrive qu'on en prenne un pour un autre, tu chantes victoire ! T'imagines-tu par hasard que je distingue entre les plus puissants et les meilleurs ? Ne t'ai-je pas répété maintes fois que meilleur et plus puissant sont pour moi des termes synonymes ? Ou bien crois-tu qu'à mes yeux, parce qu'un ramassis d'esclaves et de gens de toute provenance, des hommes sans valeur, sinon peut-être par la vigueur de leurs muscles, se seront réunis et auront prononcé certaines paroles, ces paroles seront des lois ?

SOCRATE. – Soit, très savant Calliclès. Ainsi c'est là ce que tu voulais dire ?

CALLICLÈS. – Absolument.

SOCRATE. – Eh bien, mon très cher, depuis longtemps, de mon côté, je supposais que tel était, dans ta pensée, le sens de l'expression « le plus puissant », et mon insistance à t'interroger venait de mon vif désir de savoir sans équivoque ce que tu pensais. Évidemment, en effet, tu ne juges pas que deux hommes soient meilleurs qu'un seul, ni que tes esclaves soient meilleurs que toi pour être plus forts. Mais, puisque « meilleur » n'est pas pour toi synonyme de « plus fort », reprends les choses plus haut et dis-moi ce que tu entends par « meilleur ». Veuille seulement mettre plus de douceur dans ton enseignement, pour ne pas m'obliger à l'abandonner.

ΚΑΛ. Εἰρωνεύει, ὦ Σώκρατες.　　　　　　　　　　　　ο

ΣΩ. Μὰ τὸν Ζῆθον, ὦ Καλλίκλεις, ᾧ σὺ χρώμενος πολλὰ νυνδὴ εἰρωνεύου πρός με· ἀλλ' ἴθι εἰπέ, τίνας λέγεις τοὺς βελτίους εἶναι;

ΚΑΛ. Τοὺς ἀμείνους ἔγωγε.

ΣΩ. Ὁρᾷς ἄρα ὅτι σὺ αὐτὸς ὀνόματα λέγεις, δηλοῖς δὲ οὐδέν; Οὐκ ἐρεῖς, τοὺς βελτίους καὶ κρείττους πότερον τοὺς φρονιμωτέρους λέγεις ἢ ἄλλους τινάς;

ΚΑΛ. Ἀλλὰ ναὶ μὰ Δία τούτους λέγω, καὶ σφόδρα γε.

ΣΩ. Πολλάκις ἄρα εἷς φρονῶν μυρίων μὴ φρονούντων 490 κρείττων ἐστὶν κατὰ τὸν σὸν λόγον, καὶ τοῦτον ἄρχειν δεῖ, τοὺς δ' ἄρχεσθαι, καὶ πλέον ἔχειν τὸν ἄρχοντα τῶν ἀρχομένων· τοῦτο γάρ μοι δοκεῖς βούλεσθαι λέγειν — καὶ οὐ ῥῆμά τι θηρεύω — εἰ ὁ εἷς τῶν μυρίων κρείττων.

ΚΑΛ. Ἀλλὰ ταῦτ' ἔστιν ἃ λέγω. Τοῦτο γὰρ οἶμαι ἐγὼ τὸ δίκαιον εἶναι φύσει, τὸ βελτίω ὄντα καὶ φρονιμώτερον καὶ ἄρχειν καὶ πλέον ἔχειν τῶν φαυλοτέρων.

ΣΩ. Ἔχε δὴ αὐτοῦ. Τί ποτε αὖ νῦν λέγεις; Ἐὰν ἐν τῷ b αὐτῷ ὦμεν, ὥσπερ νῦν, πολλοὶ ἀθρόοι ἄνθρωποι, καὶ ἡμῖν ᾖ ἐν κοινῷ πολλὰ σιτία καὶ ποτά, ὦμεν δὲ παντοδαποί, οἱ μὲν ἰσχυροί, οἱ δ' ἀσθενεῖς, εἷς δὲ ἡμῶν ᾖ φρονιμώτερος περὶ ταῦτα, ἰατρὸς ὤν, ᾖ δέ, οἷον εἰκός, τῶν μὲν ἰσχυρότερος, τῶν δὲ ἀσθενέστερος, ἄλλο τι ἢ οὗτος, φρονιμώτερος ἡμῶν ὤν, βελτίων καὶ κρείττων ἔσται εἰς ταῦτα;

ΚΑΛ. Πάνυ γε.

ΣΩ. Ἦ οὖν τούτων τῶν σιτίων πλέον ἡμῶν ἑκτέον c

CALLICLÈS. – Tu te moques de moi, Socrate.

SOCRATE. – N'en crois rien, Calliclès ; j'en atteste Zéthos, dont tu empruntais tout à l'heure le personnage pour te moquer de moi tout à ton aise. Voyons : quels sont ceux que tu appelles les meilleurs ?

CALLICLÈS. – Eh bien, ceux qui valent mieux.

SOCRATE. – Ne vois-tu pas que ce sont là aussi des mots, et que tu n'expliques rien ? Veux-tu me dire si ceux que tu appelles les meilleurs et les plus puissants sont les plus raisonnables, ou d'autres ?

CALLICLÈS. – Mais bien sûr, par Zeus, c'est de ceux-là que je veux parler, sans le moindre doute.

SOCRATE. – Souvent donc, d'après toi, un seul homme raisonnable est plus puissant que des milliers d'hommes déraisonnables ; c'est à lui qu'il appartient de commander, aux autres d'obéir, et c'est à celui qui commande d'avoir la plus grosse part. Il me semble que telle est bien ta pensée – car je ne fais pas la chasse à tel ou tel mot – lorsque tu dis qu'un seul homme est plus puissant que des milliers.

CALLICLÈS. – Oui certes, c'est bien là ce que je veux dire. Le droit selon la nature, d'après moi, c'est que le meilleur et le plus raisonnable commande aux médiocres et prenne la plus grosse part.

SOCRATE. – Je t'arrête ici. Que réponds-tu maintenant à la question suivante ? Supposons que nous soyons rassemblés dans le même lieu, comme ici, en grand nombre, avec des vivres et des boissons en abondance pour la communauté, que nous soyons d'ailleurs de tout acabit, les uns forts, les autres faibles, et que l'un d'entre nous, en qualité de médecin, soit plus avisé en ces matières, tout en étant, naturellement, plus faible que certains, plus fort que d'autres, n'est-il pas évident que ce médecin, étant plus savant que nous tous, sera dans la circonstance le meilleur et le plus puissant ?

CALLICLÈS. – Assurément.

SOCRATE. – Devra-t-il donc, étant le meilleur, avoir la

αὐτῷ, ὅτι βελτίων ἐστίν, ἢ τῷ μὲν ἄρχειν πάντα ἐκεῖνον δεῖ νέμειν, ἐν τῷ δὲ ἀναλίσκειν τε αὐτὰ καὶ καταχρῆσθαι εἰς τὸ ἑαυτοῦ σῶμα οὐ πλεονεκτητέον, εἰ μὴ μέλλει ζημιοῦσθαι, ἀλλὰ τῶν μὲν πλέον, τῶν δ᾽ ἔλαττον ἑκτέον· ἐὰν δὲ τύχῃ πάντων ἀσθενέστατος ὤν, πάντων ἐλάχιστον τῷ βελτίστῳ, ὦ Καλλίκλεις ; Οὐχ οὕτως, ὠγαθέ ;

ΚΑΛ. Περὶ σιτία λέγεις καὶ ποτὰ καὶ ἰατροὺς καὶ φλυαρίας· ἐγὼ δὲ οὐ ταῦτα λέγω.   **d**

ΣΩ. Πότερον οὖν τὸν φρονιμώτερον βελτίω λέγεις ; Φάθι ἢ μή.

ΚΑΛ. Ἔγωγε.

ΣΩ. Ἀλλ᾽ οὐ τὸν βελτίω πλέον δεῖν ἔχειν ;

ΚΑΛ. Ἀλλ᾽ οὐ σιτίων γε οὐδὲ ποτῶν.

ΣΩ. Μανθάνω, ἀλλ᾽ ἴσως ἱματίων, καὶ δεῖ τὸν ὑφαντικώτατον μέγιστον ἱμάτιον ἔχειν καὶ πλεῖστα καὶ κάλλιστα ἀμπεχόμενον περιιέναι ;

ΚΑΛ. Ποίων ἱματίων ;

ΣΩ. Ἀλλ᾽ εἰς ὑποδήματα δῆλον ὅτι δεῖ πλεονεκτεῖν τὸν φρονιμώτατον εἰς ταῦτα καὶ βέλτιστον. Τὸν σκυτοτόμον **e** ἴσως μέγιστα δεῖ ὑποδήματα καὶ πλεῖστα ὑποδεδεμένον περιπατεῖν.

ΚΑΛ. Ποῖα ὑποδήματα ; Φλυαρεῖς ἔχων.

ΣΩ. Ἀλλ᾽ εἰ μὴ τὰ τοιαῦτα λέγεις, ἴσως τὰ τοιάδε, οἷον γεωργικὸν ἄνδρα περὶ γῆν φρόνιμόν τε καὶ καλὸν κἀγαθόν, τοῦτον δὴ ἴσως δεῖ πλεονεκτεῖν τῶν σπερμάτων καὶ ὡς πλείστῳ σπέρματι χρῆσθαι εἰς τὴν αὑτοῦ γῆν.

ΚΑΛ. Ὡς ἀεὶ ταὐτὰ λέγεις, ὦ Σώκρατες.

plus grosse part des vivres, ou bien ne faut-il pas qu'en
sa qualité de chef, il en fasse le partage, mais que pour
ce qui est de leur emploi et de son usage, il en prenne
seulement sa part sous peine d'en souffrir, tandis que les
uns auront plus et les autres moins que lui ; et s'il est par
hasard le plus faible de tous, c'est le meilleur, Calliclès,
qui aura le moins ? N'est-ce pas là, mon cher, ce qui arrivera ?

CALLICLÈS. – Tu nous parles de vivres, de boissons,
de médecins, de mille sottises ! Ce n'est pas de cela que
je te parle.

SOCRATE. – Quoi qu'il en soit, celui que tu appelles
le meilleur, est-ce le plus raisonnable, oui ou non ?

CALLICLÈS. – Oui certes.

SOCRATE. – Et ne dis-tu pas que le meilleur doit avoir
plus ?

CALLICLÈS. – Pas en fait de vivres et de boissons.

SOCRATE. – J'entends : mais en fait de vêtements
peut-être ? Le plus habile en tissage doit-il avoir le plus
vaste manteau et promener par la ville les plus nombreux et les plus beaux costumes ?

CALLICLÈS. – Que nous chantes-tu avec tes man-
teaux ?

SOCRATE. – Et pour les chaussures, il faut évidemment que la plus grosse part en revienne à celui qui est
en ces matières le plus raisonnable et le meilleur. Peut-
être le cordonnier doit-il circuler avec plus de chaussures et de plus grandes que les autres.

CALLICLÈS. – Qu'est-ce encore que ces chaussures ?
Tu dis folies sur folies.

SOCRATE. – Si c'est d'autres choses que tu veux parler, c'est peut-être, par exemple, d'un agriculteur, intel-
ligent des choses de la terre et honnête homme, et c'est
peut-être lui qui doit avoir la plus grosse part des
semences et en employer la plus grande quantité dans
ses propres champs.

CALLICLÈS. – Comme tu rabâches toujours les
mêmes choses, Socrate !

ΣΩ. Οὐ μόνον γε, ὦ Καλλίκλεις, ἀλλὰ καὶ περὶ τῶν αὐτῶν.

ΚΑΛ. Νὴ τοὺς θεούς, ἀτεχνῶς γε ἀεὶ σκυτέας τε καὶ **491** κναφέας καὶ μαγείρους λέγων καὶ ἰατροὺς οὐδὲν παύει, ὡς περὶ τούτων ἡμῖν ὄντα τὸν λόγον.

ΣΩ. Οὐκοῦν σὺ ἐρεῖς περὶ τίνων ὁ κρείττων τε καὶ φρονιμώτερος πλέον ἔχων δικαίως πλεονεκτεῖ; Ἢ οὔτε ἐμοῦ ὑποβάλλοντος ἀνέξει οὔτ᾽ αὐτὸς ἐρεῖς;

ΚΑΛ. Ἀλλ᾽ ἔγωγε καὶ πάλαι λέγω. Πρῶτον μὲν τοὺς κρείττους οἵ εἰσιν οὐ σκυτοτόμους λέγω οὐδὲ μαγείρους, ἀλλ᾽ οἳ ἂν εἰς τὰ τῆς πόλεως πράγματα φρόνιμοι ὦσιν, **b** ὅντινα ἂν τρόπον εὖ οἰκοῖτο, καὶ μὴ μόνον φρόνιμοι, ἀλλὰ καὶ ἀνδρεῖοι, ἱκανοὶ ὄντες ἃ ἂν νοήσωσιν ἐπιτελεῖν, καὶ μὴ ἀποκάμνωσι διὰ μαλακίαν τῆς ψυχῆς.

ΣΩ. Ὁρᾷς, ὦ βέλτιστε Καλλίκλεις, ὡς οὐ ταὐτά σύ τ᾽ ἐμοῦ κατηγορεῖς καὶ ἐγὼ σοῦ; Σὺ μὲν γὰρ ἐμέ φῂς ἀεὶ ταὐτὰ λέγειν, καὶ μέμφει μοι· ἐγὼ δὲ σοῦ τοὐναντίον, ὅτι οὐδέποτε ταὐτὰ λέγεις περὶ τῶν αὐτῶν, ἀλλὰ τοτὲ μὲν τοὺς βελτίους τε καὶ κρείττους τοὺς ἰσχυροτέρους ὡρίζου, αὖθις **c** δὲ τοὺς φρονιμωτέρους, νῦν δ᾽ αὖ ἕτερόν τι ἥκεις ἔχων· ἀνδρειότεροί τινες ὑπὸ σοῦ λέγονται οἱ κρείττους καὶ οἱ βελτίους. Ἀλλ᾽, ὠγαθέ, εἰπὼν ἀπαλλάγηθι τίνας ποτὲ λέγεις τοὺς βελτίους τε καὶ κρείττους καὶ εἰς ὅ τι.

ΚΑΛ. Ἀλλ᾽ εἴρηκά γε ἔγωγε τοὺς φρονίμους εἰς τὰ τῆς πόλεως πράγματα καὶ ἀνδρείους. Τούτους γὰρ προσήκει τῶν πόλεων ἄρχειν, καὶ τὸ δίκαιον τοῦτ᾽ ἐστίν, πλέον **d** ἔχειν τούτους τῶν ἄλλων, τοὺς ἄρχοντας τῶν ἀρχομένων.

48. Plutôt que de réduire la réflexion politique à la seule question de l'appropriation du pouvoir par telle ou telle personne, Socrate énumère ici peu à peu toutes sortes de techniques et d'objets constitutifs à ses yeux d'une cité : c'est au gouvernement de ces techniques et à l'usage de ces objets que devra se consacrer la politique (comme le montreront le début de la *République*, II, 368e-374c, et le *Politique*, notamment en 273e-275a et 287e-291c ; sur ces textes, voir J. Fr. Pradeau, *op. cit.*, p. 55-78).

SOCRATE. – Non seulement les mêmes choses, Calliclès, mais sur les mêmes sujets[48].

CALLICLÈS. – Par tous les dieux, ce ne sont vraiment que cordonniers, foulons, cuisiniers et médecins qui remplissent tes discours, comme si c'était de ces gens-là que nous parlions !

SOCRATE. – Ne veux-tu pas me dire enfin en quel ordre de choses la supériorité de puissance et de sagesse donne droit à une part plus forte que celle des autres ? Refuses-tu à la fois d'écouter mes suggestions et de parler toi-même ?

CALLICLÈS. – Mais je ne fais que parler depuis longtemps. Et tout d'abord, quand je parle des puissants, je n'entends pas par-là les cordonniers ni les cuisiniers, mais ceux dont l'intelligence se porte vers les affaires de la cité, pour le bien gouverner, et qui ne sont pas seulement intelligents, mais en outre courageux, parce qu'ils sont capables d'exécuter ce qu'ils ont conçu et ne reculent pas par faiblesse d'âme devant la difficulté de la tâche.

SOCRATE. – Vois-tu, excellent Calliclès, combien le reproche que tu me fais diffère de celui que je t'adresse ? Tu prétends que je dis toujours la même chose, et tu m'en blâmes ; moi, au contraire, je te fais le reproche opposé, celui de ne jamais dire deux fois la même chose sur le même sujet, et d'appeler meilleurs et plus puissants tantôt les plus forts, tantôt les plus sages, d'autres encore en ce moment même : car voici que tu me parles de gens plus courageux pour en faire les meilleurs et les plus puissants. Voyons, mon cher, il faut sortir de là ; dis-moi quels peuvent bien être, et en quoi, ceux que tu appelles les meilleurs et les plus puissants ?

CALLICLÈS. – Je te le répète : ceux qui, et en ce qui concerne les affaires de la cité, sont raisonnables et courageux. Voilà ceux qui méritent le pouvoir, et la justice veut que la part des avantages soit plus grande pour eux que pour les autres, pour les gouvernants que pour les gouvernés.

ΣΩ. Τί δέ; αὐτῶν, ὦ ἑταῖρε, τί; ἢ τι ἄρχοντας ἢ ἀρχο-
μένους;

ΚΑΛ. Πῶς λέγεις;

ΣΩ. ῞Ενα ἕκαστον λέγω αὐτὸν ἑαυτοῦ ἄρχοντα· ἢ τοῦτο
μὲν οὐδὲν δεῖ, αὐτὸν ἑαυτοῦ ἄρχειν, τῶν δὲ ἄλλων;

ΚΑΛ. Πῶς ἑαυτοῦ ἄρχοντα λέγεις;

ΣΩ. Οὐδὲν ποικίλον, ἀλλ᾽ ὥσπερ οἱ πολλοί, σώφρονα
ὄντα καὶ ἐγκρατῆ αὐτὸν ἑαυτοῦ, τῶν ἡδονῶν καὶ ἐπιθυμιῶν
ἄρχοντα τῶν ἐν ἑαυτῷ.   e

ΚΑΛ. ῾Ως ἡδὺς εἶ· τοὺς ἠλιθίους λέγεις τοὺς σώφρονας.

ΣΩ. Πῶς γάρ [οὔ]; οὐδεὶς ὅστις οὐκ ἂν γνοίη ὅτι οὐ
τοῦτο λέγω.

ΚΑΛ. Πάνυ γε σφόδρα, ὦ Σώκρατες. Ἐπεὶ πῶς ἂν
εὐδαίμων γένοιτο ἄνθρωπος δουλεύων ὁτῳοῦν; Ἀλλὰ τοῦτ᾽
ἐστὶν τὸ κατὰ φύσιν καλὸν καὶ δίκαιον, ὃ ἐγώ σοι νῦν παρ-
ρησιαζόμενος λέγω, ὅτι δεῖ τὸν ὀρθῶς βιωσόμενον τὰς μὲν
ἐπιθυμίας τὰς ἑαυτοῦ ἐᾶν ὡς μεγίστας εἶναι καὶ μὴ κολάζειν, ταύταις δὲ ὡς μεγίσταις οὔσαις ἱκανὸν εἶναι ὑπηρε-
τεῖν δι᾽ ἀνδρείαν καὶ φρόνησιν, καὶ ἀποπιμπλάναι ὧν ἂν   492
ἀεὶ ἡ ἐπιθυμία γίγνηται.

Ἀλλὰ τοῦτ᾽, οἶμαι, τοῖς πολλοῖς οὐ δυνατόν· ὅθεν ψέγου-
σιν τοὺς τοιούτους δι᾽ αἰσχύνην, ἀποκρυπτόμενοι τὴν αὐτῶν ἀδυναμίαν, καὶ αἰσχρὸν δή φασιν εἶναι τὴν ἀκολασίαν,
ὅπερ ἐν τοῖς πρόσθεν ἐγὼ ἔλεγον, δουλούμενοι τοὺς βελτίους
τὴν φύσιν ἀνθρώπους, καὶ αὐτοὶ οὐ δυνάμενοι ἐκπορίζεσθαι
ταῖς ἡδοναῖς πλήρωσιν ἐπαινοῦσιν τὴν σωφροσύνην καὶ τὴν   b

49. C'est là le principe de l'éthique platonicienne, de la vie bonne
telle que Socrate va ici la défendre. Le principe en est donc la tempérance, conçue comme connaissance et maîtrise de soi. Sur l'histoire de
cette notion, voir le *Charmide* (notammant 159c *sq.*), puis l'article que
J.-L. Labarrière consacre à « sagesse et tempérance » dans le

SOCRATE. – Soit ! mais par rapport à eux-mêmes ? les conçois-tu se gouvernant ou gouvernés ?

CALLICLÈS. – Qu'entends-tu par là ?

SOCRATE. – J'entends : chacun d'eux étant maître de soi. Mais peut-être crois-tu qu'il est inutile d'être maître de soi, et qu'il importe seulement de commander aux autres ?

CALLICLÈS. – Comment conçois-tu cette maîtrise de soi-même ?

SOCRATE. – D'une façon très simple et comme tout le monde : elle consiste à être tempérant et à se dominer, à commander en soi aux plaisirs et aux passions[49].

CALLICLÈS. – Tu es plaisant, Socrate : ceux que tu appelles les tempérants, ce sont les imbéciles !

SOCRATE. – Comment cela ? Tout le monde peut voir que ce n'est pas d'eux que je parle.

CALLICLÈS. – Tu parles d'eux très expressément, Socrate. Qui donc, en effet, peut être heureux, s'il est esclave de qui que ce soit ? Non ; le beau et le juste, selon la nature, c'est ce que je suis en train de t'expliquer sans déguisement : à savoir, que pour bien vivre, il faut entretenir en soi-même les plus fortes passions au lieu de les réprimer, et qu'à ces passions, quelque fortes qu'elles soient, il faut se mettre en état de donner satisfaction par son courage et son intelligence, en leur prodiguant tout ce qu'elles désirent.

Mais cela, sans doute, n'est pas à la portée du vulgaire : de là vient que la foule blâme ceux qu'elle rougit de ne pouvoir imiter, dans l'espoir de cacher par là sa propre faiblesse ; elle déclare que l'intempérance est honteuse, s'appliquant, comme je le disais précédemment, à asservir les hommes mieux doués par la nature, et, faute de pouvoir elle-même procurer à ses passions une satisfaction complète, elle vante la tempérance et la

Dictionnaire d'éthique et de philosophie morale, sous la direction de M. Canto-Sperber, Paris, PUF, 1996, p. 1325-1330.

δικαιοσύνην διὰ τὴν αὐτῶν ἀνανδρίαν. Ἐπεί γε οἷς ἐξ ἀρχῆς ὑπῆρξεν ἢ βασιλέων ὑέσιν εἶναι ἢ αὐτοὺς τῇ φύσει
ἱκανοὺς ἐκπορίσασθαι ἀρχήν τινα ἢ τυραννίδα ἢ δυναστείαν,
τί τῇ ἀληθείᾳ αἴσχιον καὶ κάκιον ⟨ἂν⟩ εἴη σωφροσύνης
τούτοις τοῖς ἀνθρώποις· οἷς ἐξὸν ἀπολαύειν τῶν ἀγαθῶν
καὶ μηδενὸς ἐμποδὼν ὄντος, αὐτοὶ ἑαυτοῖς δεσπότην ἐπα-
γάγοιντο τὸν τῶν πολλῶν ἀνθρώπων νόμον τε καὶ λόγον καὶ
ψόγον; Ἢ πῶς οὐκ ἂν ἄθλιοι γεγονότες εἶεν ὑπὸ τοῦ καλοῦ τοῦ τῆς δικαιοσύνης καὶ τῆς σωφροσύνης, μηδὲν πλέον c
νέμοντες τοῖς φίλοις τοῖς αὐτῶν ἢ τοῖς ἐχθροῖς, καὶ ταῦτα
ἄρχοντες ἐν τῇ ἑαυτῶν πόλει;

Ἀλλὰ τῇ ἀληθείᾳ, ὦ Σώκρατες, ἣν φῂς σὺ διώκειν, ὧδ᾽
ἔχει· τρυφὴ καὶ ἀκολασία καὶ ἐλευθερία, ἐὰν ἐπικουρίαν
ἔχῃ, τοῦτ᾽ ἐστὶν ἀρετή τε καὶ εὐδαιμονία· τὰ δὲ ἄλλα ταῦτ᾽
ἐστὶ τὰ καλλωπίσματα, τὰ παρὰ φύσιν συνθήματα ἀνθρώπων, φλυαρία καὶ οὐδενὸς ἄξια.

ΣΩ. Οὐκ ἀγεννῶς γε, ὦ Καλλίκλεις, ἐπεξέρχει τῷ λόγῳ d
παρρησιαζόμενος· σαφῶς γὰρ σὺ νῦν λέγεις ἃ οἱ ἄλλοι
διανοοῦνται μέν, λέγειν δὲ οὐκ ἐθέλουσιν. Δέομαι οὖν ἐγώ
σου μηδενὶ τρόπῳ ἀνεῖναι, ἵνα τῷ ὄντι κατάδηλον γένηται
πῶς βιωτέον. Καί μοι λέγε· τὰς μὲν ἐπιθυμίας φῂς οὐ
κολαστέον, εἰ μέλλει τις οἷον δεῖ εἶναι, ἐῶντα δὲ αὐτὰς ὡς
μεγίστας πλήρωσιν αὐταῖς ἁμόθεν γέ ποθεν ἑτοιμάζειν,
καὶ τοῦτο εἶναι τὴν ἀρετήν;   e

ΚΑΛ. Φημὶ ταῦτα ἐγώ.

ΣΩ. Οὐκ ἄρα ὀρθῶς λέγονται οἱ μηδενὸς δεόμενοι εὐδαίμονες εἶναι.

50. Grâce à Calliclès (qui l'a bien compris), Socrate formule
expressément l'objet même du dialogue, la recherche de la vie la
meilleure, qu'il subordonne donc à la définition de ce qu'est l'excel-

justice à cause de sa propre lâcheté. Quand un homme, en effet, est né fils de roi ou trouve d'abord en lui-même la force nécessaire pour conquérir un commandement, une tyrannie, un pouvoir suprême, que pourrait-il, en vérité, y avoir de plus honteux et de plus funeste pour un tel homme qu'une sage tempérance ? Quand on peut jouir de tous les biens sans que personne y fasse obstacle, on se donnerait pour maître à soi-même la loi de la foule, ses propos et son blâme ? Et comment cet homme ne serait-il pas malheureux, du fait de la morale selon la justice et la tempérance, lorsqu'il ne pourrait rien donner de plus à ses amis qu'à ses ennemis, et cela dans sa propre cité, où il serait le maître ?

La vérité, Socrate, que tu prétends chercher, la voici : la vie facile, l'intempérance, la licence, quand elles sont favorisées, font la vertu et le bonheur ; le reste, toutes ces fantasmagories qui reposent sur les conventions humaines contraires à la nature, n'est que sottise et néant.

SOCRATE. – Ton exposé, Calliclès, ne manque ni de bravoure ni de franchise : tu as exprimé clairement ce que les autres pensent, mais n'osent pas dire. Je te prie donc de ne faire aucune concession, afin que nous apparaisse en toute évidence la vérité sur la meilleure manière de vivre. Dis-moi : les passions, à ton avis, ne doivent être en rien combattues, si l'on veut être tel qu'on doit être ; il faut au contraire les laisser grandir autant que possible, les satisfaisant par tous les moyens, et c'est en quoi consiste la vertu[50] ?

CALLICLÈS. – Telle est, en effet, mon affirmation.

SOCRATE. – On a donc tort de prétendre que ceux qui n'ont pas de besoins sont heureux.

---

lence humaine (l'*aretê* de l'homme, sa vertu). Le prétexte rhétorique disparaît ainsi de l'entretien, au profit d'une discussion sur la vie. Voir encore les remarques semblables de 500c et 512e.

ΚΑΛ. Οἱ λίθοι γὰρ ἂν οὕτω γε καὶ οἱ νεκροὶ εὐδαιμο-
νέστατοί εἶεν.

ΣΩ. Ἀλλὰ μὲν δὴ καὶ ὥς γε σὺ λέγεις δεινὸς ὁ βίος. Οὐ
γάρ τοι θαυμάζοιμ' ἂν εἰ Εὐριπίδης ἀληθῆ ἐν τοῖσδε λέγει,
λέγων

τίς δ' οἶδεν εἰ τὸ ζῆν μέν ἐστι κατθανεῖν,

τὸ κατθανεῖν δὲ ζῆν ;

Καὶ ἡμεῖς τῷ ὄντι ἴσως τέθναμεν· ὅπερ ἤδη του ἔγωγε   493
καὶ ἤκουσα τῶν σοφῶν, ὡς νῦν ἡμεῖς τέθναμεν, καὶ τὸ μὲν
σῶμά ἐστιν ἡμῖν σῆμα, τῆς δὲ ψυχῆς τοῦτο ἐν ᾧ ἐπιθυ-
μίαι εἰσὶ τυγχάνει ὂν οἷον ἀναπείθεσθαι καὶ μεταπίπτειν
ἄνω κάτω. Καὶ τοῦτο ἄρα τις μυθολογῶν κομψὸς ἀνήρ,
ἴσως Σικελός τις ἢ Ἰταλικός, παράγων τῷ ὀνόματι διὰ τὸ
πιθανόν τε καὶ πειστικὸν ὠνόμασε πίθον, τοὺς δὲ ἀνοήτους
ἀμυήτους, τῶν δ' ἀνοήτων τοῦτο τῆς ψυχῆς οὗ αἱ ἐπιθυ-   b
μίαι εἰσί, τὸ ἀκόλαστον αὐτοῦ καὶ οὐ στεγανόν, ὡς τετρη-
μένος εἴη πίθος, διὰ τὴν ἀπληστίαν ἀπεικάσας. Τοὐναντίον
δὴ οὗτος σοί, ὦ Καλλίκλεις, ἐνδείκνυται ὡς τῶν ἐν Ἅιδου
— τὸ ἀειδὲς δὴ λέγων — οὗτοι ἀθλιώτατοι ἂν εἶεν, οἱ ἀμύη-
τοι, καὶ φοροῖεν εἰς τὸν τετρημένον πίθον ὕδωρ ἑτέρῳ
τοιούτῳ τετρημένῳ κοσκίνῳ. Τὸ δὲ κόσκινον ἄρα λέγει, ὡς
ἔφη ὁ πρὸς ἐμὲ λέγων, τὴν ψυχὴν εἶναι· τὴν δὲ ψυχὴν κοσ-   c
κίνῳ ἀπήκασεν τὴν τῶν ἀνοήτων ὡς τετρημένην, ἅτε οὐ
δυναμένην στέγειν δι' ἀπιστίαν τε καὶ λήθην·

51. Dans son *Polyidos* (fr. 639, N.). Un fragment de son *Phrixos*
(830, N.) exprime presque textuellement la même idée.

52. On attribue parfois à des pythagoriciens cette formule, mais
l'hypothèse est peu fondée. Platon joue ici sur l'assonance des termes
corps *(sôma)* et tombeau *(sêma)*. Le flou volontaire de l'allusion doit
simplement servir à la représentation des rapports du corps et de l'âme.
Il ne doit donc pas être tenu, comme le montre la suite de l'argument,
pour une condamnation du corps. D'autant moins, comme le rappelait

CALLICLÈS. – Oui, car à ce compte, il faudrait appeler heureux les pierres et les morts.

SOCRATE. – Cependant, cette vie même que tu nous dépeins est redoutable. Je me demande, pour ma part, si Euripide n'a pas raison de dire :

> *Qui sait si vivre n'est pas mourir*
> *Et si mourir n'est pas vivre*[51] ?

Peut-être en réalité sommes-nous morts. C'est ainsi qu'un jour, j'ai entendu des hommes savants dire que notre vie présente est une mort, que notre corps est un tombeau, et que ce lieu en l'âme où résident les passions obéit, de par sa nature, aux impulsions les plus contraires[52]. Ce même lieu en l'âme, docile et crédule, un spirituel conteur de mythes, quelque Italien sans doute, ou quelque Sicilien, jouant sur les mots, l'a représenté comme un tonneau, et les insensés comme des non-initiés ; chez les insensés, ce lieu en l'âme où sont les passions, il l'appelle, à cause de son dérèglement et de son incapacité de rien garder, un tonneau percé, par allusion à leur nature insatiable[53]. Tout au contraire de toi, Calliclès, il nous montre que parmi tous les habitants de l'Hadès – désignant ainsi le monde invisible – les plus misérables sont ces non-initiés, obligés de verser dans des tonneaux sans fond de l'eau qu'ils apportent avec des cribles également incapables de la garder. Par ces cribles, à ce que me disait celui qui m'exposait ces choses, il entendait l'âme, et il comparait l'âme des insensés à un crible parce qu'elle était, disait-il, percée de trous, laissant tout fuir par aveuglement et par oubli.

---

le *Cratyle*, que le corps est aussi bien le signe *(sêma)* de l'âme, ce par quoi elle se manifeste (400c).

53. De manière toujours allusive (et encore sujette à l'hypothèse pythagoricienne, puisque le sud de l'Italie était la patrie des pythagoriciens), Platon désigne cette fois le mythe des porteurs d'eau qu'il utilisera de nouveau dans la *République*, II, 363d-e. Sur l'ensemble de ces allusions, voyez les hypothèses d'E. R. Dodds, *op. cit.*, p. 296-299).

Ταῦτ' ἐπιεικῶς μέν ἐστιν ὑπό τι ἄτοπα, δηλοῖ μὴν δ
ἐγὼ βούλομαί σοι ἐνδειξάμενος, ἐάν πως οἷός τε ὦ, πεῖσαι
μεταθέσθαι, ἀντὶ τοῦ ἀπλήστως καὶ ἀκολάστως ἔχοντος
βίου τὸν κοσμίως καὶ τοῖς ἀεὶ παροῦσιν ἱκανῶς καὶ ἐξαρ-
κούντως ἔχοντα βίον ἑλέσθαι.

Ἀλλὰ πότερον πείθω τί σε καὶ μετατίθεσθαι εὐδαιμονε- d
στέρους εἶναι τοὺς κοσμίους τῶν ἀκολάστων, ἢ οὐδ' ἂν
ἄλλα πολλὰ τοιαῦτα μυθολογῶ, οὐδέν τι μᾶλλον μεταθήσει ;

ΚΑΛ. Τοῦτ' ἀληθέστερον εἴρηκας, ὦ Σώκρατες.

ΣΩ. Φέρε δή, ἄλλην σοι εἰκόνα λέγω ἐκ τοῦ αὐτοῦ γυμ-
νασίου τῇ νῦν. Σκόπει γὰρ εἰ τοιόνδε λέγεις περὶ τοῦ βίου
ἑκατέρου, τοῦ τε σώφρονος καὶ τοῦ ἀκολάστου, οἷον εἰ
δυοῖν ἀνδροῖν ἑκατέρῳ πίθοι πολλοὶ εἶεν, καὶ τῷ μὲν ἑτέρῳ
ὑγιεῖς καὶ πλήρεις, ὁ μὲν οἴνου, ὁ δὲ μέλιτος, ὁ δὲ γάλακ- e
τος, καὶ ἄλλοι πολλοὶ πολλῶν, νάματα δὲ σπάνια καὶ χαλεπὰ ἑκάστου τούτων εἴη καὶ μετὰ πολλῶν πόνων καὶ χαλε-
πῶν ἐκποριζόμενα· ὁ μὲν οὖν ἕτερος πληρωσάμενος μήτ'
ἐποχετεύοι μήτε τι φροντίζοι, ἀλλ' ἕνεκα τούτων ἡσυχίαν
ἔχοι· τῷ δ' ἑτέρῳ τὰ μὲν νάματα, ὥσπερ καὶ ἐκείνῳ, δυνατὰ
μὲν πορίζεσθαι, χαλεπὰ δέ, τὰ δ' ἀγγεῖα τετρημένα καὶ
σαθρά, ἀναγκάζοιτο δ' ἀεὶ καὶ νύκτα καὶ ἡμέραν πιμπλάναι
αὐτά, ἢ τὰς ἐσχάτας λυποῖτο λύπας· ἆρα τοιούτου ἑκα- 494
τέρου ὄντος τοῦ βίου, λέγεις τὸν τοῦ ἀκολάστου εὐδαιμο-
νέστερον εἶναι ἢ τὸν τοῦ κοσμίου ; Πείθω τί σε ταῦτα
λέγων συγχωρῆσαι τὸν κόσμιον βίον τοῦ ἀκολάστου ἀμείνω
εἶναι, ἢ οὐ πείθω ;

ΚΑΛ. Οὐ πείθεις, ὦ Σώκρατες. Τῷ μὲν γὰρ πληρωσα-
μένῳ ἐκείνῳ οὐκέτ' ἔστιν ἡδονὴ οὐδεμία, ἀλλὰ τοῦτ' ἔστιν

---

54. Calliclès refuse d'être persuadé par un mythe ; c'est ce qui fait
encore son caractère exceptionnel parmi les personnages des dialogues

Ces images, sans doute, ont quelque chose de bizarre, mais elles expriment bien ce par quoi je voudrais te persuader, si j'en suis capable, de changer d'idée, et de préférer à une existence inassouvie et sans frein une vie bien réglée, satisfaite toujours de ce qu'elle a et ne demandant pas davantage.

Ai-je réussi à te faire changer d'avis et à te persuader qu'on est plus heureux dans l'ordre que dans le désordre ? Ou bien vingt autres mythes seraient-ils également impuissants à t'ébranler ?

CALLICLÈS. – C'est ta seconde hypothèse qui est la vraie, Socrate[54].

SOCRATE. – Eh bien, voici une autre image qui vient de la même école. Examine si les deux genres de vie, celle du sage et celle du désordonné, ne sont pas comparables à la condition de deux hommes dont chacun aurait à sa disposition de nombreux tonneaux : ceux du premier seraient en bon état et remplis de vin, de miel, de lait, et ainsi de suite, toutes choses rares, coûteuses, qu'on ne se procure pas sans difficultés et sans peine ; mais, une fois ses tonneaux pleins, notre homme n'aurait plus à y rien verser ni à s'en occuper ; il serait, à cet égard, parfaitement tranquille. L'autre homme, comme le premier, aurait le moyen de se procurer, non sans peine, des liquides divers, mais ses tonneaux seraient en mauvais état et fuiraient, de sorte qu'il serait forcé de travailler nuit et jour à les remplir, sous peine des plus dures privations. Ces deux manières de vivre sont exactement celles de l'intempérant et de l'homme ordonné : lequel des deux te paraît le plus heureux ? Ai-je réussi par mon discours à te persuader qu'une vie bien réglée vaut mieux qu'une vie désordonnée : oui ou non ?

CALLICLÈS. – Tu n'y a point réussi, Socrate. L'homme aux tonneaux pleins n'a plus aucun plaisir, et

platoniciens. Et c'est ce qui met Socrate dans l'obligation de produire une véritable démonstration de son hypothèse.

δ νυνδὴ ἐγὼ ἔλεγον, τὸ ὥσπερ λίθον ζῆν, ἐπειδὰν πληρώ-
σηται, μήτε χαίροντα ἔτι μήτε λυπούμενον. Ἀλλ' ἐν τούτῳ b
ἐστὶν τὸ ἡδέως ζῆν, ἐν τῷ ὡς πλεῖστον ἐπιρρεῖν.

ΣΩ. Οὐκοῦν ἀνάγκη γ', ἂν πολὺ ἐπιρρέῃ, πολὺ καὶ
τὸ ἀπιὸν εἶναι, καὶ μεγάλ' ἄττα τὰ τρήματα εἶναι ταῖς
ἐκροαῖς ;

ΚΑΛ. Πάνυ μὲν οὖν.

ΣΩ. Χαραδριοῦ τινα αὖ σὺ βίον λέγεις, ἀλλ' οὐ νεκροῦ
οὐδὲ λίθου. Καί μοι λέγε· τὸ τοιόνδε λέγεις οἷον πεινῆν καὶ
πεινῶντα ἐσθίειν ;

ΚΑΛ. Ἔγωγε.

ΣΩ. Καὶ διψῆν γε καὶ διψῶντα πίνειν ;   c

ΚΑΛ. Λέγω, καὶ τὰς ἄλλας ἐπιθυμίας ἁπάσας ἔχοντα
καὶ δυνάμενον πληροῦν χαίροντα εὐδαιμόνως ζῆν.

ΣΩ. Εὖ γε, ὦ βέλτιστε· διατέλει γὰρ ὥσπερ ἦρξω, καὶ
ὅπως μὴ ἀπαισχυνεῖ. Δεῖ δέ, ὡς ἔοικε, μηδ' ἐμὲ ἀπαισχυν-
θῆναι. Καὶ πρῶτον μὲν εἰπέ, εἰ καὶ ψωρῶντα καὶ κνησιῶντα,
ἀφθόνως ἔχοντα τοῦ κνῆσθαι, κνώμενον διατελοῦντα τὸν
βίον εὐδαιμόνως ἔστι ζῆν.

ΚΑΛ. Ὡς ἄτοπος εἶ, ὦ Σώκρατες, καὶ ἀτεχνῶς δημη- d
γόρος.

ΣΩ. Τοιγάρτοι, ὦ Καλλίκλεις, Πῶλον μὲν καὶ Γοργίαν
καὶ ἐξέπληξα καὶ αἰσχύνεσθαι ἐποίησα, σὺ δὲ οὐ μὴ ἐκ-
πλαγῇς οὐδὲ μὴ αἰσχυνθῇς· ἀνδρεῖος γὰρ εἶ. Ἀλλ' ἀποκρίνου μόνον.

ΚΑΛ. Φημὶ τοίνυν καὶ τὸν κνώμενον ἡδέως ἂν βιῶναι.

ΣΩ. Οὐκοῦν εἴπερ ἡδέως, καὶ εὐδαιμόνως ;

ΚΑΛ. Πάνυ γε.

ΣΩ. Πότερον εἰ τὴν κεφαλὴν μόνον κνησιῴη, ἢ ἔτι τί e
σε ἐρωτῶ ; Ὅρα, ὦ Καλλίκλεις, τί ἀποκρινεῖ, ἐάν τίς σε

c'est justement là ce que j'appelais tout à l'heure vivre à la façon d'une pierre : une fois les tonneaux remplis, on n'a plus ni joie ni peine ; mais ce qui fait l'agrément de la vie, c'est de verser le plus possible.

SOCRATE. – Mais, pour verser beaucoup, il faut nécessairement que les fuites soient abondantes et que les trous qui les laissent passer soient larges ?

CALLICLÈS. – Sans doute.

SOCRATE. – Alors, c'est l'existence d'un pluvier que tu me proposes, non celle d'une pierre ou d'un mort. Mais dis-moi : ce que tu entends par là, c'est qu'il faut avoir faim, et, quand on a faim, manger ?

CALLICLÈS. – Oui, certes.

SOCRATE. – Avoir soif et boire quand on a soif ?

CALLICLÈS. – Précisément ; et qu'il faut avoir tous les autres désirs, pouvoir les satisfaire, y trouver du plaisir, et qu'en cela consiste le bonheur.

SOCRATE. – Allons, très bien, mon cher ! Reste en effet sur tes positions ; ne cède pas à la fausse honte. Mais je ne dois pas, moi non plus, ce me semble, pécher par timidité. Dis-moi donc d'abord si c'est vivre heureux que d'avoir la gale, d'éprouver le besoin de se gratter, de pouvoir se gratter copieusement et de passer sa vie à se gratter ?

CALLICLÈS. – Quelle absurdité, Socrate ! Tu parles en véritable orateur populaire.

SOCRATE. – Aussi ai-je frappé Gorgias et Polos d'une stupidité mêlée de honte. Mais toi, Calliclès, tu n'éprouveras ni stupeur ni honte, car tu es un brave. Réponds-moi donc seulement.

CALLICLÈS. – Eh bien, je te réponds que se gratter ainsi, c'est encore vivre agréablement.

SOCRATE. – Si cette vie est agréable, elle est donc heureuse ?

CALLICLÈS. – Sans aucun doute.

SOCRATE. – Est-ce seulement à la tête qu'il est agréable d'avoir envie de se gratter, ou dois-je pousser plus loin l'interrogation ? Songe, Calliclès, à ce que tu

τὰ [ἐχόμενα] τούτοις ἐφεξῆς ἅπαντα ἐρωτᾷ· καὶ τούτων
τοιούτων ὄντων κεφάλαιον, ὁ τῶν κιναίδων βίος, οὗτος οὐ
δεινὸς καὶ αἰσχρὸς καὶ ἄθλιος; Ἢ τούτους τολμήσεις λέγειν εὐδαίμονας εἶναι, ἐὰν ἀφθόνως ἔχωσιν ὧν δέονται;

ΚΑΛ. Οὐκ αἰσχύνει εἰς τοιαῦτα ἄγων, ὦ Σώκρατες, τοὺς
λόγους;

ΣΩ. Ἢ γὰρ ἐγὼ ἄγω ἐνταῦθα, ὦ γενναῖε, ἢ ἐκεῖνος ὃς
ἂν φῇ ἀνέδην οὕτω τοὺς χαίροντας, ὅπως ἂν χαίρωσιν,
εὐδαίμονας εἶναι, καὶ μὴ διορίζηται τῶν ἡδονῶν ὁποῖαι 495
ἀγαθαὶ καὶ κακαί; Ἀλλ' ἔτι καὶ νῦν λέγε, πότερον φῂς
εἶναι τὸ αὐτὸ ἡδὺ καὶ ἀγαθόν, ἢ εἶναί τι τῶν ἡδέων ὃ
οὐκ ἔστιν ἀγαθόν;

ΚΑΛ. Ἵνα δή μοι μὴ ἀνομολογούμενος ᾖ ὁ λόγος, ἐὰν
ἕτερον φήσω εἶναι, τὸ αὐτό φημι εἶναι.

ΣΩ. Διαφθείρεις, ὦ Καλλίκλεις, τοὺς πρώτους λόγους,
καὶ οὐκ ἂν ἔτι μετ' ἐμοῦ ἱκανῶς τὰ ὄντα ἐξετάζοις, εἴπερ
παρὰ τὰ δοκοῦντα σαυτῷ ἐρεῖς.

ΚΑΛ. Καὶ γὰρ σύ, ὦ Σώκρατες.   b

ΣΩ. Οὐ τοίνυν ὀρθῶς ποιῶ οὔτ' ἐγώ, εἴπερ ποιῶ τοῦτο,
οὔτε σύ. Ἀλλ', ὦ μακάριε, ἄθρει μὴ οὐ τοῦτο ᾖ τὸ ἀγαθόν,
τὸ πάντως χαίρειν· ταῦτά τε γὰρ τὰ νυνδὴ αἰνιχθέντα
πολλὰ καὶ αἰσχρὰ φαίνεται συμβαίνοντα, εἰ τοῦτο οὕτως
ἔχει, καὶ ἄλλα πολλά.

ΚΑΛ. Ὡς σύ γε οἴει, ὦ Σώκρατες.

ΣΩ. Σὺ δὲ τῷ ὄντι, ὦ Καλλίκλεις, ταῦτα ἰσχυρίζει;

ΚΑΛ. Ἔγωγε.

ΣΩ. Ἐπιχειρῶμεν ἄρα τῷ λόγῳ ὡς σοῦ σπουδάζοντος;   c

ΚΑΛ. Πάνυ γε σφόδρα.

ΣΩ. Ἴθι δή μοι, ἐπειδὴ οὕτω δοκεῖ, διελοῦ τάδε· ἐπιστήμην που καλεῖς τι;

---

55. Socrate n'en appelle donc pas à une condamnation, mais à un
discernement des plaisirs, comme le comprend Calliclès (voir 499b).

devrais répondre si on te posait toutes les questions à la suite, et, pour tout résumer d'un mot, la vie d'un débauché n'est-elle pas affreuse, honteuse et misérable ? Oseras-tu dire que les gens de cette sorte sont heureux, s'ils ont en abondance tout ce qu'ils désirent ?

CALLICLÈS. – N'as-tu pas honte, Socrate, d'en venir à de pareils sujets ?

SOCRATE. – Qui donc nous y a conduits ? Est-ce moi, Calliclès, ou celui qui déclare avec tranquillité que le plaisir, quelle qu'en soit la nature, constitue le bonheur, et qui, entre les plaisirs, ne distingue pas les bons des mauvais ? Dis-moi donc encore une fois si tu maintiens toujours que le plaisir est identique au bien, ou si tu reconnais que certains plaisirs ne sont pas bons[55] ?

CALLICLÈS. – Pour ne pas contredire ma première affirmation en niant l'identité des deux choses, je la maintiens.

SOCRATE. – Tu ruines nos premières positions, Calliclès, et n'as plus qualité pour chercher avec moi la vérité, si tu parles contre ta pensée.

CALLICLÈS. – Mais c'est ce que tu fais toi-même, Socrate.

SOCRATE. – Si je le fais, j'ai tort, aussi bien que toi. Mais réfléchis à une chose, mon très cher ami : peut-être le bien n'est-il pas identique à toute espèce de plaisir ; sinon, les honteuses conséquences auxquelles j'ai fait allusion tout à l'heure s'ensuivent évidemment, et beaucoup d'autres encore.

CALLICLÈS. – C'est du moins ton avis, Socrate.

SOCRATE. – Sincèrement, Calliclès, maintiens-tu ton affirmation ?

CALLICLÈS. – Oui certes.

SOCRATE. – Il faut donc alors la discuter pour tout de bon ?

CALLICLÈS. – Sans aucun doute.

SOCRATE. – Soit ; puisqu'il en est ainsi, réponds à ma question avec précision : existe-t-il une chose que tu appelles la science ?

ΚΑΛ. Ἔγωγε.

ΣΩ. Οὐ καὶ ἀνδρείαν νυνδὴ ἔλεγές τινα εἶναι μετὰ ἐπιστήμης;

ΚΑΛ. Ἔλεγον γάρ.

ΣΩ. Ἄλλο τι οὖν ὡς ἕτερον τὴν ἀνδρείαν τῆς ἐπιστήμης δύο ταῦτα ἔλεγες;

ΚΑΛ. Σφόδρα γε.

ΣΩ. Τί δέ; Ἡδονὴν καὶ ἐπιστήμην ταὐτὸν ἢ ἕτερον;

ΚΑΛ. Ἕτερον δήπου, ὦ σοφώτατε σύ.   d

ΣΩ. Ἦ καὶ ἀνδρείαν ἑτέραν ἡδονῆς;

ΚΑΛ. Πῶς γὰρ οὔ;

ΣΩ. Φέρε δὴ ὅπως μεμνησόμεθα ταῦτα, ὅτι Καλλικλῆς ἔφη Ἀχαρνεὺς ἡδὺ μὲν καὶ ἀγαθὸν ταὐτὸν εἶναι, ἐπιστήμην δὲ καὶ ἀνδρείαν καὶ ἀλλήλων καὶ τοῦ ἀγαθοῦ ἕτερον.

ΚΑΛ. Σωκράτης δέ γε ἡμῖν ὁ Ἀλωπεκῆθεν οὐχ ὁμολογεῖ ταῦτα. Ἦ ὁμολογεῖ;

ΣΩ. Οὐχ ὁμολογεῖ· οἶμαι δέ γε οὐδὲ Καλλικλῆς, ὅταν e
αὐτὸς αὑτὸν θεάσηται ὀρθῶς. Εἰπὲ γάρ μοι, τοὺς εὖ πράττοντας τοῖς κακῶς πράττουσιν οὐ τοὐναντίον ἡγεῖ πάθος πεπονθέναι;

ΚΑΛ. Ἔγωγε.

ΣΩ. Ἆρ' οὖν, εἴπερ ἐναντία ἐστὶν ταῦτα ἀλλήλοις, ἀνάγκη περὶ αὐτῶν ἔχειν ὥσπερ περὶ ὑγιείας ἔχει καὶ νόσου; Οὐ γὰρ ἅμα δήπου ὑγιαίνει τε καὶ νοσεῖ ὁ ἄνθρωπος, οὐδὲ ἅμα ἀπαλλάττεται ὑγιείας τε καὶ νόσου.

ΚΑΛ. Πῶς λέγεις;

ΣΩ. Οἷον περὶ ὅτου βούλει τοῦ σώματος ἀπολαβὼν σκόπει. Νοσεῖ που ἄνθρωπος ὀφθαλμούς, ᾧ ὄνομα ὀφθαλ- 496
μία;

ΚΑΛ. Πῶς γὰρ οὔ;

ΣΩ. Οὐ δήπου καὶ ὑγιαίνει γε ἅμα τοὺς αὐτούς;

CALLICLÈS. – Oui.

SOCRATE. – Et, avec la science, une autre que tu appelais tout à l'heure le courage ?

CALLICLÈS. – Je l'ai dit en effet.

SOCRATE. – Cette autre chose, le courage, voulais-tu dire, en nous parlant des deux, qu'elle fût différente de la science ?

CALLICLÈS. – Tout à fait différente.

SOCRATE. – Et maintenant, le plaisir et la science, est-ce une même chose, ou deux choses différentes ?

CALLICLÈS. – Différentes sans aucun doute, ô habile homme !

SOCRATE. – Et le courage diffère-t-il du plaisir ?

CALLICLÈS. – Évidemment.

SOCRATE. – Mettons-nous donc bien dans la mémoire que Calliclès du dème d'Acharnes a déclaré que le plaisir et le bien étaient identiques, mais que la science et le courage différaient entre eux et différaient du bien.

CALLICLÈS. – Est-ce que Socrate du dème d'Alopècé refuse d'en convenir, oui ou non ?

SOCRATE. – Il n'en convient pas ; mais Calliclès n'en conviendra pas non plus, à ce que je crois, lorsqu'il aura examiné de plus près sa propre pensée. Dis-moi, en effet : le bonheur et le malheur ne sont-ils pas deux états opposés ?

CALLICLÈS. – Oui.

SOCRATE. – S'ils sont opposés l'un à l'autre, ne sont-ils pas entre eux dans le même rapport que la santé et la maladie ? On ne peut, en effet, que je sache, être à la fois bien portant et malade, ni se délivrer à la fois de la maladie et de la santé.

CALLICLÈS. – Que veux-tu dire ?

SOCRATE. – Considère, par exemple, isolément la partie du corps que tu voudras : on peut avoir les yeux malades, et cela s'appelle une ophtalmie ?

CALLICLÈS. – Sans doute.

SOCRATE. – Ces mêmes yeux, alors, ne peuvent être en bon état ?

ΚΑΛ. Οὐδ' ὁπωστιοῦν.

ΣΩ. Τί δέ ; Ὅταν τῆς ὀφθαλμίας ἀπαλλάττηται, ἆρα τότε καὶ τῆς ὑγιείας ἀπαλλάττεται τῶν ὀφθαλμῶν καὶ τελευτῶν ἅμα ἀμφοτέρων ἀπήλλακται ;

ΚΑΛ. Ἥκιστά γε.

ΣΩ. Θαυμάσιον γάρ, οἶμαι, καὶ ἄλογον γίγνεται· ἢ γάρ ;

ΚΑΛ. Σφόδρα γε.　　　　　　　　　　　　　　　　b

ΣΩ. Ἀλλ' ἐν μέρει, οἶμαι, ἑκάτερον καὶ λαμβάνει καὶ ἀπόλλυσι.

ΚΑΛ. Φημί.

ΣΩ. Οὐκοῦν καὶ ἰσχὺν καὶ ἀσθένειαν ὡσαύτως ;

ΚΑΛ. Ναί.

ΣΩ. Καὶ τάχος καὶ βραδυτῆτα ;

ΚΑΛ. Πάνυ γε.

ΣΩ. Ἦ καὶ τἀγαθὰ καὶ τὴν εὐδαιμονίαν καὶ τἀναντία τούτων, κακά τε καὶ ἀθλιότητα, ἐν μέρει λαμβάνει καὶ ἐν μέρει ἀπαλλάττεται ἑκατέρου ;

ΚΑΛ. Πάντως δήπου.

ΣΩ. Ἐὰν εὕρωμεν ἄρα ἄττα ὧν ἅμα τε ἀπαλλάττεται c ἄνθρωπος καὶ ἅμα ἔχει, δῆλον ὅτι ταῦτά γε οὐκ ἂν εἴη τό τε ἀγαθὸν καὶ τὸ κακόν. Ὁμολογοῦμεν ταῦτα ; Καὶ εὖ μάλα σκεψάμενος ἀποκρίνου.

ΚΑΛ. Ἀλλ' ὑπερφυῶς ὡς ὁμολογῶ.

ΣΩ. Ἴθι δὴ ἐπὶ τὰ ἔμπροσθεν ὡμολογημένα. Τὸ πεινῆν ἔλεγες πότερον ἡδὺ ἢ ἀνιαρὸν εἶναι ; Αὐτὸ λέγω τὸ πεινῆν.

ΚΑΛ. Ἀνιαρὸν ἔγωγε· τὸ μέντοι πεινῶντα ἐσθίειν ἡδύ.

ΣΩ. Μανθάνω· ἀλλ' οὖν τό γε πεινῆν αὐτὸ ἀνιαρόν. Ἦ d οὐχί ;

ΚΑΛ. Φημί.

ΣΩ. Οὐκοῦν καὶ τὸ διψῆν ;

ΚΑΛ. Σφόδρα γε.

CALLICLÈS. – Évidemment.

SOCRATE. – Mais quoi ! Si l'on se débarrasse de l'ophtalmie, se prive-t-on en même temps de la santé des yeux, et perd-on les deux choses à la fois ?

CALLICLÈS. – Nullement.

SOCRATE. – Ce serait là, je pense, un prodige, une absurdité, n'est-il pas vrai ?

CALLICLÈS. – Tout à fait.

SOCRATE. – Mais chacun des deux états, semble-t-il, vient et disparaît à son tour ?

CALLICLÈS. – D'accord.

SOCRATE. – N'en est-il pas de même de la force et de la faiblesse ?

CALLICLÈS. – Oui.

SOCRATE. – Ou de la vitesse et de la lenteur ?

CALLICLÈS. – Certes.

SOCRATE. – Et pour le bien et le bonheur ou leurs contraires, le mal et la misère, n'est-ce pas aussi à tour de rôle qu'on les acquiert ou qu'on s'en sépare ?

CALLICLÈS. – C'est évident.

SOCRATE. – Si donc nous trouvons certaines choses que l'on possède ou que l'on perde simultanément, il est clair que ces choses ne sauraient être le bien et le mal. Sommes-nous d'accord sur ce point ? Réfléchis bien avant de répondre.

CALLICLÈS. – J'en tombe tout à fait d'accord.

SOCRATE. – Revenons donc à nos précédentes affirmations. Qu'as-tu dit ? que la faim était agréable ? ou qu'elle était pénible ? Je parle de la faim en soi.

CALLICLÈS. – Je dis qu'elle est pénible, mais qu'il est agréable de manger quand on a faim.

SOCRATE. – Je te comprends. Mais enfin, d'une manière absolue, la faim est-elle pénible, oui ou non ?

CALLICLÈS. – Elle est pénible.

SOCRATE. – Et la soif aussi.

CALLICLÈS. – Extrêmement.

ΣΩ. Πότερον οὖν ἔτι πλείω ἐρωτῶ, ἢ ὁμολογεῖς ἅπασαν ἔνδειαν καὶ ἐπιθυμίαν ἀνιαρὸν εἶναι;

ΚΑΛ. Ὁμολογῶ, ἀλλὰ μὴ ἐρώτα.

ΣΩ. Εἶεν· διψῶντα δὲ δὴ πίνειν ἄλλο τι ἢ ἡδὺ φῂς εἶναι;

ΚΑΛ. Ἔγωγε.

ΣΩ. Οὐκοῦν τούτου οὗ λέγεις τὸ μὲν διψῶντα λυπού-μενον δήπου ἐστίν;

ΚΑΛ. Ναί.   e

ΣΩ. Τὸ δὲ πίνειν πλήρωσίς τε τῆς ἐνδείας καὶ ἡδονή;

ΚΑΛ. Ναί.

ΣΩ. Οὐκοῦν κατὰ τὸ πίνειν χαίρειν λέγεις;

ΚΑΛ. Μάλιστα.

ΣΩ. Διψῶντά γε;

ΚΑΛ. Φημί.

ΣΩ. Λυπούμενον;

ΚΑΛ. Ναί.

ΣΩ. Αἰσθάνει οὖν τὸ συμβαῖνον, ὅτι λυπούμενον χαί-ρειν λέγεις ἅμα, ὅταν διψῶντα πίνειν λέγῃς; Ἢ οὐχ ἅμα τοῦτο γίγνεται κατὰ τὸν αὐτὸν τόπον καὶ χρόνον εἴτε ψυχῆς εἴτε σώματος βούλει; Οὐδὲν γάρ, οἶμαι, διαφέρει. Ἔστι ταῦτα ἢ οὔ;

ΚΑΛ. Ἔστιν.

ΣΩ. Ἀλλὰ μὴν εὖ γε πράττοντα κακῶς πράττειν ἅμα ἀδύνατον φῂς εἶναι.

ΚΑΛ. Φημὶ γάρ.

ΣΩ. Ἀνιώμενον δέ γε χαίρειν δυνατὸν ὡμολόγηκας.   497

ΚΑΛ. Φαίνεται.

SOCRATE. – Dois-je pousser plus loin mes questions, ou reconnais-tu que tout besoin et tout désir sont pénibles ?

CALLICLÈS. – Je le reconnais ; arrête-là tes questions.

SOCRATE. – Soit. Mais boire quand on a soif, peux-tu dire que ce ne soit pas agréable ?

CALLICLÈS. – Non certes.

SOCRATE. – Cependant, dis-moi, dans le cas dont tu parles, le fait d'avoir soif est certainement pénible ?

CALLICLÈS. – Oui.

SOCRATE. – Mais le fait de boire est la satisfaction d'un besoin et un plaisir[56] ?

CALLICLÈS. – Oui.

SOCRATE. – Ainsi, c'est en tant qu'on boit, qu'on éprouve du plaisir ?

CALLICLÈS. – Assurément.

SOCRATE. – Mais quand on a soif ?

CALLICLÈS. – Oui.

SOCRATE. – Donc quand on souffre ?

CALLICLÈS. – Oui.

SOCRATE. – Vois-tu où tu aboutis ? Tu dis qu'on éprouve à la fois du plaisir et de la souffrance quand tu dis qu'on boit ayant soif. Ou bien n'est-il pas vrai que ce double effet se produise simultanément dans le même lieu – disons du corps ou de l'âme, à ton choix, car, pour moi, je n'ai pas de préférence. Est-ce exact, oui ou non ?

CALLICLÈS. – C'est exact.

SOCRATE. – Tu disais cependant qu'on ne peut être à la fois heureux et malheureux ?

CALLICLÈS. – Je l'affirme en effet.

SOCRATE. – Mais d'autre part tu reconnais qu'on peut avoir du plaisir en même temps qu'une souffrance.

CALLICLÈS. – C'est vrai.

---

56. Sur la théorie du plaisir comme satisfaction *(plêrôsis)* qui vient d'être développée, voir l'Introduction.

ΣΩ. Οὐκ ἄρα τὸ χαίρειν ἐστὶν εὖ πράττειν οὐδὲ τὸ ἀνιᾶσθαι κακῶς, ὥστε ἕτερον γίγνεται τὸ ἡδὺ τοῦ ἀγαθοῦ.

ΚΑΛ. Οὐκ οἶδ' ἄττα σοφίζει, ὦ Σώκρατες.

ΣΩ. Οἶσθα, ἀλλὰ ἀκκίζει, ὦ Καλλίκλεις· καὶ πρόιθί γε ἔτι εἰς τὸ ἔμπροσθεν.

ΚΑΛ. Τί ἔχων ληρεῖς;

ΣΩ. Ἵνα εἰδῇς ὡς σοφὸς ὤν. με νουθετεῖς. Οὐχ ἅμα διψῶν τε ἕκαστος ἡμῶν πέπαυται καὶ ἅμα ἡδόμενος διὰ b τοῦ πίνειν;

ΚΑΛ. Οὐκ οἶδα ὃ τι λέγεις.

ΓΟΡ. Μηδαμῶς, ὦ Καλλίκλεις, ἀλλ' ἀποκρίνου καὶ ἡμῶν ἕνεκα, ἵνα περανθῶσιν οἱ λόγοι.

ΚΑΛ. 'Αλλ' ἀεὶ τοιοῦτός ἐστιν Σωκράτης, ὦ Γοργία· σμικρὰ καὶ ὀλίγου ἄξια ἀνερωτᾷ καὶ ἐξελέγχει.

ΓΟΡ. 'Αλλὰ τί σοι διαφέρει; Πάντως οὐ σὴ αὕτη ἡ τιμή, ὦ Καλλίκλεις· ἀλλ' ὑπόσχες Σωκράτει ἐξελέγξαι ὅπως ἂν βούληται.

ΚΑΛ. 'Ερώτα δὴ σὺ τὰ σμικρά τε καὶ στενὰ ταῦτα, c ἐπείπερ Γοργίᾳ δοκεῖ οὕτως.

ΣΩ. Εὐδαίμων εἶ, ὦ Καλλίκλεις, ὅτι τὰ μεγάλα μεμύησαι πρὶν τὰ σμικρά· ἐγὼ δ' οὐκ ᾤμην θεμιτὸν εἶναι. Ὅθεν οὖν ἀπέλιπες ἀποκρίνου, εἰ οὐχ ἅμα παύεται διψῶν ἕκαστος ἡμῶν καὶ ἡδόμενος;

ΚΑΛ. Φημί.

ΣΩ. Οὔκοῦν καὶ πεινῶν καὶ τῶν ἄλλων ἐπιθυμιῶν καὶ ἡδονῶν ἅμα παύεται;

ΚΑΛ. Ἔστι ταῦτα.

---

57. Les *Petits mystères*, célébrés à Athènes du 19 au 21 Anthestérion, conféraient un premier degré d'initiation sans lequel on

SOCRATE. – C'est donc que le plaisir n'est pas le bonheur et que la souffrance n'est pas le malheur, de sorte que l'agréable est finalement autre chose que le bien.

CALLICLÈS. – Je ne comprends rien à tes sophismes, Socrate.

SOCRATE. – Tu comprends très bien, Calliclès ; seulement tu fais l'ignorant. Mais continuons d'avancer.

CALLICLÈS. – Où tendent ces sornettes ?

SOCRATE. – À te démontrer quel habile homme tu es, toi qui me reprends. N'est-il pas vrai qu'au moment où nous cessons d'avoir soif, chacun de nous cesse de prendre plaisir à boire ?

CALLICLÈS. – Je ne sais ce que tu veux dire.

GORGIAS. – Ne parle pas ainsi, Calliclès ; réponds, dans notre intérêt même, pour que cette discussion arrive à son terme.

CALLICLÈS. – Mais aussi, Gorgias, ce Socrate est toujours le même : il vous pose sans cesse un tas de petites questions insignifiantes sur lesquelles il vous chicane.

GORGIAS. – Que t'importe ? Tu n'as pas à apprécier. Laisse Socrate t'interroger comme il lui plaît.

CALLICLÈS. – Eh bien, Socrate, continue tes interrogations mesquines et menues, puisque tel est l'avis de Gorgias.

SOCRATE. – Tu es bien heureux, Calliclès, d'avoir été initié aux Grands Mystères avant de l'être aux Petits : je ne croyais pas que cela fût permis[57]. Quoiqu'il en soit, reprenons les choses où tu les avais laissées, et dis-moi s'il n'est pas vrai que le plaisir de boire cesse pour chacun de nous avec la soif ?

CALLICLÈS. – Oui.

SOCRATE. – Et de même, pour la faim et les autres désirs, le plaisir cesse en même temps qu'eux ?

CALLICLÈS. – C'est exact.

---

ne pouvait se présenter aux Mystères proprement dits ou *Grands mystères*, célébrés à Éleusis du 21 au 23 Boédromion.

ΣΩ. Οὐκοῦν καὶ τῶν λυπῶν καὶ τῶν ἡδονῶν ἅμα
παύεται ;   d

ΚΑΛ. Ναί.

ΣΩ. Ἀλλὰ μὴν τῶν ἀγαθῶν γε καὶ κακῶν οὐχ ἅμα παύεται, ὡς σὺ ὡμολόγεις· νῦν δὲ οὐχ ὁμολογεῖς ;

ΚΑΛ. Ἔγωγε· τί οὖν δή ;

ΣΩ. Ὅτι οὐ ταὐτὰ γίγνεται, ὦ φίλε, τἀγαθὰ τοῖς ἡδέ-
σιν οὐδὲ τὰ κακὰ τοῖς ἀνιαροῖς. Τῶν μὲν γὰρ ἅμα παύεται,
τῶν δὲ οὔ, ὡς ἑτέρων ὄντων· πῶς οὖν ταὐτὰ ἂν εἴη τὰ ἡδέα
τοῖς ἀγαθοῖς ἢ τὰ ἀνιαρὰ τοῖς κακοῖς ; Ἐὰν δὲ βούλῃ, καὶ
τῇδε ἐπίσκεψαι· οἶμαι γάρ σοι οὐδὲ ταύτῃ ὁμολογεῖσθαι·
ἄθρει δέ· τοὺς ἀγαθοὺς οὐχὶ ἀγαθῶν παρουσίᾳ ἀγαθοὺς   e
καλεῖς, ὥσπερ τοὺς καλοὺς οἷς ἂν κάλλος παρῇ ;

ΚΑΛ. Ἔγωγε.

ΣΩ. Τί δέ ; Ἀγαθοὺς ἄνδρας καλεῖς τοὺς ἄφρονας καὶ
δειλούς ; Οὐ γὰρ ἄρτι γε, ἀλλὰ τοὺς ἀνδρείους καὶ φρονίμους ἔλεγες· ἢ οὐ τούτους ἀγαθοὺς καλεῖς ;

ΚΑΛ. Πάνυ μὲν οὖν.

ΣΩ. Τί δέ ; Παῖδα ἀνόητον χαίροντα ἤδη εἶδες ;

ΚΑΛ. Ἔγωγε.

ΣΩ. Ἄνδρα δὲ οὔπω εἶδες ἀνόητον χαίροντα ;   498

ΚΑΛ. Οἶμαι ἔγωγε· ἀλλὰ τί τοῦτο ;

ΣΩ. Οὐδέν· ἀλλ' ἀποκρίνου.

ΚΑΛ. Εἶδον.

ΣΩ. Τί δέ ; Νοῦν ἔχοντα λυπούμενον καὶ χαίροντα ;

58. Le raisonnement de Socrate évoque assez précisément celui
qui, dans le Phédon, servira à l'élaboration de la théorie des Formes
intelligibles (selon laquelle, par exemple, une chose est belle du fait de
sa participation à la forme du beau, qui est sa cause) ; cf. notamment
100c-e et les notes explicatives qu'en a données M. Dixsaut
dans sa traduction du Phédon, Paris, GF-Flammarion, 1991. C'est le
même terme de parousia qui est employé dans les deux dialogues
(pour désigner cette présence de la bonté en nous qui nous rend bons),

Socrate. – De sorte que la peine et le plaisir disparaissent ensemble ?

Calliclès. – Oui.

Socrate. – Au contraire le bien et le mal ne cessent pas l'un et l'autre du même coup : tu le reconnaissais tout à l'heure ; le reconnais-tu encore ?

Calliclès. – Sans doute. Qu'en veux-tu conclure ?

Socrate. – J'en conclus, mon ami, que le bon n'est pas la même chose que l'agréable ni le mauvais la même chose que le pénible. Dans un cas, en effet, les deux contraires disparaissent ensemble, et dans l'autre, non, parce qu'ils sont différents de nature. Comment alors assimiler l'agréable au bon et le désagréable au mauvais ?

Mais examine encore, si tu veux, la question sous une autre forme : je crois qu'ici également les faits sont en désaccord avec toi. Vois plutôt : ceux que tu appelles bons ne sont-ils pas ainsi appelés par toi en raison de la bonté qui est en eux, comme les beaux en raison de leur beauté[58] ?

Calliclès. – Sans doute.

Socrate. – Or, appelles-tu bon un insensé ou un lâche ? Tu t'y refusais tout à l'heure, et c'était, disais-tu, celui qui est courageux et sage. N'est-ce pas celui-là que tu appelles bon ?

Calliclès. – Sans contredit.

Socrate. – D'autre part, as-tu vu quelquefois un enfant déraisonnable et en même temps joyeux ?

Calliclès. – Oui.

Socrate. – Et un homme déraisonnable qui éprouverait de la joie ?

Calliclès. – Je le crois ; mais où veux-tu en venir ?

Socrate. – À rien ; réponds seulement.

Calliclès. – Eh bien, oui.

Socrate. – Ou au contraire un homme raisonnable qui eut de la peine ou de la joie ?

mais sans plus de développement ici (comme pour le passage semblable de 506c-e).

ΚΑΛ. Φημί.

ΣΩ. Πότεροι δὲ μᾶλλον χαίρουσι καὶ λυποῦνται; οἱ φρόνιμοι ἢ οἱ ἄφρονες ;

ΚΑΛ. Οἶμαι ἔγωγε οὐ πολύ τι διαφέρειν.

ΣΩ. 'Αλλ' ἀρκεῖ καὶ τοῦτο. 'Εν πολέμῳ δὲ ἤδη εἶδες ἄνδρα δειλόν ;

ΚΑΛ. Πῶς γὰρ οὔ ;

ΣΩ. Τί οὖν ; 'Απιόντων τῶν πολεμίων πότεροί σοι ἐδόκουν μᾶλλον χαίρειν, οἱ δειλοὶ ἢ οἱ ἀνδρεῖοι ;

ΚΑΛ. 'Αμφότεροι ἔμοιγε μᾶλλον· εἰ δὲ μή, παραπλησίως γε.   b

ΣΩ. Οὐδὲν διαφέρει. Χαίρουσιν δ' οὖν καὶ οἱ δειλοί ;

ΚΑΛ. Σφόδρα γε.

ΣΩ. Καὶ οἱ ἄφρονες, ὡς ἔοικεν.

ΚΑΛ. Ναί.

ΣΩ. Προσιόντων δὲ οἱ δειλοὶ μόνον λυποῦνται ἢ καὶ οἱ ἀνδρεῖοι ;

ΚΑΛ. 'Αμφότεροι.

ΣΩ. ῏Αρα ὁμοίως ;

ΚΑΛ. Μᾶλλον ἴσως οἱ δειλοί.

ΣΩ. 'Απιόντων δ' οὐ μᾶλλον χαίρουσιν ;

ΚΑΛ. ῎Ισως.

ΣΩ. Οὐκοῦν λυποῦνται μὲν καὶ χαίρουσιν καὶ οἱ ἄφρονες καὶ οἱ φρόνιμοι καὶ οἱ δειλοὶ καὶ οἱ ἀνδρεῖοι παραπλησίως, ὡς σὺ φής, μᾶλλον δὲ οἱ δειλοὶ τῶν ἀνδρείων ;   c

ΚΑΛ. Φημί.

ΣΩ. 'Αλλὰ μὴν οἵ γε φρόνιμοι καὶ οἱ ἀνδρεῖοι ἀγαθοί, οἱ δὲ δειλοὶ καὶ ἄφρονες κακοί ;

ΚΑΛ. Ναί.

CALLICLÈS. – Oui.

SOCRATE. – Mais lequel est le plus sujet à la peine et à la joie ? l'homme raisonnable ou l'homme déraisonnable ?

CALLICLÈS. – Je ne crois pas que cela fasse une grande différence.

SOCRATE. – Cela me suffit. Et à la guerre, as-tu déjà vu un lâche ?

CALLICLÈS. – Assurément.

SOCRATE. – À la vue de l'ennemi en retraite, lesquels avaient le plus de joie, les lâches ou les courageux ?

CALLICLÈS. – Le plus de joie ? tous les deux, à ce qu'il me semble ; ou du moins, la différence était petite.

SOCRATE. – Peu importe la différence : quoiqu'il en soit, les lâches même éprouvent de la joie ?

CALLICLÈS. – Et même une très grande.

SOCRATE. – Les déraisonnables aussi, semble-t-il ?

CALLICLÈS. – Oui.

SOCRATE. – Mais quand l'ennemi avance, les lâches sont-ils seuls fâchés, ou les courageux le sont-ils aussi ?

CALLICLÈS. – Tous le sont.

SOCRATE. – Au même degré ?

CALLICLÈS. – Les lâches peut-être davantage.

SOCRATE. – Et ne se réjouissent-ils pas plus quand l'ennemi recule ?

CALLICLÈS. – Peut-être.

SOCRATE. – Ainsi donc, la douleur et la joie peuvent être éprouvées par les insensés comme par les sages, par les lâches comme par les courageux, et cela, à ton avis, à peu près au même degré, mais plus encore, par les lâches que par les courageux ?

CALLICLÈS. – Oui.

SOCRATE. – Cependant, les sages et les courageux sont bons, tandis que les insensés et les lâches sont mauvais ?

CALLICLÈS. – Oui.

ΣΩ. Παραπλησίως ἄρα χαίρουσιν καὶ λυποῦνται οἱ ἀγαθοὶ καὶ οἱ κακοί ;

ΚΑΛ. Φημί.

ΣΩ. Ἆρ' οὖν παραπλησίως εἰσὶν ἀγαθοὶ καὶ κακοὶ οἱ ἀγαθοί τε καὶ οἱ κακοί ; Ἢ καὶ ἔτι μᾶλλον ἀγαθοὶ [οἱ ἀγαθοὶ καὶ οἱ κακοί] εἰσιν οἱ κακοί ;

ΚΑΛ. Ἀλλὰ μὰ Δί' οὐκ οἶδ' ὅ τι λέγεις.   d

ΣΩ. Οὐκ οἶσθ' ὅτι τοὺς ἀγαθοὺς ἀγαθῶν φῂς παρουσίᾳ εἶναι ἀγαθούς, κακοὺς δὲ κακῶν ; Τὰ δὲ ἀγαθὰ εἶναι τὰς ἡδονάς, κακὰ δὲ τὰς ἀνίας ;

ΚΑΛ. Ἔγωγε.

ΣΩ. Οὐκοῦν τοῖς χαίρουσιν πάρεστιν τἀγαθά, αἱ ἡδοναί, εἴπερ χαίρουσιν ;

ΚΑΛ. Πῶς γὰρ οὔ ;

ΣΩ. Οὐκοῦν ἀγαθῶν παρόντων ἀγαθοί εἰσιν οἱ χαίροντες ;

ΚΑΛ. Ναί.

ΣΩ. Τί δέ ; Τοῖς ἀνιωμένοις οὐ πάρεστιν τὰ κακά, αἱ λῦπαι ;

ΚΑΛ. Πάρεστιν.

ΣΩ. Κακῶν δέ γε παρουσίᾳ φῂς σὺ εἶναι κακοὺς τοὺς e κακούς· ἢ οὐκέτι φῂς ;

ΚΑΛ. Ἔγωγε.

ΣΩ. Ἀγαθοὶ ἄρα οἳ ἂν χαίρωσι, κακοὶ δὲ οἳ ἂν ἀνιῶνται ;

ΚΑΛ. Πάνυ γε.

ΣΩ. Οἱ μέν γε μᾶλλον μᾶλλον, οἱ δ' ἧττον ἧττον, οἱ δὲ παραπλησίως παραπλησίως ;

ΚΑΛ. Ναί.

ΣΩ. Οὐκοῦν φῂς παραπλησίως χαίρειν καὶ λυπεῖσθαι

SOCRATE. – Par conséquent la joie et la douleur peuvent être éprouvées à peu près au même degré par les mauvais et par les bons.

CALLICLÈS. – Je l'admets.

SOCRATE. – Les bons comme les mauvais seraient-ils donc à peu près également bons et mauvais, et les mauvais même un peu meilleurs que les bons ?

CALLICLÈS. – Par Zeus, je ne sais ce que tu veux dire !

SOCRATE. – Ne sais-tu donc plus que les bons, d'après toi, le sont par la présence d'une chose bonne, et les mauvais par celle d'une mauvaise, et que les choses bonnes sont les plaisirs, tandis que les mauvaises sont les souffrances ?

CALLICLÈS. – Je le sais.

SOCRATE. – Ainsi, quand on éprouve de la joie, on a en soi une chose bonne, le plaisir, puisqu'on est joyeux ?

CALLICLÈS. – Évidemment.

SOCRATE. – Et la présence d'une chose bonne rend bon celui qui se réjouit ?

CALLICLÈS. – Oui.

SOCRATE. – D'autre part, quand on éprouve de la douleur, n'est-il pas vrai qu'on a en soi la chose mauvaise, la souffrance ?

CALLICLÈS. – Sans doute.

SOCRATE. – Or c'est, dis-tu, la présence des choses mauvaises qui rend mauvais ceux qui le sont. Maintiens-tu cette affirmation ?

CALLICLÈS. – Oui.

SOCRATE. – Par conséquent, ceux-là sont bons qui se réjouissent, et ceux-là sont mauvais qui s'affligent ?

CALLICLÈS. – Certainement.

SOCRATE. – Et ils le sont davantage si ces sentiments sont plus forts, moins s'ils sont plus faibles, également s'ils sont égaux ?

CALLICLÈS. – Oui.

SOCRATE. – Or tu dis que la joie et la douleur sont à

τοὺς φρονίμους καὶ τοὺς ἄφρονας καὶ τοὺς δειλοὺς καὶ
τοὺς ἀνδρείους, ἢ καὶ μᾶλλον ἔτι τοὺς δειλούς;

ΚΑΛ. Ἔγωγε.

ΣΩ. Συλλόγισαι δὴ κοινῇ μετ' ἐμοῦ τί ἡμῖν συμβαίνει
ἐκ τῶν ὡμολογημένων· καὶ δὶς γάρ τοι καὶ τρὶς φασιν καλὸν
εἶναι τὰ καλὰ λέγειν τε καὶ ἐπισκοπεῖσθαι. Ἀγαθὸν μὲν 499
εἶναι τὸν φρόνιμον καὶ ἀνδρεῖόν φαμεν· ἢ γάρ;

ΚΑΛ. Ναί.

ΣΩ. Κακὸν δὲ τὸν ἄφρονα καὶ δειλόν;

ΚΑΛ. Πάνυ γε.

ΣΩ. Ἀγαθὸν δὲ αὖ τὸν χαίροντα;

ΚΑΛ. Ναί.

ΣΩ. Κακὸν δὲ τὸν ἀνιώμενον;

ΚΑΛ. Ἀνάγκη.

ΣΩ. Ἀνιᾶσθαι δὲ καὶ χαίρειν τὸν ἀγαθὸν καὶ κακὸν
ὁμοίως, ἴσως δὲ καὶ μᾶλλον τὸν κακόν;

ΚΑΛ. Ναί.

ΣΩ. Οὐκοῦν ὁμοίως γίγνεται κακὸς καὶ ἀγαθὸς τῷ
ἀγαθῷ ἢ καὶ μᾶλλον ἀγαθὸς ὁ κακός; Οὐ ταῦτα συμβαίνει b
καὶ τὰ πρότερα ἐκεῖνα, ἐάν τις ταὐτὰ φῇ ἡδέα τε καὶ ἀγαθὰ
εἶναι; Οὐ ταῦτα ἀνάγκη, ὦ Καλλίκλεις;

ΚΑΛ. Πάλαι τοί σου ἀκροῶμαι, ὦ Σώκρατες, καθομο-
λογῶν, ἐνθυμούμενος ὅτι, κἂν παίζων τίς σοι ἐνδῷ ὁτιοῦν,
τούτου ἄσμενος ἔχει ὥσπερ τὰ μειράκια. Ὡς δὴ σὺ οἴει
ἐμὲ ἢ καὶ ἄλλον ὁντινοῦν ἀνθρώπων οὐχ ἡγεῖσθαι τὰς μὲν
βελτίους ἡδονάς, τὰς δὲ χείρους.

ΣΩ. Ἰοῦ ἰοῦ, ὦ Καλλίκλεις, ὡς πανοῦργος εἶ καί μοι c
ὥσπερ παιδὶ χρῇ, τοτὲ μὲν ταὐτὰ φάσκων οὕτως ἔχειν,

peu près égales chez les sages et les insensés, chez les courageux et les lâches, sauf peut-être une légère supériorité chez ceux-ci ?

CALLICLÈS. – Je le dis en effet.

SOCRATE. – Résumons donc tous deux ensemble ce qui ressort de nos affirmations : car il est beau, dit-on, de répéter et d'examiner deux ou trois fois les belles choses. Nous disons donc que le sage et le courageux sont bons ? N'est-ce pas ?

CALLICLÈS. – Oui.

SOCRATE. – Tandis que le lâche et l'insensé sont mauvais ?

CALLICLÈS. – C'est bien cela.

SOCRATE. – Que celui qui éprouve de la joie est bon ?

CALLICLÈS. – Oui.

SOCRATE. – Et mauvais celui qui éprouve de la douleur ?

CALLICLÈS. – Nécessairement.

SOCRATE. – En outre, que la joie et la douleur sont égales pour le bon et le mauvais, sauf peut-être une légère supériorité pour le mauvais.

CALLICLÈS. – Oui.

SOCRATE. – À ce compte, le mauvais serait aussi mauvais et aussi bon que le bon, ou peut-être un peu meilleur ? N'est-ce pas ce qui résulte des prémisses, si l'on affirme d'abord que l'agréable et le bon sont une même chose ? La conséquence n'est-elle pas forcée, Calliclès ?

CALLICLÈS. – Voilà longtemps que je t'écoute, Socrate, et que je t'accorde ce que tu me demandes, en me disant sans cesse que si l'on s'amuse à te faire la moindre concession, tu t'en empares aussitôt avec une joie d'enfant. Comme si tu ne savais pas qui ni moi ni personne nous n'oublions de distinguer entre les plaisirs, selon qu'ils valent plus ou moins !

SOCRATE. – Oh ! oh ! Calliclès, que tu es artificieux ! Tu me traites en enfant ! Tu me dis tantôt une chose, tan-

τοτὲ δὲ ἑτέρως, ἐξαπατῶν με. Καίτοι οὐκ ᾤμην γε κατ'
ἀρχὰς ὑπὸ σοῦ ἑκόντος εἶναι ἐξαπατηθήσεσθαι, ὡς ὄντος
φίλου· νῦν δὲ ἐψεύσθην, καὶ ὡς ἔοικεν ἀνάγκη μοι κατὰ·
τὸν παλαιὸν λόγον τὸ παρὸν εὖ ποιεῖν καὶ τοῦτο δέχεσθαι
τὸ διδόμενον παρὰ σοῦ.

Ἔστιν δὲ δή, ὡς ἔοικεν, ὃ νῦν λέγεις, ὅτι ἡδοναί τινες
εἰσιν αἱ μὲν ἀγαθαί, αἱ δὲ κακαί· ἦ γάρ ;

ΚΑΛ. Ναί.

ΣΩ. Ἆρ' οὖν ἀγαθαὶ μὲν αἱ ὠφέλιμοι, κακαὶ δὲ αἱ βλα-   d
βεραί ;

ΚΑΛ. Πάνυ γε.

ΣΩ. Ὠφέλιμοι δέ γε αἱ ἀγαθόν τι ποιοῦσαι, κακαὶ δὲ αἱ
κακόν τι ;

ΚΑΛ. Φημί.

ΣΩ. Ἆρ' οὖν τὰς τοιάσδε λέγεις, οἷον κατὰ τὸ σῶμα ἃς
νυνδὴ ἐλέγομεν ἐν τῷ ἐσθίειν καὶ πίνειν ἡδονάς ; Ἆρα
τούτων αἱ μὲν ὑγίειαν ποιοῦσαι ἐν τῷ σώματι, ἢ ἰσχὺν ἢ
ἄλλην τινὰ ἀρετὴν τοῦ σώματος, αὗται μὲν ἀγαθαί, αἱ δὲ
τἀναντία τούτων κακαί ;

ΚΑΛ. Πάνυ γε.

ΣΩ. Οὐκοῦν καὶ λῦπαι ὡσαύτως αἱ μὲν χρησταί εἰσιν,   e
αἱ δὲ πονηραί ;

ΚΑΛ. Πῶς γὰρ οὔ ;

ΣΩ. Οὐκοῦν τὰς μὲν χρηστὰς καὶ ἡδονὰς καὶ λύπας καὶ
αἱρετέον ἐστὶν καὶ πρακτέον ;

ΚΑΛ. Πάνυ γε.

ΣΩ. Τὰς δὲ πονηρὰς οὔ ;

ΚΑΛ. Δῆλον δή.

ΣΩ. Ἕνεκα γάρ που τῶν ἀγαθῶν ἅπαντα ἡμῖν ἔδοξεν
πρακτέον εἶναι, εἰ μνημονεύεις, ἐμοί τε καὶ Πώλῳ. Ἆρα

tôt une autre, afin de me tromper. Je n'imaginais pourtant pas, au début, que tu prendrais plaisir à me tromper, car je te croyais mon ami ; mais je vois que j'étais dans l'erreur, et il ne me reste sans doute qu'à faire, comme on dit, contre mauvaise fortune bon cœur, et à prendre ce que tu me donnes.

Tu me dis donc maintenant, si je ne me trompe, qu'il y a de bons et de mauvais plaisirs ?

CALLICLÈS. – Oui.

SOCRATE. – Les bons sont-ils ceux qui sont avantageux, et les mauvais ceux qui sont désavantageux[59] ?

CALLICLÈS. – C'est cela même.

SOCRATE. – Disons-nous avantageux ceux qui procurent un bien, désavantageux ceux qui procurent un mal ?

CALLICLÈS. – C'est mon avis.

SOCRATE. – Comment l'entends-tu ? Prenons pour exemple ces plaisirs du corps dont il était question tout à l'heure, et qui se rapportent au boire et au manger. Parmi eux, appelles-tu bons ceux qui assurent au corps la santé, la force et les autres qualités physiques, et mauvais ceux qui produisent l'effet contraire ?

CALLICLÈS. – Parfaitement.

SOCRATE. – Et les souffrances sont, dans les mêmes conditions, les unes bonnes, les autres mauvaises ?

CALLICLÈS. – Naturellement.

SOCRATE. – Et ce sont les bons plaisirs et les bonnes souffrances qui doivent être préférés et recherchés ?

CALLICLÈS. – Évidemment.

SOCRATE. – Mais non pas les mauvais ?

CALLICLÈS. – Sans doute.

SOCRATE. – Si tu t'en souviens, en effet, nous avions reconnu, Polos et moi, que c'était en vue du bon que nous devions agir en toutes choses. Es-tu d'accord avec

59. Où l'on voit que, dans l'ensemble, le *Gorgias* poursuit toujours un même entretien. Ici, ce sont les termes définis lors de la discussion avec Polos (l'avantageux, le bon, le beau) qui servent à l'élaboration de la théorie de l'évaluation des plaisirs.

καὶ σοὶ συνδοκεῖ οὕτω, τέλος εἶναι ἁπασῶν τῶν πράξεων τὸ ἀγαθόν, καὶ ἐκείνου ἕνεκα δεῖν πάντα τἆλλα πράττεσθαι, ἀλλ' οὐκ ἐκεῖνο τῶν ἄλλων; Σύμψηφος ἡμῖν εἶ καὶ σὺ ἐκ 500 τρίτων;

ΚΑΛ. Ἔγωγε.

ΣΩ. Τῶν ἀγαθῶν ἄρα ἕνεκα δεῖ καὶ τἆλλα καὶ τὰ ἡδέα πράττειν, ἀλλ' οὐ τἀγαθὰ τῶν ἡδέων.

ΚΑΛ. Πάνυ γε.

ΣΩ. Ἆρ' οὖν παντὸς ἀνδρός ἐστιν ἐκλέξασθαι ποῖα ἀγαθὰ τῶν ἡδέων ἐστὶν καὶ ὁποῖα κακά, ἢ τεχνικοῦ δεῖ εἰς ἕκαστον;

ΚΑΛ. Τεχνικοῦ.

ΣΩ. Ἀναμνησθῶμεν δὴ ὧν αὖ ἐγὼ πρὸς Πῶλον καὶ Γοργίαν ἐτύγχανον λέγων. Ἔλεγον γάρ, εἰ μνημονεύεις, ὅτι εἶεν παρασκευαὶ αἱ μὲν μέχρι ἡδονῆς, αὐτὸ τοῦτο μόνον b παρασκευάζουσαι, ἀγνοοῦσαι δὲ τὸ βέλτιον καὶ τὸ χεῖρον, αἱ δὲ γιγνώσκουσαι ὅ τί τε ἀγαθὸν καὶ ὅ τι κακόν· καὶ ἐτίθην τῶν μὲν περὶ τὰς ἡδονὰς τὴν μαγειρικὴν ἐμπειρίαν, ἀλλ' οὐ τέχνην, τῶν δὲ περὶ τὸ ἀγαθὸν τὴν ἰατρικὴν τέχνην.

Καὶ πρὸς φιλίου, ὦ Καλλίκλεις, μήτε αὐτὸς οἴου δεῖν πρὸς ἐμὲ παίζειν μηδ' ὅ τι ἂν τύχῃς παρὰ τὰ δοκοῦντα ἀποκρίνου, μήτ' αὖ τὰ παρ' ἐμοῦ οὕτως ἀποδέχου ὡς παίζοντος· ὁρᾷς γὰρ ὅτι περὶ τούτου ἡμῖν εἰσιν οἱ λόγοι, οὗ c τί ἂν μᾶλλον σπουδάσειέ τις καὶ σμικρὸν νοῦν ἔχων ἄνθρωπος, ἢ τοῦτο, ὅντινα χρὴ τρόπον ζῆν, πότερον ἐπὶ ὃν σὺ παρακαλεῖς ἐμέ, τὰ τοῦ ἀνδρὸς δὴ ταῦτα πράττοντα, λέγοντά τε ἐν τῷ δήμῳ καὶ ῥητορικὴν ἀσκοῦντα καὶ πολιτευόμενον τοῦτον τὸν τρόπον ὃν ὑμεῖς νῦν πολιτεύεσθε,

nous pour reconnaître que la fin dernière de tous nos actes est le bien et que, dans toute notre conduite, nos autres buts sont subordonnés au bien, mais non le bien à ces autres buts ? Ajoutes-tu ton suffrage à nos deux premiers ?

CALLICLÈS. – Oui.

SOCRATE. – Ainsi donc, on recherche l'agréable, comme tout le reste, pour le bien, et non le bien pour l'agréable ?

CALLICLÈS. – Certainement.

SOCRATE. – Mais appartient-il au premier venu de distinguer, dans le nombre des choses agréables, celles qui sont bonnes et celles qui sont mauvaises ? Ou bien est-ce le fait d'un technicien particulier pour chaque cas ?

CALLICLÈS. – La compétence est nécessaire.

SOCRATE. – Rappelons-nous donc ce que je disais à Polos et à Gorgias. Je disais, si tu t'en souviens, qu'entre les différentes industries les unes atteignent seulement le plaisir et ne peuvent procurer que lui, mais ignorent le meilleur et le pire, tandis que d'autres connaissent le bien et le mal. Et je rangeais parmi les industries relatives au plaisir la cuisine, simple procédé et non technique véritable, opposée à la technique médicale, que je rangeais parmi celles qui se rapportent au bien.

Au nom du dieu de l'amitié, Calliclès, ne te crois pas le droit de jouer avec moi et de me répondre contre ta pensée la première chose qui te passera par la tête ; ne prends pas non plus mon langage pour une simple plaisanterie : car, tu le vois maintenant, quel sujet plus grave, plus capable de faire réfléchir même le moins raisonnable, que celui dont nous disputons ? Il s'agit de savoir quel genre de vie nous devons adopter : celui auquel tu m'exhortes, faire œuvre d'homme, dis-tu, en parlant au peuple, en étudiant la rhétorique, en pratiquant la politique comme vous la pratiquez aujourd'hui ;

ἢ [ἐπὶ] τόνδε τὸν βίον τὸν ἐν φιλοσοφίᾳ, καὶ τί ποτ' ἐστὶν
οὗτος ἐκείνου διαφέρων.

Ἴσως οὖν βέλτιστόν ἐστιν, ὡς ἄρτι ἐγὼ ἐπεχείρησα,
διαιρεῖσθαι, διελομένους δὲ καὶ ὁμολογήσαντας ἀλλήλοις, εἰ d
ἔστιν τούτω διττὼ τὼ βίω, σκέψασθαι τί τε διαφέρετον
ἀλλήλοιν καὶ ὁπότερον βιωτέον αὐτοῖν.

Ἴσως οὖν οὔπω οἶσθα τί λέγω.

ΚΑΛ. Οὐ δῆτα.

ΣΩ. Ἀλλ' ἐγώ σοι σαφέστερον ἐρῶ. Ἐπειδὴ ὡμολογήκαμεν ἐγώ τε καὶ σὺ εἶναι μέν τι ἀγαθόν, εἶναι δέ τι ἡδύ,
ἕτερον δὲ τὸ ἡδὺ τοῦ ἀγαθοῦ, ἑκατέρου δὲ αὐτοῖν μελέτην
τινὰ εἶναι καὶ παρασκευὴν τῆς κτήσεως, τὴν μὲν τοῦ ἡδέος
θήραν, τὴν δὲ τοῦ ἀγαθοῦ — αὐτὸ δέ μοι τοῦτο πρῶτον ἢ e
σύμφαθι ἢ μή. Σύμφῃς;

ΚΑΛ. Οὕτως φημί.

ΣΩ. Ἴθι δή, ἃ καὶ πρὸς τούσδε ἐγὼ ἔλεγον, διομολόγη-
σαί μοι, εἰ ἄρα σοι ἔδοξα τότε ἀληθῆ λέγειν. Ἔλεγον δέ
που, ὅτι ἡ μὲν ὀψοποιικὴ οὔ μοι δοκεῖ τέχνη εἶναι ἀλλ'
ἐμπειρία, ἡ δ' ἰατρική, λέγων ὅτι ἡ μὲν τούτου οὗ θερα- 501
πεύει καὶ τὴν φύσιν ἔσκεπται καὶ τὴν αἰτίαν ὧν πράττει,
καὶ λόγον ἔχει τούτων ἑκάστου δοῦναι, ἡ ἰατρική· ἡ δ'
ἑτέρα τῆς ἡδονῆς, πρὸς ἣν ἡ θεραπεία αὐτῇ ἐστιν ἅπασα,
κομιδῇ ἀτέχνως ἐπ' αὐτὴν ἔρχεται, οὔτε τι τὴν φύσιν
σκεψαμένη τῆς ἡδονῆς οὔτε τὴν αἰτίαν, ἀλόγως τε παντάπασιν, ὡς ἔπος εἰπεῖν, οὐδὲν διαριθμησαμένη, τριβῇ καὶ
ἐμπειρίᾳ μνήμην μόνον σῳζομένη τοῦ εἰωθότος γίγνεσθαι,
ᾧ δὴ καὶ πορίζεται τὰς ἡδονάς.   b

60. Ce rappel de l'objet éthique de la discussion (492d) est aussi
pour Socrate le début d'une réponse à l'accusation de nullité politique

ou bien s'il faut, comme moi, se consacrer à la philosophie, et en quoi ceci peut bien l'emporter sur cela[60].

Peut-être le meilleur parti à prendre est-il, comme je
l'ai essayé, de les distinguer ; ensuite, la distinction faite
et reconnue d'un commun accord, étant admis que ces
deux genres de vie sont différents, d'examiner en quoi
consiste la différence et lequel des deux il faut choisir.

Mais peut-être ne saisis-tu pas bien encore ce que je
veux dire ?

CALLICLÈS. – Non, pas du tout.

SOCRATE. – Je vais donc tâcher d'être plus clair.
Puisque nous sommes d'accord, toi et moi, qu'il existe
du bon et de l'agréable, et que l'agréable est autre que le
bon, qu'à chacun d'eux se rapporte une certaine méthode qui en vise l'acquisition, l'une poursuivant le plaisir,
l'autre, à l'égard du bien... Mais au fait, dis-moi d'abord
si tu es de mon avis sur ce premier point, oui ou non ?
Voyons, est-ce oui ?

CALLICLÈS. – Oui.

SOCRATE. – Et maintenant, à propos du langage que
j'ai tenu à Gorgias et à Polos, assure-moi aussi s'il te
paraît que j'ai dit alors la vérité. Je leur disais à peu près
ceci : que la cuisine me semblait être un procédé et non
une technique, à la différence de la médecine, et j'en
donnais cette raison que l'une, la médecine, quand elle
soigne un malade, a commencé par étudier la nature du
malade, qu'elle sait pourquoi elle agit comme elle le fait,
et peut justifier toutes ses démarches ; au lieu que
l'autre, dont tout l'effort tend au plaisir, marche à son
but sans aucune technique, sans avoir étudié la nature du
plaisir et sa cause, livrée pour ainsi dire au pur hasard,
dépourvue de tout calcul, conservant seulement par
habitude et par procédé le souvenir de ce qu'on fait
d'habitude et cherchant par les mêmes moyens à procurer du plaisir.

(484d-e). L'alternative des deux genres de vie opposés occupera tout
le reste du discours socratique (voir notamment la remarque de 513c).

Ταῦτ' οὖν πρῶτον σκόπει εἰ δοκεῖ σοι ἱκανῶς λέγεσθαι, καὶ εἶναί τινες καὶ περὶ ψυχὴν τοιαῦται ἄλλαι πραγματεῖαι, αἱ μὲν τεχνικαί, προμηθίαν τινὰ ἔχουσαι τοῦ βελτίστου περὶ τὴν ψυχήν, αἱ δὲ τούτου μὲν ὀλιγωροῦσαι, ἐσκεμμέναι δ' αὖ, ὥσπερ ἐκεῖ, τὴν ἡδονὴν μόνον τῆς ψυχῆς, τίνα ἂν αὐτῇ τρόπον γίγνοιτο, ἥτις δὲ ἢ βελτίων ἢ χείρων τῶν ἡδονῶν, οὔτε σκοπούμεναι οὔτε μέλον αὐταῖς ἄλλο ἢ χαρίζεσθαι μόνον, εἴτε βέλτιον εἴτε χεῖρον. Ἐμοὶ c μὲν γάρ, ὦ Καλλίκλεις, δοκοῦσίν τε εἶναι καὶ ἔγωγέ φημι τὸ τοιοῦτον κολακείαν εἶναι καὶ περὶ σῶμα καὶ περὶ ψυχὴν καὶ περὶ ἄλλο ὅτου ἄν τις τὴν ἡδονὴν θεραπεύῃ, ἀσκέπτως ἔχων τοῦ ἀμείνονός τε καὶ τοῦ χείρονος· σὺ δὲ δὴ πότερον συγκατατίθεσαι ἡμῖν περὶ τούτων τὴν αὐτὴν δόξαν ἢ ἀντίφῃς;

ΚΑΛ. Οὐκ ἔγωγε, ἀλλὰ συγχωρῶ, ἵνα σοι καὶ περανθῇ ὁ λόγος καὶ Γοργίᾳ τῷδε χαρίσωμαι.

ΣΩ. Πότερον δὲ περὶ μὲν μίαν ψυχὴν ἔστιν τοῦτο, περὶ d δὲ δύο καὶ πολλὰς οὐκ ἔστιν;

ΚΑΛ. Οὐκ, ἀλλὰ καὶ περὶ δύο καὶ περὶ πολλάς.

ΣΩ. Οὐκοῦν καὶ ἀθρόαις ἅμα χαρίζεσθαι ἔστι, μηδὲν σκοπούμενον τὸ βέλτιστον;

ΚΑΛ. Οἶμαι ἔγωγε.

ΣΩ. Ἔχεις οὖν εἰπεῖν αἵτινές εἰσιν αἱ ἐπιτηδεύσεις αἱ τοῦτο ποιοῦσαι; Μᾶλλον δέ, εἰ βούλει, ἐμοῦ ἐρωτῶντος, ἡ μὲν ἄν σοι δοκῇ τούτων εἶναι, φάθι, ἢ δ' ἂν μή, μὴ φάθι. Πρῶτον δὲ σκεψώμεθα τὴν αὐλητικήν· οὐ δοκεῖ σοι τοι- e αύτη τις εἶναι, ὦ Καλλίκλεις, τὴν ἡδονὴν ἡμῶν μόνον διώκειν, ἄλλο δ' οὐδὲν φροντίζειν;

ΚΑΛ. Ἔμοιγε δοκεῖ.

Vois donc d'abord si cela te paraît juste et s'il n'y a pas aussi, en ce qui concerne l'âme, deux sortes analogues de professions, les unes relevant de la technique et soucieuses de pourvoir au plus grand bien de l'âme, les autres indifférentes au bien, et uniquement préoccupées ici encore, des procédés qui peuvent donner à l'âme du plaisir ; quant à savoir quel plaisir est meilleur et quel autre est mauvais, elles l'ignorent et ne se le demandent même pas, n'ayant d'autre objet que de plaire par tous les moyens, bons ou mauvais. Pour moi, Calliclès, il me semble qu'il existe de telles professions et j'affirme que c'est là pure flatterie, qu'il s'agisse du corps ou de l'âme, ou de tout autre objet à qui l'on se préoccupe uniquement de donner du plaisir, sans nul souci de son intérêt véritable ou de son détriment. Partages-tu mon opinion à cet égard, ou la rejettes-tu ?

CALLICLÈS. – Je ne la rejette pas, Socrate ; je m'y rallie, au contraire, pour faire avancer la discussion et pour être agréable à Gorgias.

SOCRATE. – Cette flatterie dont je parle peut-elle s'exercer uniquement envers une seule âme, ou bien envers deux ou plusieurs ?

CALLICLÈS. – Envers deux ou plusieurs.

SOCRATE. – Ainsi, on peut vouloir flatter une foule sans se soucier en rien de son véritable intérêt ?

CALLICLÈS. – Je le crois.

SOCRATE. – Peux-tu me dire quels sont les exercices qui ont cet objet en vue ? ou plutôt, si tu le préfères, je te poserai des questions, et quand un exercice te semblera rentrer dans cette catégorie, tu me répondras affirmativement, sinon, non. Voyons d'abord le jeu de la flûte : ne te semble-t-il pas qu'il soit dans ce cas, qu'il cherche notre plaisir et ne vise à rien d'autre ?

CALLICLÈS. – C'est mon avis.

ΣΩ. Οὐκοῦν καὶ αἱ τοιαίδε ἅπασαι, οἷον ἡ κιθαριστικὴ
ἡ ἐν τοῖς ἀγῶσιν ;

ΚΑΛ. Ναί.

ΣΩ. Τί δέ ; ἡ τῶν χορῶν διδασκαλία καὶ ἡ τῶν διθυράμβων ποίησις οὐ τοιαύτη τίς σοι καταφαίνεται ; Ἦ ἡγεῖ
τι φροντίζειν Κινησίαν τὸν Μέλητος, ὅπως ἐρεῖ τι τοιοῦτον ὅθεν ἂν οἱ ἀκούοντες βελτίους γίγνοιντο, ἢ ὅ τι μέλλει
χαριεῖσθαι τῷ ὄχλῳ τῶν θεατῶν ;   502

ΚΑΛ. Δῆλον δὴ τοῦτό γε, ὦ Σώκρατες, Κινησίου γε
πέρι.

ΣΩ. Τί δέ ; Ὁ πατὴρ αὐτοῦ Μέλης ἦ πρὸς τὸ βέλτιστον βλέπων ἐδόκει σοι κιθαρῳδεῖν ; Ἦ ἐκεῖνος μὲν οὐδὲ
πρὸς τὸ ἥδιστον ; ἠνία γὰρ ᾄδων τοὺς θεατάς. Ἀλλὰ δὴ
σκόπει· οὐχὶ ἥ τε κιθαρῳδικὴ δοκεῖ σοι πᾶσα καὶ ἡ τῶν
διθυράμβων ποίησις ἡδονῆς χάριν ηὑρῆσθαι ;

ΚΑΛ. Ἔμοιγε.

ΣΩ. Τί δὲ δή ; ἡ σεμνὴ αὕτη καὶ θαυμαστή, ἡ τῆς τρα- b
γῳδίας ποίησις [ἐφ᾽ ᾧ ἐσπούδακεν], πότερόν ἐστιν αὐτῆς
τὸ ἐπιχείρημα καὶ ἡ σπουδή, ὥς μοι δοκεῖ, χαρίζεσθαι τοῖς
θεαταῖς μόνον, ἢ καὶ διαμάχεσθαι, ἐάν τι αὐτοῖς ἡδὺ μὲν
ᾖ καὶ κεχαρισμένον, πονηρὸν δέ, ὅπως τοῦτο μὲν μὴ ἐρεῖ,
εἰ δέ τι τυγχάνει ἀηδὲς καὶ ὠφέλιμον, τοῦτο δὲ καὶ λέξει
καὶ ᾄσεται, ἐάν τε χαίρωσιν ἐάν τε μή ; ποτέρως σοι δοκεῖ
παρεσκευάσθαι ἡ τῶν τραγῳδιῶν ποίησις ;

---

61. « *Dans les concours* ». Cette restriction réserve le rôle reconnu à l'enseignement de la cithare dans l'éducation athénienne : Platon
lui-même le recommande et l'oppose à celui de la flûte, qu'il proscrit
comme amollissant (*Rép.*, III, 399 d). On notera qu'il ne s'agit encore
ici que de musique instrumentale.

62. Ainsi Socrate ne s'en prend qu'à une partie du lyrisme choral,
celui qui s'était developpé sous l'influence de la religion dionysiaque :
il jouissait à Athènes d'une grande faveur. Les chœurs en question ne

SOCRATE. – De même sans doute les exercices analogues, par exemple le jeu de la cithare dans les concours[61] ?

CALLICLÈS. – Oui.

SOCRATE. – Mais, dis-moi : dans les évolutions des chœurs et dans la poésie dithyrambique[62], ne retrouves-tu pas le même caractère ? Crois-tu que Cinésias, fils de Mélès, ait souci de faire entendre à ses auditeurs quoique ce soit qui puisse les rendre meilleurs, ou seulement ce qui peut plaire à la foule ?

CALLICLÈS. – Pour Cinésias, Socrate, c'est évident.

SOCRATE. – Et son père, Mélès, quand il chantait en s'accompagnant de la cithare, avait-il le souci du bien ? Pas même à vrai dire, celui de l'agrément, car il assommait son public. Mais réfléchis : n'estimes-tu pas que toute la poésie citharédique et dithyrambique n'a été inventée qu'en vue du plaisir ?

CALLICLÈS. – Oui.

SOCRATE. – Vois encore : cette vénérable et merveilleuse forme de poésie, la tragédie, que cherche-t-elle, à quoi s'efforce-t-elle ? Est-ce à plaire uniquement, comme je le crois ; ou bien, si quelque idée capable de flatter et de charmer les spectateurs est mauvaise, s'ingénie-t-elle pour la taire, et si quelque autre est désagréable, mais utile, prend-elle soin de la dire et de la chanter, que cela plaise ou non ? De ces deux façons de se comporter, quelle est, selon toi, celle de la tragédie[63] ?

sont donc que les chœurs dits *cycliques*, dont la ronde animée *(turbasie)* accompagnait précisément les dithyrambes. Sur Cinésias et ses innovations, cf. Phérécrate, *Chiron* (fr. 145, K), et Aristophane, *Oiseaux*, 1371 *sqq.*, *Grenouilles*, 153 et 1477.

63. Cette remarque complète la définition précédente (463a-466a) de la flatterie et donne donc à la tragédie une signification politique. La *République* y reviendra, pour en examiner les dangers, notamment en III, 394b-398b.

ΚΑΛ. Δῆλον δὴ τοῦτό γε, ὦ Σώκρατες, ὅτι πρὸς τὴν c
ἡδονὴν μᾶλλον ὥρμηται καὶ τὸ χαρίζεσθαι τοῖς θεαταῖς.

ΣΩ. Οὐκοῦν τὸ τοιοῦτον, ὦ Καλλίκλεις, ἔφαμεν νυνδὴ
κολακείαν εἶναι;

ΚΑΛ. Πάνυ γε.

ΣΩ. Φέρε δή, εἴ τις περιέλοιτο τῆς ποιήσεως πάσης τό
τε μέλος καὶ τὸν ῥυθμὸν καὶ τὸ μέτρον, ἄλλο τι ἢ λόγοι
γίγνονται τὸ λειπόμενον;

ΚΑΛ. 'Ανάγκη.

ΣΩ. Οὐκοῦν πρὸς πολὺν ὄχλον καὶ δῆμον οὗτοι λέγονται
οἱ λόγοι;

ΚΑΛ. Φημί.

ΣΩ. Δημηγορία ἄρα τίς ἐστιν ἡ ποιητική.   d

ΚΑΛ. Φαίνεται.

ΣΩ. Οὐκοῦν ῥητορικὴ δημηγορία ἂν εἴη· ἢ οὐ ῥητο-
ρεύειν δοκοῦσί σοι οἱ ποιηταὶ ἐν τοῖς θεάτροις;

ΚΑΛ. Ἔμοιγε.

ΣΩ Νῦν ἄρα ἡμεῖς ηὑρήκαμεν ῥητορικήν τινα πρὸς
δῆμον τοιοῦτον οἷον παίδων τε ὁμοῦ καὶ γυναικῶν καὶ
ἀνδρῶν, καὶ δούλων καὶ ἐλευθέρων, ἣν οὐ πάνυ ἀγάμεθα·
κολακικὴν γὰρ αὐτὴν φαμεν εἶναι.

ΚΑΛ. Πάνυ γε.

ΣΩ. Εἶεν· τί δὲ ἡ πρὸς τὸν 'Αθηναίων δῆμον ῥητορικὴ
καὶ τοὺς ἄλλους τοὺς ἐν ταῖς πόλεσιν δήμους τοὺς τῶν e
ἐλευθέρων ἀνδρῶν, τί ποτε ἡμῖν αὕτη ἐστίν; Πότερόν σοι
δοκοῦσιν πρὸς τὸ βέλτιστον ἀεὶ λέγειν οἱ ῥήτορες, τούτου
στοχαζόμενοι, ὅπως οἱ πολῖται ὡς βέλτιστοι ἔσονται διὰ
τοὺς αὐτῶν λόγους, ἢ καὶ οὗτοι πρὸς τὸ χαρίζεσθαι τοῖς
πολίταις ὡρμημένοι, καὶ ἕνεκα τοῦ ἰδίου τοῦ αὐτῶν ὀλιγω-
ροῦντες τοῦ κοινοῦ, ὥσπερ παισὶ προσομιλοῦσι τοῖς δήμοις,
χαρίζεσθαι αὐτοῖς πειρώμενοι μόνον, εἰ δέ γε βελτίους 503
ἔσονται ἢ χείρους διὰ ταῦτα, οὐδὲν φροντίζουσιν;

CALLICLÈS. – Il est évident, Socrate, qu'elle tend plutôt à l'agréable et au plaisir des spectateurs.

SOCRATE. – N'avons-nous pas dit tout à l'heure que c'était là de la flatterie ?

CALLICLÈS. – Certainement.

SOCRATE. – Mais, si l'on enlève à la poésie la musique, le rythme et le mètre, ce qui reste, n'est-ce pas simplement le langage ?

CALLICLÈS. – C'est évident.

SOCRATE. – Or ce langage s'adresse à la foule et au peuple ?

CALLICLÈS. – Oui.

SOCRATE. – De sorte que la poésie est une sorte de discours au peuple ?

CALLICLÈS. – Cela paraît vrai.

SOCRATE. – C'est donc un discours relevant de la rhétorique ; le poète, en effet, ne te semble-t-il pas faire au théâtre métier de rhéteur ?

CALLICLÈS. – Je le crois.

SOCRATE. – Voilà donc une sorte de rhétorique à l'usage d'une assemblée où se pressent pêle-mêle, à côté des hommes, les enfants et les femmes, et les esclaves avec les hommes libres : rhétorique pour laquelle nous avons peu d'estime, puisqu'elle est selon nous une flatterie.

CALLICLÈS. – Assurément.

SOCRATE. – Bon. Mais la rhétorique qui s'adresse au peuple d'Athènes et à celui des autres cités, c'est à dire à des assemblées d'hommes libres, qu'en devons-nous penser ? Es-tu d'avis que les rhéteurs parlent toujours en vue du plus grand bien, avec la constante préoccupation de rendre les citoyens meilleurs par leurs discours, ou bien estimes-tu qu'ils courent après la faveur populaire, qu'ils sacrifient l'intérêt public à leur intérêt privé, et qu'ils traitent les peuples comme des enfants auxquels ils veulent plaire avant tout, sans s'inquiéter de savoir s'ils les rendent meilleurs ou pires par ces procédés ?

ΚΑΛ. Οὐχ ἁπλοῦν ἔτι τοῦτο ἐρωτᾷς· εἰσὶ μὲν γὰρ οἳ κηδόμενοι τῶν πολιτῶν λέγουσιν ἃ λέγουσιν, εἰσὶ δὲ καὶ οἵους σὺ λέγεις.

ΣΩ. Ἐξαρκεῖ. Εἰ γὰρ καὶ τοῦτό ἐστι διπλοῦν, τὸ μὲν ἕτερόν που τούτου κολακεία ἂν εἴη καὶ αἰσχρὰ δημηγορία, τὸ δ' ἕτερον καλόν, τὸ παρασκευάζειν ὅπως ὡς βέλτισται ἔσονται τῶν πολιτῶν αἱ ψυχαί, καὶ ἀεὶ διαμάχεσθαι λέγοντα τὰ βέλτιστα, εἴτε ἡδίω εἴτε ἀηδέστερα ἔσται τοῖς ἀκούουσιν. Ἀλλ' οὐ πώποτε σὺ ταύτην εἶδες τὴν ῥητορικήν· ἢ b εἴ τινα ἔχεις τῶν ῥητόρων τοιοῦτον εἰπεῖν, τί οὐχὶ καὶ ἐμοὶ αὐτὸν ἔφρασας τίς ἐστιν;

ΚΑΛ. Ἀλλὰ μὰ Δία οὐκ ἔχω ἔγωγέ σοι εἰπεῖν τῶν γε νῦν ῥητόρων οὐδένα.

ΣΩ. Τί δέ; Τῶν παλαιῶν ἔχεις τινὰ εἰπεῖν δι' ὅντινα αἰτίαν ἔχουσιν Ἀθηναῖοι βελτίους γεγονέναι, ἐπειδὴ ἐκεῖνος ἤρξατο δημηγορεῖν, ἐν τῷ πρόσθεν χρόνῳ χείρους ὄντες; Ἐγὼ μὲν γὰρ οὐκ οἶδα τίς ἐστιν οὗτος;   c

ΚΑΛ. Τί δέ; Θεμιστοκλέα οὐκ ἀκούεις ἄνδρα ἀγαθὸν γεγονότα καὶ Κίμωνα καὶ Μιλτιάδην καὶ Περικλέα τουτονὶ τὸν νεωστὶ τετελευτηκότα, οὗ καὶ σὺ ἀκήκοας;

ΣΩ. Εἰ ἔστιν γε, ὦ Καλλίκλεις, ἣν πρότερον σὺ ἔλεγες ἀρετήν, ἀληθής, τὸ τὰς ἐπιθυμίας ἀποπιμπλάναι καὶ τὰς αὐτοῦ καὶ τὰς τῶν ἄλλων· εἰ δὲ μὴ τοῦτο, ἀλλ' ὅπερ ἐν τῷ ὑστέρῳ λόγῳ ἠναγκάσθημεν ἡμεῖς ὁμολογεῖν, ὅτι αἱ μὲν τῶν ἐπιθυμιῶν πληρούμεναι βελτίω ποιοῦσι τὸν ἄνθρωπον, ταύτας μὲν ἀποτελεῖν, αἱ δὲ χείρω, μή, τοῦτο δὲ τέχνη τις d εἴη, τοιοῦτον ἄνδρα τούτων τινὰ γεγονέναι ἔχεις εἰπεῖν;

ΚΑΛ. Οὐκ ἔχω ἔγωγε πῶς εἴπω.

ΣΩ. Ἀλλ' ἐὰν ζητῇς καλῶς, εὑρήσεις· ἴδωμεν δὴ οὑτωσὶ ἀτρέμα σκοπούμενοι εἴ τις τούτων τοιοῦτος γέγονεν. Φέρε γάρ, ὁ ἀγαθὸς ἀνὴρ καὶ ἐπὶ τὸ βέλτιστον λέγων ἃ ἂν λέγῃ, ἄλλο τι οὐκ εἰκῇ ἐρεῖ, ἀλλ' ἀποβλέπων πρός τι; Ὥσπερ

CALLICLÈS. – Cette question est plus complexe : il y a des rhéteurs dont les discours s'inspirent de l'intérêt public, et d'autres qui font comme tu le dis.

SOCRATE. – Il suffit : s'il y a deux sortes d'éloquence politique, l'une des deux est une flatterie et une vilaine chose ; l'autre seule est belle, celle qui travaille à améliorer les âmes des citoyens et qui s'efforce de toujours dire le meilleur, que cela plaise ou non à l'auditoire. Mais as-tu jamais rencontré cette éloquence-là ? Si tu en connais des exemples parmi les rhéteurs, hâte-toi de me les nommer.

CALLICLÈS. – Eh bien, non, parmi ceux d'aujourd'hui, je n'en vois pas que je puisse t'indiquer.

SOCRATE. – Mais quoi ? Parmi ceux d'autrefois, peux-tu nommer un rhéteur dont la parole, à partir du moment où elle commença de se faire entendre, ait fait passer les Athéniens d'un état moins bon à un état meilleur ? Pour moi, ce rhéteur-là m'est inconnu.

CALLICLÈS. – Que dis-tu ? N'as-tu jamais entendu vanter les mérites de Thémistocle, de Cimon, de Miltiade, de ce Périclès qui vient de mourir et dont tu as toi-même été l'auditeur ?

SOCRATE. – Si c'est un mérite véritable, Calliclès, de faire ce que tu disais d'abord, de satisfaire ses propres passions et celle des autres, je n'ai rien à répondre ; mais s'il en est autrement, s'il est vrai, comme nous avons dû le reconnaître ensuite, qu'il est bon de satisfaire ceux de nos désirs qui réalisés nous rendent meilleurs, mais non ceux qui nous rendent pires, et que ce soit là une technique, peux-tu me citer un seul de ces hommes qui ait rempli ces conditions ?

CALLICLÈS. – Je ne sais trop que te répondre.

SOCRATE. – Cherche bien et tu trouveras. Examinons donc, comme ceci, avec calme, si l'un d'eux les a réalisés. Voyons : l'homme vertueux, celui qui dit tout ce qu'il dit pour le plus grand bien, parle-t-il jamais à l'aventure, ou n'a-t-il pas un but déterminé dans tous ses

καὶ οἱ ἄλλοι πάντες δημιουργοὶ βλέποντες πρὸς τὸ αὐτῶν
ἔργον ἕκαστος οὐκ εἰκῇ ἐκλεγόμενος προσφέρει ἃ προσφέ- θ
ρει [πρὸς τὸ ἔργον τὸ αὐτῶν], ἀλλ' ὅπως ἂν εἶδός τι αὐτῷ
σχῇ τοῦτο ὃ ἐργάζεται. Οἷον εἰ βούλει ἰδεῖν τοὺς ζωγρά-
φους, τοὺς οἰκοδόμους, τοὺς ναυπηγούς, τοὺς ἄλλους
πάντας δημιουργούς, ὅντινα βούλει αὐτῶν, ὡς εἰς τάξιν
τινὰ ἕκαστος ἕκαστον τίθησιν ὃ ἂν τιθῇ, καὶ προσαναγ-
κάζει τὸ ἕτερον τῷ ἑτέρῳ πρέπον τε εἶναι καὶ ἁρμόττειν,
ἕως ἂν τὸ ἅπαν συστήσηται τεταγμένον τε καὶ κεκοσμη- 504
μένον πρᾶγμα· καὶ οἵ τε δὴ ἄλλοι δημιουργοὶ καὶ οὓς νυνδὴ
ἐλέγομεν, οἱ περὶ τὸ σῶμα, παιδοτρίβαι τε καὶ ἰατροί,
κοσμοῦσί που τὸ σῶμα καὶ συντάττουσιν. Ὁμολογοῦμεν οὕτω
τοῦτ' ἔχειν ἢ οὔ;

ΚΑΛ. Ἔστω τοῦτο οὕτω.

ΣΩ. Τάξεως ἄρα καὶ κόσμου τυχοῦσα οἰκία χρηστὴ ἂν
εἴη, ἀταξίας δὲ μοχθηρά;

ΚΑΛ. Φημί.

ΣΩ. Οὐκοῦν καὶ πλοῖον ὡσαύτως;

ΚΑΛ. Ναί.   b

ΣΩ. Καὶ μὴν καὶ τὰ σώματά φαμεν τὰ ἡμέτερα;

ΚΑΛ. Πάνυ γε.

ΣΩ. Τί δ' ἡ ψυχή; Ἀταξίας τυχοῦσα ἔσται χρηστή, ἢ
τάξεώς τε καὶ κόσμου τινός;

ΚΑΛ. Ἀνάγκη ἐκ τῶν πρόσθεν καὶ τοῦτο συνομολογεῖν.

ΣΩ. Τί οὖν ὄνομά ἐστιν ἐν τῷ σώματι τῷ ἐκ τῆς τάξεώς
τε καὶ τοῦ κόσμου γιγνομένῳ;

64. Socrate arrête ainsi, pour les conserver ensuite avec une
rigueur que la traduction a peine à suivre, les deux termes essentiels
(*taxis*, disposition, ordre, et *kosmos*, harmonie, proportion) de sa définition, d'abord du *bien* en général, puis du *bien* de l'âme. On retrou-

GORGIAS 189

discours ? Il en est de lui comme des autres artisans : chacun de ceux-ci, le regard fixé sur sa tâche propre, loin de recueillir et d'employer au hasard les matériaux qu'il emploie, vise à réaliser dans ce qu'il fait un certain plan. Considère, par exemple, les peintres, les architectes, les constructeurs de navires et tous les autres artisans, prends celui que tu voudras, tu verras avec quel ordre rigoureux chacun dispose les divers éléments de son œuvre, les forçant à s'ajuster harmonieusement les uns aux autres, jusqu'à ce qu'enfin tout l'ensemble se tienne et s'ordonne avec beauté. De même que les autres artisans, ceux dont nous avons parlé précédemment et qui s'occupent du corps, les médecins et les pédotribes, s'attachent à mettre dans leur ouvrage, qui est le corps, la beauté des justes proportions. Sommes-nous d'accord sur ce point ?

CALLICLÈS. – Admettons-le.

SOCRATE. – L'ordre et la proportion[64] font donc la bonne qualité d'une maison, tandis qu'avec le désordre elle est sans valeur ?

CALLICLÈS. – Oui.

SOCRATE. – De même pour un navire ?

CALLICLÈS. – Oui.

SOCRATE. – Et pareillement pour nos corps ?

CALLICLÈS. – Sans doute.

SOCRATE. – Et notre âme ? Est-ce par le désordre qu'elle vaut, ou n'est-ce pas par un certain ordre et par certaines proportions ?

CALLICLÈS. – Il faut bien, d'après les affirmations précédentes, en convenir.

SOCRATE. – Comment appelle-t-on, dans le corps, la qualité qui résulte de l'ordre et des proportions ?

vera, en 506d, l'ensemble du système très clairement résumé par lui-même en quelques brèves formules. Sur l'importance à ses yeux de la soumission à la loi (donné en 504d comme la santé de l'âme), voir le *Criton*, 50 a *sqq.* Cf. Xénophon, *Mémorables*, IV, 4, 12 ; 6, 6.

ΚΑΛ. Ὑγίειαν καὶ ἰσχὺν ἴσως λέγεις;

ΣΩ. Ἔγωγε. Τί δὲ αὖ τῷ ἐν τῇ ψυχῇ ἐγγιγνομένῳ ἐκ c τῆς τάξεως καὶ τοῦ κόσμου; Πειρῶ εὑρεῖν καὶ εἰπεῖν ὥσπερ ἐκείνῳ τὸ ὄνομα.

ΚΑΛ. Τί δὲ οὐκ αὐτὸς λέγεις, ὦ Σώκρατες;

ΣΩ. Ἀλλ᾽ εἴ σοι ἥδιόν ἐστιν, ἐγὼ ἐρῶ· σὺ δέ, ἂν μέν σοι δοκῶ ἐγὼ καλῶς λέγειν, φάθι· εἰ δὲ μή, ἔλεγχε καὶ μὴ ἐπίτρεπε. Ἔμοιγε δοκεῖ ταῖς μὲν τοῦ σώματος τάξεσιν ὄνομα εἶναι ὑγιεινόν, ἐξ οὗ ἐν αὐτῷ ἡ ὑγίεια γίγνεται καὶ ἡ ἄλλη ἀρετὴ τοῦ σώματος. Ἔστιν ταῦτα ἢ οὐκ ἔστιν;

ΚΑΛ. Ἔστιν.

ΣΩ. Ταῖς δέ γε τῆς ψυχῆς τάξεσιν καὶ κοσμήσεσιν νόμι- d μόν τε καὶ νόμος, ὅθεν καὶ νόμιμοι γίγνονται καὶ κόσμιοι· ταῦτα δ᾽ ἔστιν δικαιοσύνη τε καὶ σωφροσύνη. Φῂς ἢ οὔ;

ΚΑΛ. Ἔστω.

ΣΩ. Οὐκοῦν πρὸς ταῦτα βλέπων ὁ ῥήτωρ ἐκεῖνος, ὁ τεχνικός τε καὶ ἀγαθός, καὶ τοὺς λόγους προσοίσει ταῖς ψυχαῖς οὓς ἂν λέγῃ, καὶ τὰς πράξεις ἁπάσας, καὶ δῶρον ἐάν τι διδῷ, δώσει, καὶ ἐάν τι ἀφαιρῆται, ἀφαιρήσεται, πρὸς τοῦτο ἀεὶ τὸν νοῦν ἔχων, ὅπως ἂν αὐτοῦ τοῖς πολί- e ταις δικαιοσύνη μὲν ἐν ταῖς ψυχαῖς γίγνηται, ἀδικία δὲ ἀπαλλάττηται, καὶ σωφροσύνη μὲν ἐγγίγνηται, ἀκολασία δὲ ἀπαλλάττηται, καὶ ἡ ἄλλη ἀρετὴ ἐγγίγνηται, κακία δὲ ἀπίῃ. Συγχωρεῖς ἢ οὔ;

ΚΑΛ. Συγχωρῶ.

ΣΩ. Τί γὰρ ὄφελος, ὦ Καλλίκλεις, σώματί γε κάμνοντι

65. L'excellence humaine est ainsi résumée, après l'examen des autres vertus, au couple justice-tempérance. À la connaissance et maîtrise de soi (*sôphrosunê*), Socrate ajoute donc un principe d'ordre et

CALLICLÈS. – Tu veux parler sans doute de la santé et de la force ?

SOCRATE. – Justement. Et la qualité que produisent dans l'âme l'ordre et la proportion ? Tâche de trouver toi-même et de me dire ce nom, comme l'autre.

CALLICLÈS. – Pourquoi ne le dis-tu pas toi-même, Socrate ?

SOCRATE. – Je le dirai, si tu le préfères ; toi, de ton côté, fais-moi savoir si tu approuves ce que je vais dire ; sinon, réfute-moi sans complaisance. Je dis donc que l'ordre, dans le corps, s'appelle le sain, qui produit dans le corps la santé, avec toutes les autres qualités physiques. Est-ce vrai, oui ou non ?

CALLICLÈS. – Très vrai.

SOCRATE. – Dans l'âme, l'ordre et l'harmonie s'appellent la discipline et la loi, qui font les bons citoyens et les honnêtes gens : et c'est cela qui constitue la justice et la tempérance[65]. Sommes-nous d'accord ?

CALLICLÈS. – Soit.

SOCRATE. – Eh bien donc, c'est en tenant son regard fixé sur ces choses que le rhéteur dont je parle, le rhéteur selon la technique et selon le bien, présentera aux âmes tous ses discours en toutes circonstances. Qu'il donne ou retire quelque chose au peuple, il aura toujours pour unique objet de faire naître dans l'âme de ses concitoyens la justice et d'en ôter l'injustice, d'y mettre la tempérance et d'en ôter le dérèglement, d'y mettre enfin toutes les vertus et d'en faire disparaître tous les vices. M'accordes-tu cela, oui ou non ?

CALLICLÈS. – Je te l'accorde.

SOCRATE. – À quoi bon, en effet, Calliclès, offrir à un

d'équilibre, la justice. C'est à la condition de posséder ces deux qualités, comme va le conclure Socrate, que l'on peut mener une vie vertueuse (c'est-à-dire heureuse ; 506c-509c).

καὶ μοχθηρῶς διακειμένῳ σιτία πολλὰ διδόναι καὶ τὰ ἥδιστα ἢ
ποτὰ ἢ ἄλλ' ὁτιοῦν, ὃ μὴ ὀνήσει αὐτὸ ἔσθ' ὅτε πλέον, ἢ τοὐναντίον κατά γε τὸν δίκαιον λόγον καὶ ἔλαττον; Ἔστι ταῦτα;

ΚΑΛ. Ἔστω.   505

ΣΩ. Οὐ γάρ, οἶμαι, λυσιτελεῖ μετὰ μοχθηρίας σώματος
ζῆν ἀνθρώπῳ· ἀνάγκη γὰρ οὕτω καὶ ζῆν μοχθηρῶς. Ἢ οὐχ
οὕτως;

ΚΑΛ. Ναί.

ΣΩ. Οὐκοῦν καὶ τὰς ἐπιθυμίας ἀποπιμπλάναι, οἷον
πεινῶντα φαγεῖν ὅσον βούλεται ἢ διψῶντα πιεῖν, ὑγιαί-
νοντα μὲν ἐῶσιν οἱ ἰατροὶ ὡς τὰ πολλά, κάμνοντα δὲ ὡς
ἔπος εἰπεῖν οὐδέποτ' ἐῶσιν ἐμπίμπλασθαι ὧν ἐπιθυμεῖ;
Συγχωρεῖς τοῦτό γε καὶ σύ;

ΚΑΛ. Ἔγωγε.   b

ΣΩ. Περὶ δὲ ψυχήν, ὦ ἄριστε, οὐχ ὁ αὐτὸς τρόπος;
Ἕως μὲν ἂν πονηρὰ ᾖ, ἀνόητός τε οὖσα καὶ ἀκόλαστος
καὶ ἄδικος καὶ ἀνόσιος, εἴργειν αὐτὴν δεῖ τῶν ἐπιθυμιῶν
καὶ μὴ ἐπιτρέπειν ἀλλ' ἄττα ποιεῖν ἢ ἀφ' ὧν βελτίων ἔσται·
φὴς ἢ οὔ;

ΚΑΛ. Φημί.

ΣΩ. Οὕτω γάρ που αὐτῇ ἄμεινον τῇ ψυχῇ;

ΚΑΛ. Πάνυ γε.

ΣΩ. Οὐκοῦν τὸ εἴργειν ἐστὶν ἀφ' ὧν ἐπιθυμεῖ κολάζειν;

ΚΑΛ. Ναί.

ΣΩ. Τὸ κολάζεσθαι ἄρα τῇ ψυχῇ ἄμεινόν ἐστιν ἢ ἡ
ἀκολασία, ὥσπερ σὺ νυνδὴ ᾤου.

ΚΑΛ. Οὐκ οἶδ' ἄττα λέγεις, ὦ Σώκρατες, ἀλλ' ἄλλον   c
τινὰ ἐρώτα.

ΣΩ. Οὗτος ἀνὴρ οὐχ ὑπομένει ὠφελούμενος καὶ αὐτὸ
τοῦτο πάσχων περὶ οὗ ὁ λόγος ἐστί, κολαζόμενος.

corps malade et misérable des aliments en abondance, des boissons délicieuses et ce qu'il y a de plus agréable en tout genre, s'il doit, ou n'en tirer aucun profit, ou même, selon la vraisemblance, s'en trouver au contraire plus mal ? Est-ce vrai ?

CALLICLÈS. – Soit.

SOCRATE. – Ce n'est point, je pense, un avantage de vivre avec un corps misérable, car la vie elle aussi, en ce cas, est forcément misérable. N'es-tu pas de mon avis ?

CALLICLÈS. – Oui.

SOCRATE. – N'est-ce pas ainsi que les médecins permettent en général à un homme bien portant de satisfaire ses désirs : par exemple, quand il a soif ou faim, de boire ou de manger autant qu'il lui plaît ; tandis qu'au malade, au contraire, ils défendent à peu près tout ce dont il a envie ? En conviens-tu avec moi ?

CALLICLÈS. – Oui certes.

SOCRATE. – Quand il s'agit de l'âme, la règle n'est-elle pas la même ? Aussi longtemps qu'elle est mauvaise, par ignorance, intempérance, injustice ou impiété, il faut la priver de ce qu'elle désire et ne lui laisser faire que ce qui peut la rendre meilleure. Es-tu de cet avis ?

CALLICLÈS. – Oui.

SOCRATE. – N'est-ce pas là ce qui vaut le mieux pour l'âme elle-même ?

CALLICLÈS. – Assurément.

SOCRATE. – Mais la priver de ce qu'elle désire, n'est-ce pas la châtier ?

CALLICLÈS. – Sans doute.

SOCRATE. – Ainsi donc, mieux vaut pour l'âme le châtiment que l'intempérance, que tu préférais tout à l'heure.

CALLICLÈS. – Je ne sais ce que tu veux dire, Socrate ; interroge un autre que moi.

SOCRATE. – Ce Calliclès ne peut souffrir qu'on lui rende service ! Il repousse la chose même dont nous parlons, le châtiment !

ΚΑΛ. Οὐδέ γέ μοι μέλει οὐδὲν ὧν σὺ λέγεις, καὶ ταῦτά σοι Γοργίου χάριν ἀπεκρινάμην.

ΣΩ. Εἶεν· τί οὖν δὴ ποιήσομεν ; Μεταξὺ τὸν λόγον καταλύσομεν ;

ΚΑΛ. Αὐτὸς γνώσει.

ΣΩ. Ἀλλ' οὐδὲ τοὺς μύθους φασὶ μεταξὺ θέμις εἶναι d καταλείπειν, ἀλλ' ἐπιθέντας κεφαλήν, ἵνα μὴ ἄνευ κεφαλῆς περιίῃ. Ἀπόκριναι οὖν καὶ τὰ λοιπά, ἵνα ἡμῖν ὁ λόγος κεφαλὴν λάβῃ.

ΚΑΛ. Ὡς βίαιος εἶ, ὦ Σώκρατες. Ἐὰν δὲ ἐμοὶ πείθῃ, ἐάσεις χαίρειν τοῦτον τὸν λόγον, ἢ καὶ ἄλλῳ τῳ διαλέξει.

ΣΩ. Τίς οὖν ἄλλος ἐθέλει ; Μὴ γάρ τοι ἀτελῆ γε τὸν λόγον καταλείπωμεν.

ΚΑΛ. Αὐτὸς δὲ οὐκ ἂν δύναιο διελθεῖν τὸν λόγον, ἢ λέγων κατὰ σαυτὸν ἢ ἀποκρινόμενος σαυτῷ ;

ΣΩ. Ἵνα μοι τὸ τοῦ Ἐπιχάρμου γένηται, ἃ πρὸ τοῦ e δύο ἄνδρες ἔλεγον, εἷς ὢν ἱκανὸς γένωμαι ; Ἀτὰρ κινδυνεύει ἀναγκαιότατον εἶναι οὕτως. Εἰ μέντοι ποιήσομεν, οἶμαι ἔγωγε χρῆναι πάντας ἡμᾶς φιλονίκως ἔχειν πρὸς τὸ εἰδέναι τὸ ἀληθὲς τί ἐστιν περὶ ὧν λέγομεν καὶ τί ψεῦδος· κοινὸν γὰρ ἀγαθὸν ἅπασι φανερὸν γενέσθαι αὐτό. Δίειμι μὲν οὖν τῷ λόγῳ ἐγὼ ὡς ἄν μοι δοκῇ ἔχειν· ἐὰν δέ τῳ ὑμῶν 506 μὴ τὰ ὄντα δοκῶ ὁμολογεῖν ἐμαυτῷ, χρὴ ἀντιλαμβάνεσθαι καὶ ἐλέγχειν. Οὐδὲ γάρ τοι ἔγωγε εἰδὼς λέγω ἃ λέγω, ἀλλὰ ζητῶ κοινῇ μεθ' ὑμῶν, ὥστε, ἄν τι φαίνηται λέγων ὁ

---

66. Le récit (muthos), comme tout discours, doit être constitué comme un organisme vivant (cf., entre autres passages semblables, Phèdre, 264b-c, Timée, 69a-b, et Philèbe, 66c-d). Cela signifie qu'il doit être composé de manière cohérente, mais aussi qu'il doit être tou-

CALLICLÈS. – Je ne m'inquiète même aucunement de ce que tu peux dire, et je ne t'ai répondu que pour faire plaisir à Gorgias.

SOCRATE. – Soit ; mais alors, qu'allons-nous faire ? Briserons-nous l'entretien sans le conclure ?

CALLICLÈS. – Fais comme tu voudras.

SOCRATE. – Il n'est pas permis, dit-on, de laisser en plan même un récit : il faut lui donner une tête, pour l'empêcher de vaguer sans tête, çà et là[66]. Achève donc de me répondre, pour que notre discussion reçoive son couronnement.

CALLICLÈS. – Quel tyran tu fais, Socrate ! Si tu veux m'en croire, tu laisseras là cette discussion, ou tu la poursuivras avec un autre.

SOCRATE. – Eh bien, qui se présente ? Nous ne pouvons cependant pas laisser notre propos inachevé !

CALLICLÈS. – Ne peux-tu, à toi seul, le développer tout entier, soit au moyen d'un monologue, soit en faisant toi-même les demandes et les réponses ?

SOCRATE. – Tu veux donc qu'il m'arrive, comme dit Épicharme, « de remplir seul l'office de deux hommes » ? J'ai peur de ne pouvoir me soustraire à cette nécessité. Mais, s'il faut en venir là, je crois que nous devons rivaliser d'ardeur pour découvrir où est la vérité, où est l'erreur, dans la question qui nous occupe : car nous avons tous le même intérêt à voir clair sur ce point. Je vais donc exposer ce que j'en pense, et si quelqu'un d'entre vous juge que je m'accorde à moi-même une proposition qui n'est pas vraie, il faut qu'il m'interpelle et qu'il me réfute. Car je ne donne pas moi-même ce que je dis pour une vérité dont je sois sûr : je cherche en commun avec vous, de sorte que si mon contradicteur

jours complet (avoir sa tête), atteindre son terme afin d'être véritablement opérant. Sur la question, voir L. Brisson, « Le discours comme univers et l'univers comme discours. Platon et ses interprètes néoplatoniciens », *Le Texte et ses représentations*, Paris, Presses de l'ENS, 1987, p. 121-128.

ἀμφισθητῶν ἐμοί, ἐγὼ πρῶτος συγχωρήσομαι. Λέγω μέντοι
ταῦτα, εἰ δοκεῖ χρῆναι διαπερανθῆναι τὸν λόγον· εἰ δὲ μὴ
βούλεσθε, ἐῶμεν δὴ χαίρειν καὶ ἀπίωμεν.

ΓΟΡ. Ἀλλ' ἐμοὶ μὲν οὐ δοκεῖ, ὦ Σώκρατες, χρῆναί πω
ἀπιέναι, ἀλλὰ διεξελθεῖν σε τὸν λόγον· φαίνεται δέ μοι καὶ b
τοῖς ἄλλοις δοκεῖν. Βούλομαι γὰρ ἔγωγε καὶ αὐτὸς ἀκοῦσαί
σου αὐτοῦ διιόντος τὰ ἐπίλοιπα.

ΣΩ. Ἀλλὰ μὲν δή, ὦ Γοργία, καὶ αὐτὸς ἡδέως μὲν ἂν
Καλλικλεῖ τούτῳ ἔτι διελεγόμην, ἕως αὐτῷ τὴν τοῦ Ἀμ-
φίονος ἀπέδωκα ῥῆσιν ἀντὶ τῆς τοῦ Ζήθου· ἐπειδὴ δὲ σύ,
ὦ Καλλίκλεις, οὐκ ἐθέλεις συνδιαπερᾶναι τὸν λόγον, ἀλλ'
οὖν ἐμοῦ γε ἀκούων ἐπιλαμβάνου, ἐάν τί σοι δοκῶ μὴ καλῶς λέγειν. Καί με ἐὰν ἐξελέγχῃς, οὐκ ἀχθεσθήσομαί σοι
ὥσπερ σὺ ἐμοί, ἀλλὰ μέγιστος εὐεργέτης παρ' ἐμοὶ ἀναγε- c
γράψει.

ΚΑΛ. Λέγε, ὦγαθέ, αὐτὸς καὶ πέραινε.

ΣΩ. Ἄκουε δὴ ἐξ ἀρχῆς ἐμοῦ ἀναλαβόντος τὸν λόγον.
Ἆρα τὸ ἡδὺ καὶ τὸ ἀγαθὸν τὸ αὐτό ἐστιν; Οὐ ταὐτόν, ὡς
ἐγὼ καὶ Καλλικλῆς ὡμολογήσαμεν. — Πότερον δὲ τὸ ἡδὺ
ἕνεκα τοῦ ἀγαθοῦ πρακτέον, ἢ τὸ ἀγαθὸν ἕνεκα τοῦ ἡδέος;
Τὸ ἡδὺ ἕνεκα τοῦ ἀγαθοῦ. — Ἡδὺ δέ ἐστιν τοῦτο οὗ παρα-
γενομένου ἡδόμεθα, ἀγαθὸν δὲ οὗ παρόντος ἀγαθοί ἐσμεν; d
Πάνυ γε. — Ἀλλὰ μὴν ἀγαθοί γέ ἐσμεν καὶ ἡμεῖς καὶ τὰ
ἄλλα πάντα ὅσ' ἀγαθά ἐστιν, ἀρετῆς τινος παραγενομένης;
Ἔμοιγε δοκεῖ ἀναγκαῖον εἶναι, ὦ Καλλίκλεις. — Ἀλλὰ μὲν
δὴ ἥ γε ἀρετὴ ἑκάστου, καὶ σκεύους καὶ σώματος καὶ ψυχῆς αὖ καὶ ζῴου παντός, οὐτοι εἰκῇ [κάλλιστα] παραγίγνε-
ται, ἀλλὰ τάξει καὶ ὀρθότητι καὶ τέχνῃ, ἥτις ἑκάστῳ
ἀποδέδοται αὐτῶν· ἆρα ἔστιν ταῦτα; Ἐγὼ μὲν γάρ φημι
— Τάξει ἄρα τεταγμένον καὶ κεκοσμημένον ἐστὶν ἡ ἀρετὴ
ἑκάστου; Φαίην ἂν ἔγωγε — Κόσμος τις ἄρα ἐγγενόμενος e

me semble avoir raison, je serai le premier à lui rendre les armes. Si je vous fais d'ailleurs cette offre, c'est dans l'idée que vous croyez bon d'achever la discussion ; si tel n'est pas votre désir, laissons cela et séparons-nous.

GORGIAS. – Je ne suis pas du tout d'avis de nous séparer, Socrate, et je te demande d'exposer ta pensée : tel est aussi, je crois, l'avis de tous les assistants. Pour moi, j'ai un vif désir de t'entendre développer toi-même ce qui reste à examiner.

SOCRATE. – De mon côté, Gorgias, j'aurais eu plaisir à poursuivre le dialogue avec Calliclès, jusqu'au moment où j'aurais pu lui rendre la tirade d'Amphion en échange de celle de Zéthos. Cependant, puisque tu refuses, Calliclès, d'achever l'entretien, ne manque pas d'interrompre mon discours si je dis quelque chose qui te semble inexact. Et si tu me prouves mon erreur, bien loin de t'en vouloir, comme tu le fais à mon égard, je t'inscrirai au premier rang de mes bienfaiteurs.

CALLICLÈS. – Parle toi-même, mon cher, et achève.

SOCRATE. – Écoute-moi donc, et permets-moi de reprendre les choses au début. L'agréable et le bon sont-ils identiques ? Non, ainsi que nous en sommes tombés d'accord, Calliclès et moi. – Faut-il faire l'agréable en vue du bon, ou le bon en vue de l'agréable ? L'agréable en vue du bon. – L'agréable est-il ce dont la présence nous réjouit, et le bon ce dont la présence fait que nous sommes bons ? Oui. – Or nous sommes bons, nous-mêmes et toutes les choses bonnes, par la présence d'une certaine qualité ? Cela me paraît inévitable, Calliclès. – Mais la qualité propre à chaque chose, meuble, corps, âme, animal quelconque, ne lui vient pas par hasard : elle résulte d'un certain ordre, d'une certaine justesse et d'une certaine technique, adaptés à la nature de cette chose. Est-ce vrai ? Pour ma part, je l'affirme. – Ainsi donc, la vertu de chaque chose consiste en une ordonnance et une disposition heureuse résultant de l'ordre ? Je le soutiendrais. – Par conséquent, une cer-

ἐν ἑκάστῳ ὃ ἑκάστου οἰκεῖος ἀγαθὸν παρέχει ἕκαστον τῶν
ὄντων ; Ἔμοιγε δοκεῖ. — Καὶ ψυχὴ ἄρα κόσμον ἔχουσα τὸν
ἑαυτῆς ἀμείνων τῆς ἀκοσμήτου ; Ἀνάγκη. — Ἀλλὰ μὴν ἥ
γε κόσμον ἔχουσα κοσμία ; Πῶς γὰρ οὐ μέλλει ; — Ἡ δέ γε
κοσμία σώφρων ; Πολλὴ ἀνάγκη. — Ἡ ἄρα σώφρων ψυχὴ 507
ἀγαθή. Ἐγὼ μὲν οὐκ ἔχω παρὰ ταῦτα ἄλλα φάναι, ὦ φίλε
Καλλίκλεις· σὺ δ' εἰ ἔχεις, δίδασκε.

ΚΑΛ. Λέγ', ὠγαθέ.

ΣΩ. Λέγω δὴ ὅτι, εἰ ἡ σώφρων ἀγαθή ἐστιν, ἡ τοὐναντίον τῇ σώφρονι πεπονθυῖα κακή ἐστιν· ἦν δὲ αὕτη ἡ
ἄφρων τε καὶ ἀκόλαστος. Πάνυ γε. — Καὶ μὴν ὃ γε σώφρων τὰ προσήκοντα πράττοι ἂν καὶ περὶ θεοὺς καὶ περὶ
ἀνθρώπους· οὐ γὰρ ἂν σωφρονοῖ τὰ μὴ προσήκοντα πράττων. Ἀνάγκη ταῦτ' εἶναι οὕτω. — Καὶ μὴν περὶ μὲν ἀνθρώπους τὰ προσήκοντα πράττων δίκαι' ἂν πράττοι, περὶ δὲ b
θεοὺς ὅσια· τὸν δὲ τὰ δίκαια καὶ ὅσια πράττοντα ἀνάγκη
δίκαιον καὶ ὅσιον εἶναι. Ἔστι ταῦτα. — Καὶ μὲν δὴ καὶ
ἀνδρεῖόν γε ἀνάγκη· οὐ γὰρ δὴ σώφρονος ἀνδρός ἐστιν οὔτε
διώκειν οὔτε φεύγειν ἃ μὴ προσήκει, ἀλλ' ἃ δεῖ καὶ πράγματα καὶ ἀνθρώπους καὶ ἡδονὰς καὶ λύπας φεύγειν καὶ
διώκειν, καὶ ὑπομένοντα καρτερεῖν ὅπου δεῖ· ὥστε πολλὴ
ἀνάγκη, ὦ Καλλίκλεις, τὸν σώφρονα, ὥσπερ διήλθομεν, c
δίκαιον ὄντα καὶ ἀνδρεῖον καὶ ὅσιον ἀγαθὸν ἄνδρα εἶναι
τελέως, τὸν δὲ ἀγαθὸν εὖ τε καὶ καλῶς πράττειν ἃ ἂν
πράττῃ, τὸν δ' εὖ πράττοντα μακάριόν τε καὶ εὐδαίμονα
εἶναι, τὸν δὲ πονηρὸν καὶ κακῶς πράττοντα ἄθλιον· οὗτος

taine beauté d'arrangement propre à la nature de chaque chose, est ce qui, par sa présence, rend cette chose bonne ? Je le crois. – Et par conséquent aussi, une âme en laquelle se trouve l'ordre qui convient à l'âme vaut mieux que celle d'où cet ordre est absent ? Nécessairement. – Or une âme qui possède l'ordre est une âme bien ordonnée ? Sans doute. – Et une âme bien ordonnée est tempérante ? de toute nécessité. – Donc une âme tempérante est bonne – Voilà des propositions auxquelles je n'ai rien à changer, mon cher Calliclès : si tu as quelque objection à présenter, fais-la moi connaître.

CALLICLÈS. – Continue, mon cher.

SOCRATE. – Je dirai donc que si l'âme tempérante est bonne, celle qui présente un caractère opposé est mauvaise : or cette âme opposée à la première est celle qui est déraisonnable et déréglée. Pas d'objection. – Un homme tempérant se conduit envers les dieux et envers les hommes de la manière qui convient ; il manquerait de tempérance en effet s'il faisait ce qui ne convient pas. Nécessairement. – Agir à l'égard des hommes comme il convient, c'est observer la justice ; à l'égard des dieux, c'est observer la piété ; or observer la justice et la piété, c'est forcément être juste et pieux. D'accord. – C'est aussi être courageux ; car ce n'est pas le fait d'un homme tempérant de poursuivre ou de fuir ce qu'il ne faut ni poursuivre ni fuir. L'homme tempérant, qu'il s'agisse de choses ou de personnes, de plaisirs ou de peines, ne poursuit et n'évite que ce qu'il faut, et il sait supporter ce que son devoir lui ordonne de supporter. Si bien qu'il est de toute nécessité, Calliclès, que l'homme tempérant, étant, comme nous l'avons montré, juste, courageux et pieux, soit aussi l'homme parfaitement bon ; que l'homme bon fasse, en tout, ce qui est bien et beau ; et qu'agissant bien et comme il faut, il ne puisse manquer d'obtenir le succès et le bonheur, tandis que le méchant, agissant mal, est misérable ; or ce méchant,

δ' ἂν εἴη ὁ ἐναντίως ἔχων τῷ σώφρονι, ὁ ἀκόλαστος, ὃν σὺ
ἐπήνεις.

Ἐγὼ μὲν οὖν ταῦτα οὕτω τίθεμαι καὶ φημι ταῦτα ἀληθῆ
εἶναι· εἰ δὲ ἔστιν ἀληθῆ, τὸν βουλόμενον, ὡς ἔοικεν, εὐδαίμονα εἶναι σωφροσύνην μὲν διωκτέον καὶ ἀσκητέον, ἀκολα- d
σίαν δὲ φευκτέον ὡς ἔχει ποδῶν ἕκαστος ἡμῶν, καὶ παρασκευαστέον μάλιστα μὲν μηδὲν δεῖσθαι τοῦ κολάζεσθαι, ἐὰν
δὲ δεηθῇ ἢ αὐτὸς ἢ ἄλλος τις τῶν οἰκείων, ἢ ἰδιώτης ἢ
πόλις, ἐπιθετέον δίκην καὶ κολαστέον, εἰ μέλλει εὐδαίμων
εἶναι.

Οὗτος ἔμοιγε δοκεῖ ὁ σκοπὸς εἶναι, πρὸς ὃν βλέποντα
δεῖ ζῆν, καὶ πάντα εἰς τοῦτο τὰ αὐτοῦ συντείνοντα καὶ τὰ
τῆς πόλεως, ὅπως δικαιοσύνη παρέσται καὶ σωφροσύνη τῷ e
μακαρίῳ μέλλοντι ἔσεσθαι, οὕτω πράττειν, οὐκ ἐπιθυμίας
ἐῶντα ἀκολάστους εἶναι καὶ ταύτας ἐπιχειροῦντα πληροῦν,
ἀνήνυτον κακόν, λῃστοῦ βίον ζῶντα.

Οὔτε γὰρ ἂν ἄλλῳ ἀνθρώπῳ προσφιλὴς ἂν εἴη ὁ τοιοῦτος
οὔτε θεῷ· κοινωνεῖν γὰρ ἀδύνατος· ὅτῳ δὲ μὴ ἔνι κοινωνία,
φιλία οὐκ ἂν εἴη. Φασὶ δ' οἱ σοφοί, ὦ Καλλίκλεις, καὶ οὐρα-
νὸν καὶ γῆν καὶ θεοὺς καὶ ἀνθρώπους τὴν κοινωνίαν συνέ- 508
χειν καὶ φιλίαν καὶ κοσμιότητα καὶ σωφροσύνην καὶ
δικαιότητα, καὶ τὸ ὅλον τοῦτο διὰ ταῦτα κόσμον καλοῦσιν,
ὦ ἑταῖρε, οὐκ ἀκοσμίαν οὐδὲ ἀκολασίαν. Σὺ δέ μοι δοκεῖς
οὐ προσέχειν τὸν νοῦν τούτοις, καὶ ταῦτα σοφὸς ὤν, ἀλλὰ
λέληθέν σε ὅτι ἡ ἰσότης ἡ γεωμετρικὴ καὶ ἐν θεοῖς καὶ ἐν
ἀνθρώποις μέγα δύναται· σὺ δὲ πλεονεξίαν οἴει δεῖν ἀσκεῖν·
γεωμετρίας γὰρ ἀμελεῖς.

---

67. Socrate répond ici à l'opposition de la nature et de la loi pour
dénoncer son impertinence. Ce que montrent les recherches sur la
nature des «savants», c'est que le monde est ordonné, comme peut et
doit l'être à son tour l'existence humaine, au prix de l'application

c'est précisément l'opposé du tempérant, c'est l'homme intempérant et déréglé, dont tu vantais le bonheur.

Voilà, quant à moi, ce que j'affirme et tiens pour certain. Si cela est vrai, il me semble donc que chacun de nous, pour être heureux, doit rechercher la tempérance et s'y exercer, fuir de toute sa vitesse l'intempérance, faire en sorte avant tout de n'avoir aucun besoin de châtiment ; mais s'il arrive que nous en ayons besoin, nous ou les nôtres, particuliers ou cité, le subir et payer la peine de nos fautes est le seul moyen d'être heureux.

Tel est, selon moi, le but qu'il faut avoir sans cesse devant les yeux pour diriger sa vie. Il faut que chacun tende toutes ses forces, toutes celles de la cité, vers cette fin, l'acquisition de la justice et de la tempérance comme condition du bonheur, et y rapporte tous ses actes ; qu'on ne permette pas aux passions de régner sans mesure et qu'on ne consente pas, pour satisfaire leur avidité insatiable, à mener une vie de brigand.

Un tel homme ne peut être aimé ni des autres hommes ni des dieux. C'est un être insociable, et sans association, point d'amitié. Les savants, Calliclès, affirment que le ciel et la terre, les dieux et les hommes, sont liés ensemble par l'amitié, le respect de l'ordre, la modération et la justice, et pour cette raison ils appellent l'univers l'ordre des choses, non le désordre ni le dérèglement. Tu n'y fais pas attention, je crois, malgré toute ta science, et tu oublies que l'égalité géométrique est toute-puissante parmi les dieux comme parmi les hommes. Tu es d'avis qu'il faut travailler à l'emporter sur les autres : c'est que tu négliges la géométrie[67].

---

d'une certaine mesure. Celle-ci, qui semble de nouveau d'inspiration pythagoricienne (du fait de son recours au monde comme modèle, puis de l'insistance sur les motifs de l'amitié et de la mesure mathématique), fera l'objet de développements plus précis chez Platon, notamment dans le *Politique*, 283c-285c, et les *Lois* VI, 756e-758a). Ici, Socrate soutient donc que la connaissance de la nature doit pouvoir contribuer à résoudre des difficultés d'ordre éthique et politique.

Εἶεν· ἢ ἐξελεγκτέος δὴ οὗτος ὁ λόγος ἡμῖν ἐστιν, ὡς οὐ b
δικαιοσύνης καὶ σωφροσύνης κτήσει εὐδαίμονες οἱ εὐδαίμονες, κακίας δὲ οἱ ἄθλιοι ⟨ἄθλιοι⟩, ἢ εἰ οὗτος ἀληθής ἐστιν,
σκεπτέον τί τὰ συμβαίνοντα. Τὰ πρόσθεν ἐκεῖνα, ὦ Καλλίκλεις, συμβαίνει πάντα, ἐφ' οἷς σύ με ἤρου εἰ σπουδάζων
λέγοιμι, λέγοντα ὅτι κατηγορητέον εἴη καὶ αὑτοῦ καὶ ὑέος καὶ
ἑταίρου, ἐάν τι ἀδικῇ, καὶ τῇ ῥητορικῇ ἐπὶ τοῦτο χρηστέον·
καὶ ἃ Πῶλον αἰσχύνῃ ᾤου συγχωρεῖν, ἀληθῆ ἄρα ἦν, τὸ
εἶναι τὸ ἀδικεῖν τοῦ ἀδικεῖσθαι, ὅσῳπερ αἴσχιον, τοσούτῳ
κάκιον· καὶ τὸν μέλλοντα ὀρθῶς ῥητορικὸν ἔσεσθαι δίκαιον c
ἄρα δεῖ εἶναι καὶ ἐπιστήμονα τῶν δικαίων, ὃ αὖ Γοργίαν
ἔφη Πῶλος δι' αἰσχύνην ὁμολογῆσαι.

Τούτων δὲ οὕτως ἐχόντων σκεψώμεθα τί ποτ' ἐστὶν ἃ d
σύ ἐμοὶ ὀνειδίζεις, ἆρα καλῶς λέγεται ἢ οὔ, ὡς ἄρα ἐγὼ
οὐχ οἷός τ' εἰμὶ βοηθῆσαι οὔτε ἐμαυτῷ οὔτε τῶν φίλων
οὐδενὶ οὐδὲ τῶν οἰκείων, οὐδ' ἐκσῶσαι ἐκ τῶν μεγίστων κινδύνων, εἰμὶ δὲ ἐπὶ τῷ βουλομένῳ ὥσπερ οἱ ἄτιμοι τοῦ
ἐθέλοντος, ἄν τε τύπτειν βούληται, τὸ νεανικὸν δὴ τοῦτο d
τοῦ σοῦ λόγου, ἐπὶ κόρρης, ἐάν τε χρήματα ἀφαιρεῖσθαι,
ἐάν τε ἐκβάλλειν ἐκ τῆς πόλεως, ἐάν τε, τὸ ἔσχατον, ἀποκ-
τεῖναι· καὶ οὕτω διακεῖσθαι πάντων δὴ αἴσχιστόν ἐστιν, ὡς
ὁ σὸς λόγος· ὁ δὲ δὴ ἐμὸς ὅστις, πολλάκις μὲν ἤδη εἴρηται,
οὐδὲν δὲ κωλύει καὶ ἔτι λέγεσθαι.

Οὔ φημι, ὦ Καλλίκλεις, τὸ τύπτεσθαι ἐπὶ κόρρης ἀδίκως αἴσχιστον εἶναι, οὐδέ γε τὸ τέμνεσθαι οὔτε τὸ σῶμα τὸ e
ἐμὸν οὔτε τὸ βαλλάντιον, ἀλλὰ τὸ τύπτειν καὶ ἐμὲ καὶ τὰ
ἐμὰ ἀδίκως καὶ τέμνειν καὶ αἴσχιον καὶ κάκιον, καὶ κλέπ-
τειν γε ἅμα καὶ ἀνδραποδίζεσθαι καὶ τοιχωρυχεῖν καὶ συλ-

Quoiqu'il en soit, il faut ou bien convaincre d'erreur la thèse que j'ai exposée et prouver que ni la possession de la justice et de la tempérance ne fait le bonheur de ceux qui sont heureux, ni la méchanceté de ceux qui sont malheureux ; ou bien, si ces choses sont vraies, il faut examiner les conséquences qui en résultent. Ces conséquences, Calliclès, ce sont toutes des affirmations à propos desquelles tu me demandais si je parlais sérieusement, lorsque je soutenais qu'il fallait s'accuser soi-même, accuser son fils et ses amis, en cas de faute, et que la rhétorique pouvait servir à cela. Et ce que tu reprochais à Polos de m'accorder par mauvaise honte était donc la vérité : à savoir, que commettre l'injustice n'est pas seulement plus laid que de la subir, mais que c'est aussi, et dans la même mesure, plus désavantageux ; et que, pour devenir un bon rhéteur, il faut commencer par être juste et habile dans la science de la justice, ce que Polos déjà reprochait à Gorgias de me concéder par fausse honte.

Cela posé, examinons les reproches que tu m'adresses et voyons ce qu'ils valent. Tu me dis que je suis incapable de me protéger et de me sauver moi-même, ni aucun de mes amis ou de mes proches, même dans le plus grand péril ; que je suis à la merci du premier venu, comme ces gens frappés d'infamie que chacun peut, suivant ton expression énergique, souffleter à son gré, dépouiller de leurs biens, bannir de la cité et, pour comble, mettre à mort ; et qu'une telle condition est la plus honteuse qui soit. Voilà quelle était ton opinion. Voici la mienne ; je l'ai plus d'une fois indiquée déjà, mais il n'y a pas d'inconvénient à la répéter.

Je nie, Calliclès, que le comble de la honte soit d'être souffleté injustement, ou de se voir couper les membres ou la bourse ; je prétends qu'il est plus honteux et plus mauvais de frapper et de mutiler ma personne ou mes biens injustement ; que me voler, me réduire en esclavage, pénétrer par effraction dans ma maison, bref com-

λήβδην ὁτιοῦν ἀδικεῖν καὶ ἐμὲ καὶ τὰ ἐμὰ τῷ ἀδικοῦντι καὶ
κάκιον καὶ αἴσχιον εἶναι ἢ ἐμοὶ τῷ ἀδικουμένῳ.

Ταῦτα ἡμῖν ἄνω ἐκεῖ ἐν τοῖς πρόσθεν λόγοις οὕτω φα-
νέντα, ὡς ἐγὼ λέγω, κατέχεται καὶ δέδεται, καὶ εἰ ἀγροι- 509
κότερόν τι εἰπεῖν ἔστιν, σιδηροῖς καὶ ἀδαμαντίνοις λόγοις,
ὡς γοῦν ἂν δόξειεν οὑτωσί, οὓς σὺ εἰ μὴ λύσεις ἢ σοῦ τις
νεανικώτερος, οὐχ οἷόν τε ἄλλως λέγοντα ἢ ὡς ἐγὼ νῦν
λέγω καλῶς λέγειν· ἐπεὶ ἔμοιγε ὁ αὐτὸς λόγος ἐστὶν ἀεί,
ὅτι ἐγὼ ταῦτα οὐκ οἶδα ὅπως ἔχει, ὅτι μέντοι ὧν ἐγὼ ἐντε-
τύχηκα, ὥσπερ νῦν, οὐδεὶς οἷός τ᾽ ἐστὶν ἄλλως λέγων μὴ
οὐ καταγέλαστος εἶναι.

Ἐγὼ μὲν οὖν αὖ τίθημι ταῦτα οὕτως ἔχειν· εἰ δὲ οὕτως b
ἔχει καὶ μέγιστον τῶν κακῶν ἐστιν ἡ ἀδικία τῷ ἀδικοῦντι
καὶ ἔτι τούτου μεῖζον μεγίστου ὄντος, εἰ οἷόν τε, τὸ ἀδικοῦντα μὴ διδόναι δίκην, τίνα ἂν βοήθειαν μὴ δυνάμενος
ἄνθρωπος βοηθεῖν ἑαυτῷ καταγέλαστος ἂν τῇ ἀληθείᾳ εἴη;
Ἆρα οὐ ταύτην ἥτις ἀποτρέψει τὴν μεγίστην ἡμῶν βλάβην; Ἀλλὰ πολλὴ ἀνάγκη ταύτην εἶναι τὴν αἰσχίστην
βοήθειαν, μὴ δύνασθαι βοηθεῖν μήτε αὑτῷ μήτε τοῖς αὑτοῦ
φίλοις τε καὶ οἰκείοις, δευτέραν δὲ τὴν τοῦ δευτέρου κακοῦ c
καὶ τρίτην τὴν τοῦ τρίτου καὶ τἆλλα οὕτως· ὡς ἑκάστου
κακοῦ μέγεθος πέφυκεν, οὕτω καὶ κάλλος τοῦ δυνατὸν
εἶναι ἐφ᾽ ἕκαστα βοηθεῖν καὶ αἰσχύνη τοῦ μή. Ἆρα ἄλλως
ἢ οὕτως ἔχει, ὦ Καλλίκλεις;

ΚΑΛ. Οὐκ ἄλλως.

ΣΩ. Δυοῖν οὖν ὄντοιν, τοῦ ἀδικεῖν τε καὶ ἀδικεῖσθαι,
μεῖζον μέν φαμεν κακὸν τὸ ἀδικεῖν, ἔλαττον δὲ τὸ ἀδικεῖσθαι. Τί οὖν ἂν παρασκευασάμενος ἄνθρωπος βοηθήσειεν
αὑτῷ, ὥστε ἀμφοτέρας τὰς ὠφελίας ταύτας ἔχειν, τήν τε
ἀπὸ τοῦ μὴ ἀδικεῖν καὶ τὴν ἀπὸ τοῦ μὴ ἀδικεῖσθαι; Πότερα d

mettre une injustice quelconque contre moi ou contre les choses qui m'appartiennent est plus laid et plus dommageable pour l'auteur de l'injustice que pour moi, sa victime.

Ces vérités, que j'ai défendues et que tous nos précédents discours ont démontrés, sont enchaînées et maintenues, si j'ose employer cette image un peu prétentieuse, par des raisons de fer et de diamant, du moins autant que j'en puis juger jusqu'ici ; et si tu ne réussis pas à rompre ces liens, toi ou quelque autre plus fort que toi, il est impossible qu'un langage différent du mien soit juste. Pour moi, en effet, je répète invariablement que, si j'ignore ce qui en est, cependant ni aujourd'hui ni jamais aucun des interlocuteurs que j'ai rencontrés n'a pu parler autrement sans prêter à rire.

Je mets donc en fait que les choses sont ainsi. Or, si cela est vrai, si l'injustice est le plus grand des maux pour son auteur, et si c'est un mal pire encore, s'il est possible, de ne pas expier sa faute quand on est coupable, quelle est l'espèce de protection qu'il serait réellement ridicule de ne pouvoir s'assurer à soi-même ? N'est-ce pas celle qui est de nature à nous préserver du plus grand dommage ? Il est de toute évidence que le plus honteux, en matière de protection, c'est de ne pouvoir assurer celle-là ni à soi-même ni à ses proches. Au second rang, vient celle qui nous protège contre le mal de seconde importance, au troisième rang celle du troisième mal, et ainsi de suite : de la gravité du mal dépend la beauté du pouvoir qui nous permet d'y résister, comme aussi la honte de l'impuissance correspondante. Es-tu de cet avis, Calliclès ?

CALLICLÈS. – Tout à fait.

SOCRATE. – Étant donné donc ces deux maux, commettre l'injustice et la subir, nous disons que le plus grand est de la commettre, et que la subir est un moindre. Or quels sont les procédés par lesquels l'homme peut s'assurer une défense efficace contre l'un et l'autre, contre le mal de commettre l'injustice et contre

δύναμιν ἢ βούλησιν; Ὧδε δὲ λέγω· πότερον ἐὰν μὴ βούληται ἀδικεῖσθαι, οὐκ ἀδικήσεται, ἢ ἐὰν δύναμιν παρασκευ-
άσηται τοῦ μὴ ἀδικεῖσθαι, οὐκ ἀδικήσεται;

ΚΑΛ. Δῆλον δὴ τοῦτό γε, ὅτι ἐὰν δύναμιν.

ΣΩ. Τί δὲ δὴ τοῦ ἀδικεῖν; Πότερον ἐὰν μὴ βούληται
ἀδικεῖν, ἱκανὸν τοῦτ' ἐστίν — οὐ γὰρ ἀδικήσει — ἢ καὶ
ἐπὶ τοῦτο δεῖ δύναμίν τινα καὶ τέχνην παρασκευάσασθαι, ᴏ
ὡς, ἐὰν μὴ μάθῃ αὐτὰ καὶ ἀσκήσῃ, ἀδικήσει; Τί οὐκ αὐτό
γέ μοι τοῦτο ἀπεκρίνω, ὦ Καλλίκλεις, πότερόν σοι δοκοῦ-
μεν ὀρθῶς ἀναγκασθῆναι ὁμολογεῖν ἐν τοῖς ἔμπροσθεν
λόγοις ἐγώ τε καὶ Πῶλος ἢ οὔ, ἡνίκα ὡμολογήσαμεν μηδένα βουλόμενον ἀδικεῖν, ἀλλ' ἄκοντας τοὺς ἀδικοῦντας
πάντας ἀδικεῖν;

ΚΑΛ. Ἔστω σοι τοῦτο, ὦ Σώκρατες, οὕτως, ἵνα δια- 510
περάνῃς τὸν λόγον.

ΣΩ. Καὶ ἐπὶ τοῦτο ἄρα, ὡς ἔοικεν, παρασκευαστέον
ἐστὶν δύναμίν τινα καὶ τέχνην, ὅπως μὴ ἀδικήσωμεν.

ΚΑΛ. Πάνυ γε.

ΣΩ. Τίς οὖν ποτ' ἐστὶν τέχνη τῆς παρασκευῆς τοῦ μηδὲν ἀδικεῖσθαι ἢ ὡς ὀλίγιστα; Σκέψαι εἰ σοὶ δοκεῖ ἥπερ
ἐμοί. Ἐμοὶ μὲν γὰρ δοκεῖ ἥδε· ἢ αὐτὸν ἄρχειν δεῖν ἐν τῇ
πόλει ἢ καὶ τυραννεῖν, ἢ τῆς ὑπαρχούσης πολιτείας ἑταῖ-
ρον εἶναι.

ΚΑΛ. Ὁρᾷς, ὦ Σώκρατες, ὡς ἐγὼ ἕτοιμός εἰμι ἐπαινεῖν,
ἄν τι καλῶς λέγῃς; Τοῦτό μοι δοκεῖς πάνυ καλῶς εἰρηκέναι. ᴃ

le mal de la subir ? Est-ce par la force[68] ou par la volonté ? Je m'explique : suffit-il, pour ne pas subir l'injustice, de ne pas le vouloir, ou bien faut-il se rendre fort pour l'éviter ?

CALLICLÈS. – Il est évident qu'il faut se rendre fort.

SOCRATE. – Et pour ce qui est de commettre l'injustice ? Peut-on dire que la volonté de ne pas la commettre suffise pour ne pas la commettre en effet, ou bien faut-il pour cela se procurer une certaine force et une certaine technique qu'on ne saurait ignorer et négliger sans être conduit à des actes injustes ? Réponds-moi sur ce point précis, Calliclès : dis-moi si c'est à tort ou à raison, selon toi, que nous avons été contraints précédemment, Polos et moi, de convenir qu'on n'était jamais injuste volontairement et que ceux qui faisaient le mal le faisaient toujours malgré eux ?

CALLICLÈS. – Tiens ce point pour admis, Socrate, afin d'achever ton discours.

SOCRATE. – Il faut donc, semble-t-il, pour se mettre en état de ne pas commettre d'injustice, acquérir une certaine force et une certaine technique ?

CALLICLÈS. – Oui.

SOCRATE. – En quoi consiste la technique qui nous met en état de ne la point subir ou de la subir le moins possible ? Vois si tu es de mon avis. Je pense, quant à moi, qu'il faut pour cela posséder dans la cité ou le pouvoir ou même la tyrannie ou du moins être un ami du gouvernement existant.

CALLICLÈS. – Vois, Socrate, avec quel empressement je t'approuve quand tu as raison ! Ce que tu viens de dire me semble parfaitement juste.

---

68. Cette force (pour *dunamis* ; voir *supra*, les notes 5 et 34) est donc la capacité que l'on peut acquérir grâce à une certaine technique. Socrate devra montrer que la rhétorique ne donne pas cette capacité.

ΣΩ. Σκόπει δὴ καὶ τόδε ἐάν σοι δοκῶ εὖ λέγειν. Φίλος μοι δοκεῖ ἕκαστος ἑκάστῳ εἶναι ὡς οἷόν τε μάλιστα, ὅνπερ οἱ παλαιοί τε καὶ σοφοὶ λέγουσιν, ὁ ὅμοιος τῷ ὁμοίῳ. Οὐ καὶ σοί;

ΚΑΛ. Ἔμοιγε.

ΣΩ. Οὐκοῦν ὅπου τύραννός ἐστιν ἄρχων ἄγριος καὶ ἀπαίδευτος, εἴ τις τούτου ἐν τῇ πόλει πολὺ βελτίων εἴη, φοβοῖτο δήπου ἂν αὐτὸν ὁ τύραννος καὶ τούτῳ ἐξ ἅπαντος τοῦ νοῦ οὐκ ἄν ποτε δύναιτο φίλος γενέσθαι;   c

ΚΑΛ. Ἔστι ταῦτα.

ΣΩ. Οὐδέ γε εἴ τις πολὺ φαυλότερος εἴη, οὐδ' ἂν οὗτος· καταφρονοῖ γὰρ ἂν αὐτοῦ ὁ τύραννος καὶ οὐκ ἄν ποτε ὡς πρὸς φίλον σπουδάσειεν.

ΚΑΛ. Καὶ ταῦτ' ἀληθῆ.

ΣΩ. Λείπεται δὴ ἐκεῖνος μόνος ἄξιος λόγου φίλος τῷ τοιούτῳ, ὃς ἂν ὁμοήθης ὤν, ταὐτὰ ψέγων καὶ ἐπαινῶν, ἐθέλῃ ἄρχεσθαι καὶ ὑποκεῖσθαι τῷ ἄρχοντι. Οὗτος μέγα ἐν   d ταύτῃ τῇ πόλει δυνήσεται, τοῦτον οὐδεὶς χαίρων ἀδικήσει. Οὐχ οὕτως ἔχει;

ΚΑΛ. Ναί.

ΣΩ. Εἰ ἄρα τις ἐννοήσειεν ἐν ταύτῃ τῇ πόλει τῶν νέων, τίνα ἂν τρόπον ἐγὼ μέγα δυναίμην καὶ μηδείς με ἀδικοίη, αὕτη, ὡς ἔοικεν, αὐτῷ ὁδός ἐστιν, εὐθὺς ἐκ νέου ἐθίζειν αὑτὸν τοῖς αὐτοῖς χαίρειν καὶ ἄχθεσθαι τῷ δεσπότῃ, καὶ παρασκευάζειν ὅπως ὅ τι μάλιστα ὅμοιος ἔσται ἐκείνῳ. Οὐχ οὕτως;

ΚΑΛ. Ναί.

ΣΩ. Οὐκοῦν τούτῳ τὸ μὲν μὴ ἀδικεῖσθαι καὶ μέγα δύνασθαι, ὡς ὁ ὑμέτερος λόγος, ἐν τῇ πόλει διαπεπρά-   e ξεται.

ΚΑΛ. Πάνυ γε.

ΣΩ. Ἆρ' οὖν καὶ τὸ μὴ ἀδικεῖν; Ἢ πολλοῦ δεῖ, εἴπερ ὅμοιος ἔσται τῷ ἄρχοντι ὄντι ἀδίκῳ καὶ παρὰ τούτῳ μέγα

Socrate. – Examine si la suite te paraît aussi juste. J'imagine que l'amitié la plus étroite est, comme le disent les anciens sages, celle du semblable pour le semblable. Est-ce ton avis ?

Calliclès. – Certainement.

Socrate. – Ainsi quand le pouvoir est aux mains d'un tyran sauvage et grossier, s'il se trouve dans la cité un homme meilleur que lui de beaucoup, le tyran redoutera cet homme, et ne saurait être sincèrement son ami ?

Calliclès. – C'est exact.

Socrate. – Mais un homme beaucoup plus mauvais que le tyran ne pourrait non plus être son ami ; car le tyran le mépriserait et ne rechercherait pas sérieusement son amitié.

Calliclès. – C'est encore vrai.

Socrate. – Reste donc que le seul homme dont l'amitié puisse avoir du prix à ses yeux, soit un homme de son caractère, aimant et blâmant les mêmes choses, par conséquent disposé à lui obéir et à s'incliner devant lui. Cet homme-là deviendra puissant dans la cité, et personne ne le maltraitera impunément. N'est-ce pas la vérité ?

Calliclès. – Oui.

Socrate. – Si donc quelque jeune homme, dans cette cité, se disait : « Comment pourrais-je devenir puissant et ne rien craindre de personne ? » il n'aurait, semble-t-il, qu'à suivre la même route et à s'habituer dès sa jeunesse à prendre les goûts et les haines du maître, pour se rendre autant que possible semblable à lui. Est-ce vrai ?

Calliclès. – Oui.

Socrate. – Voilà donc celui qui réussirait à se mettre à l'abri de l'injustice et à devenir, comme vous dites, tout-puissant dans la cité.

Calliclès. – Parfaitement.

Socrate. – Réussira-t-il aussi bien à ne pas commettre lui-même d'injustice ? N'est-ce pas au contraire fort invraisemblable, puisqu'il ressemble au maître qui s'en rend coupable et qu'il jouit de toute la faveur de

δυνήσεται; 'Αλλ' οἶμαι ἔγωγε, πᾶν τοὐναντίον οὑτωσὶ ἡ
παρασκευὴ ἔσται αὐτῷ ἐπὶ τὸ οἵῳ τε εἶναι ὡς πλεῖστα ἀδικεῖν καὶ ἀδικοῦντα μὴ διδόναι δίκην· ἢ γάρ;

ΚΑΛ. Φαίνεται.

ΣΩ. Οὐκοῦν τὸ μέγιστον αὐτῷ κακὸν ὑπάρξει μοχθηρῷ 511
ὄντι τὴν ψυχὴν καὶ λελωβημένῳ διὰ τὴν μίμησιν τοῦ δεσ-
πότου καὶ δύναμιν.

ΚΑΛ. Οὐκ οἶδ' ὅπη στρέφεις ἑκάστοτε τοὺς λόγους ἄνω
καὶ κάτω, ὦ Σώκρατες· ἢ οὐκ οἶσθα ὅτι οὗτος ὁ μιμούμε-
νος τὸν μὴ μιμούμενον ἐκεῖνον ἀποκτενεῖ, ἐὰν βούληται,
καὶ ἀφαιρήσεται τὰ ὄντα;

ΣΩ. Οἶδα, ὦγαθὲ Καλλίκλεις, εἰ μὴ κωφός γ' εἰμί, καὶ b
σοῦ ἀκούων καὶ Πώλου ἄρτι πολλάκις καὶ τῶν ἄλλων ὀλίγου
πάντων τῶν ἐν τῇ πόλει· ἀλλὰ καὶ σὺ ἐμοῦ ἄκουε, ὅτι
ἀποκτενεῖ μέν, ἂν βούληται, ἀλλὰ πονηρὸς ὢν καλὸν κἀγαθὸν ὄντα.

ΚΑΛ. Οὐκοῦν τοῦτο δὴ καὶ τὸ ἀγανακτητόν;

ΣΩ. Οὐ νοῦν γε ἔχοντι, ὡς ὁ λόγος σημαίνει. Ἦ οἴει
δεῖν τοῦτο παρασκευάζεσθαι ἄνθρωπον, ὡς πλεῖστον χρόνον ζῆν, καὶ μελετᾶν τὰς τέχνας ταύτας αἳ ἡμᾶς ἀεὶ ἐκ
τῶν κινδύνων σῴζουσιν, ὥσπερ καὶ ἣν σὺ κελεύεις ἐμὲ c
μελετᾶν τὴν ῥητορικὴν τὴν ἐν τοῖς δικαστηρίοις διασῴ-
ζουσαν;

ΚΑΛ. Ναὶ μὰ Δία ὀρθῶς γέ σοι συμβουλεύων.

ΣΩ. Τί δέ, ὦ βέλτιστε; Ἦ καὶ ἡ τοῦ νεῖν ἐπιστήμη
σεμνή τίς σοι δοκεῖ εἶναι;

ΚΑΛ. Μὰ Δί' οὐκ ἔμοιγε.

ΣΩ. Καὶ μὴν σῴζει γε καὶ αὕτη ἐκ θανάτου τοὺς ἀνθρώπους, ὅταν εἰς τοιοῦτον ἐμπέσωσιν οὗ δεῖ ταύτης τῆς
ἐπιστήμης. Εἰ δ' αὕτη σοι δοκεῖ σμικρὰ εἶναι, ἐγώ σοι μεί-

celui-ci ? Je crois bien plutôt, quant à moi, que tous ses efforts tendront à se mettre en état de commettre le plus d'injustices possible et à ne pas porter la peine de ses fautes. N'est-ce pas vrai ?

CALLICLÈS. – C'est probable.

SOCRATE. – Il aura donc en partage le plus grand des maux, une âme mauvaise et souillée, à cause de l'imitation du maître et par l'effet de sa propre puissance.

CALLICLÈS. – Je ne sais comment tu fais, Socrate, pour mettre sens dessus dessous tous les raisonnements ! Ne vois-tu pas que l'imitateur du tyran pourra, s'il lui plaît, faire périr l'homme qui se refuse à cette imitation, et lui enlever tous ses biens ?

SOCRATE. – Je le sais, excellent Calliclès. À moins d'être sourd, comment ne l'aurais-je pas entendu répéter maintes fois par toi-même, par Polos auparavant, et par tous les Athéniens, ou presque tous ? Mais à ton tour écoute ceci : oui, cet homme tuera s'il le veut, mais c'est un méchant qui tuera un honnête homme.

CALLICLÈS. – N'est-ce pas justement là ce qui rend la chose plus révoltante ?

SOCRATE. – Non, aux yeux de la raison, ainsi qu'il est facile de le démontrer. Crois-tu donc que la tâche essentielle pour l'homme soit de s'assurer une longue vie et de pratiquer les techniques qui nous préservent des périls, comme cette rhétorique que tu me conseilles de cultiver, parce qu'elle nous défend devant les tribunaux ?

CALLICLÈS. – Oui certes, par Zeus, et le conseil est bon !

SOCRATE. – Voyons, mon cher : estimes-tu que la connaissance de la natation soit quelque chose de considérable ?

CALLICLÈS. – Certainement non, par Zeus !

SOCRATE. – Cependant cette connaissance sauve de la mort ceux qui sont dans le cas d'avoir besoin de savoir nager. Si cette technique te semble trop mesqui-

ζονα ταύτης ἐρῶ, τὴν κυβερνητικήν, ἣ οὐ μόνον τὰς ψυχάς d
σῴζει, ἀλλὰ καὶ τὰ σώματα καὶ τὰ χρήματα, ἐκ τῶν ἐσχά-
των κινδύνων, ὥσπερ ἡ ῥητορική· καὶ αὕτη μὲν προσεσταλ-
μένη ἐστὶν καὶ κοσμία, καὶ οὐ σεμνύνεται ἐσχηματισμένη
ὡς ὑπερήφανόν τι διαπραττομένη, ἀλλὰ ταὐτὰ διαπραξα-
μένη τῇ δικανικῇ, ἐὰν μὲν ἐξ Αἰγίνης δεῦρο σώσῃ, οἶμαι
δύ' ὀβολοὺς ἐπράξατο, ἐὰν δὲ ἐξ Αἰγύπτου ἢ ἐκ τοῦ Πόν-
του, ἐὰν πάμπολυ, ταύτης τῆς μεγάλης εὐεργεσίας, σώ-
σασα ἃ νυνδὴ ἔλεγον, καὶ αὐτὸν καὶ παῖδας καὶ χρήματα e
καὶ γυναῖκας, ἀποβιβάσασα εἰς τὸν λιμένα δύο δραχμὰς
ἐπράξατο, καὶ αὐτὸς ὁ ἔχων τὴν τέχνην καὶ ταῦτα διαπρα-
ξάμενος ἐκβὰς παρὰ τὴν θάλατταν καὶ τὴν ναῦν περιπατεῖ
ἐν μετρίῳ σχήματι.

Λογίζεσθαι γάρ, οἶμαι ἐπίσταται ὅτι ἄδηλόν ἐστιν,
οὕστινάς τε ὠφέληκεν τῶν συμπλεόντων οὐκ ἐάσας κατα-
ποντωθῆναι καὶ οὕστινας ἔβλαψεν, εἰδὼς ὅτι οὐδὲν αὐτοὺς
βελτίους ἐξεβίβασεν ἢ οἷοι ἐνέβησαν, οὔτε τὰ σώματα οὔτε 512
τὰς ψυχάς. Λογίζεται οὖν ὅτι οὐκ, εἰ μέν τις μεγάλοις
καὶ ἀνιάτοις νοσήμασιν κατὰ τὸ σῶμα συνεχόμενος μὴ
ἀπεπνίγη, οὗτος μὲν ἄθλιός ἐστιν ὅτι οὐκ ἀπέθανεν, καὶ
οὐδὲν ὑπ' αὐτοῦ ὠφέληται· εἰ δέ τις ἄρα ἐν τῷ τοῦ σώματος τιμιωτέρῳ, τῇ ψυχῇ, πολλὰ νοσήματα ἔχει καὶ ἀνίατα,
τούτῳ δὲ βιωτέον ἐστὶν καὶ τοῦτον ὀνήσει, ἄν τε ἐκ θαλάτ-
της ἄν τε ἐκ δικαστηρίου ἐάν τε ἄλλοθεν ὁποθενοῦν σώσῃ,
ἀλλ' οἶδεν ὅτι οὐκ ἄμεινόν ἐστιν ζῆν τῷ μοχθηρῷ ἀνθρώπῳ· b
κακῶς γὰρ ἀνάγκη ἐστὶν ζῆν.

Διὰ ταῦτα οὐ νόμος ἐστὶ σεμνύνεσθαι τὸν κυβερνήτην,

ne, en voici un plus importante, celle de la navigation, qui sauve des plus grands dangers non seulement les âmes, mais aussi les corps et les biens, comme la rhétorique. Et cette technique est d'allure et de tenue modestes ; elle ne fait pas d'embarras, elle n'affecte pas de grands airs comme si elle accomplissait des choses merveilleuses ; bien qu'elle nous rende les mêmes services que l'éloquence judiciaire, quand elle nous a ramenés sains et saufs d'Égine, elle nous demande, je crois, deux oboles ; si c'est de l'Égypte, du Pont, de très loin, pour ce grand service, pour avoir sauvé ce que je disais tout à l'heure, notre personne, nos enfants, nos biens, nos femmes, elle nous demande deux drachmes au débarquement ; et alors, celui qui par sa technique a su réaliser ces grandes choses, une fois descendu à terre se promène au bord de la mer et le long de son navire, de l'air le plus simple.

C'est qu'il est capable sans doute de faire cette réflexion, que personne ne sait à quels passagers il a rendu un vrai service en les empêchant de se noyer et à quels autres il n'en a rendu qu'un mauvais ; il sait en effet qu'en les débarquant il ne les a pas laissés meilleurs qu'il ne les avait pris, ni pour le corps ni pour l'âme. Il réfléchit donc que, tout comme si l'un d'eux, atteint dans son corps de maladies graves et incurables, n'a pas été noyé, c'est un malheur pour cet homme de n'être pas mort et qu'il ne lui a lui-même fait aucun bien, de même, si un autre porte en son âme, plus précieuse que son corps, une foule de maux sans remèdes, il est également impossible que la vie soit désirable pour lui et qu'il lui rende service en le sauvant de la mer, ou des tribunaux, ou de tout autre péril, le méchant n'ayant aucun avantage à vivre, puisqu'il ne peut vivre que malheureux[69].

C'est pour ces raisons que le pilote n'a pas l'habitu-

---

69. Comparer avec l'argument parent du *Politique*, 297e-298e.

καίπερ σώζοντα ἡμᾶς· οὐδέ γε, ὦ θαυμάσιε, τὸν μηχανοποιόν, ὃς οὔτε στρατηγοῦ, μὴ ὅτι κυβερνήτου, οὔτε ἄλλου
οὐδενὸς ἐλάττω ἐνίοτε δύναται σώζειν· πόλεις γὰρ ἔστιν
ὅτε ὅλας σώζει. Μή σοι δοκεῖ κατὰ τὸν δικανικὸν εἶναι ;
Καίτοι εἰ βούλοιτο λέγειν, ὦ Καλλίκλεις, ἅπερ ὑμεῖς, σεμ-
νύνων τὸ πρᾶγμα, καταχώσειεν ἂν ὑμᾶς τοῖς λόγοις, λέγων c
καὶ παρακαλῶν ἐπὶ τὸ δεῖν γίγνεσθαι μηχανοποιούς, ὡς
οὐδὲν τἄλλά ἐστιν· ἱκανὸς γὰρ αὐτῷ ὁ λόγος. Ἀλλὰ σὺ
οὐδὲν ἧττον αὐτοῦ καταφρονεῖς καὶ τῆς τέχνης τῆς ἐκείνου, καὶ ὡς ἐν ὀνείδει ἀποκαλέσαις ἂν μηχανοποιόν, καὶ
τῷ ὑεῖ αὐτοῦ οὔτ᾽ ἂν δοῦναι θυγατέρα ἐθέλοις, οὔτ᾽ ἂν
αὐτὸς λαβεῖν τὴν ἐκείνου.

Καίτοι ἐξ ὧν τὰ σαυτοῦ ἐπαινεῖς, τίνι δικαίῳ λόγῳ τοῦ
μηχανοποιοῦ καταφρονεῖς καὶ τῶν ἄλλων ὧν νυνδὴ ἔλεγον ;
Οἶδ᾽ ὅτι φαίης ἂν βελτίων εἶναι καὶ ἐκ βελτιόνων. Τὸ δὲ d
βέλτιον εἰ μὴ ἔστιν ὃ ἐγὼ λέγω, ἀλλ᾽ αὐτὸ τοῦτό ἐστιν
ἀρετή, τὸ σώζειν αὐτὸν καὶ τὰ ἑαυτοῦ ὄντα ὁποῖός τις
ἔτυχεν, καταγέλαστός σοι ὁ ψόγος γίγνεται καὶ μηχανοποιοῦ καὶ ἰατροῦ καὶ τῶν ἄλλων τεχνῶν ὅσαι τοῦ σώζειν
ἕνεκα πεποίηνται.

Ἀλλ᾽, ὦ μακάριε, ὅρα μὴ ἄλλο τι τὸ γενναῖον καὶ τὸ ἀγαθὸν ⟨ᾖ⟩ ἢ τὸ σώζειν τε καὶ σώζεσθαι. Ἦ γὰρ τοῦτο μέν,
τὸ ζῆν ὁποσονδὴ χρόνον, τόν γε ὡς ἀληθῶς ἄνδρα ἐατέον e
ἐστὶν καὶ οὐ φιλοψυχητέον, ἀλλὰ ἐπιτρέψαντα περὶ τούτων τῷ θεῷ καὶ πιστεύσαντα ταῖς γυναιξίν, ὅτι τὴν εἱμαρ-
μένην οὐδ᾽ ἂν εἷς ἐκφύγοι, τὸ ἐπὶ τούτῳ σκεπτέον τίν᾽ ἂν
τρόπον τοῦτον ὃν μέλλοι χρόνον βιῶναι ὡς ἄριστα βιῴη,
ἆρα ἐξομοιῶν αὑτὸν τῇ πολιτείᾳ ταύτῃ ἐν ᾗ ἂν οἰκῇ, καὶ 513
νῦν δὲ ἄρα δεῖ σε ὡς ὁμοιότατον γίγνεσθαι τῷ δήμῳ τῷ

---

70. Platon condamne la présence d'avocats dans une cité comme
le symptôme de son dérèglement (cf. notamment *République*, III,
405a-c).

de de tirer vanité de sa technique, bien qu'il nous sauve ;
ni d'ailleurs le constructeur de machines, qui cependant
est l'égal je ne dis pas seulement du pilote, mais du
général lui-même et ne le cède à personne pour l'importance des services qu'il peut rendre, lui qui sauve parfois
des villes entières. Peux-tu en dire autant de l'avocat [70]?
Et pourtant, Calliclès, si ce constructeur de machines
voulait à votre exemple magnifier sa technique, il pourrait vous accabler de bonnes raisons, vous dire et vous
conseiller de vous faire comme lui constructeurs de
machines et prouver que tout le reste n'est rien : les
arguments ne lui manqueraient pas. Malgré cela, tu le
méprises, tu fais fi de sa technique, volontiers tu lui jet-
terais le nom de son métier comme une injure et tu
ne voudrais ni donner ta fille à son fils, ni accepter la
sienne pour toi.

À voir cependant les mérites dont tu te vantes, de
quel droit méprises-tu le machiniste et ceux dont je parlais tout à l'heure ? Tu allèguerais, je le sais, que tu es
meilleur qu'eux et de meilleure souche. Mais si vraiment
le meilleur est autre chose que ce que je dis, si c'est cela
même la vertu, à pouvoir se sauver soi-même et défendre
ses biens, quoiqu'on vaille d'ailleurs, il est ridicule à toi
de décrier le machiniste, le médecin, et tous ceux dont la
technique a précisément pour objet notre salut.

Mon cher, prends garde que la noblesse de l'âme et
le bien ne consistent peut-être pas uniquement à savoir
tirer du péril soi-même et les autres. La vie, sa durée
plus ou moins longue, ne méritent pas de préoccuper un
homme vraiment homme ; au lieu de s'attacher à elle
avec amour, il faut s'en remettre à la divinité du soin de
régler ces choses, croire, comme disent les femmes, que
personne n'échappe à sa destinée, puis, passant à la
question suivante, chercher le moyen d'employer le
mieux possible les jours que nous avons à vivre et nous
demander s'il faut pour cela nous adapter à la constitution politique du pays où nous vivons, auquel cas tu

Ἀθηναίων, εἰ μέλλεις τούτῳ προσφιλὴς εἶναι καὶ μέγα δύνασθαι ἐν τῇ πόλει· τοῦθ' ὅρα εἰ σοι λυσιτελεῖ καὶ ἐμοί, ὅπως μή, ὦ δαιμόνιε, πεισόμεθα ὅπερ φασὶ τὰς τὴν σελήνην καθαιρούσας, τὰς Θετταλίδας· σὺν τοῖς φιλτάτοις ἡ αἵρεσις ἡμῖν ἔσται ταύτης τῆς δυνάμεως τῆς ἐν τῇ πόλει.

Εἰ δέ σοι οἴει ὁντινοῦν ἀνθρώπων παραδώσειν τέχνην τινὰ τοιαύτην, ἥτις σε ποιήσει μέγα δύνασθαι ἐν τῇ πόλει b τῇδε ἀνόμοιον ὄντα τῇ πολιτείᾳ εἴτ' ἐπὶ τὸ βέλτιον εἴτ' ἐπὶ τὸ χεῖρον, ὡς ἐμοὶ δοκεῖ, οὐκ ὀρθῶς βουλεύει, ὦ Καλλίκλεις· οὐ γὰρ μιμητὴν δεῖ εἶναι ἀλλ' αὐτοφυῶς ὅμοιον τούτοις, εἰ μέλλεις τι γνήσιον ἀπεργάζεσθαι εἰς φιλίαν τῷ Ἀθηναίων δήμῳ καὶ ναὶ μὰ Δία τῷ Πυριλάμπους γε πρός. Ὅστις οὖν σε τούτοις ὁμοιότατον ἀπεργάσεται, οὗτός σε ποιήσει, ὡς ἐπιθυμεῖς [πολιτικὸς] εἶναι, πολιτικὸν καὶ c ῥητορικόν· τῷ αὑτῶν γὰρ ἤθει λεγομένων τῶν λόγων ἕκαστοι χαίρουσι, τῷ δὲ ἀλλοτρίῳ ἄχθονται· εἰ μή τι σὺ ἄλλο λέγεις, ὦ φίλη κεφαλή. Λέγομέν τι πρὸς ταῦτα, ὦ Καλλίκλεις;

ΚΑΛ. Οὐκ οἶδ' ὅντινά μοι τρόπον δοκεῖς εὖ λέγειν, ὦ Σώκρατες· πέπονθα δὲ τὸ τῶν πολλῶν πάθος· οὐ πάνυ σοι πείθομαι.

ΣΩ. Ὁ δήμου γὰρ ἔρως, ὦ Καλλίκλεις, ἐνὼν ἐν τῇ ψυχῇ τῇ σῇ ἀντιστατεῖ μοι· ἀλλ' ἐὰν [πολλάκις ἴσως] καὶ βέλτιον ταὐτὰ ταῦτα διασκοπώμεθα, πεισθήσει. Ἀναμνήσθητι δ' d οὖν ὅτι δύ' ἔφαμεν εἶναι τὰς παρασκευὰς ἐπὶ τὸ ἕκαστον θεραπεύειν, καὶ σῶμα καὶ ψυχήν, μίαν μὲν πρὸς ἡδονὴν ὁμιλεῖν, τὴν ἑτέραν δὲ πρὸς τὸ βέλτιστον, μὴ καταχαρι-

---

71. De façon à rapprocher son influence. Les magiciennes (beaucoup venaient de Thessalie) passaient pour risquer, en se livrant à cette pratique, de perdre la vue et l'usage de leurs jambes.

devrais te rendre aussi semblable que possible au Démos athénien afin d'être bien vu de lui et d'acquérir du crédit dans la cité. Voilà, mon cher, la question à examiner ; pèse bien l'utilité de cette conduite pour toi et pour moi, de peur qu'il ne nous arrive la même mésaventure qu'aux Thessaliennes, dit-on, quand elles font descendre la lune par leurs enchantements[71] : nous aussi, nous mettons en jeu ce que nous avons de plus cher dans le choix de cette puissance dans la cité.

Si tu crois qu'on puisse jamais t'enseigner un moyen de devenir grand dans la cité tant que tu ne lui ressembles pas, soit en bien soit en mal, je suis convaincu que tu te trompes, Calliclès : ce n'est pas par imitation, c'est de nature qu'il faut leur ressembler, si tu veux te ménager une amitié de bon aloi et solide avec le Démos d'Athènes, et de même, par Zeus, avec Démos fils de Pyrilampe ! C'est donc celui qui saura te rendre tout pareil à eux qui fera de toi, comme tu le désires, un politique et un rhéteur. Car ce qui leur plaît, à l'un comme à l'autre, c'est de retrouver dans tes discours leur propre pensée : toute pensée étrangère les fâche ; cela dit, très cher ami, sauf avis contraire de ta part. Avons-nous quelque objection, Calliclès ?

CALLICLÈS. – Il me semble, je ne sais pourquoi, que tu as raison, Socrate ; mais je suis comme les autres, je ne me sens pas tout à fait convaincu[72].

SOCRATE. – C'est que l'amour du Démos, installé dans ton âme, combat contre toi ; mais si nous revenons plus à fond sur ces mêmes questions, tu seras convaincu. Pour le moment, rappelle-toi que nous avons distingué deux méthodes de culture pour chacune de ces deux choses, le corps et l'âme, l'une qui s'en occupe en vue du plaisir, l'autre en vue du meilleur, celle-ci reje-

71. C'est la leçon politique de l'argument socratique qui paraît sortir Calliclès de son mutisme et de son intérêt.

ζόμενον ἀλλά διαμαχόμενον. Οὐ ταῦτα ἦν ἃ τότε ὡριζό-
μεθα ;

ΚΑΛ. Πάνυ γε.

ΣΩ. Οὐκοῦν ἡ μὲν ἑτέρα, ἡ πρὸς ἡδονήν, ἀγεννὴς καὶ
οὐδὲν ἄλλο ἢ κολακεία τυγχάνει οὖσα· ἢ γάρ ;

ΚΑΛ. Ἔστω, εἰ βούλει, σοὶ οὕτως. e

ΣΩ. Ἡ δέ γε ἑτέρα, ὅπως ὡς βέλτιστον ἔσται τοῦτο,
εἴτε σῶμα τυγχάνει ὂν εἴτε ψυχή, ὃ θεραπεύομεν ;

ΚΑΛ. Πάνυ γε.

ΣΩ. Ἆρ' οὖν οὕτως ἐπιχειρητέον ἡμῖν ἐστιν τῇ πόλει
καὶ τοῖς πολίταις θεραπεύειν, ὡς βελτίστους αὐτοὺς τοὺς
πολίτας ποιοῦντας ; Ἄνευ γὰρ δὴ τούτου, ὡς ἐν τοῖς ἔμπροσθεν ηὑρίσκομεν, οὐδὲν ὄφελος ἄλλην εὐεργεσίαν οὐδεμίαν προσφέρειν, ἐὰν μὴ καλὴ κἀγαθὴ ἡ διάνοια ᾖ τῶν 514
μελλόντων ἢ χρήματα πολλὰ λαμβάνειν ἢ ἀρχήν τινων ἢ
ἄλλην δύναμιν ἡντινοῦν. Φῶμεν οὕτως ἔχειν ;

ΚΑΛ. Πάνυ γε, εἴ σοι ἥδιον.

ΣΩ. Εἰ οὖν παρεκαλοῦμεν ἀλλήλους, ὦ Καλλίκλεις,
δημοσίᾳ πράξοντες τῶν πολιτικῶν πραγμάτων ἐπὶ τὰ οἰκο-
δομικά, ἢ τειχῶν ἢ νεωρίων ἢ ἱερῶν ἐπὶ τὰ μέγιστα οἰκοδομήματα, πότερον ἔδει ἂν ἡμᾶς σκέψασθαι ἡμᾶς αὐτοὺς
καὶ ἐξετάσαι, πρῶτον μὲν εἰ ἐπιστάμεθα τὴν τέχνην ἢ b
οὐκ ἐπιστάμεθα, τὴν οἰκοδομικήν, καὶ παρὰ τοῦ ἐμάθομεν ;
Ἔδει ἂν ἢ οὔ ;

ΚΑΛ. Πάνυ γε.

ΣΩ. Οὐκοῦν δεύτερον αὖ τόδε, εἴ τι πώποτε οἰκοδόμημα
ᾠκοδομήκαμεν ἰδίᾳ ἢ τῶν φίλων τινὶ ἢ ἡμέτερον αὐτῶν,
καὶ τοῦτο τὸ οἰκοδόμημα καλὸν ἢ αἰσχρόν ἐστιν· καὶ εἰ
μὲν ηὑρίσκομεν σκοπούμενοι διδασκάλους τε ἡμῶν ἀγαθοὺς
καὶ ἐλλογίμους γεγονότας καὶ οἰκοδομήματα πολλὰ μὲν καὶ

tant toute complaisance et usant de rudesse. C'est bien ainsi, n'est-ce pas, que nous les avons définies ?

CALLICLÈS. – Tout à fait ainsi.

SOCRATE. – Et nous avons dit que l'une, celle qui vise le plaisir, n'est qu'une flatterie sans dignité. Est-ce vrai ?

CALLICLÈS. – Soit, puisque cela te plaît ainsi.

SOCRATE. – L'autre au contraire vise à rendre aussi parfait que possible l'objet dont elle s'occupe, que ce soit le corps ou l'âme ?

CALLICLÈS. – Oui.

SOCRATE. – Ne devons-nous pas, dans les soins que nous donnons à la cité et aux individus, nous préoccuper de rendre les citoyens eux-mêmes les meilleurs possible ? Sans cela en effet, ainsi que nous l'avons reconnu précédemment, tous les autres services que nous pourrions leur rendre seraient vains du moment où l'honnêteté de la pensée manquerait à des hommes appelés à s'enrichir, à exercer le pouvoir ou à disposer d'une puissance quelconque. Tenons-nous cela pour acquis ?

CALLICLÈS. – Certainement, si cela te plaît ?

SOCRATE. – Suppose maintenant, Calliclès, que, décidés à nous occuper des affaires publiques, nous nous exhortions l'un l'autre à nous tourner vers les constructions, vers ce qu'il y a de plus considérable en fait de murs, d'arsenaux ou de temples ; ne devrions-nous pas nous examiner et nous interroger nous-mêmes tout d'abord sur notre connaissance ou notre ignorance de la technique, l'architecture, et sur les maîtres qui nous l'auraient enseignée ? Devrions-nous agir ainsi, oui ou non ?

CALLICLÈS. – Oui, sans aucun doute.

SOCRATE. – En second lieu, ne faudrait-il pas vérifier si nous avons déjà antérieurement bâti quelque construction privée pour un de nos amis ou pour nous-mêmes, et si cette construction est belle ou laide ; puis si nous découvrons après examen que nos maîtres sont excellents et réputés, que nous avons construit nombre de beaux édifices, d'abord en collaboration avec eux, puis,

καλά μετά τῶν διδασκάλων ᾠκοδομημένα ἡμῖν, πολλά δὲ καὶ c
ἴδια ἡμῶν, ἐπειδὴ τῶν διδασκάλων ἀπηλλάγημεν, οὕτω μὲν
διακειμένων νοῦν ἐχόντων ἦν ἂν ἰέναι ἐπὶ τὰ δημόσια ἔργα·
εἰ δὲ μήτε διδάσκαλον εἴχομεν ἡμῶν αὐτῶν ἐπιδεῖξαι οἰκο-
δομήματά τε ἤ μηδὲν ἤ πολλὰ καὶ μηδενὸς ἄξια, οὕτω δὲ
ἀνόητον ἦν δήπου ἐπιχειρεῖν τοῖς δημοσίοις ἔργοις καὶ
παρακαλεῖν ἀλλήλους ἐπ' αὐτά. Φῶμεν ταῦτα ὀρθῶς λέγεσθαι ἤ οὔ ;
                                                        d
ΚΑΛ. Πάνυ γε.

ΣΩ. Οὐκοῦν οὕτω πάντα, τά τε ἄλλα κἂν εἰ ἐπιχειρή-
σαντες δημοσιεύειν παρεκαλοῦμεν ἀλλήλους ὡς ἱκανοὶ ἰατροὶ
ὄντες, ἐπεσκεψάμεθα δήπου ἂν ἐγώ τε σὲ καὶ σὺ ἐμέ, Φέρε
πρὸς θεῶν, αὐτὸς δὲ ὁ Σωκράτης πῶς ἔχει τὸ σῶμα πρὸς
ὑγίειαν ; Ἤ ἤδη τις ἄλλος διὰ Σωκράτην ἀπηλλάγη νόσου,
ἤ δοῦλος ἤ ἐλεύθερος ; Κἂν ἐγώ, οἶμαι, περὶ σοῦ ἕτερα
τοιαῦτα ἐσκόπουν· καὶ εἰ μὴ ηὑρίσκομεν δι' ἡμᾶς μηδένα
βελτίω γεγονότα τὸ σῶμα, μήτε τῶν ξένων μήτε τῶν ἀστῶν, e
μήτε ἄνδρα μήτε γυναῖκα, πρὸς Διός, ὦ Καλλίκλεις, οὐ
καταγέλαστον ἂν ἦν τῇ ἀληθείᾳ, εἰς τοσοῦτον ἀνοίας ἐλθεῖν ἀνθρώπους, ὥστε, πρὶν ἰδιωτεύοντας πολλὰ μὲν ὅπως
ἐτύχομεν ποιῆσαι, πολλὰ δὲ κατορθῶσαι καὶ γυμνάσασθαι
ἱκανῶς τὴν τέχνην, τὸ λεγόμενον δὴ τοῦτο ἐν τῷ πίθῳ τὴν
κεραμείαν ἐπιχειρεῖν μανθάνειν, καὶ αὐτούς τε δημοσιεύειν
ἐπιχειρεῖν καὶ ἄλλους τοιούτους παρακαλεῖν ; Οὐκ ἀνόητόν
σοι δοκεῖ ἂν εἶναι οὕτω πράττειν ;

ΚΑΛ. Ἔμοιγε.

ΣΩ. Νῦν δέ, ὦ βέλτιστε ἀνδρῶν, ἐπειδὴ σὺ μὲν αὐτὸς 515
ἄρτι ἄρχει πράττειν τὰ τῆς πόλεως πράγματα, ἐμὲ δὲ
παρακαλεῖς καὶ ὀνειδίζεις ὅτι οὐ πράττω, οὐκ ἐπισκεψόμεθα ἀλλήλους, Φέρε, Καλλικλῆς ἤδη τινὰ βελτίω πεποίηκεν τῶν πολιτῶν ; Ἔστιν ὅστις πρότερον πονηρὸς ὤν,

après les avoir quittés, à nous seuls ; alors, les choses étant ainsi, nous pourrions raisonnablement aborder les entreprises publiques. Si au contraire nous n'avions aucun maître à citer, aucune construction antérieure à rappeler, ou plusieurs constructions sans valeur, alors il serait absurde de prétendre aux grands travaux publics et de nous y exhorter l'un l'autre. Ai-je raison, oui ou non ?

CALLICLÈS. – Tout à fait raison.

SOCRATE. – De même pour tout, et par exemple, si nous recherchions un emploi de médecin public, avant de nous décider l'un l'autre à nous présenter comme compétents, nous devrions commencer par nous examiner réciproquement ; et tout d'abord, par les dieux, vérifier la santé de Socrate lui-même, et voir ensuite si Socrate a jamais guéri quelqu'un, homme libre ou esclave. J'en ferais sans doute autant à ton égard ; après quoi, si nous arrivions à conclure que jamais ni étranger ni Athénien, ni homme ni femme, ne nous a jamais dû sa guérison, alors en vérité, Calliclès, ne serait-ce pas une dérision qu'un homme pût concevoir un projet si absurde ? Sans avoir débuté par des tentatives plus ou moins heureuses au temps où il était encore un profane, sans avoir remporté de nombreux succès ni s'être convenablement exercé dans la technique de la médecine, commençant son apprentissage de potier, comme on dit, par la fabrication d'une jarre, cet homme aurait l'audace de rechercher un service public et d'y pousser ses pareils ? Une telle conduite ne semble-t-elle pas insensée ?

CALLICLÈS. – Oui.

SOCRATE. – Et, maintenant, mon excellent ami, puisque tu débutes dans la vie politique, puisque tu m'y appelles et que tu me reproches de n'y pas prendre part, n'est-ce pas le moment de nous examiner l'un l'autre et de nous dire : Voyons, Calliclès a-t-il rendu meilleur quelque citoyen ? En est-il un seul qui d'abord méchant, atteint d'injustice, d'intempérance et de déraison, soit

ἄδικός τε καὶ ἀκόλαστος καὶ ἄφρων, διὰ Καλλικλέα καλός
τε κἀγαθὸς γέγονεν, ἢ ξένος ἢ ἀστός, ἢ δοῦλος ἢ ἐλεύθερος ; Λέγε μοι, ἐάν τίς σε ταῦτα ἐξετάζῃ, ὦ Καλλίκλεις, b
τί ἐρεῖς ; Τίνα φήσεις βελτίω πεποιηκέναι ἄνθρωπον τῇ
συνουσίᾳ τῇ σῇ ; Ὀκνεῖς ἀποκρίνασθαι, εἴπερ ἔστιν τι ἔργον σὸν ἔτι ἰδιωτεύοντος, πρὶν δημοσιεύειν ἐπιχειρεῖν ;

ΚΑΛ. Φιλόνικος εἶ, ὦ Σώκρατες.

ΣΩ. Ἀλλ' οὐ φιλονικίᾳ γε ἐρωτῶ, ἀλλ' ὡς ἀληθῶς βουλόμενος εἰδέναι ὅντινά ποτε τρόπον οἴει δεῖν πολιτεύεσθαι
ἐν ἡμῖν. Ἢ ἄλλου του ἄρα ἐπιμελήσει ἡμῖν ἐλθὼν ἐπὶ τὰ
τῆς πόλεως πράγματα, ἢ ὅπως ὅ τι βέλτιστοι πολῖται c
ὦμεν ; Ἢ οὐ πολλάκις ἤδη ὡμολογήκαμεν τοῦτο δεῖν πράττειν τὸν πολιτικὸν ἄνδρα ; Ὡμολογήκαμεν ἢ οὔ ; Ἀποκρίνου. Ὡμολογήκαμεν· ἐγὼ ὑπὲρ σοῦ ἀποκρινοῦμαι. Εἰ τοίνυν τοῦτο δεῖ τὸν ἀγαθὸν ἄνδρα παρασκευάζειν τῇ ἑαυτοῦ
πόλει, νῦν μοι ἀναμνησθεὶς εἰπὲ περὶ ἐκείνων τῶν ἀνδρῶν
ὧν ὀλίγῳ πρότερον ἔλεγες, εἰ ἔτι σοι δοκοῦσιν ἀγαθοὶ
πολῖται γεγονέναι, Περικλῆς καὶ Κίμων καὶ Μιλτιάδης καὶ d
Θεμιστοκλῆς.

ΚΑΛ. Ἔμοιγε.

ΣΩ. Οὐκοῦν εἴπερ ἀγαθοί, δῆλον ὅτι ἕκαστος αὐτῶν
βελτίους ἐποίει τοὺς πολίτας ἀντὶ χειρόνων. Ἐποίει ἢ οὔ ;

ΚΑΛ. Ναί.

ΣΩ. Οὐκοῦν ὅτε Περικλῆς ἤρχετο λέγειν ἐν τῷ δήμῳ,
χείρους ἦσαν οἱ Ἀθηναῖοι ἢ ὅτε τὰ τελευταῖα ἔλεγεν ;

ΚΑΛ. Ἴσως.

ΣΩ. Οὐκ ἴσως δή, ὦ βέλτιστε, ἀλλ' ἀνάγκη ἐκ τῶν ὁμο-
λογημένων, εἴπερ ἀγαθός γ' ἦν ἐκεῖνος πολίτης.

ΚΑΛ. Τί οὖν δή ;

devenu honnête grâce à Calliclès, étranger ou citoyen, esclave ou homme libre ? Dis-moi si l'on t'examinait sur ce point, Calliclès, que répondrais-tu ? Quel homme peux-tu citer que ta fréquentation ait rendu meilleur ? Pourquoi hésiter à répondre s'il est vrai que tu aies déjà une œuvre à toi à montrer, quelque chose que tu aies fait comme simple particulier, avant même d'avoir abordé la vie publique ?

CALLICLÈS. – Tu es taquin, Socrate.

SOCRATE. – Ma question n'est pas inspirée par la taquinerie, mais par un désir très véritable de savoir quelle idée tu te fais de ce que doit être la vie politique à Athènes. N'auras-tu pas pour unique souci, une fois arrivé aux affaires, de faire de nous des citoyens aussi parfaits que possible ? N'avons-nous pas reconnu maintes fois déjà que telle était la tâche de l'homme politique ? L'avons-nous reconnu, oui ou non ? Réponds. Je réponds pour toi : oui, nous l'avons reconnu. Si donc c'est là le bienfait qu'un honnête homme doit assurer à son pays, rappelle tes souvenirs au sujet des hommes dont tu me parlais tout à l'heure, et dis-moi si tu trouves toujours qu'ils aient été de bons citoyens, les Périclès, les Cimon, les Miltiade, les Thémistocle ?

CALLICLÈS. – Certainement, je le trouve.

SOCRATE. – S'ils étaient bons, chacun d'eux a dû évidemment rendre ses concitoyens meilleurs qu'ils n'étaient d'abord. Chacun d'eux l'a-t-il fait ?

CALLICLÈS. – Oui.

SOCRATE. – Ainsi, quand Périclès a prononcé ses premiers discours au peuple, les Athéniens valaient moins qu'au temps de ses derniers discours ?

CALLICLÈS. – C'est possible.

SOCRATE. – Il ne s'agit pas de possibilité, mais de nécessité, d'après ce que nous avons établi, si réellement Périclès était un bon citoyen.

CALLICLÈS. – Quelle conclusion ?

ΣΩ. Οὐδέν· ἀλλὰ τόδε μοι εἰπὲ ἐπὶ τούτῳ, εἰ λέγονται e
Ἀθηναῖοι διὰ Περικλέα βελτίους γεγονέναι, ἢ πᾶν τοὐναντίον διαφθαρῆναι ὑπ' ἐκείνου. Ταυτὶ γάρ ἔγωγε ἀκούω, Περικλέα πεποιηκέναι Ἀθηναίους ἀργούς καὶ δειλούς καὶ λάλους
καὶ φιλαργύρους, εἰς μισθοφορίαν πρῶτον καταστήσαντα.

ΚΑΛ. Τῶν τὰ ὦτα κατεαγότων ἀκούεις ταῦτα, ὦ Σώκρατες.

ΣΩ. Ἀλλὰ τάδε οὐκέτι ἀκούω, ἀλλ' οἶδα σαφῶς καὶ ἐγὼ
καὶ σύ, ὅτι τὸ μὲν πρῶτον ηὐδοκίμει Περικλῆς καὶ οὐδεμίαν αἰσχρὰν δίκην κατεψηφίσαντο αὐτοῦ Ἀθηναῖοι, ἡνίκα
χείρους ἦσαν· ἐπειδὴ δὲ καλοὶ κἀγαθοὶ ἐγεγόνεσαν ὑπ'
αὐτοῦ, ἐπὶ τελευτῇ τοῦ βίου τοῦ Περικλέους, κλοπὴν αὐτοῦ 516
κατεψηφίσαντο, ὀλίγου δὲ καὶ θανάτου ἐτίμησαν, δῆλον ὅτι
ὡς πονηροῦ ὄντος.

ΚΑΛ. Τί οὖν; Τούτου ἔνεκα κακός ἦν Περικλῆς;

ΣΩ. Ὄνων γοῦν ἂν ἐπιμελητὴς καὶ ἵππων καὶ βοῶν
τοιοῦτος ὢν κακὸς ἂν ἐδόκει εἶναι, εἰ παραλαβὼν μὴ λακτί-
ζοντας [ἑαυτὸν] μηδὲ κυρίττοντας μηδὲ δάκνοντας ἀπέ-
δειξε ταῦτα ἅπαντα ποιοῦντας δι' ἀγριότητα. Ἢ οὐ δοκεῖ
σοι κακὸς εἶναι ἐπιμελητὴς ὁστισοῦν ὁτουοῦν ζῴου, ὃς ἂν b
παραλαβὼν ἡμερώτερα ἀποδείξῃ ἀγριώτερα ἢ παρέλαβε;
δοκεῖ ἢ οὔ;

ΚΑΛ. Πάνυ γε, ἵνα σοι χαρίσωμαι.

ΣΩ. Καὶ τόδε τοίνυν μοι χάρισαι ἀποκρινάμενος· πότερον καὶ ὁ ἄνθρωπος ἕν τῶν ζῴων ἐστὶν ἢ οὔ;

ΚΑΛ. Πῶς γὰρ οὔ;

---

73. En créant l'*Indemnité aux jurés* (Arist., *Constitution d'Athènes*,
XXVII, 3-5), sans doute aussi l'*Indemnité aux membres du conseil* et la
Solde militaire, Périclès avait réalisé une réforme capitale pour les progrès de la démocratie, mais qui, dans les milieux aristocratiques – chez
ces *laconisants*, dont se raille Calliclès (cf. *Prot.*, 342 b) –, était
jugée sévèrement. Pour le procès de Périclès, cf. Thuc., II, 65, 2.

SocRATE. – Aucune ; dis-moi seulement encore ceci :
les Athéniens passent-ils pour avoir été améliorés par
Périclès, ou au contraire corrompus par lui ? J'entends
répéter pour ma part que Périclès a rendu les Athéniens
paresseux, lâches, bavards et avides d'argent, par l'éta-
blissement d'un salaire pour les fonctions publiques[73].

CALLICLÈS. – Ce sont nos laconisants à l'oreille
déchirée qui t'ont dit cela[74].

SocRATE. – Voici cependant une chose que je n'ai pas
apprise par ouï-dire, mais que je sais positivement, aussi
bien que toi : c'est qu'au début la réputation de Périclès
était grande et qu'il ne fut frappé par les Athéniens d'aucune condamnation infamante, du temps qu'ils valaient
moins ; mais devenus honnêtes gens par son fait, à la fin
de sa vie, ils le condamnèrent pour vol, et furent tout
près de le condamner à mort, le tenant sans doute pour
un mauvais citoyen.

CALLICLÈS. – Eh bien ! Qu'est-ce que cela prouve
contre Périclès ?

SocRATE. – Tu avoueras bien qu'un gardien d'ânes,
de chevaux ou de bœufs serait jugé mauvais, s'il était
prouvé que ces animaux ne ruaient, ni ne donnaient de
coups de corne, ni ne mordaient, au moment où il en
avait pris le soin, et qu'ils avaient été rendus par lui
assez sauvages pour faire tout cela. N'est-ce pas, en
effet, à ton avis, un mauvais gardien que celui qui ayant
à soigner des animaux, quels qu'ils soient, les rend plus
sauvages qu'il ne les avait reçus ?

CALLICLÈS. – Je te l'accorde, pour te faire plaisir.

SocRATE. – Fais-moi donc encore le plaisir de
répondre à cette autre question : l'espèce humaine est-
elle, oui ou non, une espèce animale ?

CALLICLÈS. – Certainement.

---

74. À Athènes, les partisans de Sparte (ceux du parti oligarchique)
pratiquaient une lutte violente qui mutilait leurs oreilles. Sur cette
accusation de « laconisme » politique, cf. J.-Fr. Pradeau, *Platon et la
cité*, p. 15-16.

ΣΩ. Οὐκοῦν ἀνθρώπων Περικλῆς ἐπεμέλετο ;

ΚΑΛ. Ναί.

ΣΩ. Τί οὖν ; Οὐκ ἔδει αὐτούς, ὡς ἄρτι ὡμολογοῦμεν, δικαιοτέρους γεγονέναι ἀντὶ ἀδικωτέρων ὑπ' ἐκείνου, εἴπερ ἐκεῖνος ἐπεμελεῖτο αὐτῶν ἀγαθὸς ὢν τὰ πολιτικά ;

ΚΑΛ. Πάνυ γε.

ΣΩ. Οὐκοῦν οἵ γε δίκαιοι ἥμεροι, ὡς ἔφη Ὅμηρος· σὺ δὲ τί φής ; Οὐχ οὕτως ;

ΚΑΛ. Ναί.

ΣΩ. Ἀλλὰ μὴν ἀγριωτέρους γε αὐτοὺς ἀπέφηνεν ἢ οἵους παρέλαβεν, καὶ ταῦτ' εἰς αὐτόν, ὃν ἥκιστ' ἂν ἐβούλετο.

ΚΑΛ. Βούλει σοι ὁμολογήσω ;

ΣΩ. Εἰ δοκῶ γέ σοι ἀληθῆ λέγειν.

ΚΑΛ. Ἔστω δὴ ταῦτα.

ΣΩ. Οὐκοῦν εἴπερ ἀγριωτέρους, ἀδικωτέρους τε καὶ χείρους ;

ΚΑΛ. Ἔστω.

ΣΩ. Οὐκ ἄρ' ἀγαθὸς τὰ πολιτικὰ Περικλῆς ἦν ἐκ τούτου τοῦ λόγου.

ΚΑΛ. Οὐ σύ γε φής.

ΣΩ. Μὰ Δί' οὐδέ γε σὺ ἐξ ὧν ὡμολόγεις. Πάλιν δὲ λέγε μοι περὶ Κίμωνος· οὐκ ἐξωστράκισαν αὐτὸν οὗτοι οὓς ἐθεράπευεν, ἵνα αὐτοῦ δέκα ἐτῶν μὴ ἀκούσειαν τῆς φωνῆς ; Καὶ Θεμιστοκλέα ταῦτά ταῦτα ἐποίησαν καὶ φυγῇ πρὸς ἐζημίωσαν ; Μιλτιάδην δὲ τὸν [ἐν] Μαραθῶνι εἰς τὸ βάραθρον

---

75. Cf. *Odyssée*, VI, 120 ; VIII, 575, etc.
76. Les faits sont repris en remontant l'ordre des temps. Cimon avait été frappé d'ostracisme en 461 et rappelé après Tanagra, en 457.

SOCRATE. – Et Périclès avait à diriger des hommes ?

CALLICLÈS. – Oui.

SOCRATE. – Eh bien, ne devait-il pas, d'après nos principes, les rendre plus justes qu'il ne les avait trouvés, s'il possédait vraiment pour les diriger les vertus du politique ?

CALLICLÈS. – Sans doute.

SOCRATE. – Or, les justes sont doux, suivant Homère[75] : qu'en penses-tu, toi ? Est-ce ton avis ?

CALLICLÈS. – Oui.

SOCRATE. – En fait, cependant, il les a laissés plus féroces qu'il ne les avait pris, et cela contre sa propre personne, ce qu'il devait désirer moins que tout.

CALLICLÈS. – Tu veux que je te l'accorde ?

SOCRATE. – Oui, si tu trouves que j'ai raison.

CALLICLÈS. – Eh bien, soit.

SOCRATE. – S'ils étaient plus féroces, ils étaient donc plus injustes et pires ?

CALLICLÈS. – Soit.

SOCRATE. – D'où il suit que Périclès était un mauvais politique ?

CALLICLÈS. – Du moins à ton avis.

SOCRATE. – À ton avis également, si j'en crois tes déclarations antérieures. Mais parlons maintenant de Cimon[76] : n'a-t-il pas été frappé d'ostracisme par ceux qu'il dirigeait, afin qu'ils n'eussent plus à entendre avant dix ans le son de sa voix ? Et Thémistocle, n'a-t-il pas été traité de même et en outre exilé ? Quant à Miltiade, le vainqueur de Marathon, ils avaient déjà décidé qu'il serait précipité dans le barathre, et sans

---

L'ostracisme de Thémistocle se place entre 474 et 472 ; son bannissement par contumace, vers 471-470. Quant au procès de Miltiade, un peu dramatisé ici, il suivit son échec à Paros (489).

ἐμβαλεῖν ἐψηφίσαντο, καὶ εἰ μὴ διὰ τὸν πρύτανιν, ἐνέπε- e
σεν ἄν ; Καίτοι οὗτοι, εἰ ἦσαν ἄνδρες ἀγαθοί, ὡς σὺ φῄς,
οὐκ ἄν ποτε ταῦτα ἔπασχον. Οὔκουν οἵ γε ἀγαθοὶ ἡνίοχοι
κατ' ἀρχάς μὲν οὐκ ἐκπίπτουσιν ἐκ τῶν ζευγῶν, ἐπειδὰν
δὲ θεραπεύσωσιν τοὺς ἵππους καὶ αὐτοὶ ἀμείνους γένωνται
ἡνίοχοι, τότ' ἐκπίπτουσιν· οὐκ ἔστι ταῦτ' οὔτ' ἐν ἡνιοχείᾳ
οὔτ' ἐν ἄλλῳ ἔργῳ οὐδενί· ἢ δοκεῖ σοι ;

ΚΑΛ. Οὐκ ἔμοιγε.

ΣΩ. Ἀληθεῖς ἄρα, ὡς ἔοικεν, οἱ ἔμπροσθεν λόγοι ἦσαν,
ὅτι οὐδένα ἡμεῖς ἴσμεν ἄνδρα ἀγαθὸν γεγονότα τὰ πολιτικὰ 517
ἐν τῇδε τῇ πόλει. Σὺ δὲ ὡμολόγεις τῶν γε νῦν οὐδένα, τῶν
μέντοι ἔμπροσθεν, καὶ προείλου τούτους τοὺς ἄνδρας·
οὗτοι δὲ ἀνεφάνησαν ἐξ ἴσου τοῖς νῦν ὄντες, ὥστε, εἰ οὗτοι
ῥήτορες ἦσαν, οὔτε τῇ ἀληθινῇ ῥητορικῇ ἐχρῶντο — οὐ
γὰρ ἂν ἐξέπεσον — οὔτε τῇ κολακικῇ.

ΚΑΛ. Ἀλλὰ μέντοι πολλοῦ γε δεῖ, ὦ Σώκρατες, μή ποτέ
τις τῶν νῦν ἔργα τοιαῦτα ἐργάσηται οἷα τούτων ὃς βούλει b
εἴργασται.

ΣΩ. Ὦ δαιμόνιε, οὐδ' ἐγὼ ψέγω τούτους ὥς γε διακόνους εἶναι πόλεως, ἀλλά μοι δοκοῦσι τῶν γε νῦν διακονι-
κώτεροι γεγονέναι καὶ μᾶλλον οἷοί τε ἐκπορίζειν τῇ πόλει
ὧν ἐπεθύμει· ἀλλὰ γὰρ μεταβιβάζειν τὰς ἐπιθυμίας καὶ μὴ
ἐπιτρέπειν, πείθοντες καὶ βιαζόμενοι ἐπὶ τοῦτο ὅθεν
ἔμελλον ἀμείνους ἔσεσθαι οἱ πολῖται, ὡς ἔπος εἰπεῖν, οὐδὲν τούτων διέφερον ἐκεῖνοι· ὅπερ μόνον ἔργον ἐστὶν ἀγα- c
θοῦ πολίτου. Ναῦς δὲ καὶ τείχη καὶ νεώρια καὶ ἄλλα πολλὰ

77. Les prytanes sont les délégués choisis dans chaque tribu pour
siéger durant un an au Conseil des 500, la *Boulé*. Chaque 1/10e de l'année, la prytanie était exercée par 50 prytanes, qui traitaient les affaires

l'opposition du chef des prytanes[77], c'était chose faite. Tous ces hommes cependant, s'ils avaient eu le mérite que tu leur attribues, n'auraient pas été ainsi traités. On ne voit pas les bons cochers d'abord fermes sur leurs sièges, et plus tard, quand ils ont dressé leur attelage et pris eux-mêmes de l'expérience, se laissant désarçonner. Cela n'est vrai ni dans la technique de conduite des chevaux ni dans aucune autre. Es-tu d'un avis contraire ?

CALLICLÈS. – Non certes.

SOCRATE. – Par conséquent, c'est avec raison, semble-t-il, que nous affirmions dans nos précédents discours que jamais, à notre connaissance, Athènes n'avait possédé un bon et véritable homme politique. Pour toi, tu abandonnais volontiers ceux d'aujourd'hui, mais tu vantais les anciens et tu avais mis à part ceux que nous venons de dire. Or ceux-ci nous sont apparus comme valant les modernes, de telle sorte que s'ils ont été des rhéteurs, leur rhétorique n'était ni la véritable, car ils n'auraient pas été renversés, ni celle qui sait flatter.

CALLICLÈS. – Il s'en faut pourtant de beaucoup, Socrate, que les hommes d'aujourd'hui accomplissent jamais rien de comparable à l'œuvre de l'un quelconque de ceux-là.

SOCRATE. – Mon cher Calliclès, moi non plus je ne les blâme pas en tant que serviteurs de la cité : je trouve même qu'ils ont été plus que ceux d'aujourd'hui des serviteurs, et qu'ils ont mieux su procurer à la cité ce qu'elle demandait. Mais pour ce qui est de modifier les désirs de la cité et d'y résister, de l'amener par la persuasion ou par la contrainte aux mesures les plus propres à rendre les citoyens meilleurs, il n'y a, pour ainsi dire, aucune différence à cet égard entre ceux-ci et ceux-là ; or tel est l'office unique du bon citoyen. Des navires, des murs,

courantes et décidaient aussi des décrets qui devaient être soumis à l'assemblée (l'*Ecclésia*). L'épisode relatif au procès de Miltiade est rapporté par Hérodote, *Histoires*, VI, 132-136.

τοιαῦτα καὶ ἐγώ σοι ὁμολογῶ δεινοτέρους εἶναι ἐκείνους
τούτων ἐκπορίζειν. Πρᾶγμα οὖν γελοῖον ποιοῦμεν ἐγώ τε
καὶ σὺ ἐν τοῖς λόγοις· ἐν παντὶ γὰρ τῷ χρόνῳ ὃν διαλεγό-
μεθα, οὐδὲν παυόμεθα εἰς τὸ αὐτὸ ἀεὶ περιφερόμενοι καὶ
ἀγνοοῦντες ἀλλήλων ὅ τι λέγομεν.

Ἐγὼ γοῦν σε πολλάκις οἶμαι ὡμολογηκέναι καὶ ἐγνωκέναι
ὡς ἄρα διττή αὕτη τις ἡ πραγματεία ἐστὶν καὶ περὶ τὸ d
σῶμα καὶ περὶ τὴν ψυχήν, καὶ ἡ μὲν ἑτέρα διακονική ἐστιν,
ᾗ δυνατὸν εἶναι ἐκπορίζειν, ἐὰν μὲν πεινῇ τὰ σώματα
ἡμῶν, σιτία, ἐὰν δὲ διψῇ, ποτά, ἐὰν δὲ ῥιγῷ, ἱμάτια, στρώ-
ματα, ὑποδήματα, ἄλλα ὧν ἔρχεται σώματα εἰς ἐπιθυμίαν·
καὶ ἐξεπίτηδές σοι διὰ τῶν αὐτῶν εἰκόνων λέγω, ἵνα ῥᾷον
καταμάθῃς. Τούτων γὰρ ποριστικὸν εἶναι ἢ κάπηλον ὄντα
ἢ ἔμπορον ἢ δημιουργόν του αὐτῶν τούτων, σιτοποιὸν ἢ
ὀψοποιὸν ἢ ὑφάντην ἢ σκυτοτόμον ἢ σκυτοδεψόν, οὐδὲν e
θαυμαστόν ἐστιν ὄντα τοιοῦτον δόξαι καὶ αὐτῷ καὶ τοῖς
ἄλλοις θεραπευτὴν εἶναι σώματος, παντὶ τῷ μὴ εἰδότι ὅτι
ἔστιν τις παρὰ ταύτας ἁπάσας τέχνη γυμναστική τε καὶ
ἰατρική, ἣ δὴ τῷ ὄντι ἐστὶν σώματος θεραπεία, ἥνπερ καὶ
προσήκει τούτων ἄρχειν πασῶν τῶν τεχνῶν καὶ χρῆσθαι
τοῖς τούτων ἔργοις διὰ τὸ εἰδέναι ὅ τι χρηστὸν καὶ πονηρὸν τῶν σιτίων ἢ ποτῶν ἐστιν εἰς ἀρετὴν σώματος, τὰς 518
δ' ἄλλας πάσας ταῦτα ἀγνοεῖν· διὸ δὴ καὶ ταύτας μὲν δου-
λοπρεπεῖς τε καὶ διακονικὰς καὶ ἀνελευθέρους εἶναι περὶ
σώματος πραγματείαν, τὰς ἄλλας τέχνας, τὴν δὲ γυμ-
ναστικὴν καὶ ἰατρικὴν κατὰ τὸ δίκαιον δεσποίνας εἶναι
τούτων.

78. Voir *supra* la note 48. La politique est distinguée des techniques particulières pour être définie ici comme la technique qui a
pour objet de gouverner l'usage des autres techniques. C'est ce qu'in-
diquait déjà l'*Euthydème*, 291b-292e. Cela suppose, pour qu'une poli-

des arsenaux et autres choses du même genre, je conviens qu'ils ont été plus habiles à en procurer que ceux d'aujourd'hui ; mais nous faisons quelque chose d'assez ridicule dans notre discussion : car nous ne cessons, d'un bout à l'autre de cet entretien, de tourner en cercle dans un perpétuel malentendu.

Il me semble pourtant qu'à plusieurs reprises tu as reconnu et compris que, dans les soins relatifs aussi bien au corps qu'à l'âme, il y a deux méthodes distinctes de traitement : l'une servile, par laquelle il est possible de nous procurer, si notre corps a faim, des aliments, s'il a soif, des boissons, s'il a froid, des vêtements, des couvertures, des chaussures, tout ce qui peut être pour le corps un objet de désir – j'emploie à dessein les mêmes exemples afin que tu saisisses mieux. Ceux qui procurent ces objets sont les marchands en gros et en détail, les artisans qui préparent l'un ou l'autre d'entre eux, boulangers, cuisiniers, tisserands, cordonniers et tanneurs. Il est naturel que les gens qui exercent ces métiers se considèrent eux-mêmes et soient considérés par les autres comme ayant seuls le soin du corps, si l'on ne sait pas qu'il existe, à côté de ceux-ci, une technique de la gymnastique et une technique de la médecine qui constituent la véritable culture du corps et auxquels il appartient de dominer tous les métiers et de se servir de leurs produits : ils savent, en effet, quels aliments et quelles boissons sont d'un emploi favorable au bien du corps, tandis que les métiers l'ignorent. C'est pourquoi, parmi les industries qui se rapportent au corps, nous disons que les premières sont serviles, basses et illibérales, tandis que les autres, la gymnastique et la médecine, nous les regardons à bon droit comme les maîtresses de celles-là[78].

---

tique soit possible, une connaissance synoptique de toutes les activités dans la cité ; capacité synoptique que la *République* attribuera à la philosophie (VII, 533c-537c).

Ταὐτὰ οὖν ταῦτα ὅτι ἔστιν καὶ περὶ ψυχήν, τότε μέν μοι δοκεῖς μανθάνειν ὅτε λέγω, καὶ ὁμολογεῖς ὡς εἰδὼς ὅ τι ἐγὼ λέγω· ἥκεις δὲ ὀλίγον ὕστερον λέγων ὅτι ἄνθρωποι καλοὶ κἀγαθοὶ γεγόνασιν πολῖται ἐν τῇ πόλει, καὶ ἐπειδὰν b ἐγὼ ἐρωτῶ οἵτινες, δοκεῖς μοι ὁμοιοτάτους προτείνεσθαι ἀνθρώπους περὶ τὰ πολιτικά, ὥσπερ ἂν εἰ περὶ τὰ γυμνα- στικὰ ἐμοῦ ἐρωτῶντος οἵτινες ἀγαθοὶ γεγόνασιν ἢ εἰσὶν σωμάτων θεραπευταί, ἔλεγές μοι πάνυ σπουδάζων, Θεα- ρίων ὁ ἀρτοκόπος καὶ Μίθαικος ὁ τὴν ὀψοποιίαν συγγεγρα- φὼς τὴν Σικελικὴν καὶ Σάραμβος ὁ κάπηλος, ὅτι οὗτοι θαυμάσιοι γεγόνασιν σωμάτων θεραπευταί, ὁ μὲν ἄρτους θαυμαστοὺς παρασκευάζων, ὁ δὲ ὄψον, ὁ δὲ οἶνον.   c

Ἴσως ἂν οὖν ἠγανάκτεις, εἴ σοι ἔλεγον ἐγὼ ὅτι, Ἄνθρωπε, ἐπαίεις οὐδὲν περὶ γυμναστικῆς· διακόνους μοι λέγεις καὶ ἐπιθυμιῶν παρασκευαστὰς ἀνθρώπους, οὐκ ἐπαΐοντας καλὸν κἀγαθὸν οὐδὲν περὶ αὐτῶν, οἵ, ἂν οὕτω τύχωσιν, ἐμπλή- σαντες καὶ παχύναντες τὰ σώματα τῶν ἀνθρώπων, ἐπαι- νούμενοι ὑπ' αὐτῶν, προσαπολοῦσιν αὐτῶν καὶ τὰς ἀρχαίας d σάρκας· οἱ δ' αὖ δι' ἀπειρίαν οὐ τοὺς ἑστιῶντας αἰτιά- σονται τῶν νόσων αἰτίους εἶναι καὶ τῆς ἀποβολῆς τῶν ἀρχαίων σαρκῶν, ἀλλ' οἳ ἂν αὐτοῖς τύχωσι τότε παρόντες καὶ συμβουλεύοντές τι, ὅταν δὴ αὐτοῖς ἥκῃ ἡ τότε πλη- σμονὴ νόσον φέρουσα συχνῷ ὕστερον χρόνῳ, ἅτε ἄνευ τοῦ ὑγιεινοῦ γεγονυῖα, τούτους αἰτιάσονται καὶ ψέξουσιν καὶ κακόν τι ποιήσουσιν, ἂν οἷοί τ' ὦσι, τοὺς δὲ προτέρους ἐκείνους καὶ αἰτίους τῶν κακῶν ἐγκωμιάσουσιν.

Καὶ σὺ νῦν, ὦ Καλλίκλεις, ὁμοιότατον τούτῳ ἐργάζει· e ἐγκωμιάζεις ἀνθρώπους, οἳ τούτους εἱστιάκασιν εὐωχοῦν- τες ὧν ἐπεθύμουν, καί φασι μεγάλην τὴν πόλιν πεποιηκέναι

Que les choses se passent de même en ce qui concerne l'âme, tantôt tu me parais le comprendre quand je te le dis, et tu le reconnais en homme qui a compris ma pensée ; puis, le moment d'après, tu viens me dire que la cité est pleine d'honnêtes citoyens, et quand je te demande qui sont ceux-là, les gens que tu désignes en matière politique me font songer que c'est tout à fait comme si, interrogé par moi, en matière de gymnastique, sur ceux qui ont été ou qui sont habiles à former le corps, tu me citais sérieusement Théarion le boulanger, Mithaecos, l'auteur du traité sur la cuisine sicilienne, et Sarambos le marchand de vins, en m'expliquant que tous ces hommes s'entendent merveilleusement à la culture physique, l'un pour fabriquer le pain, l'autre pour les ragoûts, le troisième pour le vin.

Tu te fâcherais peut-être si je te disais : « Mon ami, tu ne connais rien à la gymnastique ; tu me parles de gens qui sont bons à servir et à satisfaire des désirs, mais qui ne savent absolument rien du beau et du bien en cette affaire ; ces gens peuvent fort bien, si cela se trouve, remplir ou épaissir les corps de quelques hommes et obtenir leurs éloges, mais n'en détruisent pas moins en définitive leur ancien embonpoint ; les victimes, elles, dans leur ignorance, n'attribueront pas à ceux qui les nourrissaient la responsabilité de leurs maladies et la perte de leurs muscles ; mais s'il se trouve là des personnes qui leur donnent quelques conseils, lorsque cette gloutonnerie contraire aux lois de la santé sera venue leur apporter son cortège de maladies, c'est à ces personnes qu'ils s'en prendront ; ce sont elles qu'ils vont accuser, blâmer, maltraiter s'ils le peuvent, tandis que pour les autres, les vrais responsables de leurs maux, ils n'auront que des éloges.

Eh bien, Calliclès, ta conduite en ce moment est toute pareille : tu vantes des hommes qui ont régalé les Athéniens en leur servant tout ce qu'ils désiraient ; on dit qu'ils ont grandi Athènes, mais on ne voit pas que

αὐτούς· ὅτι δὲ οἰδεῖ καὶ ὕπουλός ἐστιν δι' ἐκείνους τοὺς 519
παλαιούς, οὐκ αἰσθάνονται. Ἄνευ γὰρ σωφροσύνης καὶ
δικαιοσύνης λιμένων καὶ νεωρίων καὶ τειχῶν καὶ φόρων καὶ
τοιούτων φλυαριῶν ἐμπεπλήκασι τὴν πόλιν· ὅταν οὖν ἔλθῃ
ἡ καταβολὴ αὕτη τῆς ἀσθενείας, τοὺς τότε παρόντας αἰτιάσονται συμβούλους, Θεμιστοκλέα δὲ καὶ.Κίμωνα καὶ Περικλέα ἐγκωμιάσουσιν, τοὺς αἰτίους τῶν κακῶν· σοῦ δὲ ἴσως
ἐπιλήψονται, ἐὰν μὴ εὐλαβῇ, καὶ τοῦ ἐμοῦ ἑταίρου Ἀλκιβιάδου, ὅταν καὶ τὰ ἀρχαῖα προσαπολλύωσι πρὸς οἷς ἐκτή- b
σαντο, οὐκ αἰτίων ὄντων τῶν κακῶν ἀλλ' ἴσως συναιτίων.

Καίτοι ἔγωγε ἀνόητον πρᾶγμα καὶ νῦν ὁρῶ γιγνόμενον
καὶ ἀκούω τῶν παλαιῶν ἀνδρῶν πέρι. Αἰσθάνομαι γάρ, ὅταν
ἡ πόλις τινὰ τῶν πολιτικῶν ἀνδρῶν μεταχειρίζηται ὡς
ἀδικοῦντα, ἀγανακτούντων καὶ σχετλιαζόντων ὡς δεινὰ
πάσχουσι· πολλὰ καὶ ἀγαθὰ τὴν πόλιν πεποιηκότες ἄρα
ἀδίκως ὑπ' αὐτῆς ἀπόλλυνται, ὡς ὁ τούτων λόγος. Τὸ δὲ
ὅλον ψεῦδός ἐστιν· προστάτης γὰρ πόλεως οὐδ' ἂν εἷς c
ποτε ἀδίκως ἀπόλοιτο ὑπ' αὐτῆς τῆς πόλεως ἧς προστατεῖ.
Κινδυνεύει γὰρ ταὐτὸν εἶναι, ὅσοι τε πολιτικοὶ προσποιοῦν-
ται εἶναι καὶ ὅσοι σοφισταί. Καὶ γὰρ οἱ σοφισταί, τἆλλα
σοφοὶ ὄντες, τοῦτο ἄτοπον ἐργάζονται πρᾶγμα· φάσκοντες
γὰρ ἀρετῆς διδάσκαλοι εἶναι πολλάκις κατηγοροῦσιν τῶν
μαθητῶν ὡς ἀδικοῦσι σφᾶς αὐτούς, τούς τε μισθοὺς ἀπο-
στεροῦντες καὶ ἄλλην χάριν οὐκ ἀποδιδόντες, εὖ παθόντες
ὑπ' αὐτῶν· καὶ τούτου τοῦ λόγου τί ἂν ἀλογώτερον εἴη d

79. En appliquant à la cité ce qui avait été défini comme excellence et ordre de l'âme (la tempérance et la justice), Socrate répond
donc à l'accusation de Calliclès (on doit finalement le tenir pour
meilleur politique que tous les dirigeants cités ; voir encore 521d), tout
en exigeant, comme le développera la *République*, que la politique
(l'ordre et l'unité de la cité) ne soit pas distinguée de la conduite individuelle (l'ordre et l'unité de l'âme).

cette grandeur n'est qu'une enflure malsaine. Nos
grands hommes d'autrefois, sans se préoccuper de la
tempérance ni de la justice, ont gorgé la ville de ports,
d'arsenaux, de murs, de tributs et autres niaiseries ;
quand surviendra l'accès de faiblesse, on accusera ceux
qui seront là et donneront des conseils, mais on célébre-
ra les Thémistocle, les Cimon, les Périclès, de qui vient
tout le mal[79]. Peut-être est-ce à toi qu'on s'attaquera, si
tu n'y prends garde, ou à mon ami Alcibiade, quand on
aura perdu avec les acquisitions nouvelles tous les biens
d'autrefois, quoique vous ne soyez pas les vrais coupables, mais seulement peut-être les complices.

Voici cependant une chose assez absurde dont je suis
aujourd'hui témoin et que j'entends rapporter également
à propos des hommes d'autrefois. Quand la cité met en
cause pour quelque faute un de ses hommes politiques,
je vois les accusés s'indigner, se révolter contre l'injustice qu'on leur fait, s'écrier qu'après tant de services
rendus à la cité, c'est un crime de vouloir les perdre : pur
mensonge ! Un chef d'une cité ne saurait être frappé
injustement par la cité à laquelle il préside. Il en est des
soi-disant hommes politiques comme des sophistes[80].
Ceux-ci en effet, si savants à tant d'égards, commettent
parfois une étrange bévue : ils se donnent pour des professeurs de vertu, et il n'est pas rare qu'on les voie accuser un de leurs disciples de leur faire tort parce qu'il
refuse de les payer et qu'il ne leur témoigne pas toute la
reconnaissance due à leurs bienfaits. Quoi de plus illo-
gique qu'un tel langage ? Comment des hommes deve-

80. Pseudo-politiques et sophistes sont des imitateurs imposteurs ;
leur nature et leurs moyens seront examinés successivement dans le
Sophiste et le *Politique*. On constate encore ici que le mode de vie
défendu *via* la rhétorique n'est pas propre aux seuls sophistes, mais
qu'il est aussi celui que défendent la plupart des idéologues et des dirigeants Athéniens. C'est pourquoi la critique de Socrate porte à la fois
contre les arguments des sophistes et contre ceux de Calliclès en dépit
du mépris que celui-ci affecte pour les premiers.

πρᾶγμα, ἀνθρώπους ἀγαθοὺς καὶ δικαίους γενομένους,
ἐξαιρεθέντας μὲν ἀδικίαν ὑπὸ τοῦ διδασκάλου, σχόντας δὲ
δικαιοσύνην, ἀδικεῖν τούτῳ δ οὐκ ἔχουσιν ; Οὐ δοκεῖ σοι
τοῦτο ἄτοπον εἶναι, ὦ ἑταῖρε ; Ὡς ἀληθῶς δημηγορεῖν με
ἠνάγκασας, ὦ Καλλίκλεις, οὐκ ἐθέλων ἀποκρίνεσθαι.

ΚΑΛ. Σὺ δ' οὐκ ἂν οἷός τ' εἴης λέγειν, εἰ μή τίς σοι
ἀποκρίνοιτο ;

ΣΩ. Ἔοικά γε· νῦν γοῦν συχνοὺς τείνω τῶν λόγων, ε
ἐπειδή μοι οὐκ ἐθέλεις ἀποκρίνεσθαι. Ἀλλ', ὦ 'γαθέ, εἰπὲ
πρὸς φιλίου, οὐ δοκεῖ σοι ἄλογον εἶναι ἀγαθὸν φάσκοντα
πεποιηκέναι τινὰ μέμφεσθαι τούτῳ ὅτι ὑφ' ἑαυτοῦ ἀγαθὸς
γεγονώς τε καὶ ὢν ἔπειτα πονηρός ἐστιν ;

ΚΑΛ. Ἔμοιγε δοκεῖ.

ΣΩ. Οὐκοῦν ἀκούεις τοιαῦτα λεγόντων τῶν φασκόντων
παιδεύειν ἀνθρώπους εἰς ἀρετήν ;

ΚΑΛ. Ἔγωγε· ἀλλὰ τί ἂν λέγοις ἀνθρώπων πέρι οὐ- 520
δενὸς ἀξίων ;

ΣΩ. Τί δ'ἂν περὶ ἐκείνων λέγοις, οἳ φάσκοντες προ-
εστάναι τῆς πόλεως καὶ ἐπιμελεῖσθαι ὅπως ὡς βελτίστη
ἔσται, πάλιν αὐτῆς κατηγοροῦσιν, ὅταν τύχωσιν, ὡς πονη-
ροτάτης ; Οἴει τι διαφέρειν τούτους ἐκείνων ; Ταὐτόν, ὦ
μακάρι', ἐστὶν σοφιστὴς καὶ ῥήτωρ, ἢ ἐγγύς τι καὶ παρα-
πλήσιον, ὥσπερ ἐγὼ ἔλεγον πρὸς Πῶλον· σὺ δὲ δι' ἄγνοιαν
τὸ μὲν πάγκαλόν τι οἴει εἶναι, τὴν ῥητορικήν, τοῦ δὲ κατα- b
φρονεῖς· τῇ δὲ ἀληθείᾳ κάλλιόν ἐστιν σοφιστικὴ ῥητορικῆς
ὅσῳπερ νομοθετικὴ δικαστικῆς καὶ γυμναστικὴ ἰατρικῆς.
Μόνοις δ' ἔγωγε καὶ ᾤμην τοῖς δημηγόροις τε καὶ σοφισταῖς

nus bons et justes grâce à un maître qui les a débarrassés de l'injustice, pourraient-ils, une fois en possession de la justice, faire tort à leur maître avec ce qu'ils n'ont plus ? Ne trouves-tu pas cela bizarre, mon cher ami ? – Tu m'as forcé, Calliclès, à faire cette fois un vrai discours d'homme politique, par ton refus de me répondre.

CALLICLÈS. – Ne peux-tu donc parler sans qu'on te réponde ?

SOCRATE. – Peut-être : en tout cas, me voici lancé dans d'interminables harangues faute de réponse de ta part. Mais dis-moi, par le dieu de l'amitié, ne trouves-tu pas absurde de soutenir qu'on a rendu bon un homme et de reprocher aussitôt après à ce même homme, devenu bon grâce à nous et qui est censé l'être réellement, d'être méchant ?

CALLICLÈS. – C'est assez mon avis.

SOCRATE. – N'entends-tu pas quelquefois ce langage dans la bouche de gens qui prétendent enseigner la vertu ?

CALLICLÈS. – Oui ; mais pourquoi faire attention à des gens de rien ?

SOCRATE. – Et toi, que diras-tu de ces hommes qui, se donnant pour les chefs de la cité, chargés de la guider vers la perfection, l'accusent au contraire, dans l'occasion, de tous les vices ? Vois-tu la moindre différence entre ceux-ci et ceux-là ? Non, mon cher, entre la sophistique et la rhétorique, tout est pareil, ou presque, ainsi que je le disais à Polos. C'est par erreur que tu trouves l'une des deux choses parfaitement belle, la rhétorique, et que tu méprises l'autre ; au fond, même, la sophistique l'emporte en beauté sur la rhétorique autant que la législation sur la procédure et la gymnastique sur la médecine[81]. Pour moi, je croyais que les orateurs popu-

81. Ce qui signifie que la sophistique donne à la rhétorique ses principes, et que la seconde n'est qu'une application, un cas de la seconde.

οὐκ ἐγχωρεῖν μέμφεσθαι τούτῳ τῷ πράγματι δ αὐτοὶ παι-
δεύουσιν, ὡς πονηρόν ἐστιν εἰς σφᾶς, ἢ τῷ αὐτῷ λόγῳ
τούτῳ ἅμα καὶ ἑαυτῶν κατηγορεῖν ὅτι οὐδὲν ὠφελήκασιν
οὕς φασιν ὠφελεῖν. Οὐχ οὕτως ἔχει;   c

ΚΑΛ. Πάνυ γε.

ΣΩ. Καὶ προέσθαι γε δήπου τὴν εὐεργεσίαν ἄνευ μισθοῦ,
ὡς τὸ εἰκός, μόνοις τούτοις ἐνεχώρει, εἴπερ ἀληθῆ ἔλεγον.
Ἄλλην μὲν γὰρ εὐεργεσίαν τις εὐεργετηθείς, οἷον ταχὺς
γενόμενος διὰ παιδοτρίβην, ἴσως ἂν ἀποστερήσειε τὴν
χάριν, εἰ προοῖτο αὐτῷ ὁ παιδοτρίβης καὶ μὴ συνθέμενος
αὐτῷ μισθὸν δ τι μάλιστα ἅμα μεταδιδοὺς τοῦ τάχους λαμβά-
νοι τὸ ἀργύριον. Οὐ γὰρ δὴ τῇ βραδυτῆτι, οἶμαι, ἀδικοῦσιν   d
οἱ ἄνθρωποι, ἀλλ' ἀδικίᾳ· ἦ γάρ;

ΚΑΛ. Ναί.

ΣΩ. Οὐκοῦν εἴ τις αὐτὸ τοῦτο ἀφαιρεῖ, τὴν ἀδικίαν,
οὐδὲν δεινὸν αὐτῷ μήποτε ἀδικηθῇ, ἀλλὰ μόνῳ ἀσφαλὲς
ταύτην τὴν εὐεργεσίαν προέσθαι, εἴπερ τῷ ὄντι δύναιτό τις
ἀγαθοὺς ποιεῖν. Οὐχ οὕτω;

ΚΑΛ. Φημί.

ΣΩ. Διὰ ταῦτ' ἄρα, ὡς ἔοικε, τὰς μὲν ἄλλας συμβουλὰς
συμβουλεύειν λαμβάνοντα ἀργύριον, οἷον οἰκοδομίας πέρι ἢ
τῶν ἄλλων τεχνῶν, οὐδὲν αἰσχρόν.

ΚΑΛ. Ἔοικέ γε.   e

ΣΩ. Περὶ δέ γε ταύτης τῆς πράξεως, ὅντιν' ἄν τις
τρόπον ὡς βέλτιστος εἴη καὶ ἄριστα τὴν αὐτοῦ οἰκίαν διοι-
κοῖ ἢ πόλιν, αἰσχρὸν νενόμισται μὴ φάναι συμβουλεύειν,
ἐὰν μή τις αὐτῷ ἀργύριον διδῷ· ἦ γάρ;

laires étaient avec les sophistes les seuls qui n'eussent
pas le droit de blâmer les gens dont ils sont les éduca-
teurs, attendu qu'ils ne peuvent accuser leurs disciples
de méchanceté à leur égard sans se condamner eux-
mêmes, en prouvant par là qu'ils n'ont pas su rendre à
ceux-ci le service qu'ils affirment leur rendre. N'est-ce
pas vrai ?

CALLICLÈS. – Certainement.

SOCRATE. – Ce sont aussi les seuls, semble-t-il, qui
puissent donner de confiance, sans se faire payer, leurs
services, si ce qu'ils promettent est vrai. Quand il s'agit
de services d'une autre sorte, par exemple de la légèreté
à la course, que procure l'aide d'un pédotribe, on com-
prendrait que l'élève voulût frustrer le maître de sa
reconnaissance si celui-ci lui avait donné ses leçons de
confiance, sans avoir tout d'abord fixé par une convention la somme due en échange de la vitesse : ce n'est pas
la lenteur à la course, en effet, qui est cause qu'on est
injuste ; c'est l'injustice. Est-ce vrai ?

CALLICLÈS. – Oui.

SOCRATE. – Ainsi donc, du moment que c'est précisément cette chose, l'injustice, que le maître supprime,
il n'a plus à redouter celle de son disciple, et il est le seul
à pouvoir ainsi donner ce genre de service sans garantie,
s'il est réellement capable de rendre un homme juste. En
conviens-tu ?

CALLICLÈS. – J'en conviens.

SOCRATE. – Ainsi donc c'est, à ce qu'il semble, pour
cela qu'en toute autre matière, s'il s'agit, par exemple,
de constructions ou d'autres travaux, il n'y a pas de
honte à se faire payer ses conseils.

CALLICLÈS. – Je le crois en effet.

SOCRATE. – Mais quand il s'agit de savoir le meilleur
moyen de devenir honnête homme, de bien conduire sa
propre maison ou la cité, l'opinion générale flétrit celui
qui n'accorde ses conseils que contre argent. Est-ce
vrai ?

ΚΑΛ. Ναί.

ΣΩ. Δῆλον γὰρ ὅτι τοῦτο αἴτιόν ἐστιν, ὅτι μόνη αὕτη τῶν εὐεργεσιῶν τὸν εὖ παθόντα ἐπιθυμεῖν ποιεῖ ἀντ' εὖ ποιεῖν, ὥστε καλὸν δοκεῖ τὸ σημεῖον εἶναι, εἰ εὖ ποιήσας ταύτην τὴν εὐεργεσίαν ἀντ' εὖ πείσεται· εἰ δὲ μή, οὔ. Ἔστι ταῦτα οὕτως ἔχοντα ;

ΚΑΛ. Ἔστιν.

521

ΣΩ. Ἐπὶ ποτέραν οὖν με παρακαλεῖς τὴν θεραπείαν τῆς πόλεως, διόρισόν μοι· τὴν τοῦ διαμάχεσθαι Ἀθηναίοις, ὅπως ὡς βέλτιστοι ἔσονται, ὡς ἰατρόν, ἢ ὡς διακονήσοντα καὶ πρὸς χάριν ὁμιλήσοντα; Τἀληθῆ μοι εἰπέ, ὦ Καλλίκλεις· δίκαιος γὰρ εἶ, ὥσπερ ἤρξω παρρησιάζεσθαι πρὸς ἐμέ, διατελεῖν ἃ νοεῖς λέγων· καὶ νῦν εὖ καὶ γενναίως εἰπέ.

ΚΑΛ. Λέγω τοίνυν ὅτι ὡς διακονήσοντα.

ΣΩ. Κολακεύσοντα ἄρα με, ὦ γενναιότατε, παρακα- b λεῖς.

ΚΑΛ. Εἴ σοι Μυσόν γε ἥδιον καλεῖν, ὦ Σώκρατες· ὡς εἰ μὴ ταῦτά γε ποιήσεις —

ΣΩ. Μὴ εἴπῃς ἃ πολλάκις εἴρηκας, ὅτι ἀποκτενεῖ με ὁ βουλόμενος, ἵνα μὴ αὖ καὶ ἐγὼ εἴπω ὅτι πονηρός γε ὢν ἀγαθὸν ὄντα· μηδ' ὅτι ἀφαιρήσεται ἐάν τι ἔχω, ἵνα μὴ αὖ ἐγὼ εἴπω ὅτι ἀλλ' ἀφελόμενος οὐχ ἕξει ὅ τι χρήσεται αὐτοῖς, ἀλλ' ὥσπερ με ἀδίκως ἀφείλετο, οὕτως καὶ λαβὼν c ἀδίκως χρήσεται, εἰ δὲ ἀδίκως, αἰσχρῶς, εἰ δὲ αἰσχρῶς, κακῶς.

ΚΑΛ. Ὥς μοι δοκεῖς, ὦ Σώκρατες, πιστεύειν μηδ' ἂν ἓν τούτων παθεῖν, ὡς οἰκῶν ἐκποδὼν καὶ οὐκ ἂν εἰσαχθεὶς

---

82. Il s'agit des esclaves Mysiens ; la phrase est proverbiale : elle désigne, comme le suggère l'emploi semblable qu'en fait *Théétète*, 209b, « le dernier des derniers ». La remarque est ironique : Calliclès

CALLICLÈS. – Oui.

SOCRATE. – La cause en est évidemment que ce genre de service est le seul qui donne au bénéficiaire le désir de rendre le bienfait reçu : de sorte que c'est bon signe si un bienfaiteur de cette espèce est payé de retour, mais le contraire prouve son échec. Les choses sont-elles comme je le dis ?

CALLICLÈS. – Certainement.

SOCRATE. – Quelle est donc la sorte de soins que tu m'invites à prendre à l'égard des Athéniens ? Explique-toi : est-ce celle qui consiste à lutter contre eux pour les rendre meilleurs, comme fait un médecin, ou bien celle qui me donnerait envers eux une attitude de serviteur ou de flatteur ? Dis-moi la vérité, Calliclès : il est juste que tu continues à me parler franchement comme tu as commencé ; parle donc comme il convient et sans crainte.

CALLICLÈS. – Eh bien, je dis qu'il s'agit de servir le peuple.

SOCRATE. – En d'autres termes, tu m'invites, mon noble ami, à faire un métier de flatteur ?

CALLICLÈS. – Un métier de Mysien si tu le préfères, Socrate : autrement, en effet[82]...

SOCRATE. – Ne me répète pas une fois de plus que je serais mis à mort par qui voudrait, car je serais obligé de te répéter à mon tour que ce serait un méchant qui tuerait un honnête homme ; ni que je serais dépouillé de mes biens, car je répéterais encore une fois que mon spoliateur n'y gagnerait rien, mais que les ayant acquis injustement, il en ferait un usage injuste ; donc honteux parce qu'injuste et funeste parce qu'injuste.

CALLICLÈS. – Tu me parais, Socrate, étrangement sûr qu'il ne t'arrivera jamais rien de semblable, que tu vis à l'abri et que tu ne saurais être traîné devant le tribunal

conseille à Socrate de choisir la plus vile activité plutôt que de risquer sa vie de nouveau.

εἰς δικαστήριον ὑπὸ πάνυ ἴσως μοχθηροῦ ἀνθρώπου καὶ φαύλου.

ΣΩ. Ἀνόητος ἄρα εἰμί, ὦ Καλλίκλεις, ὡς ἀληθῶς, εἰ μὴ οἴομαι ἐν τῇδε τῇ πόλει ὀντινοῦν ἄν, ὃ τι τύχοι, τοῦτο παθεῖν. Τόδε μέντοι εὖ οἶδ' ὅτι, ἐάνπερ εἰσίω εἰς δικαστή- ριον περὶ τούτων τινὸς κινδυνεύων ὧν σὺ λέγεις, πονηρός d τίς μ' ἔσται ὁ εἰσάγων· οὐδεὶς γὰρ ἂν χρηστὸς μὴ ἀδικοῦντ' ἄνθρωπον εἰσαγάγοι· καὶ οὐδέν γε ἄτοπον εἰ ἀποθάνοιμι. Βούλει σοι εἴπω δι' ὃ τι ταῦτα προσδοκῶ ;

ΚΑΛ. Πάνυ γε.

ΣΩ. Οἶμαι μετ' ὀλίγων Ἀθηναίων, ἵνα μὴ εἴπω μόνος, ἐπιχειρεῖν τῇ ὡς ἀληθῶς πολιτικῇ τέχνῃ καὶ πράττειν τὰ πολιτικὰ μόνος τῶν νῦν· ἅτε οὖν οὐ πρὸς χάριν λέγων τοὺς λόγους οὓς λέγω ἑκάστοτε, ἀλλὰ πρὸς τὸ βέλτιστον, οὐ πρὸς τὸ ἥδιστον, καὶ οὐκ ἐθέλων ποιεῖν ἃ σὺ παραινεῖς, e τὰ κομψὰ ταῦτα, οὐχ ἕξω ὃ τι λέγω ἐν τῷ δικαστηρίῳ. Ὁ αὐτὸς δέ μοι ἥκει λόγος ὅνπερ πρὸς Πῶλον ἔλεγον· κρινοῦμαι γὰρ ὡς ἐν παιδίοις ἰατρὸς ἂν κρίνοιτο κατηγο- ροῦντος ὀψοποιοῦ. Σκόπει γάρ, τί ἂν ἀπολογοῖτο ὁ τοιοῦ- τος ἄνθρωπος ἐν τούτοις ληφθείς, εἰ αὐτοῦ κατηγοροῖ τις λέγων ὅτι, Ὦ παῖδες, πολλὰ ὑμᾶς καὶ κακὰ ὅδε εἴργασται ἀνὴρ καὶ αὐτούς, καὶ τοὺς νεωτάτους ὑμῶν διαφθείρει τέμνων τε καὶ κάων, καὶ ἰσχναίνων καὶ πνίγων ἀπορεῖν 522 ποιεῖ, πικρότατα πώματα διδοὺς καὶ πεινῆν καὶ διψῆν ἀναγκάζων, οὐχ ὥσπερ ἐγὼ πολλὰ καὶ ἡδέα καὶ παντοδαπὰ ηὐώχουν ὑμᾶς· τί ἂν οἴει ἐν τούτῳ τῷ κακῷ ἀποληφθέντα ἰατρὸν ἔχειν ; εἰπεῖν ἢ εἰ εἴποι τὴν ἀλήθειαν, ὅτι, Ταῦτα πάντα ἐγὼ ἐποίουν, ὦ παῖδες, ὑγιεινῶς, πόσον οἴει ἂν ἀνα- βοῆσαι τοὺς τοιούτους δικαστάς ; Οὐ μέγα ;

ΚΑΛ. Ἴσως· οἴεσθαί γε χρή.

par un homme de tout point peut-être méchant et méprisable !

SOCRATE. – Je serais vraiment privé de raison, Calliclès, si je pouvais croire que personne, dans Athènes, pût être absolument à l'abri d'un pareil accident. Mais ce que je sais à merveille, c'est que si jamais je suis traduit en justice sous une accusation qui m'expose à une des peines dont tu parles, celui qui m'y aura traduit sera un méchant ; car il est impossible qu'un honnête homme cite en justice un innocent. Je ne serais même pas surpris d'être condamné à mort : veux-tu que je te dise pourquoi ?

CALLICLÈS. – Oui certes.

SOCRATE. – Je crois être un des rares Athéniens, pour ne pas dire le seul, qui cultive la véritable technique politique et le seul qui mette aujourd'hui cette technique en pratique. Comme je ne cherche jamais à plaire par mon langage, que j'ai toujours en vue le bien et non l'agréable, que je ne puis consentir à faire toutes ces jolies choses que tu me conseilles, je n'aurai rien à répondre devant un tribunal. Je te répète donc ce que je disais à Polos : je serai jugé comme le serait un médecin traduit devant un tribunal d'enfants par un cuisinier. Vois un peu ce que pourrait répondre un pareil accusé devant un pareil tribunal, quand l'accusateur viendrait dire : « Enfants, cet homme que voici vous a fait maintes fois du mal à tous ; il *déforme* même les plus jeunes d'entre vous en leur appliquant le fer et le feu, il les fait maigrir, les étouffe, les *torture* ! il leur donne des breuvages amers, les force à souffrir la faim et la soif ; il n'est pas comme moi, qui ne cesse de vous offrir les mets les plus agréables et les plus variés. » Que pourrait dire le médecin victime d'une si fâcheuse aventure ? S'il répond, ce qui est vrai : « C'est pour le bien de votre santé, enfants, que j'ai fait tout cela », quelle clameur va pousser le tribunal ! Ne crois-tu pas qu'elle sera plutôt vigoureuse ?

CALLICLÈS. – C'est possible ; c'est même probable.

ΣΩ. Οὐκοῦν οἴει ἐν πάσῃ ἀπορίᾳ ἂν αὐτὸν ἔχεσθαι ὅ
τι χρὴ εἰπεῖν ;

KAΛ. Πάνυ γε.

ΣΩ. Τοιοῦτον μέντοι καὶ ἐγὼ οἶδ᾽ ὅτι πάθος πάθοιμι
ἂν εἰσελθὼν εἰς δικαστήριον. Οὔτε γὰρ ἡδονὰς ἃς ἐκπε-
πόρικα ἕξω αὐτοῖς λέγειν, ἃς οὗτοι εὐεργεσίας καὶ ὠφελίας νομίζουσιν, ἐγὼ δὲ οὔτε τοὺς πορίζοντας ζηλῶ οὔτε
οἷς πορίζεται· ἐάν τέ τίς με ἢ νεωτέρους φῇ διαφθείρειν
ἀπορεῖν ποιοῦντα, ἢ τοὺς πρεσβυτέρους κακηγορεῖν λέγοντα
πικροὺς λόγους ἢ ἰδίᾳ ἢ δημοσίᾳ, οὔτε τὸ ἀληθὲς ἕξω εἰπεῖν, ὅτι, Δικαίως πάντα ταῦτα ἐγὼ λέγω, καὶ πράττω τὸ
ὑμέτερον δὴ τοῦτο, ὦ ἄνδρες δικασταί, οὔτε ἄλλο οὐδέν·
ὥστε ἴσως, ὅ τι ἂν τύχω, τοῦτο πείσομαι.

KAΛ. Δοκεῖ οὖν σοι, ὦ Σώκρατες, καλῶς ἔχειν ἄνθρωπος ἐν πόλει οὕτως διακείμενος καὶ ἀδύνατος ὢν ἑαυτῷ
βοηθεῖν ;

ΣΩ. Εἰ ἐκεῖνό γε ἓν αὐτῷ ὑπάρχοι, ὦ Καλλίκλεις, ὅ σὺ
πολλάκις ὡμολόγησας· εἰ βεβοηθηκὼς εἴη αὑτῷ, μήτε περὶ
ἀνθρώπους μήτε περὶ θεοὺς ἄδικον μηδὲν μήτε εἰρηκὼς μήτε
εἰργασμένος. Αὕτη γὰρ τῆς βοηθείας ἑαυτῷ πολλάκις ἡμῖν
ὡμολόγηται κρατίστη εἶναι. Εἰ μὲν οὖν ἐμέ τις ἐξελέγχοι
ταύτην τὴν βοήθειαν ἀδύνατον ὄντα ἐμαυτῷ καὶ ἄλλῳ βοηθεῖν, αἰσχυνοίμην ἂν καὶ ἐν πολλοῖς καὶ ἐν ὀλίγοις ἐξελεγ-
χόμενος καὶ μόνος ὑπὸ μόνου, καὶ εἰ διὰ ταύτην τὴν ἀδυναμίαν ἀποθνήσκοιμι, ἀγανακτοίην ἄν· εἰ δὲ κολακικῆς
ῥητορικῆς ἐνδείᾳ τελευτῴην ἔγωγε, εὖ οἶδα ὅτι ῥᾳδίως ἴδοις

SOCRATE. – Tu admets donc qu'il sera fort embarrassé pour se justifier ?

CALLICLÈS. – Évidemment.

SOCRATE. – Eh bien, je sais que la même chose m'arriverait si j'étais amené devant les juges. Je ne pourrais me vanter de leur avoir procuré ces plaisirs qu'ils prennent pour des bienfaits et des services, mais que je n'envie quant à moi ni à ceux qui les procurent ni à ceux qui les reçoivent. Si l'on m'accuse de *déformer* la jeunesse en la *mettant à la torture* par mes questions, ou d'insulter les vieillards en tenant sur eux des propos sévères en public et en particulier, je ne pourrai ni leur répondre selon la vérité : « Mon langage est juste, ô juges, et ma conduite conforme à votre intérêt » – ni dire quoique ce soit d'autre ; de sorte que selon toute apparence je n'aurai qu'à subir mon destin[83].

CALLICLÈS. – Et tu trouves, Socrate, que c'est là un beau rôle pour un homme de ne pouvoir se défendre lui-même dans sa patrie !

SOCRATE. – Oui, Calliclès, à la condition qu'il possède cet autre moyen de défense que tu lui as toi-même reconnu à plusieurs reprises, qui est de n'avoir aucune faute à se reprocher, en paroles et en actes, ni envers les dieux ni envers les hommes ; car cette manière de se défendre soi-même, ainsi que nous en sommes plusieurs fois tombés d'accord, est la meilleure de toutes. Si l'on me prouvait que je fusse incapable de m'assurer à moi-même et de procurer aux autres ce moyen de défense, je rougirais de m'en voir convaincre devant un auditoire petit ou grand, ou même en tête à tête, et si cette impuissance était cause de ma mort, j'en serais désolé ; mais si ma mort avait pour seule cause mon ignorance de la flatterie rhétorique, je suis certain que tu me verrais accep-

---

83. L'apologie résume cette fois celle que rapporte l'*Apologie de Socrate*, avant de consacrer définitivement le philosophe comme seul compétent en matière politique.

ἄν με φέροντα τὸν θάνατον. Αὐτὸ μὲν γὰρ τὸ ἀποθνήσκειν ε
οὐδεὶς φοβεῖται, ὅστις μὴ παντάπασιν ἀλόγιστός τε καὶ
ἄνανδρός ἐστιν, τὸ δὲ ἀδικεῖν φοβεῖται· πολλῶν γὰρ ἀδικημάτων γέμοντα τὴν ψυχὴν εἰς Ἅιδου ἀφικέσθαι πάντων
ἔσχατον κακῶν ἐστιν. Εἰ δὲ βούλει, σοὶ ἐγώ, ὡς τοῦτο οὕτως ἔχει, ἐθέλω λόγον λέξαι.

ΚΑΛ. Ἀλλ' ἐπείπερ γε καὶ τἆλλα ἐπέρανας, καὶ τοῦτο
πέρανον.

ΣΩ. Ἄκουε δή, φασί, μάλα καλοῦ λόγου, ὃν σὺ μὲν ἡγή- 523
σει μῦθον, ὡς ἐγὼ οἶμαι, ἐγὼ δὲ λόγον· ὡς ἀληθῆ γὰρ ὄντα
σοι λέξω ἃ μέλλω λέγειν.

Ὥσπερ γὰρ Ὅμηρος λέγει, διενείμαντο τὴν ἀρχὴν ὁ
Ζεὺς καὶ ὁ Ποσειδῶν καὶ ὁ Πλούτων, ἐπειδὴ παρὰ τοῦ
πατρὸς παρέλαβον. Ἦν οὖν νόμος ὅδε περὶ ἀνθρώπων ἐπὶ
Κρόνου, καὶ ἀεὶ καὶ νῦν ἔτι ἔστιν ἐν θεοῖς, τῶν ἀνθρώπων
τὸν μὲν δικαίως τὸν βίον διελθόντα καὶ ὁσίως, ἐπειδὰν τε- b
λευτήσῃ, εἰς μακάρων νήσους ἀπιόντα οἰκεῖν ἐν πάσῃ εὐ-
δαιμονίᾳ ἐκτὸς κακῶν, τὸν δὲ ἀδίκως καὶ ἀθέως εἰς τὸ τῆς
τίσεώς τε καὶ δίκης δεσμωτήριον, ὃ δὴ Τάρταρον καλοῦσιν,
ἰέναι.

Τούτων δὲ δικασταὶ ἐπὶ Κρόνου καὶ ἔτι νεωστὶ τοῦ Διὸς
τὴν ἀρχὴν ἔχοντος ζῶντες ἦσαν ζώντων, ἐκείνῃ τῇ ἡμέρᾳ
δικάζοντες ᾗ μέλλοιεν τελευτᾶν. Κακῶς οὖν αἱ δίκαι ἐκρί-
νοντο· ὅ τε οὖν Πλούτων καὶ οἱ ἐπιμεληταὶ οἱ ἐκ μακάρων
νήσων ἰόντες ἔλεγον πρὸς τὸν Δία ὅτι φοιτῷεν σφιν ἄνθρωποι ἑκατέρωσε ἀνάξιοι. Εἶπεν οὖν ὁ Ζεύς· Ἀλλ' ἐγώ, c

84. Homère, *Iliade*, XV, 184-199, quant au partage divin. Sur l'ensemble du mythe comme « discours vrai », voir l'Introduction.

85. Homère connaît déjà le *Tartare*, mais comme une sorte de prison pour les dieux (*Il.*, VIII, 13 et 478) ; les *îles des Bienheureux* n'ap-

ter mon sort avec tranquillité. Le simple fait de mourir, en effet, n'a rien en soi d'effrayant, sauf pour le dernier des insensés et des lâches, et ce qu'on redoute en cela, c'est d'être coupable : car si l'âme descend chez Hadès chargée de crimes, son malheur est extrême. Si tu le désires, je suis prêt à te faire un récit qui te le prouvera.

CALLICLÈS. – Eh bien, puisque tu en as fini avec les autres points, achève également d'exposer celui-ci.

SOCRATE. – Écoute donc, comme on dit, une belle histoire, que tu prendras peut-être pour une fable, mais que je tiens pour une explication ; et c'est comme véritables que je te donne les choses dont je vais te parler.

Ainsi que le rapporte Homère, Zeus, Poséidon et Pluton, ayant reçu l'empire de leur père, le partagèrent entre eux[84]. Or, c'était du temps de Cronos, et c'est encore aujourd'hui parmi les dieux une loi, à l'égard des hommes, que celui qui meurt après une vie tout entière juste et sainte aille après sa mort dans les îles des Bienheureux, où il séjourne à l'abri de tous les maux, dans une félicité parfaite, tandis que l'âme injuste et impie s'en va au lieu de l'expiation et de la peine, qu'on appelle le Tartare[85].

Du temps de Cronos et au commencement du règne de Zeus, c'étaient des vivants qui jugeaient ainsi d'autres vivants, et ils rendaient leur sentence au jour où ceux-ci devaient mourir. Or les jugements étaient mal rendus. De sorte que et Pluton et les surveillants des Iles Fortunées rapportaient à Zeus que des deux côtés ils voyaient se presser des hommes qui ne devaient pas y être. « Je vais faire cesser ce mal, dit Zeus. Si les juge-

paraissent qu'avec Hésiode (*Travaux et Jours*, 170-71) : c'est là, pour lui, qu'échappant à la mort, vivent dans la félicité quelques-uns des héros de sa quatrième race – conception très voisine de celle que représente, dans un passage récent de l'*Odyssée* (IV, 563), la *Plaine Élyséenne* promise à Ménélas. Cf. Pindare, IIe *Olympique*, 77.

ἔφη, παύσω τοῦτο γιγνόμενον. Νῦν μὲν γὰρ κακῶς αἱ δίκαι δικάζονται. Ἀμπεχόμενοι γάρ, ἔφη, οἱ κρινόμενοι κρίνονται· ζῶντες γὰρ κρίνονται. Πολλοὶ οὖν, ἦ δ' ὅς, ψυχὰς πονηρὰς ἔχοντες ἠμφιεσμένοι εἰσὶ σώματά τε καλὰ καὶ γένη καὶ πλούτους, καί, ἐπειδὰν ἡ κρίσις ᾖ, ἔρχονται αὐτοῖς πολλοὶ μάρτυρες, μαρτυρήσοντες ὡς δικαίως βεβιώκασιν· οἱ οὖν δικασταὶ ὑπό τε τούτων ἐκπλήττονται, καὶ d ἅμα καὶ αὐτοὶ ἀμπεχόμενοι δικάζουσι, πρὸ τῆς ψυχῆς τῆς αὑτῶν ὀφθαλμοὺς καὶ ὦτα καὶ ὅλον τὸ σῶμα προκεκαλυμμένοι. Ταῦτα δὴ αὐτοῖς πάντα ἐπίπροσθεν γίγνεται, καὶ τὰ αὑτῶν ἀμφιέσματα καὶ τὰ τῶν κρινομένων. Πρῶτον μὲν οὖν, ἔφη, παυστέον ἐστὶν προειδότας αὐτοὺς τὸν θάνατον· νῦν γὰρ προΐσασι. Τοῦτο μὲν οὖν καὶ δὴ εἴρηται τῷ Προμηθεῖ ὅπως ἂν παύσῃ αὐτῶν. Ἔπειτα γυμνοὺς κριτέον e ἁπάντων τούτων· τεθνεῶτας γὰρ δεῖ κρίνεσθαι. Καὶ τὸν κριτὴν δεῖ γυμνὸν εἶναι, τεθνεῶτα, αὐτῇ τῇ ψυχῇ αὐτὴν τὴν ψυχὴν θεωροῦντα ἐξαίφνης ἀποθανόντος ἑκάστου, ἔρημον πάντων τῶν συγγενῶν καὶ καταλιπόντα ἐπὶ τῆς γῆς πάντα ἐκεῖνον τὸν κόσμον, ἵνα δικαία ἡ κρίσις ᾖ. Ἐγὼ μὲν οὖν ταῦτα ἐγνωκὼς πρότερος ἢ ὑμεῖς ἐποιησάμην δικαστὰς υἱεῖς ἐμαυτοῦ, δύο μὲν ἐκ τῆς Ἀσίας, Μίνω τε 524 καὶ Ῥαδάμανθυν, ἕνα δὲ ἐκ τῆς Εὐρώπης, Αἰακόν· οὗτοι οὖν ἐπειδὰν τελευτήσωσι, δικάσουσιν ἐν τῷ λειμῶνι, ἐν τῇ τριόδῳ, ἐξ ἧς φέρετον τὼ ὁδώ, ἡ μὲν εἰς μακάρων νήσους, ἡ δ' εἰς Τάρταρον. Καὶ τοὺς μὲν ἐκ τῆς Ἀσίας Ῥαδάμανθυς κρινεῖ, τοὺς δὲ ἐκ τῆς Εὐρώπης Αἰακός· Μίνῳ δὲ πρεσβεῖα δώσω ἐπιδιακρίνειν, ἐὰν ἀπορῆτόν τι τὼ ἑτέρω, ἵνα ὡς δικαιοτάτη ἡ κρίσις ᾖ περὶ τῆς πορείας τοῖς ἀνθρώποις.

86. Adaptation d'un souvenir d'Eschyle, *Prométhée ench.* 248-251.

87. Minos et Radhamante ont pour mère Europé, fille de Phoenix

ments jusqu'ici sont mal rendus, c'est qu'on juge les hommes encore vêtus, car on les juge de leur vivant. Or beaucoup d'hommes, ayant des âmes mauvaises, sont revêtus de beaux corps, de noblesse, de richesse, et le jour du jugement il leur vient en foule des témoins attestant qu'ils ont vécu selon la justice. Les juges sont alors frappés de stupeur devant cet appareil ; en outre, comme ils siègent eux-mêmes dans un appareil analogue, ayant devant l'âme des yeux, des oreilles, tout un corps qui les enveloppe, tout cela leur fait obstacle, à la fois chez eux-mêmes et chez ceux qu'ils ont à juger. La première chose à faire est d'ôter aux hommes la connaissance de l'heure où ils vont mourir ; car maintenant ils la prévoient. J'ai donné des ordres à Prométhée pour qu'il fasse cesser cela[86]. Ensuite il faut qu'on les juge dépouillés de tout cet appareil, et, pour cela, qu'on les juge après leur mort. Le juge aussi sera nu et mort, son âme voyant directement l'âme de chacun aussitôt après la mort, sans assistance de parents, sans toute cette pompe qui aura été laissée sur la terre ; autrement, point de justice exacte. J'avais reconnu ces choses avant vous, et j'ai constitué comme juges mes propres fils, deux de l'Asie, Minos et Rhadamante, un d'Europe, Éaque[87]. Lorsqu'ils seront morts ils rendront leurs sentences dans la prairie[88], au carrefour d'où partent les deux routes qui mènent l'une aux Îles Fortunées, l'autre au Tartare. Rhadamante sera spécialement chargé de juger ceux d'Asie, Éaque ceux d'Europe ; à Minos, je donne mission de prononcer en dernier ressort au cas où les deux autres juges douteraient, afin d'assurer une parfaite justice à la décision qui envoie les hommes d'un côté ou de l'autre. »

(*Il.*, XIV 322), qui régnait en Phénicie ; Éaque est fils de la nymphe Égine : Platon les rattache à leurs pays d'origine.

88. Sans doute la *prairie d'asphodèle*, séjour, chez Homère, des « âmes, fantômes des morts » (*Od.*, XXIV, 13-14 ; cf. *Od.*, XI, 539 et 573), mais que Platon place en avant des Enfers. Pour le carrefour, cf. *Rép.*, 614 c.

Ταῦτ' ἔστιν, ὦ Καλλίκλεις, ἃ ἐγὼ ἀκηκοὼς πιστεύω ἀληθῆ εἶναι· καὶ ἐκ τούτων τῶν λόγων τοιόνδε τι λογίζο- b μαι συμβαίνειν. Ὁ θάνατος τυγχάνει ὤν, ὡς ἐμοὶ δοκεῖ, οὐδὲν ἄλλο ἢ δυοῖν πραγμάτοιν διάλυσις, τῆς ψυχῆς καὶ τοῦ σώματος, ἀπ' ἀλλήλοιν· ἐπειδὰν δὲ διαλυθῆτον ἄρα ἀπ' ἀλλήλοιν, οὐ πολὺ ἧττον ἑκάτερον αὐτοῖν ἔχει τὴν ἕξιν τὴν αὑτοῦ ἥνπερ καὶ ὅτε ἔζη ὁ ἄνθρωπος, τό τε σῶμα τὴν φύσιν τὴν αὑτοῦ καὶ τὰ θεραπεύματα καὶ τὰ παθή- ματα ἔνδηλα πάντα. Οἷον εἴ τινος μέγα ἦν τὸ σῶμα φύσει c ἢ τροφῇ ἢ ἀμφότερα ζῶντος, τούτου καὶ ἐπειδὰν ἀποθάνῃ ὁ νεκρὸς μέγας, καὶ εἰ παχύς, παχὺς καὶ ἀποθανόντος, καὶ τἆλλα οὕτως· καὶ εἰ αὖ ἐπετήδευε κομᾶν, κομήτης τού- του καὶ ὁ νεκρός· μαστιγίας αὖ εἴ τις ἦν καὶ ἴχνη εἶχε τῶν πληγῶν οὐλὰς ἐν τῷ σώματι ἢ ὑπὸ μαστίγων ἢ ἄλλων τραυ- μάτων ζῶν, καὶ τεθνεῶτος τὸ σῶμα ἔστιν ἰδεῖν ταῦτα ἔχον· ἢ κατεαγότα εἴ του ἦν μέλη ἢ διεστραμμένα ζῶντος, καὶ τεθνεῶτος ταῦτα ἔνδηλα. Ἑνὶ δὲ λόγῳ, οἷος εἶναι παρε- d σκεύαστο τὸ σῶμα ζῶν, ἔνδηλα ταῦτα καὶ τελευτήσαντος ἢ πάντα ἢ τὰ πολλὰ ἐπί τινα χρόνον. Ταὐτὸν δή μοι δοκεῖ τοῦτ' ἄρα καὶ περὶ τὴν ψυχὴν εἶναι, ὦ Καλλίκλεις· ἔνδηλα πάντα ἐστὶν ἐν τῇ ψυχῇ, ἐπειδὰν γυμνωθῇ τοῦ σώματος, τά τε τῆς φύσεως καὶ τὰ παθήματα ἃ διὰ τὴν ἐπιτήδευσιν ἑκάστου πράγματος ἔσχεν ἐν τῇ ψυχῇ ὁ ἄνθρωπος. Ἐπειδ- δὰν οὖν ἀφίκωνται παρὰ τὸν δικαστήν, οἱ μὲν ἐκ τῆς Ἀσίας e παρὰ τὸν Ῥαδάμανθυν, ὁ Ῥαδάμανθυς ἐκείνους ἐπιστήσας θεᾶται ἑκάστου τὴν ψυχήν, οὐκ εἰδὼς ὅτου ἐστίν, ἀλλὰ πολλάκις τοῦ μεγάλου βασιλέως ἐπιλαβόμενος ἢ ἄλλου ὁτουοῦν βασιλέως ἢ δυνάστου κατεῖδεν οὐδὲν ὑγιὲς ὂν τῆς ψυχῆς, ἀλλὰ διαμεμαστιγωμένην καὶ οὐλῶν μεστὴν ὑπὸ ἐπιορκιῶν καὶ ἀδικίας, ἃ ἑκάστη ἡ πρᾶξις αὐτοῦ ἐξωμόρ- 525 ξατο εἰς τὴν ψυχήν, καὶ πάντα σκολιὰ ὑπὸ ψεύδους καὶ ἀλαζονείας καὶ οὐδὲν εὐθὺ διὰ τὸ ἄνευ ἀληθείας τεθράφθαι· καὶ ὑπὸ ἐξουσίας καὶ τρυφῆς καὶ ὕβρεως καὶ ἀκρατίας τῶν

Voilà, Calliclès, ce qu'on m'a raconté, ce que je tiens pour vrai, et d'où je tire la conclusion suivante. La mort, à ce qu'il me semble, n'est que la séparation de deux choses distinctes, l'âme et le corps ; et après qu'elles sont séparées, chacune d'elles reste assez sensiblement dans l'état où elle était pendant la vie. Le corps d'une part garde sa nature propre, avec les marques visibles des traitements et des accidents qu'il a subis : si, par exemple, l'homme, de son vivant, avait un corps de grande taille, soit par nature, soit pour avoir été bien nourri ou pour ces deux causes à la fois, son cadavre reste de grande taille ; s'il était gros, il reste gros après la mort, et ainsi de suite ; et s'il portait les cheveux longs, ceux-ci restent longs ; s'il avait reçu les étrivières et que les coups de fouet eussent laissé leur trace, ou si d'autres blessures l'avaient marqué, le cadavre présente encore le même aspect ; s'il avait quelque membre rompu ou déformé, les mêmes apparences se retrouvent dans le cadavre ; en un mot, tous les caractères distinctifs acquis par le corps vivant sont reconnaissables dans le cadavre, ou presque tous, pendant une certaine durée. Je crois, Calliclès, qu'il en est de même de l'âme, et qu'on y aperçoit, lorsqu'elle est dépouillée de son corps, tous ses traits naturels et toutes les modifications qu'elle a subies par suite des manières de vivre auxquelles l'homme l'a pliée en chaque circonstance.

Lorsque les morts arrivent devant le juge et que ceux d'Asie comparaissent devant Rhadamante, celui-ci les arrête et considère chaque âme, sans savoir à qui elle appartient ; souvent, mettant la main sur le Grand Roi ou sur quelque autre prince ou dynaste, il constate qu'il n'y a rien de sain dans son âme, qu'elle est toute lacérée et ulcérée par les parjures et les injustices dont sa conduite y a chaque fois laissé l'empreinte, que tout y est déformé par le mensonge et la vanité et que rien n'y est droit parce qu'elle a vécu hors de la vérité, que la licence enfin, la mollesse, l'orgueil, l'intempérance de sa

πράξεων ἀσυμμετρίας τε καὶ αἰσχρότητος γέμουσαν τὴν ψυχὴν εἶδεν· ἰδὼν δὲ ἀτίμως ταύτην ἀπέπεμψεν εὐθὺ τῆς φρουρᾶς, οἷ μέλλει ἐλθοῦσα ἀνατλῆναι τὰ προσήκοντα πάθη.

Προσήκει δὲ παντὶ τῷ ἐν τιμωρίᾳ ὄντι, ὑπ' ἄλλου ὀρθῶς τιμωρουμένῳ, ἢ βελτίονι γίγνεσθαι καὶ ὀνίνασθαι ἢ παρα- b δείγματι τοῖς ἄλλοις γίγνεσθαι, ἵνα ἄλλοι ὁρῶντες πάσχοντα ἃ ἂν πάσχῃ φοβούμενοι βελτίους γίγνωνται. Εἰσὶν δὲ οἱ μὲν ὠφελούμενοί τε καὶ δίκην διδόντες ὑπὸ θεῶν τε καὶ ἀνθρώπων οὗτοι οἳ ἂν ἰάσιμα ἁμαρτήματα ἁμάρτωσιν· ὅμως δὲ δι' ἀλγηδόνων καὶ ὀδυνῶν γίγνεται αὐτοῖς ἡ ὠφε- λία καὶ ἐνθάδε καὶ ἐν Ἅιδου· οὐ γὰρ οἷόν τε ἄλλως ἀδικίας ἀπαλλάττεσθαι. Οἳ δ' ἂν τὰ ἔσχατα ἀδικήσωσι καὶ διὰ c τοιαῦτα ἀδικήματα ἀνίατοι γένωνται, ἐκ τούτων τὰ παρα- δείγματα γίγνεται, καὶ οὗτοι αὐτοὶ μὲν οὐκέτι ὀνίνανται οὐδέν, ἅτε ἀνίατοι ὄντες, ἄλλοι δὲ ὀνίνανται οἱ τούτους ὁρῶντες διὰ τὰς ἁμαρτίας τὰ μέγιστα καὶ ὀδυνηρότατα καὶ φοβερώτατα πάθη πάσχοντας τὸν ἀεὶ χρόνον, ἀτεχνῶς παραδείγματα ἀνηρτημένους ἐκεῖ ἐν Ἅιδου ἐν τῷ δεσμω- τηρίῳ, τοῖς ἀεὶ τῶν ἀδίκων ἀφικνουμένοις θεάματα καὶ νουθετήματα.

Ὧν ἐγώ φημι ἕνα καὶ Ἀρχέλαον ἔσεσθαι, εἰ ἀληθῆ λέγει d Πῶλος, καὶ ἄλλον ὅστις ἂν τοιοῦτος τύραννος ᾖ. Οἶμαι δὲ καὶ τοὺς πολλοὺς εἶναι τούτων τῶν παραδειγμάτων ἐκ τυ- ράννων καὶ βασιλέων καὶ δυναστῶν καὶ τὰ τῶν πόλεων πραξάντων γεγονότας· οὗτοι γὰρ διὰ τὴν ἐξουσίαν μέγιστα καὶ ἀνοσιώτατα ἁμαρτήματα ἁμαρτάνουσι. Μαρτυρεῖ δὲ τούτοις καὶ Ὅμηρος· βασιλέας γὰρ καὶ δυνάστας ἐκεῖνος πεποίηκεν τοὺς ἐν Ἅιδου τὸν ἀεὶ χρόνον τιμωρουμένους, e

conduite l'ont remplie de désordre et de laideur : à cette vue, Rhadamante l'envoie aussitôt, déchue de ses droits, dans la prison, pour y subir les peines appropriées.

Or la destinée de tout être qu'on châtie, si le châtiment est correctement infligé, consiste ou bien à devenir meilleur et à tirer profit de sa peine, ou bien à servir d'exemple aux autres, pour que ceux-ci, par crainte de la peine qu'ils lui voient subir, s'améliorent eux-mêmes[89]. Les condamnés qui expient leur faute et tirent profit de leur peine, qu'elle vienne des dieux ou des hommes, sont ceux dont le mal est guérissable : ils ont pourtant besoin de souffrances et de douleurs, sur terre et dans l'Hadès, car sans cela ils ne guériraient pas de leur injustice. Quant à ceux qui ont commis les crimes suprêmes et qui à cause de cela sont devenus incurables, ce sont ceux-là qui servent d'exemple, et s'ils ne tirent eux-mêmes aucun profit de leur souffrance puisqu'ils sont incurables, ils en font profiter les autres, ceux qui les voient soumis, en raison de leurs crimes, à des supplices terribles, sans mesure et sans fin, suspendus véritablement comme un épouvantail dans la prison de l'Hadès, où le spectacle qu'ils donnent est un avertissement pour chaque nouveau coupable qui pénètre dans ces lieux.

Archélaos, je l'affirme, sera l'un de ces misérables, si Polos a dit vrai, et de même tout autre tyran pareil à lui. Je crois d'ailleurs que c'est surtout parmi les tyrans, les rois, les dynastes, les chefs des cités, que se rencontrent ces criminels destinés à servir d'exemples : car la toute-puissance de ces hommes leur fait commettre des crimes plus odieux et plus impies qu'aux autres hommes. Homère en rend témoignage : car ce sont des rois et des princes qu'il a représentés subissant dans

---

89. C'est la même leçon que donne le *Protagoras* (324a-b), avec quelques nuances (voir la note de P.-M. Morel dans la même collection, 1997, n°15, p. 46-47).

Τάνταλον καὶ Σίσυφον καὶ Τιτυόν· Θερσίτην δέ, καὶ εἴ τις ἄλλος πονηρὸς ἦν ἰδιώτης, οὐδεὶς πεποίηκεν μεγάλαις τιμωρίαις συνεχόμενον ὡς ἀνίατον· οὐ γάρ, οἶμαι, ἐξῆν αὐτῷ· διὸ καὶ εὐδαιμονέστερος ἦν ἢ οἷς ἐξῆν.

Ἀλλὰ γάρ, ὦ Καλλίκλεις, ἐκ τῶν δυναμένων εἰσί καὶ οἱ σφόδρα πονηροὶ γιγνόμενοι ἄνθρωποι· οὐδὲν μὴν κωλύει 526 καὶ ἐν τούτοις ἀγαθοὺς ἄνδρας ἐγγίγνεσθαι, καὶ σφόδρα γε ἄξιον ἄγασθαι τῶν γιγνομένων· χαλεπὸν γάρ, ὦ Καλλίκλεις, καὶ πολλοῦ ἐπαίνου ἄξιον ἐν μεγάλῃ ἐξουσίᾳ τοῦ ἀδικεῖν γενόμενον δικαίως διαβιῶναι. Ὀλίγοι δὲ γίγνονται οἱ τοιοῦτοι· ἐπεὶ καὶ ἐνθάδε καὶ ἄλλοθι γεγόνασιν, οἶμαι δὲ καὶ ἔσονται, καλοὶ κἀγαθοὶ ταύτην τὴν ἀρετὴν τὴν τοῦ δικαίως διαχειρίζειν ἃ ἂν τις ἐπιτρέπῃ· εἷς δὲ καὶ πάνυ b ἐλλόγιμος γέγονεν καὶ εἰς τοὺς ἄλλους Ἕλληνας, Ἀριστείδης ὁ Λυσιμάχου· οἱ δὲ πολλοί, ὦ ἄριστε, κακοὶ γίγνονται τῶν δυναστῶν.

Ὅπερ οὖν ἔλεγον, ἐπειδὰν ὁ Ῥαδάμανθυς ἐκεῖνος τοιοῦτόν τινα λάβῃ, ἄλλο μὲν περὶ αὐτοῦ οὐκ οἶδεν οὐδέν, οὔθ' ὅστις οὔθ' ὧντινων, ὅτι δὲ πονηρός τις· καὶ τοῦτο κατιδὼν ἀπέπεμψεν εἰς Τάρταρον, ἐπισημηνάμενος, ἐάν τε ἰάσιμος ἐάν τε ἀνίατος δοκῇ εἶναι· ὁ δὲ ἐκεῖσε ἀφικόμενος τὰ προσήκοντα πάσχει. Ἐνίοτε δ' ἄλλην εἰσιδὼν c ὁσίως βεβιωκυῖαν καὶ μετ' ἀληθείας, ἀνδρὸς ἰδιώτου ἢ

90. Tantale, l'ancêtre des Pélopides, Sisyphe et Titos avaient régné respectivement dans la région du Sipyle, à Corinthe et en Eubée. Le passage de l'*Odyssée* (XI, 576 *sqq.*), auquel Platon fait allusion, repose sur des conceptions étrangères aux poèmes homériques et paraît avoir été introduit tardivement.

91. Dans le *Ménon*, 94a, Socrate constatait pourtant qu'Aristide n'avait pas su éduquer son fils Lysimaque, ce qui est la preuve qu'il ne

l'Hadès des supplices sans fin, Tantale[90], Sisyphe, Tityos ; quant à Thersite, et il en va de même des autres méchants qui ne sont que des particuliers, jamais personne ne l'a montré soumis aux grands châtiments des incurables : c'est que, sans doute, il n'avait pas le pouvoir de mal faire, de sorte qu'il a été plus heureux que ceux qui ont eu ce pouvoir.

Cependant, Calliclès, si les hommes qui deviennent les plus méchants sont toujours de ceux qui ont le plus de pouvoir, rien n'empêche après tout que, même parmi ceux-ci, il ne puisse se trouver d'honnêtes gens, et il est de toute justice de les en admirer davantage ; car il est difficile, Calliclès, et singulièrement méritoire de rester juste toute sa vie, quand on a toute liberté de mal faire. Ce sont là toutefois des exceptions. Il s'est rencontré, en effet, et je pense qu'il se rencontrera encore, ici et ailleurs, d'honnêtes gens assez vertueux pour manier selon la justice les affaires confiées à leurs soins : l'un des plus illustres, honoré par toute la Grèce, fut Aristide, fils de Lysimaque[91] ; mais la plupart des hommes puissants, mon cher ami, sont mauvais.

Ainsi que je le disais tout à l'heure, quand Rhadamante reçoit un de ceux-ci, il ne connaît ni son nom ni sa famille ; il ne sait rien de lui, sinon que c'est un méchant : aussitôt qu'il s'en est assuré, il l'envoie au Tartare, avec un signe particulier indiquant s'il le juge guérissable ou non ; là le coupable subit la peine qui convient. Quelquefois, il voit une autre âme qu'il reconnaît comme ayant vécu saintement dans le commerce de

---

possédait pas lui-même la vertu. Lysimaque s'en plaint d'ailleurs dans le *Lachès* (179a-e). Mais Aristide, rival politique malheureux de Thémistocle qui obtiendra son exil provisoire en 482, est toutefois distingué par Platon comme le véritable vainqueur des guerres Médiques (voir encore Plutarque, *Aristide*). On reconnaît donc en lui un politique honnête, mais un politique encore impuissant à former ses concitoyens.

ἄλλου τινός, μάλιστα μὲν, ἔγωγέ φημι, ὦ Καλλίκλεις, φιλο-
σόφου τὰ αὐτοῦ πράξαντος καὶ οὐ πολυπραγμονήσαντος
ἐν τῷ βίῳ, ἠγάσθη τε καὶ ἐς μακάρων νήσους ἀπέπεμψε.
Ταῦτὰ δὲ ταῦτα καὶ ὁ Αἰακός· ἑκάτερος τούτων ῥάβδον
ἔχων δικάζει· ὁ δὲ Μίνως ἐπισκοπῶν κάθηται, μόνος
ἔχων χρυσοῦν σκῆπτρον, ὥς φησιν Ὀδυσσεὺς ὁ Ὁμήρου
ἰδεῖν αὐτὸν   d

χρύσεον σκῆπτρον ἔχοντα, θεμιστεύοντα νέκυσσιν.

Ἐγὼ μὲν οὖν, ὦ Καλλίκλεις, ὑπό τε τούτων τῶν λόγων
πέπεισμαι, καὶ σκοπῶ ὅπως ἀποφανοῦμαι τῷ κριτῇ ὡς ὑγιε-
στάτην τὴν ψυχήν· χαίρειν οὖν ἐάσας τὰς τιμὰς τὰς τῶν
πολλῶν ἀνθρώπων, τὴν ἀλήθειαν σκοπῶν πειράσομαι τῷ
ὄντι ὡς ἂν δύνωμαι βέλτιστος ὢν καὶ ζῆν καὶ ἐπειδὰν
ἀποθνήσκω ἀποθνήσκειν. Παρακαλῶ δὲ καὶ τοὺς ἄλλους ε
πάντας ἀνθρώπους, καθ᾽ ὅσον δύναμαι, καὶ δὴ καὶ σὲ ἀντι-
παρακαλῶ ἐπὶ τοῦτον τὸν βίον καὶ τὸν ἀγῶνα τοῦτον, ὃν
ἐγώ φημι ἀντὶ πάντων τῶν ἐνθάδε ἀγώνων εἶναι, καὶ ὀνει-
δίζω σοι ὅτι οὐχ οἷός τ᾽ ἔσει σαυτῷ βοηθῆσαι, ὅταν ἡ δίκη
σοι ᾖ καὶ ἡ κρίσις ἣν νυνδὴ ἐγὼ ἔλεγον, ἀλλὰ ἐλθὼν παρὰ
τὸν δικαστὴν τὸν τῆς Αἰγίνης ὑόν, ἐπειδάν σου ἐπιλαβόμενος ἄγῃ, χασμήσει καὶ εἰλιγγιάσεις οὐδὲν ἧττον ἢ ἐγὼ 527
ἐνθάδε σὺ ἐκεῖ, καί σε ἴσως τυπτήσει τις ἐπὶ κόρρης ἀτίμως καὶ πάντως προπηλακιεῖ.

Τάχα δ᾽ οὖν ταῦτα μῦθός σοι δοκεῖ λέγεσθαι ὥσπερ
γραὸς καὶ καταφρονεῖς αὐτῶν, καὶ οὐδέν γ᾽ ἂν ἦν θαυμα-

la vérité, âme d'un simple citoyen, ou de tout autre, mais plus souvent, Calliclès, si je ne me trompe, âme d'un philosophe, qui ne s'est occupé que de son office propre et ne s'est pas dispersé dans une agitation stérile durant sa vie : il en admire la beauté et l'envoie aux îles des Bienheureux. Tel est aussi le rôle d'Éaque, qui juge, ainsi que Rhadamante, en tenant une baguette à la main. Quant à Minos, qui surveille ces jugements, il siège seul avec un sceptre d'or en main, comme nous l'apprend l'Ulysse d'Homère[92], qui dit l'avoir vu

Un sceptre d'or à la main, rendant la justice aux morts

Pour ma part, Calliclès, j'ajoute foi à ces récits, et je m'applique à faire en sorte de présenter au juge une âme aussi saine que possible. Dédaigneux des honneurs chers à la plupart, je veux m'efforcer, par la recherche de la vérité, de me rendre aussi parfait que possible dans la vie et, quand viendra l'heure de mourir, dans la mort. J'exhorte aussi tous les autres hommes, autant que je le puis, et je t'exhorte toi-même, Calliclès, contrairement aux conseils que tu me donnes, à suivre ce genre de vie, à rechercher le prix de ce combat, le plus beau qui soit sur la terre, et je te blâme de ce que tu seras incapable de te défendre quand viendra pour toi le temps de ce procès et de ce jugement dont je parlais tout à l'heure ; je songe avec indignation que, lorsque tu comparaîtras devant le fils d'Égine pour être jugé, lorsqu'il te tiendra sous sa main, tu resteras bouche bée et la tête perdue, pareil là-bas à ce que je serais moi-même ici, et qu'alors tu t'exposeras à te voir en pleine déchéance souffleté et couvert d'outrages de toutes sortes.

Tu considères peut-être ces perspectives comme des contes de bonnes femmes, qui ne méritent que ton mépris ; et peut-être en effet aurions-nous le droit de les

---

92. Homère, *Od.*, XI, 569.

στὸν καταφρονεῖν τούτων, εἴ πῃ ζητοῦντες εἴχομεν αὐτῶν
βελτίω καὶ ἀληθέστερα εὑρεῖν· νῦν δὲ ὁρᾷς ὅτι τρεῖς ὄντες
ὑμεῖς, οἵπερ σοφώτατοί ἐστε τῶν νῦν Ἑλλήνων, σύ τε καὶ
Πῶλος καὶ Γοργίας, οὐκ ἔχετε ἀποδεῖξαι ὡς δεῖ ἄλλον b
τινὰ βίον ζῆν ἢ τοῦτον, ὅσπερ καὶ ἐκεῖσε φαίνεται συμ-
φέρων. Ἀλλ' ἐν τοσούτοις λόγοις τῶν ἄλλων ἐλεγχομένων
μόνος οὗτος ἠρεμεῖ ὁ λόγος, ὡς εὐλαβητέον ἐστὶν τὸ ἀδικεῖν μᾶλλον ἢ τὸ ἀδικεῖσθαι, καὶ παντὸς μᾶλλον ἀνδρὶ με-
λετητέον οὐ τὸ δοκεῖν εἶναι ἀγαθὸν ἀλλὰ τὸ εἶναι, καὶ ἰδίᾳ
καὶ δημοσίᾳ· ἐὰν δέ τις κατά τι κακὸς γίγνηται, κολαστέος
ἐστί, καὶ τοῦτο δεύτερον ἀγαθὸν μετὰ τὸ εἶναι δίκαιον, τὸ
γίγνεσθαι καὶ κολαζόμενον διδόναι δίκην· καὶ πᾶσαν κολα- c
κείαν καὶ τὴν περὶ ἑαυτὸν καὶ τὴν περὶ τοὺς ἄλλους, καὶ
περὶ ὀλίγους καὶ περὶ πολλούς, φευκτέον· καὶ τῇ ῥητορικῇ οὕτω χρηστέον ἐπὶ τὸ δίκαιον ἀεί, καὶ τῇ ἄλλῃ πάσῃ
πράξει.

Ἐμοὶ οὖν πειθόμενος ἀκολούθησον ἐνταῦθα, οἷ ἀφικόμενος εὐδαιμονήσεις καὶ ζῶν καὶ τελευτήσας, ὡς ὁ λόγος
σημαίνει. Καὶ ἔασόν τινά σου καταφρονῆσαι ὡς ἀνοήτου
καὶ προπηλακίσαι, ἐὰν βούληται, καὶ ναὶ μὰ Δία σύ γε θαρ- d
ρῶν πατάξαι τὴν ἄτιμον ταύτην πληγήν· οὐδὲν γὰρ δεινὸν
πείσει, ἐὰν τῷ ὄντι ᾖς καλὸς κἀγαθός, ἀσκῶν ἀρετήν.

Κἄπειτα οὕτω κοινῇ ἀσκήσαντες, τότε ἤδη, ἐὰν δοκῇ
χρῆναι, ἐπιθησόμεθα τοῖς πολιτικοῖς, ἢ ὁποῖον ἄν τι ἡμῖν
δοκῇ, τότε βουλευσόμεθα, βελτίους ὄντες βουλεύεσθαι ἢ
νῦν. Αἰσχρὸν γὰρ ἔχοντάς γε ὡς νῦν φαινόμεθα ἔχειν,
ἔπειτα νεανιεύεσθαι ὡς τὶ ὄντας, οἷς οὐδέποτε ταὐτὰ δοκεῖ
περὶ τῶν αὐτῶν, καὶ ταῦτα περὶ τῶν μεγίστων· εἰς τοσοῦ- e
τον ἥκομεν ἀπαιδευσίας. Ὥσπερ οὖν ἡγεμόνι τῷ λόγῳ χρη-

mépriser, si nos recherches nous avaient fait trouver quelque conclusion meilleure et plus certaine. Mais tu peux voir qu'à vous trois, qui êtes les plus savants des Grecs d'aujourd'hui, Gorgias, Polos et toi-même, vous êtes hors d'état de démontrer qu'aucun genre de vie soit préférable à celui-ci, qui a en outre l'avantage évident de nous être utile chez les morts. Loin de là, nos longues discussions, après avoir renversé toutes les théories, laissent intacte uniquement celle-ci : qu'il faut éviter avec plus de soin de commettre l'injustice que de la subir, que chacun doit s'appliquer par-dessus tout à être bon plutôt qu'à le paraître, dans sa vie publique et privée, et que si un homme s'est rendu mauvais en quelque chose, il doit être châtié, le second bien, après celui d'être juste, consistant à le devenir et à payer sa faute par la punition ; que toute flatterie envers soi-même ou envers les autres, qu'ils soient nombreux ou non, doit être évitée ; que la rhétorique enfin, comme toute autre chose, doit toujours être mise au service du bien.

Suis donc mes conseils et accompagne-moi du côté où tu trouveras le bonheur pendant la vie et après la mort, comme la raison le démontre. Laisse-toi mépriser, traiter d'insensé ; souffre même qu'on t'insulte, si l'on veut, et qu'on t'inflige, par Zeus, ce soufflet qui est pour toi la suprême déchéance ; ne t'en trouble pas : tu n'en éprouveras aucun mal, si tu es vraiment un honnête homme, appliqué à l'exercice de la vertu.

Quand nous aurons ensemble pratiqué suffisamment cet exercice, nous pourrons, si bon nous semble, aborder alors la politique ; ou, si quelque autre chose nous attire, en délibérer, étant devenus plus capables de le faire que nous ne le sommes aujourd'hui. Car nous devrions rougir, étant ce que nous paraissons, de nous donner des airs d'importance, alors que nous changeons sans cesse d'avis, et cela sur les questions les plus graves, tant nous sommes ignorants. Il faut donc nous laisser guider par le discours qui vient de nous être révélé et qui nous

σώμεθα τῷ νῦν παραφανέντι, ὃς ἡμῖν σημαίνει ὅτι οὗτος
ὁ τρόπος ἄριστος τοῦ βίου, καὶ τὴν δικαιοσύνην καὶ τὴν
ἄλλην ἀρετὴν ἀσκοῦντας καὶ ζῆν καὶ τεθνάναι. Τούτῳ οὖν
ἑπώμεθα, καὶ τοὺς ἄλλους παρακαλῶμεν, μὴ ἐκείνῳ ᾧ σὺ
πιστεύων ἐμὲ παρακαλεῖς· ἔστι γὰρ οὐδενὸς ἄξιος, ὦ Καλλίκλεις.

enseigne que la meilleure manière de vivre consiste à pratiquer la justice et le reste de la vertu, dans la vie et dans la mort. Suivons son appel et faisons-le entendre aux autres hommes, mais n'écoutons pas le raisonnement qui t'a séduit et au nom duquel tu m'exhortes : il est sans valeur, Calliclès.

Notes critiques

A. Gorgias

Originaire de Leontinoi (Sicile) où il naît vers 483, Gorgias semble avoir vécu cent huit ans. Grand voyageur, arrivé à Athènes en 427 à la faveur d'une ambassade diplomatique, Gorgias s'y est fait reconnaître pour un orateur d'exception (Diodore de Sicile, *Bibliothèque historique*, XII, 53, 1-5). Séjournant à Athènes, il y donnait un enseignement rémunéré et prononçait des discours « épidictiques », démonstratifs, qui étaient l'occasion de faire montre de son talent de rhéteur. Associé à l'école sophistique dont il partage à la fois le mode de vie (enseignant et orateur) et les principales leçons doctrinales, Gorgias est l'auteur d'un certain nombre de traités à caractère philosophique. Plus précisément, les textes de celui qui fut peut-être l'élève de son compatriote Empédocle et peut-être encore de Parménide se distinguent comme une critique des présupposés de la philosophie de l'être et de la vérité. Selon le témoignage qu'en donne Sextus Empiricus (au IIIe s. de notre ère, dans son *Contre les savants*, VII, 65-87), Gorgias a soutenu avec insistance l'hypothèse selon laquelle la pensée ne peut prendre l'être pour l'objet. Le discours ne peut nommer ce qui est tel qu'il est. Refusant alors les recherches sur l'être au profit d'une réflexion sur le dis-

cours, le langage, Gorgias déduit le discours de la sensation, en expliquant que le premier est le résultat de la
seconde (nous ne pouvons nommer que ce que nous
éprouvons et comme nous l'éprouvons). Le discours est
bien l'expression d'une certaine réalité, mais il reste
indissociable du sujet de la sensation et des circonstances de cette sensation (il s'agit d'en choisir l'occasion, le *kairos*). C'est la raison pour laquelle la rhétorique, conçue comme usage réglé du discours, peut seule
tenir lieu de théorie de la connaissance et de rapport à la
réalité. D'autant plus que, par la persuasion rhétorique
(et comme y insiste Platon dans le *Gorgias*), on peut
affecter le sujet de la sensation, lui donner du plaisir,
provoquer en lui de nouvelles sensations. Par le moyen
du discours, on peut affecter le rapport que chacun entre-
tient aux choses qui l'entourent (comme l'écrit Gorgias
dans le fragment conservé de l'*Éloge d'Hélène*, (§14).
Et l'on peut encore fonder une communauté humaine,
puisque le langage réalise la communauté des affections.
Le langage n'est pas ce qui dit l'être des choses (leur
nature), mais le moyen grâce auquel on peut avoir prise
sur ces choses. En nommant le moment opportun de leur
usage, ou en persuadant un interlocuteur de les percevoir
de telle ou telle manière.

Dans le *corpus* platonicien, Gorgias est davantage
présenté comme un rhéteur que comme un sophiste,
notamment parce qu'il ne semble pas avoir prétendu
pouvoir enseigner la justice (*Ménon*, 95c ; quoiqu'il
finisse par le concéder ici à Socrate, en 460a ; puis, dans
le même sens, l'*Hippias majeur*, 282b). Il incarne surtout aux yeux de Platon, ce qui est cette fois le trait commun aussi bien à la rhétorique qu'à la sophistique, la
défense la plus vigoureuse de l'apparence ou de l'illusion en lieu et place de la vérité (*Phèdre*, 267a-b).

B. Polos

Auteur d'un traité de rhétorique mentionné par Socrate (ici, en 462b), Polos est lui aussi originaire de Sicile (d'Agrigente), sans doute d'une génération plus jeune que Gorgias dont il fut le disciple. On est peu renseigné sur le compte de celui qui avait pour profession d'enseigner la rhétorique. Le lexique de la *Souda* (xe s.) lui attribue un traité sur les expressions et un ouvrage sur la mythologie. Dans le *Phèdre*, Socrate fait allusion à d'autres ouvrages rhétoriques de Polos (le *Sanctuaire oratoire des Muses* et *Sur la beauté de la langue* ; 267b-c). Dans le *Phèdre* comme dans le *Gorgias*, Polos est discrédité comme un pâle imitateur de son maître. L'intérêt de sa présence ici est évidemment d'accuser le lien entre une forme de réflexion sophistique sur le discours (celle de Gorgias) et l'usage politique qu'elle peut fonder (chez l'oligarque Calliclès). Polos joue ainsi le rôle d'intermédiaire entre le théoricien de la rhétorique et le politique qui, formé par un Polos, fait un usage déplorable des recettes apprises.

Chronologie athénienne
au temps de Platon

431 - 404	*Guerre du Péloponnèse*
430 - 426	Épidémie de peste à Athènes. Elle emporta plus du quart de la population.
429	Mort de Périclès.
428	Révolte de Mytilène (la plus importante des cités de l'île de Lesbos, jusque-là alliée d'Athènes). Cléon, démagogue démocrate et commandant des troupes athéniennes, impose la guerre à outrance.
428/427	Naissance de Platon.
425	Victoire athénienne sur la côte de la Messénie. Sparte offre une paix avantageuse à Athènes, sans succès.
424	Athènes perd la maîtrise de la mer Égée. Amphipolis (en Thrace) est prise par Sparte. Le général lacédémonien Brasidas accumule les succès en Chalcidique.
422	Cléon meurt à Amphipolis.
421	La paix dite « de Nicias » est conclue.

Pendant six ans, et par alliés interposés, Athènes et Sparte vont s'opposer.

415 - 413   Expédition de Sicile. Le parti impérialiste et antispartiate réussit à décider l'opinion populaire athénienne à mettre fin à la trêve. En Sicile, sous obédience péloponnésienne (Syracuse est alors une colonie corinthienne), la cité de Ségeste, menacée par Sélinonte et Syracuse, appelle Athènes à son secours. Contre Nicias, Alcibiade l'emporte et part aux commandes d'une expédition maritime.

414   Condamné à Athènes pour sacrilège, Alcibiade trahit sa cité et rejoint Sparte. L'année suivante, l'expédition athénienne est défaite par Syracuse. La guerre a donc repris.

412   L'empire athénien s'effondre. L'Ionie se révolte (à la seule exception, démocratique, de Samos) contre Athènes, alliance Sparte-Perse

411   Première révolution oligarchique. Pendant quelques mois, les hétairies aristocratiques (favorables à la *patrios politeia* et au rapprochement avec Sparte) favorisent un complot contre la démocratie. Une assemblée de quatre cents membres cooptés (les « Quatre Cents ») se substitue à la *boulè* des cinq cents citoyens tirés au sort ; elle dresse le catalogue des « Cinq Mille » citoyens, désormais seuls détenteurs des droits civiques. Athènes est gouvernée dans le trouble et la terreur. À Samos, une partie de la flotte reste aux mains des démocrates. Thrasyllos, un hoplite, y est élu stratège.

Une nouvelle défaite contre la flotte péloponnésienne précipite la fin du régime oligarchique et la restauration de la démocratie, en 410.

408   Carthage met à profit les dissensions grecques pour reprendre son extension en Sicile. Ses troupes y affrontent le tyran de Syracuse, Denys.

407   De retour à Athènes avec les démocrates, Alcibiade réussit à se faire élire stratège. Les pleins pouvoirs lui sont confiés pour poursuivre la guerre. Près de Notion, la flotte spartiate dirigée par Lysandre (et soutenue par les subsides de Cyrus le Jeune) inflige une terrible défaite à la flotte athénienne. Athènes destitue ses stratèges ; Alcibiade s'exile définitivement en Chersonèse.

406   Aux îles Arginuses, Athènes remporte sa dernière victoire.

405   Lysandre détruit entièrement la flotte athénienne, dans l'Hellespont, face à Lampsaque. Il prend le chemin d'Athènes.

404   En avril, Athènes capitule et cède aux conditions spartiates : destruction des Longs Murs, reddition de ses derniers navires, soumission à Sparte.

404 - 403   Réaction antidémocratique à Athènes. Les partisans de l'oligarchie, soutenus par Lysandre et sa garnison, prennent le pouvoir. C'est le régime de terreur et d'exception des « Trente », au sein desquels s'opposent Théramène le « modéré » et le très expéditif oncle de Platon : Critias (460-403). Réfugié à Thèbes, le démocrate

Thrasybule réunit des troupes et des partisans. Il réussit à s'emparer du Pirée, aidé
par les riches commerçants métèques, puis
oblige les Trente et leurs partisans à se
réfugier à Éleusis. Le roi de Sparte,
Pausanias, s'offre comme intermédiaire
aux deux partis. Une amnistie est conclue.
Les Trente sont renversés, la démocratie
rétablie (sous le gouvernement des modé-
rés, influencés par Théramène).

400   Sparte rompt avec le Grand Roi. Guerre en
       Asie Mineure.

399   Procès et mort de Socrate. Début plausible
       de l'activité littéraire de Platon.

395   Les émissaires du Grand Roi encouragent
       et financent depuis cinq ans le soulèvement
       contre Lacédémone. Une coalition est
       créée, qui regroupe Thèbes, menacée direc-
       tement par Sparte, Athènes, Argos et
       Corinthe. La « bataille de Corinthe »
       désigne toutes les opérations qui eurent
       alors lieu dans l'isthme de Corinthe. Platon
       y prend peut-être part.

388/387 Platon voyage en Italie du Sud, où il ren-
       contre Archytas de Tarente (philosophe
       pythagoricien et stratège) ; puis à Syracuse,
       auprès de Denys Ier.

387   De retour à Athènes, Platon fonde
       l'Académie.

386   La Paix d'Antalcidas met fin au conflit des
       Perses et de Sparte. Le Roi conserve les
       cités d'Asie et de Chypre. Les autres cités
       grecques restent autonomes. Athènes garde
       Lemnos, Imbros et Scyros, où elle avait
       réinstallé ses clérouques.

381	Les Spartiates occupent la Cadmée, la citadelle de Thèbes, pour y renforcer le parti prolaconien.
379	Les Thébains, ayant chassé la garnison lacédémonienne, s'allient avec Athènes.
378	Une alliance générale, *symmachie*, réunit à Athènes les nouveaux alliés ; elle se donne pour fin de contraindre les Lacédémoniens à laisser les Grecs libres et autonomes. Sparte perd l'hégémonie ; c'est la deuxième Confédération maritime, un siècle exactement après la première.
376	Athènes maîtresse de la mer Égée.
374	Athènes fait la paix avec Sparte. La puissance thébaine s'est considérablement accrue.
373 - 372	Athènes est ruinée. Timothée est relevé de son commandement.
371	Un nouveau conflit oppose Thèbes et Sparte en Béotie. Sparte est défaite et laisse à Thèbes l'hégémonie. L'hégémonie maritime est reconnue à Athènes.
367/366	Platon retourne à Syracuse à la demande de Dion, pour encourager Denys II à mener une vie philosophique. Il échoue.
362 - 361	Athènes établit des clérouquies à Potidée puis à Samos.
361/360	Troisième et dernier voyage de Platon en Sicile, qui échoue à faire éprouver à Denys II « le désir de mener une vie philosophique » (*Lettre VII*, 330a-b).
359	Philippe devient régent du royaume de Macédoine.

357 - 355   La « guerre sociale » met fin à la Confédération, abandonnée par Chios, Rhodes et Byzance.

356   Les Athéniens sont écrasés à Embata. Sous la menace d'une intervention, le Roi décide les Athéniens à la paix. Le parti modéré, conduit par Eubule, règne alors sur Athènes ruinée. Philippe devient le protecteur et l'allié de la Thessalie avec laquelle il s'oppose aux membres de l'Amphictyonie. Le conflit va durer dix ans.

355 - 354   Eubule, préposé au théorique, renonce à la politique impérialiste.

347/346   Platon meurt.

346   Paix dite « de Philocrate ». Le Roi de Macédoine est officiellement admis dans le concert des États grecs.

Bibliographie

1. Parmi toutes les études contemporaines consacrées au *Gorgias*, l'édition commentée d'E. R. DODDS, *Plato, Gorgias. A revised Text with Introduction and Commentary*, Oxford, Clarendon Press, 1959, reste le travail de référence.

Deux traductions abondamment annotées du dialogue, et qui sont fidèles au travail d'E. R. DODDS :

– la traduction anglaise par T. I. IRWIN, Oxford, Oxford University Press, Clarendon Plato Series, 1979.

– la traduction française par M. CANTO, Paris, GF-Flammarion, 1987.

Ces trois ouvrages comportent tous les éléments d'une bibliographie abondante.

2. Autour du *Gorgias* :

L'*Alcibiade* (traduit par M. CROISET et présenté par M.-L. DESCLOS) dans cette même collection, n°4, 1996.

Le *Ménexène* (traduit par L. MÉRIDIER et présenté par J.-Fr. PRADEAU), idem, n°13, 1997.

La *République*, traduite par P. Pachet, Paris, Gallimard, 1993

3. Les discussions éthiques et politiques du dialogue sont commentées dans :

K. J. Dover, *Greek Popular Morality in the Time of Plato and Aristotle*, Oxford, Oxford University Press, 1974.

T. H. Irwin, *Plato's Moral Theory. The Early and Middle Dialogues*, Oxford, 1997.

G. Vlastos, *Socrates, Ironist and Moral Philosopher* (Cambridge University Press, 1991), traduit par C. Dalimier, *Socrate, ironie et philosophie morale*, Paris, Aubier, 1994.

A. Neschke-Hentschke, *Platonisme politique et théorie du droit naturel*, volume I, *Le Platonisme politique dans l'Antiquité*, Louvain-Paris, Peeters, 1995.

J.-Fr. Pradeau, *Platon et la cité*, Paris, Puf, 1997.

M. Canto-Sperber, article « Platon » dans *Philosophie grecque*, sous la direction de M. Canto-Sperber, Paris, Puf, 1997, p. 253-289.

4. Sur l'œuvre de Platon :

L. Robin, *Platon*, Paris, Puf, 1935 ; rééd. 1997, Puf, coll. Quadrige.

V. Goldschmidt, *Les Dialogues de Platon*, Paris, Puf, 1947.

H. Cherniss, *Selected Papers*, recueil d'articles, édité par L. Tarán, Leiden, Brill, 1977.

M. Dixsaut, *Le Naturel philosophe, essai sur les dialogues de Platon*, Paris, Vrin/Belles Lettres, 1985 puis 1994 (surtout le ch. 3, « Erôs philosophe »).

5. Sur la sophistique :

Présentation générale de l'école :

– par B. Cassin, « Sophistique », dans *Le Savoir grec*, sous la direction de J. Brunschwig et G. E. R. Lloyd, Paris, Flammarion, 1996, p. 1021-1040.

– par L. Brisson, « Les Sophistes », dans *Philosophie grecque*, sous la direction de M. Canto-Sperber, Puf, 1997, p. 89-120.

Études de détail, références bibliographiques et une réflexion sur l'actualité de la sophistique dans le recueil de B. Cassin, *L'Effet sophistique*, Paris, Gallimard, 1995.

6. Gorgias et Antiphon :

Gorgias

Les fragments attribués à Gorgias sont traduits dans la version française des *Fragmente der Vorsokratiker* de H. Diels et W. Kranz : *Les Présocratiques*, par J.-P. Dumont, Daniel Delattre et Jean-Louis Poirier, Paris, Gallimard, 1988, p. 1009-1050.

B. Cassin a traduit et commenté le *Traité du non-être* et l'*Éloge d'Hélène* de Gorgias, dans *L'Effet sophistique* (cité *supra*), p. 121-148.

Antiphon

Les fragments sont traduits dans le recueil cité *supra*, *Les Présocratiques*, p. 1091-1125.

B. Cassin a traduit et commenté *Sur la vérité* et la *Première tétralogie*, dans *L'Effet sophistique*, p. 273-294.

M. Narcy a rédigé la très complète notice « Antiphon d'Athènes » du *Dictionnaire des philosophes antiques*, sous la direction de R. Goulet, t. I, Paris, éditions du CNRS, 1989, p. 225-244.

7. Sur la rhétorique :

Aristote, *Rhétorique*, en 3 vol., Paris, Belles Lettres, 1938-1973.

G. Kennedy, *The Art of Persuasion*, Princeton, Princeton University Press, 1963.

8. Sur le contexte politique athénien :

Le fonctionnement des institutions démocratiques

athéniennes est expliqué, textes à l'appui, par Cl. MOSSÉ, *Les Institutions grecques*, Paris, A. Colin, 1991[4].

Clisthène

L'idéologie démocratique athénienne est examinée par :

M. I. FINLEY, notamment dans *Démocratie antique et démocratie moderne* (1972), traduction de l'anglais par M. Alexandre, Paris, Payot, 1976.

N. LORAUX, notamment dans *L'Invention d'Athènes*, Paris, Payot, 1993[2].

Enfin, toutes les références de la plupart des publications consacrées à l'œuvre de Platon sont recueillies dans une *Bibliographie platonicienne* que L. BRISSON tient à jour, après H. CHERNISS, tous les cinq ans, dans la revue *Lustrum* (n°4, 5, 20, 25, 26, 30, 31, 35). On peut en consulter les dernières livraisons par le moyen du réseau Internet, sur le site de l'équipe de recherche CNRS (UPR 76) de L. Brisson (http : // **callimac.vjf.cnrs.fr**).

TABLE

Ce volume,
le dix-neuvième
de la collection « Classiques en poche »,
publié aux Éditions Les Belles Lettres,
a été achevé d'imprimer
en avril 2012
sur les presses
de la Nouvelle Imprimerie Laballery,
58500 Clamecy.

Dépôt légal : mai 2012
N° d'édition : 7408 - N° d'impression : 204065

Imprimé en France